Diana Fiammetta Lama
Die toten Mädchen vom Cilento

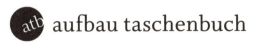
aufbau taschenbuch

DIANA FIAMMETTA LAMA, geb. 1960 in Neapel, von Haus aus Herzchirurgin, muss nach eigener Aussage über Blut schreiben, seit sie nicht mehr täglich mit echtem in Berührung kommt. Für ihren ersten Roman »Rossi come lei« erhielt sie den Premio Tedeschi, seitdem hat sie zahlreiche Kurzgeschichten und Kriminalromane veröffentlicht sowie die Krimi-Plattform www.napolinoir.it mitbegründet. 2011 erschien im Aufbau Taschenbuchverlag »Eine Leiche zu Ferragosto«, der erste Band ihrer Maresciallo-Santomauro-Reihe.

September in Pioppica, die abreisenden Sommerfrischler nehmen die Ausgelassenheit des Strandlebens mit sich fort. Nur ein kleiner Wanderzirkus verweilt noch ein paar Tage in dem verwaisten Örtchen. Da wird ein Mädchen tot in der Nähe des Zirkus aufgefunden, kurz darauf ein weiteres. Die Zahl der möglichen Verdächtigen ist unüberschaubar, und während Maresciallo Santomauro und seine treuen Brigadieri Manfredi und Gnarra sich verzweifelt im Kreis drehen, machen sich die aufgebrachten Dorfbewohner ihren eigenen Reim: Wer nicht gleich die Schausteller oder den Dorftölpel Minuccio verurteilt, erzählt hinter vorgehaltener Hand die uralte Legende der Gevatterin Perna, welche Kinder raubt, um sie ihrem nimmersatten Sohn Mao zu fressen zu geben.

Unerbittlich hält die Autorin ihr Brennglas über das malerische Örtchen zwischen Bergen und Meer, bis Angst und Aberglaube zu brodeln beginnen und unter der bröckelnden Oberfläche der dörflichen Normalität ein uraltes Drama ans Licht drängt.

Diana Fiammetta Lama

Die toten Mädchen vom Cilento

Maresciallo Santomauro jagt ein Phantom

Kriminalroman

Aus dem Italienischen
von Esther Hansen und Julia Gehring

atb aufbau taschenbuch

Titel des italienischen Originals:
»Il Circo delle Maraviglie«

ISBN 978-3-7466-2833-2

Aufbau Taschenbuch ist eine Marke
der Aufbau Verlag GmbH & Co KG

1. Auflage 2012
© Aufbau Verlag GmbH & Co KG, Berlin 2012
© 2011 Diana Lama
Umschlaggestaltung Mediabureau Di Stefano, Berlin
unter Verwendung eines Motivs von neuebildanstalt/Knorreck
Satz LVD GmbH, Berlin
Druck und Binden CPI – Moravia Books, Pohořelice
Printed in Czech Republic

www.aufbau-verlag.de

Davor und danach: Das Schwein wird geschlachtet

Vom Schwein wird nichts weggeworfen: diese Volksweisheit hatte Maresciallo Santomauro schon oft gehört, doch was sie in der Realität bedeutete, begriff er erst, als er selbst einmal der Schlachtung eines Schweins zusehen konnte. Die Sache hatte sich rein zufällig ergeben, ungeplant, sonst hätte er wahrscheinlich gezögert aus Angst, nie wieder Schweinefleisch essen zu können. Dem war nicht so, abgesehen von einem kleinen, schuldbewussten Schauer, der ihm seitdem immer über den Rücken lief, wenn er in ein Würstchen oder ein Kotelett biss.

Brigadiere Totò Manfredi hatte ihn mitgenommen, der für seinen eigenen Bedarf und den wachsenden Hunger seiner vielköpfigen Familie kurzerhand ein halbes Schwein erstanden hatte und nun an Ort und Stelle seinen Teil abholen wollte. Schon als sie auf Mazzolas Hof ankamen, wo das Blutopfer dargebracht werden sollte, schwante Santomauro, dass die Sache alles andere als ein Spaß werden würde.

Das Schwein, wahrscheinlich getrieben von bösen Vorahnungen, weigerte sich kategorisch, den Stall zu verlassen, und fünf Männer mussten es an zwei Stricken hinauszerren, den einen um den Vorderlauf gebunden, den anderen an einen durch die Nüstern getriebenen Ring. Im Kampfgetümmel brach sich das arme Tier einen Zeh am Hinterlauf, und seine Angst- und Schmerzensschreie hallten grauenerregend durch den frostklaren Morgen.

Insgesamt hatten sich zehn Leute zu der Schlachtung eingefunden, sieben Männer inklusive dem Schlachter und drei Frauen, die etwas abseits standen und auf ihren Einsatz warteten. Manfredi und Santomauro zählten nicht, sie waren nur Zuschauer.

Als das Schwein endlich draußen war, vollzog sich sein Schicksal rasch: Eine schwere Kette wurde ihm um den Hinterlauf gelegt, dann hievten sie es langsam mit einem Flaschenzug kopfüber in die Höhe, wobei es schrie wie – wie ein Schwein auf der Schlachtbank eben. Noch vor dem tödlichen Schlag wurden die Schreie leiser, und nach und nach, sei es durch den Blutzufluss im Kopf, sei es aus Resignation, hörte das arme Tier auf, sich zu wehren. Mazzola entdeckte den gebrochenen, blutenden Zeh am Huf und entfernte ihn fluchend. Er war ein gutherziger Mensch und hasste es, die Tiere unnötig leiden zu sehen.

Der Schlachter, der sich bislang im Hintergrund gehalten hatte und die Drecksarbeit seinem Stand entsprechend den Handlangern überließ, kam nun schnell heran und stach ihm mit einem scharfen und spitzen Werkzeug zielgenau in den Hals, so dass sich ein walnussgroßes Loch öffnete, aus dem in dunklen Schüben das Blut quoll. Ein Helfer schob flink einen Plastikbottich darunter, in dem man schon die zukünftigen süßen und herzhaften Spezialitäten aus Schweineblut schwimmen sah, und eine Frau begann mit einem großen Holzlöffel stetig darin herumzurühren, damit es nicht klumpte.

Das Tier zuckte noch etliche Minuten, während es von der Kette genommen und auf eine breite Arbeitsplatte gelegt wurde. Daneben köchelte in zwei großen Kesseln Wasser auf einem Reisigfeuer. Die jüngeren Männer begannen mit mächtigen Kellen kochendes Wasser daraus zu schöpfen und über das Schwein zu gießen. Die anderen kratzten mit Schabmessern das Fell ab, so dass das Tier allmählich immer mehr einem rosigen Riesenbaby glich.

Der Erdboden war eine einzige Matsche aus Blut, Wasser und Borsten, die die Männer in hohen Gummistiefeln durchwateten. Peppe 'o Mbriacos Stiefel waren jungfräulich neu, und er musste einige Witzeleien seiner Freunde über sich ergehen lassen.

Manfredi stampfte mit den Füßen und blies warme Atemwölkchen in die Luft, Santomauro beobachtete neugierig und unfreiwillig teilnahmsvoll das Geschehen. Er mochte Schweine eigentlich nicht, seitdem er auf dem Markt von Cannalonga einmal zugesehen hatte, wie ein paar dieser Tiere widerspenstig und unter bestialischem Geschrei auf einen Lieferwagen getrieben worden waren, doch nun empfand er Mitleid mit dieser Kreatur, die so grausam und brutal aus glückseliger Ahnungslosigkeit in die Hände des Schlachters geraten war. Andererseits war allgemein bekannt, dass das Fleisch durch Erschießen an Qualität verlor. Pech für das Schwein.

Von den Männern und Frauen trug niemand Handschuhe, und die Hände des Schlachters waren bis weit über die Gelenke rot gefärbt, als er nun in millimetergenauer Präzisionsarbeit das an den Hinterläufen hängende Tier aufschlitzte. Manfredi trat mit Kennermiene vor, denn wer einen Teil des Schweins erworben hatte, musste hier besonders gut aufpassen, um zu bekommen, was ihm zustand. Schnell wurden die Innereien entfernt und der Block aus Herz, Lungen und Leber gesondert an einem Ast aufgehängt, während die dampfenden Gedärme in einem Eimer zusammen mit dem großen und kleinen Netz landeten. Mit wenigen raschen Schnitten trennte der Schlachter den Kopf vom Rumpf, jemand spießte einen Haken durch das Ohr und hängte ihn an einen anderen Baum. Mazzolas Frau legte eine unaufgeschnittene Orange hinein. Dies diente dazu, das wusste Santomauro, den Kopf in Balance zu halten, während er entzweigeschlagen wurde.

Der Schlachter trat mit seiner scharfen Klinge von hinten an das Tier: Ein paar entschlossene Hiebe und die zwei Hälften hingen jede an einem Haken, vollkommen symmetrisch. Der Kopf, aus dem etwas Blut geflossen war, wurde auf ein Brett gelegt, und mit einer kleinen Axt schlug ihn der Schlachter in zwei Teile.

In der klaren Morgenluft dieses kalten Wintertages hatte Santomauro bisher noch keine unangenehmen Gerüche wahrgenommen, wie er befürchtet hatte: nichts, kein Gestank nach Gedärmen, auch nicht nach Blut oder Kot. Das Opferschwein schien so rein wie ein Babypopo. Jetzt aber, als der Kopf wie

7

eine reife Frucht aufsprang und das gehälftete, zerquetschte
Stück Obst zu Boden rollte, stieg dem Maresciallo ein inten-
siver Orangenduft in die Nase.

Die Frauen hatten inzwischen mit dem Entwirren der Gedärme begonnen, eilig und mit bloßen Händen, bevor sie aus-
kühlten. Wie sie Santomauro erklärten, ließ sich das Fett,
wenn es erst einmal fest geworden war, nur noch schwer abziehen. Während die Männer die zwei Hälften wogen und
Manfredi neben ihnen stand und aufpasste, beobachtete der
Maresciallo fasziniert die drei Frauen, zwei von ihnen mittleren Alters und eine jüngere, die, ebenfalls in Gummistiefeln,
die undankbare Aufgabe hatten, die Därme zu reinigen und
auf links zu drehen. Auch der Schweinekot stank nicht, doch
die Hände der Frauen waren vom eisigen Wasser rot geschwollen. Eine von ihnen schöpfte einen Eimer dampfendes Wasser
aus der Tonne über dem Feuer und tauchte ihre Unterarme bis
zu den Ellbogen ohne einen Laut hinein, dann kehrte sie zur
Arbeit zurück, leeren, füllen, ausspülen. Ein junger Mann blies
mit einem Röhrchen die Blase auf und hängte sie wie einen
Ballon an den Baum.

Das Schweineschlachten war zu Ende, ein für alle Anwesenden wenig bedeutsames Ereignis außer für den Protagonisten.

Santomauro hingegen fiel es viele Monate später wieder ein,
als er an einem sonnigen Septembernachmittag gegen vier Uhr
in die Contrada Scacella gerufen wurde.

Der Gefreite Pasquale Cozzone war schon vor Ort, er kam
ihm und dem Kollegen Pietro Gnarra durch das dichte Gestrüpp entgegen. Pedros wohlgeformtes Gesicht war zu einer
düsteren Miene verzogen, auf seinem Kinn schimmerte ein
Bartschatten, und der oberste Knopf seiner Uniform stand
halb offen.

Santomauro wunderte sich: Von seinen zwei Brigadieri war
eigentlich Gnarra derjenige, der weit mehr auf sein Äußeres
achtete. Andererseits boten die Ereignisse dieses Tages wahrlich Anlass genug für solche Nachlässigkeiten. Dies hier war

nichts als ein weiteres der unzähligen Puzzleteilchen, davon war der Maresciallo überzeugt und wusste doch zumindest, dass diesmal nicht der unsägliche Horror einer gemarterten Kinderleiche auf sie wartete.

Die Herbstsonne wärmte die Luft, und ein paar Fliegen brummten geschäftig umher. Der Maresciallo ging zu den zwei Bauern hinüber, die seelenruhig dasaßen, rauchten und ihm entspannt entgegensahen.

»Sie haben ihn gefunden«, murmelte ihm Cozzone in seiner gewohnt überflüssigen Pedanterie ins Ohr.

Ein Kessel lag umgestürzt neben einem Berg verkohlter Äste. In Santomauro blitzte eine Erinnerung auf, dann erblickte er die an den Baum gehängten Eingeweide, eine blutige Masse, die noch nicht lange aufgehört hatte zu tropfen, wie man an der ekelerregenden Pfütze zu Füßen der Kastanie sehen konnte, wo sich eine ganze Ameisenarmee tummelte.

Ein Stück daneben der Eimer mit den Gedärmen. Da der Maresciallo schon ahnte, was darin lag, warf er nur einen kurzen Blick hinein, doch der Gestank nach Fäkalien und geronnenem Blut sprang ihn förmlich an und hatte wenig gemein mit den fast aseptischen Innereien des geschlachteten Schweins von vor einigen Monaten.

Die Leiche war etwas abseits mit zwei Haken kopfüber an einer knotigen Kastanie befestigt. Der Schnitt war präzise gesetzt, die zwei Hälften hingen reglos und rosig, als warteten die Käufer schon darauf, sie abzuholen.

Das Blut war nicht aufgefangen worden, sondern aus der klaffenden Wunde am Hals auf den Boden geflossen, der jetzt blutgetränkt war. Niemand würde daraus Blutwurst machen, schoss es dem Maresciallo unpassenderweise durch den Kopf, während er schweigend um die rosige Masse aus Fleisch und Muskeln herumging, von der jegliche Körperbehaarung sorgfältig entfernt worden war.

»Maresciallo, sehen Sie nur!«

Cozzone zeigte auf einen weißen Ballon, der in einem Baum hing. Als Santomauro merkte, dass der Gefreite nichts damit anzufangen wusste, erklärte er: »Das ist die Blase, Pasquale«, und Cozzone wandte sich angewidert ab.

Pietro Gnarra sah sich stumm um, er war bisher merkwürdig still gewesen. Nun aber drehte er sich um und sagte leise: »Simone, komm mal her.«

Santomauro trat näher, sah als Erstes die halbierte Orange – kein Zitrusduft diesmal, nur der grausige Gestank des Todes. Dann den Kopf, noch gut erkennbar, obwohl er säuberlich in zwei Hälften geteilt war. Eine gräuliche Pampe quoll aus dem gespaltenen Schädel, die halbierte Zunge hing zwischen den Lippen, ein Augapfel war quasi aus der Höhle geschält.

Gnarra murmelte mit zusammengebissenen Zähnen, nur zu ihm, da Cozzone sich sicherheitshalber fernhielt: »Es ist unsere Schuld, Simone, das haben wir getan.«

Santomauro betrachtete die zerlegten Reste dessen, was einmal ein Mensch gewesen war, und merkte, dass er nichts fühlte, weder Mitleid noch Reue noch Wut, nichts.

Davor

Gina rannte barfuß zwischen den Steinen hindurch, auch wenn sie ihren schwieligen Fußsohlen wenig ausmachten, aber man wusste ja, dass es Unglück brachte, auf Steine zu treten, und das wollte sie nicht riskieren.

Sie konnte nicht genau sagen, warum sie rannte, also, sie erinnerte sich nicht so richtig, wie ihr das mit vielen Dingen ging, aber sie wusste, dass es besser war wegzulaufen, so weit wie möglich. Da waren diese schlimmen Sachen, die sie nicht mehr wollte, und da war das Schwein, hinter ihr, das keuchte, aber natürlich war es lange nicht so schnell wie sie.

Sie grinste. Das Schwein! Was für ein lustiger Spitzname, und so treffend. Sie und Minuccio hatten ihn sich ausgedacht, vor vielen Jahren, als sie nichts anderes tun konnten, um sich zu rächen. Es war ihr Geheimnis, eines von vielen. An manche Geheimnisse erinnerte sie sich gar nicht mehr, weil ihr so schummrig im Kopf war wegen der vielen Schläge, die sie abgekriegt hatte.

Anders als Minuccio, der war klug, weil er schnell rennen konnte und viel weniger Schläge bekam. Oder nein, denn dann hielt er an, um sie zu beschützen, aber Minuccio war eben Minuccio, er erinnerte sich bestimmt an ihre Geheimnisse, und wenn Gina ihn fragte, würde er ihr alles erzählen, auch das von ihrer Mama und wie sie irgendwann kommen würde, um sie zu holen.

Sie rannte so schnell und war so in Gedanken, dass sie gar nicht merkte, dass niemand ihr mehr folgte, sie rannte weiter auf das Loch im Gebüsch hinter dem kleinen Kastanienwäldchen zu, einen Ort, den sie sehr liebte. Keuchend hielt sie an. Vor ihren Augen tanzte ein Schwarm schwarzer Pünktchen.

Sie beugte sich vornüber, die Arme um die schmale Taille geschlungen, und sah daher zu spät die mit einem Stock bewaffnete Gestalt.

Der erste Schlag traf sie hart an der Schläfe, der zweite gegen die Schulter und den Brustkorb, während sie stürzte, doch sie konnte nichts zu ihrer Verteidigung tun. Die anderen Schläge prasselten ihr auf Rücken, Kopf und den zusammengekauerten Leib, doch da spürte sie schon nichts mehr. Ihr letzter klarer Gedanke galt Minuccio: Ob er sie suchen würde? Und dann noch ein Blitz, während das Gehirn erlosch: Ist dies das Ende? Ist dies der Anfang?

Ein paar Tage später, ein Montag im September

Wenn er im Nachhinein hätte sagen sollen, wann die ganze schlimme Geschichte begonnen hatte, hätte Santomauro wahrscheinlich die Ankunft des Zirkus gewählt.

Besser gesagt, des *Circus*. Des »Circus der Wunder«, wie die Handzettel großspurig und farbenprächtig verkündeten, die in ganz Pioppica Sotto von einem Rudel zerlumpter, aber fröhlicher Kinder auf der Hauptstraße des Dorfes, die gleichzeitig fast seine einzige Straße war, verteilt wurden.

Der Sommer neigte sich dem Ende zu, träge genoss man die letzte Septembersonne, und Pioppica füllte sich nur noch am Wochenende, wenn die hartnäckigsten Ferienhausbesitzer ihre Zweitwohnsitze am Meer bezogen und mit größter Freude feststellten, dass das vulgäre Touristenpack der Hochsaison sich endlich verzogen hatte. Die kleinen Läden und Restaurants machten nur noch am Wochenende Umsatz, was den Dorfbewohnern auf ihren Bänken Anlass zur Klage gab, während sich das Meer langsam mit bleifarbenen Schaumfingern vom Strand zurückzog und Pioppica sich nach und nach in die gewohnte, winterliche Einöde verwandelte.

Nur die gebräunten Kinder eben, bestimmt Ausländer, schwärmten durch die Straßen und verteilten unverdrossen ihre bunten Zettelchen. Dann tauchte noch ein Auto auf, ein zerbeulter Fiesta von undefinierbarer Farbe mit einem Lautsprecher auf dem Dach, der den ganzen Montagvor- und -nachmittag herumkurvte und seine klangvolle Botschaft verkündete, so dass auch wirklich niemand, Wochenendurlauber oder Dorfbewohner, überhören konnte, dass in Unterpioppica der Circus der Wunder seine Zelte aufgeschlagen hatte.

Oberpioppica, die zweite, höher gelegene Fraktion des Örtchens, die dem Ortsteil am Meer in inniger Hassliebe und ewiger Konkurrenz verbunden war, würde sicherlich in Zukunft auch noch in den Genuss kommen, doch nun war der Zirkus hier, unüberseh- und unüberhörbar.

Santomauro fand die Flyer neben seiner Espressotasse in der Bar, an die Windschutzscheibe unter den Scheibenwischer geklemmt, merkwürdigerweise auch heimlich in seine Jackentasche gestopft und schließlich sogar eilig von einem barfüßigen, über beide Wangen grinsenden, blondbezopften Gör in die Hand gedrückt, das schon wieder auf und davon war, bevor er überhaupt nur ein Wort gelesen hatte.

Er hatte nicht viel zu tun, es war diese lange, namenlose Stunde zwischen Mittagessen und frühem Nachmittag, im Dorf war es warm, also beschloss er, sich ein wenig an der Flussmündung umzusehen, wo der Zirkus sein großes Zelt errichtete wie schon unzählige vor ihm. Die Straße zur Flussmündung führte über die Brücke direkt hinter Pioppica und stürzte sich dann zwischen dem Gestrüpp am Fahrbahnrand so steil in die Tiefe, dass ihm jedes Mal fast der Magen in den Hals rutschte.

Es war eine verlassene und wenig einladende Gegend, die sich unter den Brückenpfeilern bis zur Flussmündung erstreckte. Häuser und Gärten waren weitab, der steinige Weg stellte die Stoßdämpfer auf eine harte Probe. Nur wenn ein Zirkus hier seine Zelte aufschlug, entwickelte die Gegend eine gewisse Würde, ansonsten gehörte sie allein den Liebespärchen und Junkies, ein Ort, den die Carabinieri bei ihren Rundgängen nur mit der Taschenlampe in der einen Hand abliefen, die andere fest auf die Dienstwaffe gelegt.

Nicht dass die Verbrechensrate in Pioppica und Umgebung höher gewesen wäre als anderswo, im Gegenteil, doch in den Sommermonaten kam es zu einem gewissen Zustrom aus Casale Marino, Acciaroli, Neapel und Salerno. Im Winter nur Liebespaare, Wachmänner und Junkies. Im Sommer aber Dealer, Jugendliche mit zu viel Geld, die eine oder andere Hure, eine Gelegenheitsorgie, spontane Feste, Prügeleien, Bier und Drogen.

Und nun das halb aufgeschlagene Lager der Zirkusleute, das gelb-blau gestreifte Zelt mit den dunkelroten Sternen und drumherum eine frenetische, scheinbar chaotische Betriebsamkeit. Santomauro stieg aus dem Auto und ging näher. Da er nicht im Dienst war, trug er keine Carabinieri-Uniform und wurde mit flüchtigen, doch keineswegs abweisenden Blicken bedacht. Ein großer Mann um die vierzig mit kahlrasiertem Schädel, blauen, schmal geschnittenen Augen und leicht argwöhnischer Miene. Ein Neugieriger, vielleicht ein Vater, hoffentlich ein künftiger Zuschauer.

Er ging an unachtsam übereinandergestapelten Käfigen vorbei. Am Geruch erkannte er, dass sie bewohnt waren. Das würde den Tierschutz sicher interessieren, doch er hatte sich noch nie gern als Spion betätigt, und genau in diesem Moment begannen zwei blonde, kräftige junge Männer in Unterhemden, die Käfige ordentlicher aufzustellen, während Kinder mit vollen Wasserflaschen und etwas, das wie Futter aussah, um sie herumschwärmten.

Zwischen den Gitterstäben des letzten Käfigs schoss der langgestreckte, runzlige Hals eines Tieres hervor, das eine Mischung aus Truthahn und Vogel Strauß hätte sein können. Santomauro wich einen Schritt zurück, während das barfüßige blonde Mädchen, das er schon im Dorf gesehen hatte, mit zwei Handvoll Körnern angelaufen kam.

Am meisten Treiben herrschte dort, wo das große Zelt errichtet wurde, und Santomauro ging auf die Leute zu, mehr aus Neugier und Trägheit der Masse, als um tatsächlich seine behördliche Autorität geltend zu machen.

Aus den Augenwinkeln sah er ein paar Frauen, die ihm geradezu hässlich vorkamen, besonders eine, hatte sie wirklich einen Bart? Noch bevor er sich darüber klarwerden konnte, hatte das Mädchen – denn angesichts ihrer schlanken und agilen Gestalt musste es ein solches sein – sich schon von dem Fremden weggedreht und war davongerannt. Das geschäftige

15

Treiben mit Pfählen und Zeltbahnen kam jäh zum Erliegen. Mitten aus dem Trubel heraus sah ihn ein Riese aus klaren blauen Augen im braunen Gesicht an, die anderen verzogen sich.

Santomauro blieb stehen, der Mann kam näher, und der Maresciallo, der sich nie für klein gehalten hatte, stellte fest, dass der andere ihn um gut einen Kopf überragte: ein stark behaarter Hüne mit einem Schnurrbart, so ausladend wie ein Fahrradlenker und Oberarmen, kräftig wie Pferdehälse. Sein Blick jedoch war freundlich, und als er eine Pranke ausstreckte, reichte Santomauro ihm fast automatisch die Hand. Der Mann drückte sie vorsichtig, offenbarte beim Lächeln mindestens drei Goldzähne, dann legte er ihm einen tonnenschweren Unterarm auf die Schulter und zog ihn an der Hand mit sich fort.

»Maresciallo Santomauro, welch eine Ehre! Ich hatte Ihren Besuch erwartet, wenn auch nicht so früh. Das bedeutet doch, dass Sie uns an einem der kommenden Abende die Freude Ihrer Anwesenheit machen? Vielleicht sogar schon heute, zur Premiere? Kommen Sie, ich zeige Ihnen alles.«

Er redete mit leicht ausländischem Akzent, aber in völlig korrektem Italienisch. Sein Gesicht war dunkel und pockennarbig, die schwarzen Haare glänzten, und ein großer Goldring hing in seinem fleischigen linken Ohrläppchen, wie um das exotische Erscheinungsbild noch zu unterstreichen.

Dem Maresciallo drang sein herber Körpergeruch in die Nase, Moschus und Schweiß, und er fand, dass sie für seinen Geschmack entschieden zu dicht beieinanderstanden. Also entwand er sich freundlich dem haarigen Griff und fragte unwillkürlich lächelnd: »Woher wissen Sie, wer ich bin? Ich glaube nicht, dass wir uns schon einmal begegnet sind.« Daran würde ich mich erinnern, fügte er im Geiste hinzu.

Sein Gegenüber lachte noch breiter, die echten und falschen Zähne blitzten. Eine kleine Lücke zwischen seinen oberen Schneidezähnen verlieh ihm einen Hauch von Unschuld und machte sein Lächeln unwiderstehlich.

»Maresciallo, wenn ich zum ersten Mal an einen Ort komme, trage ich stets Sorge, mir alle wichtigen Leute zeigen zu lassen, damit ich sie angemessen willkommen heißen kann, wenn sie sich zu unserem bescheidenen Spektakel bemühen. Und Sie waren natürlich der Erste, auf den ich hingewiesen wurde.«

Der wollte ihn wohl auf den Arm nehmen! Oder sich tatsächlich mit dieser platten *captatio benevolentiae* bei ihm einschmeicheln. Oder war es am Ende doch naive, angeborene Nettigkeit?

Santomauro war sich nicht sicher, doch sein Charme, befand er, machte den Typen gefährlich.

»Darf ich mich vorstellen: Feuerschlucker, mit bürgerlichem Namen Mustafa Parsi, Weltbürger. Direktor des *Circo delle Maraviglie*! Was Sie hier um uns herum sehen, ist meine Familie und mein Leben.« Und mit einer stolzen Armbewegung schien er die Zelte und Menschen, die zu ihrer Arbeit zurückgekehrt waren, die Tiere und herumstreunenden Kinder, die Büsche, die Bäume, die Last- und Zirkuswagen, Autos, Käfige, die Brückenpfeiler und das ganze Land bis zum in der Ferne schimmernden Meer hinab einzuschließen.

Santomauro ließ sich über den Zeltplatz führen, nahm dankend einen Kaffee an – ein explosives, konzentriertes Gebräu, das ihm von einer schüchternen kleinen Frau mit Kopftuch gereicht wurde – und lauschte dem Bericht von der überaus erfolgreichen Sommertour des Circo delle Maraviglie, die hoffentlich hier in Pioppica ihren würdigen Abschluss finden werde.

Plötzlich wieder in Feuerschluckers starkem Arm geborgen, wurde er, verdattert und amüsiert zugleich, zu seinem Auto zurückgeleitet, wo der freundliche Riese ihm noch das Versprechen abnahm, an einem der nächsten Abende – je eher, desto besser – die Vorstellung zu besuchen. Als sie an einem Zirkuswagen mit abgeblätterter Farbe vorbeikamen, glaubte er aus den Augenwinkeln einen blonden Schopf und ein nacktes, wohlgeformtes Bein zu sehen, die zeitgleich zum Vorschein kamen, doch der sanfte Druck auf seinen Nacken erlaubte ihm nicht, sich danach umzudrehen.

Im Wagen kurbelte er als Erstes das Fenster hinunter: Der Duft nach Moschus, Schweiß und Wildtieren steckte ihm noch in der Nase. Doch als er zügig auf die ersten Häuser der Ortschaft zuhielt, ertappte er sich dabei, wie er leise vor sich hinsummte.

*

Nicht dass er kleine Mädchen besonders mag, er ist ja schließlich nicht pädophil, nie gewesen, im Gegenteil, er hatte immer ein ausgesprochen positives, männliches Bild von sich. Nur, er mag sie eben unterwürfig, das ist alles.

Die Frauen von heute sind das nur selten, schon gar nicht die jungen Mädchen, die mit entblößtem Bauchnabel und nackten Beinen herumlaufen und mit natürlicher Arroganz ihre schlanken, glatten, gelenkigen Glieder zur Schau stellen. Sie tun so, als gehörte ihnen die Welt, sie gefallen ihm nicht, sie öden ihn an.

Er mag sie gefügig, solche, die ja sagen. Solche, die Respekt haben, die nur reden, wenn sie gefragt werden. Besser noch, sie reden gar nicht, sondern tun nur das, was er ihnen sagt. Und sie versuchen nicht abzuhauen.

Es ist nicht einfach, eine junge, kräftige Jugendliche zu unterwerfen, die nicht will, anders als bei kleinen Mädchen, das weiß er. Aber das macht noch lange keinen Pädophilen aus ihm, da ist er sich sicher.

Die kleinen Mädchen.

Er sieht sie am Morgen, wenn sie über den Corso von Pioppica rennen, mit ihren bunten Zetteln in der Hand und ihren Brüdern oder Freunden oder Cousins, die um sie herumspringen und -laufen. Alle lachen und reden in einer fremden Sprache, Jungs und Mädels, zarte Glieder und gescheites Lachen. Eine von ihnen hat einen Zopf und wirkt irgendwie schüchtern, vielleicht würde sie nicht davonlaufen, sondern ihn freundlich anlächeln, vielleicht wäre es gar nicht das erste Mal für sie, dieses Zirkusvolk, diese Zigeuner treiben es ja wie die Tiere, jeder mit jedem, bei denen ist alles möglich.

Vielleicht wird sie nicht erklären können, was passiert ist, oder der Sache keine Bedeutung zumessen, und außerdem zieht der Zirkus weiter, und es wird sein, als wäre nichts geschehen.

Deshalb fühlt er sich von dem Zirkus unwiderstehlich angezogen. Vielleicht schaut er noch einmal vorbei, später. Um zu sehen, ob sich eine Gelegenheit ergibt.

*

»Don Carmelo!«

Dottor Carmelo Morace sah ärgerlich von seiner Zeitung auf. Der letzte Patient, Sasà Gallo, der schon länger als gedacht und als vielleicht wünschenswert mit einem unglaublich schlecht funktionierenden Herzen lebte, war gerade hinaus und hatte zum Dank eine Gemüsepizza und ein paar Flaschen Wein zurückgelassen.

Nun wollte er bis zum Abendessen seine Ruhe haben, Tonino wusste das und wagte dennoch, ihn zu rufen.

»Was willst du?«, fragte er schroff.

Der alte Hausangestellte streckte den Kopf zur Praxis herein: »Ich wollte Euch nur sagen, dass Donna Evelina den Dieb auf frischer Tat ertappt hat.«

»Den Eierdieb?«, fragte Don Carmelo mit erwachtem Interesse.

»Genau den! Es ist Minuccio, der bei Eurer Cousine Amalia arbeitet. Sie hatte ihm aufgetragen, beim Ausmisten der Ställe und des Hühnerstalls zu helfen, wisst Ihr noch? Und dann klaut er prompt die frischen Eier, der Dummkopf.«

»So dumm nun auch wieder nicht. Jag ihn fort und ruf Donna Amalia an. Sie wird dafür sorgen, dass er eine ordentliche Tracht Prügel bekommt.«

»Er sagte, er habe Hunger gehabt, Don Carmelo.«

Toninos Stimme klang zögerlich. Er wurde alt. Bis vor ein paar Jahren hätte so ein Bengel niemals sein Herz erweicht, und schon gar nicht hätte er zu widersprechen gewagt.

»Jag ihn fort!«, wiederholte er schroff und schlug mit Nachdruck seine Zeitung wieder auf. »Gib ihm ein Stück Brot, den halben Käse, der übrig ist, und jag ihn mit zwei ordentlichen Hieben fort. Und nun stör mich gefälligst nicht mehr bis zum Abendessen, verstanden? Um Punkt halb acht zu Tisch, sag das Genny und Evelina.« Tonino ging mit schlurfenden Schritten als Ausdruck seiner Missbilligung hinaus.

»Bastard, je älter er wird, desto schlimmer wird er«, schoss es beiden zugleich durch den Kopf, Diener und Herrn, die schon länger zusammen waren, als sie sich erinnern mochten.

In der Zeitung stand der übliche Kommunistenunsinn. Don Carmelo wusste gar nicht, warum er sie noch immer kaufte. Nicht dass die anderen Tageszeitungen besser gewesen wären, im Gegenteil. Er faltete sie nachlässig zusammen.

Draußen konnte Tonino nicht Preziosas glockenhelle Stimme übertönen. »Psst! Sei still, kleines Fräulein, du störst sonst den Großvater!«

»Wir gehen in den Zirkus! Heute Abend gehen wir in den Zirkus! Der Großvater hat es mir versprochen! Warst du schon mal im Zirkus, Tonino? Der Circo delle Maraviglie, stell dir nur vor. Was für ein wunderschöner Name, findest du nicht?«

Ein Lächeln erschien auf Don Carmelos Gesicht und durchpflügte einen Moment lang seine Falten.

*

Der Nachmittag verstrich rasch zwischen zu unterschreibenden Aktenbergen und einem völlig absurden Fragebogen zur »besseren Nutzung der menschlichen Ressourcen« – was immer das bedeuten mochte –, den er schon seit Tagen ausfüllen sollte. Langweilige, aber sinnvoll eingesetzte Stunden, die es ihm ab und zu erlaubten, Ordnung in die Papierberge der Carabinieriwache von Pioppica Sopra und Sotto zu bringen.

Mit seinen nicht mal zwanzig Mann war Santomauro zuständig für einen breiten Landstrich zwischen Pisciotta, Casalvelino und Ogliastro Marina an der Küste sowie das Hinterland bis hinauf nach Ogliastro Paese, Vallo della Lucania und Cuccaro, und das in einer Region, deren Bewohnerzahl in der Hochsaison auf über das Zehnfache anstieg.

In den Sommermonaten waren mehr oder minder schwere Zwischenfälle an der Tagesordnung, und auch gravierendere Verbrechen hatten diesen malerischen Winkel des Cilento immer wieder heimgesucht. Doch jetzt, da die Saison im Großen und Ganzen zu Ende war, bereitete sich der Maresciallo auf einen langen, verschlafenen Winter vor, in dem die Kriminalitätsrate entschieden zurückgehen würde. Es kam ihm gar nicht in den Sinn, dass diese Routine auch einmal durchbrochen werden könnte, und so ahnte er nicht, wie sehr er der illusorischen Ruhe dieses letzten Tages noch nachtrauern würde.

Gerade hatte er nach einem paar Dutzend Unterschriften den Stift niedergelegt und seine verkrampfte Hand ausgeschüttelt, als Maria Pia Manfredi hereingestürmt kam. Die strahlende Ehefrau seines Brigadiere Manfredi war immer ein gerngesehener Gast, und so ließ Santomauro sich mit einem Willkommenslächeln in den Stuhl zurücksinken.

Maria Pia war so etwas wie die Hausherrin der Kaserne von Ober- und Unterpioppica. Da der Maresciallo es vorgezogen hatte, woanders zu wohnen, war sie die Frau des ranghöchsten Carabiniere, und mit ihrem Stall voll Kindern, drei, um genau zu sein, brachte sie einen Funken Heiterkeit und Lebensfreude an diesen Ort, an dem sonst nur Männer wohnten.

Sie war sympathisch, effizient, praktisch und, was nicht schadete, von einer erfrischenden Schönheit. Totò wachte mit größter Eifersucht über sie, völlig grundlos, nach Santomauros Einschätzung, zumindest hoffte er das für seinen Freund und hatte in all den gemeinsamen Jahren niemals Anlass gehabt, das Gegenteil anzunehmen. So lächelte er ihr unbefangen zu und freute sich schon, ein paar Minuten mit ihr verbringen zu dürfen.

Maria Pia setzte sich, fuhr sich mit beiden Händen durchs schwarze Haar, strich abwesend über die leuchtend orangefarbene Bluse, die gut mit ihrer Bernsteinhaut harmonierte, dann nestelte sie an dem kleinen vergoldeten Ring in ihrem Ohr und räusperte sich.

Santomauro blickte sie an und lächelte aufmunternd. Diese Verlegenheit sah ihr gar nicht ähnlich, Signora Manfredi war eigentlich alles andere als schüchtern.

»Und? Gibt es Probleme? Du wolltest mich sprechen? Wenn

es um die Einladung morgen zum Abendessen geht, keine Sorge, ich komme ganz bestimmt«, und er lächelte wieder, wenngleich er innerlich erschauerte, denn Maria Pias Kochkünste waren vorzüglich, aber sehr mächtig, und er wollte eigentlich schon seit Anfang September abnehmen.

»Nein, Simone, darum geht es nicht. Ich stecke in der Klemme und brauche deine Hilfe, das ist es!«, platzte sie heraus und wickelte nervös eine Haarsträhne um ihren Finger. »Und du darfst es mir nicht abschlagen, Simone, bitte sag nicht nein.«

»Ich will dir ja gar nichts abschlagen, aber erklären musst du es mir schon vorher«, log der Maresciallo mit leicht verhangenem Lächeln. Dabei fuhr er sich mit der Hand über den kahlgeschorenen Kopf, eine Angewohnheit, die allen außer ihm seine Nervosität verriet. Maria Pia lächelte triumphierend, sie wusste, dass sie schon so gut wie gewonnen hatte.

»Du erinnerst dich doch an Lorenza Pisanti, meine Freundin, die Dottoressa?«

»Mit der du mich vergangenes Jahr verkuppeln wolltest? Natürlich erinnere ich mich, Maria Pia, wie könnte ich das vergessen. Und die Antwort lautet nein!«

»Aber ich habe doch noch gar nichts gefragt.«

»Meine Antwort lautet trotzdem nein, egal auf welche Frage. Fang nicht wieder damit an, und solltest du mich immer noch mit ihr verkuppeln wollen, das kann ich dir gleich sagen, dann bleibe ich lieber zu Hause. Nimm es mir nicht übel, aber …«

»Simone, darum geht es doch gar nicht!« Sie lächelte triumphierend, und der Maresciallo merkte zu spät, dass er in die Falle getappt war. Die Signora schlug jetzt höchst entspannt die wohlgeformten Beine übereinander und verschränkte die Arme vor der Brust: »Lorenza ist krank, sie hat Scharlach, die Arme, stell dir vor.«

Santomauro zuckte mit den Achseln, doch sie fuhr ungerührt fort: »Vielleicht erinnerst du dich nicht daran, aber wir arbeiten zusammen in dem Verein *Kleine Menschen für eine große Welt*. Sie hätte mich heute Abend begleiten sollen, aber nun kann sie natürlich nicht, und ich brauche einen Ersatz für sie. Dabei bin ich auf dich gekommen, aus verschiedenen Gründen, und du darfst es mir einfach nicht abschlagen!«

»Begleiten wohin denn?«

»In den Zirkus. Der Circo delle Maraviglie gastiert doch im Dorf, und ich muss mit sechzehn Kindern vom Verein hingehen. Es sind Waisenkinder, die in Casale Marino Ferien machen, ich kümmere mich um sie, aber allein schaffe ich es nicht. Bitte, Simone, dann hast du auch die ganze nächste Zeit Ruhe vor mir.«

»Sieh mal, ich käme ja gerne, aber ich habe hier wirklich alle Hände voll zu tun …«

»Das stimmt nicht, ich weiß, dass du heute Abend frei hast.«

»Warum ausgerechnet ich? Frag doch Gnarra, oder Cozzone.«

»Nein, ich möchte lieber, dass du mitkommst.«

»Und warum?«

»Du bist eben besser dafür geeignet«, erwiderte sie kryptisch.

»Warum fragst du nicht Totò?«, wollte er wissen, obwohl er die Antwort bereits kannte.

»Simone, stell mir doch nicht so dumme Fragen. Komm mit, oder lass es bleiben.«

»Aber wird er dann nicht eifersüchtig?«, begehrte er noch einmal zaghaft auf, doch Maria Pia sah ihn so böse an, dass ihm keine weiteren Ausflüchte mehr einfielen.

*

Er hatte es ganz ehrlich für eine gute Idee gehalten. Sein oberstes Ziel lautete: Abstand zu Carla und den Kindern gewinnen, raus aus dem Stress, Spannungen abbauen, auf Distanz gehen, fliehen, es nicht auf die Spitze treiben, untertauchen, den Kopf in den Sand stecken. All das und noch mehr, ohne Zweifel, er hatte es wirklich für eine gute Idee gehalten.

Sergio Gabrielli war Arzt, Kinderpsychologe, doch von Erwachsenen verstand er, wie ihm sein Anwalt und Sandkastenfreund Giacomo Jack Manzi gerade wieder einmal via Telefon beteuerte, rein gar nichts. Um nicht zu sagen einen astreinen

Scheißdreck, wie ihm sein Sandkastenfreund detailgenau darlegte.

»Einen Monat! Zuerst reitest du dich in diese ganze Scheiße, und dann fällt dir nichts Besseres ein, als für einen Monat in Urlaub zu fahren?!«

»Hältst du das eigentlich für die angemessene Ausdrucksweise? Immerhin bin ich ein Klient.«

»Nein! Du bist ein Arschloch, das knietief in der Gülle steckt! Und auch wenn ich der beste Scheidungsanwalt bin, den du weit und breit finden kannst, ist noch lange nicht gesagt, dass ich in der Lage bin, dir deinen elenden Arsch zu retten.«

Zwei Entschuldigungen seinerseits und zwei Dutzend Kraftausdrücke von der Gegenseite, dann konnte Gabrielli endlich das Handy weglegen. Giacomo hatte recht, seine Flucht hatte die Situation verschlimmert, nun hatte Carla noch eine Waffe mehr gegen ihn in der Hand. Ohne darüber nachzudenken, griff er erneut zum Telefon und tat genau das, was sein Anwalt ihm strengstens verboten hatte.

»Carla? Bitte, leg nicht auf, ich wollte nur mal mit den Kindern sprechen … Carla? Carla, ich bitte dich, um Gottes willen!«

Traurig betrachtete er das Mobiltelefon. Er hatte eh nicht damit gerechnet. Sie würde dafür sorgen, dass er seine Kinder niemals wiedersah.

Inzwischen erschien auch ihm die Idee, noch länger und zudem außerhalb der Saison in diesem gottverlassenen Winkel des Cilento zu bleiben, idiotisch, obwohl er zuvor wirklich geglaubt hatte, ein wenig Abstand würde genügen, etwas Geduld, bis Carlas Wut verraucht war. Aber sie … Er durfte gar nicht daran denken, sonst wurde er noch verrückt.

Er nahm den Autoschlüssel, ging hinaus, ohne die freundliche Tochter der Pensionsbesitzer zu grüßen, und fuhr durch die unbekannten Sträßchen, immer höher hinauf in die Berge, während das Meer im Rückspiegel kleiner und kleiner wurde. Niemals würde er seine Kinder wiedersehen. Das hatte sie geschworen und ihm ihren ganzen Hass ins Gesicht geschrien. Niemals.

*

Und so saß auch der Maresciallo an jenem Abend unter der Zirkuskuppel, konnte sich im Nachhinein aber an nichts Auffälliges erinnern, so beschäftigt war er mit den Kindern um sich, die lachten, umherschwirrten, zankten, sich gegenseitig die Schuhe wegnahmen, weinten, sich mit Schokoladeneis bekleckerten, ihn mit Schokoladeneis bekleckerten und überhaupt alles taten, was Kinder im Zirkus eben so tun.

Das Problem war, dass er nicht darauf vorbereitet war. Er hatte keine Kinder, und als plötzlich ein kleines Mädchen auf seinen Schoß kletterte und es sich dort daumenlutschend gemütlich machte, sah er sich verzweifelt um.

Vergebens: Er begegnete nur Maria Pias lächelndem Blick, die ihm mit zu einem Kreis geschlossenen Daumen und Zeigefinger das Okay-Zeichen machte. Santomauro verfluchte sie insgeheim, dann stieß das Kind auf seinem Schoß einen erleichterten Seufzer aus und sah ihn mit großen Augen und Zahnlückenlächeln an: Der Clown, vor dem sie sich geängstigt hatte, entfernte sich. Unwillkürlich lächelte er zurück. Am Ende genoss er sogar die Vorstellung, trotz der vielen Verpflichtungen, die der Job als Kinderbegleitung so mit sich brachte und die er leichtfertig unterschätzt hatte.

Es waren nicht sechzehn, sondern neunzehn Kinder, Jungen und Mädchen zwischen drei und neun Jahren, alle zum ersten Mal im Zirkus und schrecklich aufgeregt. Maria Pia hatte sie alle in die erste Reihe gesetzt. Am Eingang hatte er darum gekämpft, seine Eintrittskarte selbst zu bezahlen, doch umsonst: Feuerschlucker hatte sein Versprechen eingelöst und war nicht umzustimmen gewesen.

Mit dem übrigen Geld kaufte er für alle Schokoladeneis: erster grundlegender Fehler. Dann setzte er sich links neben die Kinderreihe, während Maria Pia am anderen Ende saß: zweiter Fehler, er hätte sich von ihr beschützen lassen müssen. Doch davon mal abgesehen, lief alles glatt, und da er, so rechnete er nach, mindestens die letzten dreißig seiner insgesamt dreiundvierzig Lebensjahre nicht mehr im Zirkus gewesen war, entspannte er sich schließlich, soweit das seine Rolle zuließ, und überließ sich ganz der vertrauten Atmosphäre aus Staunen und Tristesse, die der Zirkus, jeder Zirkus, ihm einflößte, bereits von klein auf.

Für ihn war dies das eigentliche Theater, der Ort, wo Menschen sich mit minimaler körperlicher wie intellektueller Distanz in Szene setzten. Man war richtig nah dran, vielleicht zu nah, und konnte einen Blick hinter die Schminke erhaschen, hinter den Glitter, die bunten Clownsmasken und das verzweifelte, hungrige Lachen. Erwachsenen ging es in der Regel so, und manchmal auch sehr aufmerksamen Kindern.

Santomauro war ein aufmerksames Kind gewesen, doch nun forschte er besorgt in den kleinen Gesichtern um sich herum und hoffte, dass niemand der Kleinen so war wie er damals und sie die Vorstellung ungestört genossen.

Eine Vorstellung, die tatsächlich vollkommen trostlos war. Eine bunte Folge mehr oder weniger zusammengeschusterter Nummern, präsentiert von Feuerspucker in höchst eindrucksvollen kniehohen Stiefeln, enganliegender Hose und goldfarbener Weste über der dichtbehaarten Brust.

Er war zweifellos das einzige Highlight des Abends, er hätte es verdient, unter einer weitaus prächtigeren Zirkuskuppel aufzutreten, doch davon scheinbar unberührt kündigte er mit klangvoller Stimme, deren Akzent jetzt noch exotischer wirkte, stolz und dröhnend die kläglichen Nummern an, von denen man nicht zu sagen vermochte, ob sie eher lächerlich oder grotesk waren.

In schneller Folge lösten die Schmierenkomödianten einander ab, immer dieselben in alternierenden Rollen.

Zuerst kam die Schlangen- und Taubenbeschwörerin, in der Santomauro die langbeinige Blondine aus dem letzten Zirkuswagen wiedererkannte. Dann folgte eine Dompteuse mit ihren wie Kinder ausstaffierten Hunden und Katzen und dem klassischen ungehorsamen Welpen; drei Jongleure in Paillettenanzügen, unter ihnen eine Dickmadam, die fast ihre Netzstrümpfe sprengte und regelmäßig die Reifen fallen ließ, die um ihre mehr als runden Kurven kreisten. Der Maresciallo bemerkte, dass ihr entschuldigendes Lächeln beim Aufsammeln der Reifen mehr Feuerschlucker galt als den Zuschauerreihen. Zwei mitleiderregende Clowns in Karohosen, Hosenträgern und grün-rot-gelb bemalten Schuhen brachten mehr als ein Kind im Saal zum Weinen. Eine Horde von Straußen, Truthähnen, Schweinen und Ziegen raste durch die Manege, augenscheinlich nur zu dem Zweck, ein paar billige Lacher und etwas Applaus von den kleinen Zuschauern zu ernten.

Santomauro begann unruhig auf der harten Bank hin und her zu rutschen, als endlich Feuerschlucker selbst auftrat, der nicht nur Feuer, sondern auch Schwerter, Messer, Nägel und alles mögliche andere in seinem Schlund verschwinden ließ und dem Santomauro seinen ersten ehrlichen Applaus des Abends schenkte.

*

Das Kreuz der Blindheit ist eine Strafe wie jede Krankheit, die sich langsam einschleicht.

Das hatte Cecilia Folchi schon immer gefürchtet, und das dachte sie auch nun, da sie mit einem Gipsbein im Krankenhausbett lag. Denn wenn jemand einen Herzinfarkt hat oder die Treppe hinunterfällt und sich das Schien- oder Wadenbein bricht wie in ihrem Fall, dann war das eine Sache. Aber die langsame Krankheit, die sich ganz sachte nähert, Stück für Stück Besitz von dir ergreift und dich betrügt, dich vergiftet, ohne dass du es merkst, bis du plötzlich blind bist, ohne zu wissen wie und warum, das nämlich, das ist die wahre Strafe.

Wie der Blutdruck, der von einem auf den anderen Tag gestiegen zu sein scheint, es eigentlich aber schon seit Jahren tut, im Geheimen, wie Diabetes, wie Cholesterin, wie Taubheit, wie all die Dinge, von denen du nichts weißt und die dich in Wirklichkeit von innen heraus auffressen. Wie der Krebs.

Sie hatte nie gemerkt, dass sie Probleme mit den Augen hatte, jedenfalls keine, die nicht mit dem Alter zu erklären gewesen wären, und plötzlich, aus heiterem Himmel, übersiehst du im Halbschatten eine Stufe vor dem Haus, das du eigentlich kennst wie deine Westentasche, und schon landest du im Krankenhaus, und wenn du wieder herauskommst, hast du eine Makula-Degeneration, oder wie zum Teufel diese Krankheit heißt, die zuvor nicht diagnostiziert worden war und aus dir eine Blinde ohne ein Fünkchen Hoffnung macht.

Und so wird aus dem Püppchen, frisiert, gepflegt, perfekt wie eine Porzellanfigur – nur anschauen, nicht anfassen –, eine Lumpenpuppe in den Händen derjenigen, die dich waschen, kämmen, schminken. In den Händen deines Mannes, liebevoll, aber lüstern, mit seinen schwitzigen Handflächen. In den Händen deiner Tochter, nervös, unbeholfen, zu hart.

Und die Krankheit schreitet fort.

Und so wirst du, die gerne schreibt, liest, fernsieht, vor dem Haus den Sonnenuntergang betrachtet oder schlicht das Grün der Pflanzen, die sie jeden Tag gießt, zu einer Invalidin, die nicht einmal mehr alleine aufs Klo gehen kann. Da wäre es doch besser gewesen, sich statt des Beines den Hals zu brechen, dachte sie wütend.

»Mama! Was machst du da im Dunkeln, du sollst doch nicht tagsüber schlafen, sonst kannst du heute Abend nicht einschlafen!«

Das Geräusch eines Schalters. Das Licht vielleicht. Ihre Tochter Carolina. Liebevoll, mit den besten Absichten, unbeholfen und plump wie eh und je.

»Ich habe nicht geschlafen, sondern nachgedacht. Und das Licht, das weißt du, bringt mir ohnehin kaum etwas.«

»Bitte, Papa kommt gleich hoch, lass ihn nicht deine schlechte Laune spüren, du weißt, wie ihn das belastet.«

Und was ging sie das an, ob es ihren Mann belastete oder nicht? Sie war doch schließlich diejenige, die im Krankenhaus von Vallo della Lucania lag mit einer verschobenen Fraktur von Schien- und Wadenbein und einer feuchten Makula-Degeneration im fortgeschrittenen Stadium. Sie war es, die bemerkt hatte, wie sie mit einem Mal erblindete, mit nicht einmal zweiundvierzig Jahren. Sie war es gewesen, die das Leben für welche Schuld auch immer bestrafte, von der sie nicht einmal etwas wusste. Sie war es, in deren Kopf diese wehleidigen und zornigen Gedanken widerhallten, in denen sie sich selbst kaum wiedererkannte, sie war es, die liebend gern heiße Tränen vergossen hätte, damit sie ihr die nutzlosen Augen verätzten, die sie sich dann aus den Höhlen reißen konnte. Sie vergrub ihre Hände in das zerknautschte Laken, krallte ihre Fingernägel in die Matratze im Versuch, sie zu brechen, grub fester und fester, dann entspannte sie die Muskeln wieder. Was brachte das schon? Was sollte das nur bringen?

Ihr Mann betrat das Zimmer. Vielleicht hatte er einen großen, bunten Blumenstrauß in der Hand. Vielleicht lächelte er.

Vielleicht, denn dank ihrer nutzlosen Augen war sie sich da keineswegs sicher.

*

Santomauro hatte das Gefühl, aus einem stinkenden, lärmenden Alptraum zu erwachen. Mit steifem Rücken von der harten Bank und eingeschlafenen Beinen blinzelte er wirr ins Licht; das Blinken der weißen, roten, blauen, gelben Lampen vernebelte ihm das Hirn, und irisierender Staub hing in der Luft, während vier schmächtige, hungrig wirkende Tiger von einem rotbejackten Dompteurenpaar herumgescheucht wurden. Ein paar Lakaien errichteten mit geübten Handgriffen Gitter um das Manegenrund. Wahrscheinlich war er ein paar Minuten eingenickt, wer weiß, welche Zirkuswunder er verpasst hatte?

Nun stand erneut Feuerschlucker auf der Bühne, und die Aufmerksamkeit des Maresciallo war wieder geweckt. Der Riese verneigte sich mit schnurrbartüberschattetem Lächeln vor dem Publikum, dann drehte er sich um und versenkte scheinbar mit einer einzigen fließenden Bewegung eine Reihe messerscharfer Klingen in einer Tafel, vor der herablassenden und gelangweilten Blickes die langbeinige Schönheit posierte.

Die Hände des Slawen bewegten sich unfassbar schnell, die Nummer war schon zu Ende, bevor der Maresciallo noch seine schweißnassen Hände bemerkte, die blonde Frau sammelte hochmütig die Messer ein, ehe sie hüfteschwingend abging, Feuerschlucker verbeugte sich vor den Zuschauern und zwinkerte ihm, Santomauro, zu.

Dann wieder die Clowns mit dem bekannten Programm aus Lulatsch-Schuhen, Ringelhemden und pathetischen Grimassen unter rot-weißer Schminke. Die fröhliche Stimmung kühlte um einige Grade ab. Dann: ein verkrätzter Affe ohne Manieren, aber mit entschieden mehr Intelligenz als sein Abrichter; eine sexy Dressurreiterin – wieder die langbeinige Blondine, diesmal angekündigt als Erika; eine Drahtseilakrobatin ohne Netz mit sechs oder sieben Kindern, die sich an den Trapezen zu schaffen machten, welche zum Glück nur einen Meter über dem Boden hingen. Der Maresciallo sah zu Maria Pia hinüber, die sich auf die Lippen biss und sich, als sie seinen Blick spürte, zu ihm umdrehte mit einem Stirnrunzeln, das die Traurigkeit in ihren Augen nicht verbergen konnte.

Die Nummer war zum Glück schnell zu Ende, dann kam die Schlangenbeschwörerin mit ihren zwei Assistentinnen in Form von Erika und der tollpatschigen Dickmadam, die stoisch lächelte, während eine halbbetäubte Schlange sich mühsam einen Weg zwischen ihren paillettengeschmückten Riesenbrüsten hindurchbahnte.

An diesem Punkt hatte Santomauro die Nase gestrichen voll, der Gestank nach Tieren, Schweiß, Stroh und geschmolzenem Eis drohte ihn zu überwältigen, als sich eine große Gestalt an den Beinen der Zuschauer vorbeidrängte und neben ihm Platz nahm.

»Pater Lillo!« Verblüfft erkannte Santomauro den Jesuitenpater Lorenzo Lucarello, den er bei den Ermittlungen zu einem Mordfall im vergangenen Sommer kennengelernt hatte, den er immer als den Fall der Meerjungfrau in Erinnerung behalten würde. »Was machen Sie hier? Ich dachte, Sie seien längst nach Neapel zurückgekehrt oder schon nach Rom berufen an den … Heiligen Stuhl?« Er wollte nicht sarkastisch erscheinen, doch es kostete ihn wirklich Überwindung, diese lächerliche Bezeichnung auszusprechen.

»Lieber Maresciallo, auch ich freue mich aufrichtig, Sie wiederzusehen«, erwiderte der Priester und präsentierte dabei mit breitem Lächeln seine makellose Zahnreihe im noch gebräunten Gesicht. »Ich habe meinen Aufenthalt hier in Pioppica ein wenig verlängert, wenn Sie nichts dagegen haben, ein paar Freunde haben mir ihr Haus zur Verfügung gestellt. Heute Abend hingegen hatte ich die gleichen Pläne wie Sie.«

»Nämlich?« Der Maresciallo konnte sich einen misstrauischen Unterton nicht verkneifen. Lillo war einfach immer zu gutaussehend, das Haar zu voll und zu schwarz, die Figur zu stattlich, als dass er diese besondere Art von Rassismus hätte verhehlen können gegenüber Priestern, die viel besser in die Hauptrolle einer Vorabendserie gepasst hätten.

»Ich begleite arme Waisenkinder, das sieht man doch. Maria Pia hat mich darum gebeten, nur wusste ich nicht, ob ich es rechtzeitig schaffe, wie man sieht. Aber danach komme ich noch gerne mit Pizza essen.«

»Von Pizza hat mir niemand was gesagt«, protestierte Santomauro, drehte sich dann aber um und sah Maria Pia aus der Distanz nervös lächeln. Na, prächtig, Signora Manfredi! Er war nur der Ersatzspieler für Pater Lillo, und dafür hatte er sich breitschlagen lassen und seinen freien Abend geopfert, um jetzt auch noch vom anschließenden Pizzeriabesuch zu erfahren. Santomauro verfluchte sich innerlich, während Lillo sich mit verschränkten Armen, übereinandergeschlagenen Beinen und zufriedenem Seufzen auf der schrecklich unbequemen Holzbank zurechtsetzte. Der Maresciallo registrierte, dass er ein blaues Polohemd trug und dazu helle Jeans: Er hätte alles sein können, nur kein Geistlicher. Zwei junge Mütter in der Nähe betrachteten den Vierzigjährigen interessiert, sogar Erika Langbein warf ihm einen Blick zu, während sie die Peitsche in Richtung der Dickmadam knallen ließ, die wie eine Salami in die Schlangenpelle gewickelt war. Santomauro wand sich auf der Bank. Auch er war halbwegs in Form, und mehr als eine Frau hatte seine blauen Augen bewundert, doch neben Pater Lillo fühlte er sich immer tollpatschig und ungepflegt, und zugleich nervte ihn dieses absurde Gefühl des Wettkampfs.

Er ließ seinen gelangweilten Blick über die Zuschauer schweifen, während Tiere und Tänzer in die Manege drängten. Ein paar übriggebliebene Urlauber, einige Gesichter, die er vom Sehen kannte, manche auch persönlich wie Don Carmelo Morace in Begleitung eines kleinen Mädchens, wahrscheinlich seiner Enkelin, sowie der Tochter, die gleichgültig ins Leere starrte. Santomauro wandte den Blick ab, diese Frau war ihm von jeher unangenehm, ohne dass er hätte sagen können, warum. Weitere ansässige Familien, die Eigentümer der Bar Centrale mit komplettem Anhang, zwei Mädchen und zwei Jungen, alle dicklich und blass nach einem Sommer hinterm Tresen. Für sie begannen die Ferien erst jetzt.

Auch der Maresciallo hatte noch keinen Urlaub genommen, aber er hätte auch nicht gewusst, wohin er fahren sollte.

Dann, dem Himmel sei Dank, endete die Vorstellung mit einer letzten Clownsnummer und der Verabschiedung durch Feuerschlucker. Das Publikum wurde durch eine zweite Zeltöffnung hinausgeschleust, und schnell war klar, warum: Vor dem Zelt wurden sie von Erika empfangen, die für den bescheidenen Preis von einem Euro pro Person zum besonderen Bonbon des Spektakels lud, dem Anblick der wilden, bärtigen Frau, wie sie mit ihrem Herrn und Meister rang.

Die Waisenkinder drängten aufgeregt heran, und Santomauro griff schon nach seinem Portemonnaie, nachgeahmt von Lillo, als der Vorhang beiseitegeschoben wurde und den Blick freigab. Die bärtige Frau war das Mädchen, das der Maresciallo am Nachmittag kurz gesehen hatte, ehe er vor ihm geflohen war, und sie hatte ganz entschieden einen Bart, ein obszönes, schwarzes Ding, dicht und lockig. Sie klammerte sich an Feuerschlucker mit Bewegungen, die weniger aggressiv als vielmehr unbeholfen schienen, ihr Bezähmer schüttelte sie ab, sie warf sich schluchzend auf den Boden in einen Berg aus roten und schwarzen Tüchern. Lillo, Maria Pia und er tauschten einen Blick, das war wirklich nicht das Richtige für kleine Kinder, und so trieben sie ihre Schar hinaus.

Die Pizza fiel dann aus, weil eines der Kinder sich direkt hinter den Zelten auf die Wiese übergab, und Maria Pia, nachdem sie mit erfahrener Hand die Kinderstirn gefühlt hatte, entschied, dass es Fieber hatte. Santomauro kehrte dankbar nach Hause zurück und überließ den anderen zwei die Aufgabe des Nachhausebringens.

Auf dem einsamen Zirkusparkplatz vor ihm entfernte sich gerade ein Wagen mit ausgeschalteten Scheinwerfern. Ein Liebespärchen, das nicht gesehen werden wollte, in einem alten, hellen Fiesta, der reifenquietschend eine Staubwolke zurückließ. Der Maresciallo achtete kaum darauf. Er war müde. Für heute, fand er, hatte er schon zu viel geleistet. Und so verließ er den Circus der Wunder, ohne sich umzuschauen, was er in den nächsten Tagen zutiefst bereuen sollte.

*

Er wartet im Dunkeln.

Die Vorstellung ist zu Ende, doch der Zirkus lebt und bebt noch unter den tausend Verrichtungen, die er mit sich bringt. Geräte werden abgebaut, Futter und Wasser zu den Tieren gebracht, es wird gekocht, gelacht, herumgealbert.

Die Kinder spielen und rennen, wild und frei, und der Wald ist nah, warme, schrundige Baumstümpfe, düstere Winkel, um Verstecken zu spielen, und diese Kinder, diese Mädchen haben keine Angst vor der Dunkelheit.

Nacht von Montag auf Dienstag – die erste

Den Autoschlüssel in der Hand, das Mobiltelefon ausgeschaltet, Geld in der Tasche, leider wenig. Auf Zehenspitzen schlich Genny Morace die heimische Treppe hinab.

Es wäre auch zu dumm, sich im letzten Moment erwischen zu lassen. Sein Vater schaute die Spätnachrichten, die anderen lagen alle schon im Bett, wenige Schritte, und die Freiheit würde sich vor ihm auftun, auch an diesem Abend.

»Genny! Genny, was machst du? Wo willst du hin? Kann ich mitkommen?«

Verdammt. Er schaute zu der kleinen Preziosa hoch, dieser Nervensäge von Nichte, die mit neugierigen Blicken auf der Treppe stand.

»Du warst doch schon im Zirkus, du musst jetzt schlafen!«

»Ja und, du warst auch im Zirkus, und jetzt gehst du noch mal weg. Ich will mitkommen!«

»Pscht! Sei bloß ruhig! Sonst kriegen es noch alle mit!«

»Warum? Wo gehst du denn hin?« Immerhin hatte sich das vermaledeite Kreischen in ein nerviges Flüstern verwandelt.

»Ich bin in geheimer Mission unterwegs. Ich darf jetzt nicht darüber reden, aber morgen erklär ich dir alles.«

»Ja klar. Du willst mich wohl verarschen?!«

Mann, ein paar Monate zuvor hätte sie ihm das noch abgekauft. Wie schnell diese Kinder groß wurden.

»Das sag ich deiner Mama, was du gerade für ein Wort benutzt hast, und die wäscht dir den Mund mit Seife aus.«

»Versuch's doch! Du hast mich ja nicht aufgenommen!«

»Hab ich wohl!« Er zog triumphierend sein Handy hervor. »Und man erkennt dich genau. Jetzt lass mich gehen, oder ich erzähle es.«

»Na gut.« Das von braunen Locken umrahmte Gesichtchen
zog sich mit gerunzelter Stirn vom Treppengeländer zurück.
»Aber morgen sagst du mir, was du so Geheimnisvolles gemacht hast!«

Das hättest du wohl gern. »In Ordnung, Schätzchen. Aber
jetzt geh schön schlafen.«

»Nenn mich bloß nicht Schätzchen! Du bist so falsch und
schäbig wie Falschgeld, das sagt Opa auch immer.«

Du kleine Pest, dachte Genny, während er mit dem Schlüssel im Hausflur hantierte. Am Ende kommt es noch so weit,
dass der alte Bastard alles ihr überschreibt und ich leer aus-
gehe.

*

Carolina Folchi starrte in die Dunkelheit, die sich vor ihrer
Veranda ausbreitete. Die Eukalyptusbäume drängten sich ra-
schelnd in der Finsternis, reckten ihre zarten Äste in die Höhe,
von denen sich die länglichen Blätter lösten und nach oben in
den Himmel trudelten. Auch die anderen Bäume schienen im
nächtlichen Wind zu erwachen, der rund um ihr Haus herum
flüsterte. Carolina hatte sonst keine Angst vor der Dunkelheit,
aber an diesem Abend war sie, aus welchem Grund auch immer,
nicht froh, so ganz alleine zurückgeblieben zu sein: Um diese
Uhrzeit schien das Dickicht unter den Bäumen zum Leben zu
erwachen, schien überall dort draußen irgendetwas zu knacken,
etwas oder jemand, der auch murmeln konnte oder stöhnen.

Mit einer ärgerlichen Bewegung riss sie sich zusammen:
Schon wenige Tage in der Stadt genügten, und man war dem
Landleben völlig entfremdet, da hatte ihr Vater recht. Aber
jetzt war er nicht da, ihre Mutter im Krankenhaus, der zah-
lende Gast noch nicht zurückgekehrt, und sie fuhr, trotz ihrer
dreiundzwanzig Jahre, zu ihrem eigenen Erstaunen bei jedem
kleinsten Geräusch zusammen.

Sie lauschte in die Pflanzenwelt hinaus, die sich wie aus eigenem Antrieb bewegte: Da draußen war nichts, niemand beobachtete sie von der Aufschüttung da vorne, keiner starrte sie

aus der Finsternis an. Schade nur, dass sie tagsüber selbst auf dem Erdwall gewesen war und genau wusste, was für eine gute Sicht man von dort oben auf das Haus hatte und auf ihren Lieblingsliegestuhl. Und jetzt, in der Nacht, tauchte der Lichtschein der Veranda sie obendrein wie in eine Leuchtkugel, inmitten der ganzen Düsternis.

Langsam wurde es kühl. Carolina griff nach ihrem Buch, »Was geschieht mit kleinen Mädchen«, einem alten Essay von Elena Gianini Belotti, und blickte sich prüfend um, ob sie etwas vergessen hatte. Ein dumpfer Laut ließ sie erstarren, als sie sich schon halb aus dem Liegestuhl erhoben hatte. Sie drehte den Kopf in Richtung der leeren, dunklen Stelle zwischen den Bäumen, jeder Muskel gespannt, bereit zur Flucht wie ein Hirsch, der Gefahr wittert. Sie überschlug die Entfernung bis zur Tür, wenn sie dem Angreifer das Buch entgegenschleuderte, wäre sie mit zwei Sprüngen drinnen, der Schlüssel steckte, und die Verriegelung war gleich zur Hand.

Die Nacht vor ihr war undurchdringlich, das Eukalyptuswäldchen reglos, das Dickicht stumm. Dann wieder ein Geräusch, lauter, ein Rascheln wie von Schritten auf dem vertrockneten Gras und dem harten Boden. Sie verharrte, lauschte, sprungbereit, während ihr Blick das Dunkel zu durchdringen versuchte.

Der Wind wehte eine Wolke süßen Eukalyptusduftes herüber. Sie konnte durch den Vorhang der Bäume nichts erkennen. Da war niemand. Höchstens vielleicht eine Maus, eine große Eidechse, irgendetwas, das durch das trockene Laub huschte. Sie ließ die Schultern sinken, blieb aber wachsam. Und dann, plötzlich, ein Getrappel, jemand rannte, Stöhnen, sie sprang zitternd auf, während ein Fellbündel aus der Dunkelheit auf sie zuschoss und sofort jenseits des Lichtkegels der Veranda verschwand.

Ein Hund! Ein kleiner, hechelnder Mischling, ein Weibchen, goldblond mit rosa Hängezunge, spitzen Ohren und nettem Schnäuzchen, die Zitzen verformt von zahllosen Jungen. Carolina sank erleichtert in ihren Liegestuhl zurück und musste unwillkürlich lachen. Hungrig, verschmutzt, aber zutraulich, wagte das Tier sich schwanzwedelnd in ihre Richtung. Sie sollte ihm schnell etwas zu fressen und zu trinken holen und ihn dann wegschicken, ehe ihr Vater zurückkam, der Hunde nicht besonders mochte, nicht einmal so kleine und süße wie diesen hier.

»Warte hier. Du fürchtest dich im Dunkeln, stimmt's? Dabei hast du mir auch einen ganz schönen Schrecken eingejagt.«

Das Hündchen griente und wedelte wild mit dem Schwanz.

Ja, er fürchtet sich, dachte sie und ging zufrieden ins Haus. Für heute Abend hatte sie Gesellschaft. Nun störte sie das düstere Unterholz nicht länger.

*

Donna Amalia Morace Manzo schlief schlecht in dieser Nacht. Sie war wie üblich früh zu Bett gegangen, hatte sich aber lange in dem breiten Ehebett gewälzt, in dem sie seit undenklicher Zeit alleine schlief. Die mit Wolle gefütterte Matratze war bequem, die Laken dufteten nach Lavendel, doch sie konnte keine Ruhe finden. Sie setzte sich in den Kissen auf und starrte in den Spiegel über der Kommode, die ihrer Mutter gehört hatte. Im Halbschatten war der Spiegel schwarz, ein düsteres Fenster zum Dunkel ihrer Seele.

Die Wut schwelte in ihr wie eine brennende Zündschnur. Diebe! Sie hatte zwei Diebe an ihrer Brust genährt, und nun wurde sie mit Schande überhäuft. Nun wussten es alle, obwohl sie mit wirklich jedem Mittel versucht hatte, ihre perverse und niederträchtige Natur zu korrigieren und zu kaschieren.

Alle wussten es, auch Tonino, der sie zwar offiziell im Namen seines Cousins informiert hatte, sich aber bestimmt gefreut und insgeheim gejuchzt hatte bei der Nachricht, dass ihre beiden Patenkinder abgefeimte und unverbesserliche Diebe waren. Wo sie doch nur ein gutes Werk hatte tun wollen, als sie sie bei sich aufnahm, diese zwei kleinen, schreienden Bündel, nachdem die geliebte Schwester ihres idiotischen Mannes das wohlverdiente Ende einer drogenabhängigen Hure genommen hatte.

Niemand hatte sie gezwungen, sie aufzunehmen, diese zwei bettelarmen Kinder mit ihrem madigen Blut in den Venen, niemand, denn ihr Mann war bereits an einem Herzkasper gestorben, kurz nachdem seine jüngere, heißgeliebte Schwester von zu Hause weggelaufen war, erst sechzehn und schon schwanger.

Als man sie ins Krankenhaus gerufen hatte, wo sie ihren – mehr als verdienten – Tod starb, wusste Amalia genau, dass sie das uneheliche Zwillingspärchen nicht aufnehmen musste, doch es kam ihr schäbig vor, und außerdem dachte sie an die vier Hände mehr, die sie auf dem Hof nur zu gut gebrauchen konnte. Damals waren sie drei Jahre alt, kohlrabenschwarze Augen und Haare, kleine schreiende Münder und teuflisch hübsch. Dreizehn Jahre später verfluchte sie den Moment, als sie sie sich ins Haus geholt hatte.

Gina und Minuccio kosteten mehr, als sie einbrachten, sie waren ständig am Jammern, am Betteln, und immer wurde sie von allen beobachtet, gefragt, warum sie nicht zur Schule gingen. Zur Schule! Warum, war sie etwa zur Schule gegangen, obwohl sie aus der Familie Morace stammte, der einflussreichsten Familie der Gegend? Schule hin oder her, das Brot, das man aß, wollte verdient werden, im Schweiße seines Angesichts, nicht wie diese zwei Drückeberger und Nichtsnutze, Diebe noch obendrein, die einmal mehr Schande über sie gebracht hatten. Einfach so die Eier ihres Cousins zu stehlen! Als bekämen sie bei ihr nicht genug zu essen! Am liebsten hätte sie Tonino mit dem Stock ihres Vaters, den sie immer dabeihatte, ins faltige Gesicht geschlagen, als er auf ihr Klagen hin, warum sie bloß andere Leute beklauten, mit unverschämtem Grinsen geantwortet hatte: »Vielleicht hatten sie Hunger, Donna Amalia.«

Nur mühsam hatte sie sich gezügelt, ausgespuckt und ihm bedeutet, zu gehen. Welch eine Schande! Welche Schande! Nun würden es alle erfahren.

Sie wusste es schon längst, dass diese beiden Scheusale verkommenes Blut hatten. Sie wusste auch, dass sie klauten, nur aus Spaß und Gier, doch sie hatte gehofft, das Geheimnis innerhalb der eigenen vier Wände halten zu können.

Geheimnisse mussten in der Familie bleiben.

*

Sie liebte den Geruch von Tieren! Gilja stromerte wie immer barfuß zwischen den Tierkäfigen herum, fuhr mit den Händen an den Stäben des einen Gitters entlang, dann an einem anderen und noch einem.

Dabei achtete sie immer darauf, sich von den Raubkatzen fernzuhalten. Ihren Geruch mochte sie nicht, ein wilder Geruch, wild wie das Blitzen ihrer Zähne im Dunkeln. Aber hier, das war der Käfig der Kameldame Biba, eines friedlichen, halb kahlen Tiers, des Lieblings aller Kinder.

Sie schlüpfte durch die Käfigtür, die mit einem einfachen Riegel verschlossen war, und hockte sich neben das Tier, das seinen langen Hals beugte und ihr mit der dicken, rauen Zunge die Hand leckte. Wie schön! Sie war warm und roch so gut nach Fell. Heute Nacht konnte sie hier schlafen, wie schon manches Mal in dem langen und warmen Sommer. Niemand würde sie hier suchen, und niemand kontrollierte abends, ob sie auch im Bett lag.

Das Stroh war weich, wenn auch nicht gerade sauber. Die Kamelzunge fuhr ihr über die mageren Beinchen, die feuchte und haarige Nase kitzelte sie in den Kniekehlen. Gilja seufzte vor Glück und umarmte mit geschlossenen Augen den Kopf des Tieres. Sie summte leise ein Lied, was der Kameldame zu gefallen schien. So hielten sie eine Weile still, dann fuhr das Mädchen hoch. Da bewegte sich etwas, ganz nah in den Bäumen um das Rund. Vielleicht ein kleines Wildtier, vielleicht der Wind in den Zweigen.

Um die Käfige war es stockdunkel, und Gilja war fest entschlossen, hier zu schlafen, nur dass sie überhaupt nicht müde war. Die nahen Lichter der Zirkuswagen und die Stimmen der anderen schienen nach ihr zu rufen, also stand das Mädchen schweigend auf und schlüpfte aus dem Käfig. Der Boden unter ihren nackten Füßen war warm und weich. Wie schön das Leben war. Vielleicht bekäme sie bei einer ihrer vielen Tanten eine Scheibe Brot mit Honig und eine Tasse Milch.

*

Estera Scarano verkroch sich unter dem dünnen Laken. Tonino war nach draußen zum Rauchen gegangen, wie immer, wenn er seine Bedürfnisse befriedigt hatte. Sie hatte keine Lust, sich waschen zu gehen, doch sie wollte auch nicht so besudelt bleiben. Sie war eine reinliche Frau und außerdem sehr gottesfürchtig. Und dann hatte das Schicksal ihr einen Mann wie diesen beschert, der auch mit seinen siebzig Jahren immer noch seinen dreckigen Bedürfnissen nachkam, ohne Rücksicht und Scham. Sie hielt dann immer ganz ruhig und still, sonst riskierte sie auch noch Prügel.

Sie schloss die Augen und atmete tief durch die Nase ein und aus. Zumindest für diese Nacht war es vorbei, morgen ginge es wieder los, spätestens übermorgen Nacht. Die Hoffnung, er ließe sie mal mehr als ein, zwei Nächte in Ruhe, hatte sie aufgegeben. Estera war siebenundsechzig Jahre alt, und seit sie nicht mehr monatlich blutete, schmerzte es noch mehr, aber ihm war das alles egal. Tonino war ein Raubtier, das der Herr ihr gesandt hatte, um sie für ihre Sünden zu bestrafen. Morgen würde sie zur Beichte gehen, wie immer vor der heiligen Kommunion. Don Giovannino würde ihr raten, sich in Geduld und Langmut zu üben. Das tat er immer, mit seiner dünnen und zerbrechlichen Stimme, so dass Estera ihn kaum verstand.

Vielleicht würde sie dieses Mal bei dem anderen zur Beichte gehen, dem gutaussehenden, jungen, der von außerhalb kam. Vielleicht hätte er einen besseren Rat für sie. Vielleicht würde sie Tonino eines Tages mit der Axt den Kopf einschlagen. Vielleicht könnte sie nun einschlafen, mit diesem tröstlichen Gedanken. Vielleicht würde der Herrgott sie verstehen und ihr wenigstens diese Gedanken verzeihen.

*

Evelina Morace Santelli warf unwillig den Kopf auf dem Kissen hin und her. Ein schwacher Lichtstrahl drang durch die Fensterläden ins dunkle Zimmer, die dumme Estera hatte sie nicht ordentlich zugemacht. Doch das war nicht der Grund, warum sie immer noch wach lag, nein, es war das Geräusch des Fernsehers, das durch ihre wächsernen Ohrstöpsel drang, die sie sich vor einer Stunde in die Gehörgänge geschoben hatte in der Hoffnung, dass sie zumindest heute halfen.

Irgendetwas an den Geräuschen eines Fernsehapparats, etwas Eintöniges, Gleichförmiges, menschlich und künstlich zugleich, stört den Schlaf mehr als alles andere. Evelina wusste das, ohne je über das Warum nachgedacht zu haben. Der Lärm von Autos oder Lastwagen auf der nahen Straße tangierte ihren Schlaf nicht im Geringsten, und auch nicht das Gerede oder Streiten oder Lachen von Leuten, die unter dem Fenster vorbeigingen. Nicht einmal Chaos im Haus, Lachsalven oder die durchdringende Stimme ihres Vaters, der nach Tonino oder Estera rief.

Nichts von all dem störte ihre Ruhe, auch wenn sie bei den anderen immer absichtlich diesen Eindruck erweckte, so dass alle auf Zehenspitzen an ihrer Zimmertür vorüberschlichen, und selbst ihr Wirbelwind von Tochter, Preziosa, das Abbild einer quicklebendigen, impulsiven Neunjährigen, versuchte auf ihre hart erkämpfte Nachmittagsruhe und ihren empfindlichen Nachtschlaf Rücksicht zu nehmen.

Ihr Vater ebenfalls, behauptete er zumindest. Aber das war leeres Gerede, denn der bis spät in der Nacht tönende Fernseher war der ständige Begleiter ihrer durchwachten Stunden. Auch heute war nichts daran zu ändern. Dabei hatte sie nach der heillosen Langeweile des Zirkus die Ruhe so bitter nötig.

Evelina setzte sich mühsam auf, schüttelte den Kopf, so dass die widerwärtigen, rosa Ohrstöpsel aufs Kopfkissen fielen, und stieg aus dem Bett. In dem schwachen Licht der nachlässig verschlossenen Fensterläden öffnete sie die Tür zum dunklen Flur einen Spaltbreit und schlüpfte hinaus. Nebenan die Badezimmertür, dann Preziosas Zimmer, schließlich um die Ecke das unruhige Flimmern des Fernsehers, die halbgeöffnete Tür ihres Vaters.

Vielleicht könnte sie sie geräuschlos schließen, ohne ihn zu wecken, und so eine sinnlose, sterile Diskussion um diese Uhrzeit vermeiden. Sie schlich im Halbdunkel bis zur Tür, doch dann konnte sie es sich mit der Hand auf der Klinke doch nicht verkneifen, einen Blick hineinzuwerfen. Ihr Vater schlief, die Brille auf der Nasenspitze und drei Kissen im Rücken.

Auch Preziosa schlief, in den Armen das vierte Kissen und auf der Seite des Bettes, die früher einmal einer Frau gehört hatte, die weder Evelina noch ihre Tochter jemals kennengelernt hatte.

Evelina zog sich in den halbdunklen Flur zurück und ließ die Tür, wie sie war. Wieder in ihrem Zimmer, drückte sie sich die Stöpsel in die Ohren und vergrub ihren Kopf unter dem Kissen, das sie mit beiden Armen fest umschlang.

*

Pater Lorenzo Lucarello Societatis Jesu, Lillo für seine zahlreichen Freunde, wälzte sich genervt im Bett hin und her, schließlich bearbeitete er das Kopfkissen mit den Fäusten, eine gute Übung zum Abbau von emotionalem Stress, wie er aus einem sehr interessanten Buch wusste, das er mal für eine katholische Zeitschrift rezensiert hatte. Doch nichts. Es gab keine Alternative.

Er stand wieder auf, zum dritten Mal in dieser Nacht, die kein Ende nehmen wollte, und griff nach der Uhr auf dem Nachttisch, zwischen Brille und Wasserglas. Erst drei Uhr. Ärgerlich legte er die Rolex zu den anderen zwei Gegenständen zurück, die ihn an den langsamen, unumkehrbaren Verfall erinnerten, dem sein Körper entgegenging – wann hätte er bisher eine Lesebrille gebraucht und erst recht irgendwelche Pillen – und ging barfuß ins Bad.

Was seine Prostata betraf, so wusste er bis vor kurzem gar nicht, dass er eine besaß, bis ein Chefarzt der Urologie, der seine überfüllten Messen auf dem neapolitanischen Posillipo besuchte, ihm im stillen Kämmerlein ein paar peinliche Fragen beantwortet hatte. Nun, da er von ihrer Existenz wusste, hatte sie prompt angefangen, sich auf unangenehme Weise mit diesem penetranten Harndrang bemerkbar zu machen, der ihn in der Nacht überfiel und sich mahnend zur Brille und den verfluchten Fischöltabletten gesellte.

Nachdem er die von seiner Prostata diktierte Not verrichtet hatte, blieb er vor dem Waschbecken stehen, umfasste es seitlich mit den Händen und betrachtete sein Gesicht im Spiegel. Er wusste es nicht, doch dies war genau der Blick, mit dem er in die Seele so manch eines besonders eigenwilligen oder renitenten Gläubigen schaute, derselbe Blick, der einer frommen Jüngerin den Schauder der Gottesberührung über den Rücken jagte und der, als er den anderen Damen des feinen Neapels zugetragen wurde, sein natürliches Charisma stärkte und mehrte. Doch nun galt der alles durchdringende Blick von Lillo Seelengucker nur der Suche nach einem neuen Fältchen oder einem frischen grauen Haar zum Herausreißen.

Nichts, zum Glück, immerhin das blieb ihm erspart. Er schlief gerne in Shorts und Unterhemd, und der Spiegel zeigte ihm das Bild eines starken, mäßig behaarten Oberkörpers, wohlgeformter Hals- und Schultermuskulatur und eines attraktiven Gesichtes. Etwas getröstet, wenn auch nicht zur Gänze, kehrte er ins Bett zurück. Er wusste nicht, warum ihm sein Äußeres in den letzten Jahren so zur Obsession geworden war, eine dumme Selbstgefälligkeit, über die er sich schon bitter bei seinem Beichtvater beklagt hatte, einem achtzigjährigen spanischen Jesuiten mit Buddhamiene und der Mitteilsamkeit einer Schildkröte.

Er hatte sich nie als eitlen Menschen empfunden, sondern stets als waschechten Jesuiten, als eine Art Robin Hood, der es von den Reichen nahm und den Armen gab – genug Missionen in Afrika konnten seinen aktiven Einsatz bezeugen. Und nun? Ganz plötzlich, seitdem er die vierzig überschritten hatte, war er geradezu besessen von jedem zusätzlichen Kilo oder Fältchen, von leicht erhöhtem Blutdruck oder Cholesterin, von einem nächtlichen Klogang. Was war nur los mit ihm?

Er hatte Angst vor der Antwort, hatte Angst, dass alles nur auf der Sorge beruhte, seine Faszination, sein Charisma, die er immer gespürt hatte, diese Fähigkeit, die Seele der Gläubigen zu durchdringen, all diese Macht könne nicht von der Stärke seiner Seele herrühren, sondern einzig und allein von seinem Körper.

Er war Jesuit geworden, um ein Soldat Christi zu sein und sich Ihm allein hinzugeben. Er wollte niemandes Sklave sein, schon gar nicht der seines Körpers. Von morgen an werde ich mich gehenlassen, versprach er sich einmal mehr, dann werden wir ja sehen, wer hier wessen Sklave ist.

*

Wenn man alt wird, werden einem viele Dinge versagt: die Freude an einer schönen Frau, die Freiheit, einen kräftigen Wein zu kosten, ohne Gewissensbisse einen alten Käse zu verspeisen, oder einfach der Genuss einer langen, durchschlafenen Nacht.

Don Carmelo wusste das nur zu gut, und doch stieg in ihm immer ein heißer Zorn auf, wenn er auf die Unausweichlichkeit der erlittenen und noch bevorstehenden Verluste gestoßen wurde. In dieser Nacht war an Schlaf nicht mehr zu denken, er würde nicht wiederkehren. Nur Preziosa schlief, und ihre Ruhe war so kostbar wie sie selbst.

Die Nacht draußen war frisch und noch stockdunkel, niemand würde ihm die Zigarren wegnehmen, er starb doch lieber mit krebszerfressener Lunge, als auf seine Zigarren zu verzichten. Seine schwere Gestalt verschwand unter den Bäumen, und von Ferne hätte man ihn mit dem Rauch, der seinen Kopf umkräuselte, für ein merkwürdiges Tier halten können, langsam und schwerfällig, aber stark, das sich seinen Weg durch die Dunkelheit bahnte.

*

Sie hört etwas. Sie weiß nicht was, nur ein Geräusch, Atmen, Schritte, leises Stöhnen.

Sie ist neugierig, das ist normal in ihrem Alter, sie läuft hin. Sie sieht gut im Dunkeln, doch sie begreift nicht, was sie da sieht. Sie drehen sich um, schauen sie mit roten Augen an, und irgendwoher weiß sie, dass dies das Ende ist. Sie kauert sich still nieder, versucht nicht mal zu fliehen.

*

Marco Folchi schlief schwer in seinem Bett in jener Nacht, während seine Frau Cecilia mit sinnlos aufgerissenen Augen in ihrem dunklen Krankenhauszimmer lag; ihre Tochter Carolina konnte erst gegen Morgen einschlafen, und während ihre Sinne sich endlich abschalteten und ihr das ersehnte Vergessen brachten, galt ihr letzter Gedanke dem Hündchen, das sie für immer verloren hatte. Sie hatte es gesucht in der Nacht, doch es war entwichen und würde nie wieder zurückkehren.

*

Im selben Haus las Dottor Gabrielli zu viele Seiten eines unfassbar langweiligen Krimis, den die Frau eines berühmten Autors verfasst hatte, und als seine Augen zu brennen begannen, legte er das schlimme Machwerk beiseite, knipste das Licht aus und hoffte auf einen schnellen Schlaf, der ihm die Gedanken an Carla und die Kinder vertreiben würde und an das, was er getan hatte.

*

Minuccio schläft den Schlaf der wilden Tiere: mit allen Sinnen wachsam, um jederzeit verdächtige Bewegungen aufzunehmen, den Körper nie ganz entspannt, sondern stets bereit, aufzuspringen und zu fliehen.

Trotzdem schläft er. Er schläft und träumt von Mamma Signora und vom Mao und von Comare Perna. Und von Gina, die vor ihnen allen flieht und dabei gar nicht auf ihn wartet, und das ist gemein.

*

Die ganze Kaserne schläft, in seliger Unwissenheit ob des Grauens, das sich gerade zuträgt, während Nyx und sein Bruder Erebos gemeinsam über den Himmel ziehen, die irdische Nacht und die Nacht der Hölle. Hypnos, der Schlaf, ihr inzestuöses Geschöpf, und seine Söhne Morpheus, Phantasos und Phobetor, die Träume, stromern frei herum.

Auf den Zimmern seufzt jemand im Schlaf tief auf, ein anderer schnarcht, es riecht nach Schweiß, jungen Männerkörpern, Testosteronexplosionen und übereifrigen Verdauungssäften.

Pietro Gnarra schläft selig wie ein Kind, Totò Manfredi hingegen erwacht kurz vor Morgengrauen mit einem unguten Gefühl und betrachtet lange Maria Pia, die schön und ahnungslos neben ihm in ihren Träumen liegt.

Warum ist sie noch bei ihm? Warum hat sie ihn geheiratet? Warum hat sie gestern nicht ihn mit in den Zirkus genommen? Warum ist sie so spät zurückgekommen?

Erster Tod, ein paar Stunden zuvor

Es ist stockdunkel, nicht einmal der Mond scheint mehr, und das kleine Mädchen stolpert zwischen Steinen und Dorngestrüpp den felsigen Abhang hinunter.

Sie weiß kaum, wo sie hintritt, weiß nicht, wie viel Uhr es ist, nur spät ist es, tiefste Nacht, und Blut rinnt ihr über die Augen, doch das merkt sie kaum, tastet sich weiter voran, immer dem tierischen Instinkt folgend und irgendetwas Vagem in der Luft, das ihr sagt, dass weiter vorne eine Lichtung zwischen den Bäumen ist.

Sie sieht nichts, nur die Dunkelheit, und sie hört das Rascheln und Knacken der brechenden Äste, doch sie hat keine Angst.

Nein, jetzt hat sie keine Angst mehr, und sie spürt auch keinen Schmerz. Was passieren musste, ist passiert, und sie weiß genau, dass es nichts Schlimmeres für ein Mädchen geben kann. Sie ist zwar noch klein, aber nicht so klein, dass sie diese Dinge nicht wüsste, und genauso weiß sie, dass das Schlimmste vorbei ist. Sie muss nur die Straße finden, mit jemandem reden. Sie möchte Licht finden, Wärme, Wasser zum Trinken und Menschen, mit denen sie reden kann, freundliche Gesichter, die es bestätigen, die ihr sagen, dass alles vorbei ist.

Sie hat keine Angst, und als sie vor sich eine Gestalt wie einen noch dunkleren Schatten aus dem Schatten treten sieht, zögert sie keinen Augenblick, rennt weiter, denn das Böse ist weit weg, weit hinter ihr.

Sie hat nicht einmal Zeit, zu realisieren, dass sie sich geirrt hat, keine Zeit, wieder diese Angst zu verspüren, sie merkt nichts, stirbt in gnädiger Ahnungslosigkeit, ohne zu wissen, wie oder warum.

Erster Tag, Dienstag

Der Tag begann für Santomauro deutlich gedämpft: verhangener Morgenhimmel, ein Hauch von Kopfweh, so hatte er sich mühsam durch die schwüle Luft zur Kaserne gekämpft, um weiter seine Aktenberge zu bearbeiten. Immer wieder war Totò Manfredi unter allerlei fadenscheinigen Ausreden im Türrahmen erschienen, bevor er beim dritten Mal endlich gefragt hatte: »Na, schön gewesen gestern im Zirkus?«, mit einem halben Lächeln unter dem Schnurrbart, das niemanden täuschen konnte. Manfredi war etwa in Santomauros Alter, mit schwellendem Bäuchlein und quasi vollendeter Kahlköpfigkeit, das Ganze erschwerend flankiert von einer blinden, zur Gänze unbegründeten Eifersucht auf jeden Mann, der attraktiver war als er. Er litt sehr.

»Oh, um Himmels willen! Eigentlich hättest du auf meinem Platz sitzen müssen, das weißt du genau, also erspar mir deine alberne Eifersucht.«

»Ach Gottchen, wohl miese Stimmung heute Morgen, was?!«

»Ja, aber erst seit ich dich gesehen habe«, log der Maresciallo, der wirklich äußerst schlecht gelaunt war.

»Entschuldigung, Entschuldigung, ich tu's nie wieder.«

Totò verschwand, um fünf Minuten später mit einem Friedensangebot aufzutauchen. Leider handelte es sich dabei um eine Tasse von Panguros ungenießbarem Kaffee, den er nun nicht ausschlagen konnte. Es war eine schlammige Brühe, womöglich noch fieser als sonst, Santomauro schaute von seiner Tasse auf und betrachtete Manfredi, der zufrieden an seiner nippte.

»Schmeckt er dir? Eine ganz spezielle Mischung, habe ich

ihm mitgebracht, und außerdem grob gemahlen, ich bringe ihm gerade den Umgang mit der neapolitanischen Wendekanne bei.«

»Offensichtlich seid ihr mit euren Lektionen noch nicht weit gekommen«, brummte Santomauro und stellte seine Tasse ab. Alles hatte seine Grenzen.

»Hör mal, Simone, ich wollte fragen … aber nicht dass du mich falsch verstehst …, also gestern, war da noch jemand dabei?«

»Klar, neunzehn Kinder außer Rand und Band, was glaubst du denn?«

»Ach so, ja«, meinte Totò erleichtert, und gerade als Santomauro hinzufügen wollte, dass auch Lillo da gewesen sei, erklangen aus dem Korridor Schreie, die Tür wurde aufgestoßen, und Panguro führte zwei zerzauste Frauen herein, so dass er dieses unwichtige Detail mit einer Mischung aus Erleichterung und schlechtem Gewissen für sich behielt. Beim Anblick der völlig aufgelösten und in einer unverständlichen Sprache kreischenden Frauen vergaß er das Thema dann sofort. Sie waren jung, dunkelhäutig, trugen bunte Röcke und hochgeschlossene Blusen, und der Maresciallo meinte, eine von ihnen schon einmal gesehen zu haben, war sich aber nicht sicher.

Panguro sprang mit entschuldigender Miene um sie herum und warf seinem Vorgesetzten kurze, zerknirschte Blicke zu als Ausdruck seiner Hilflosigkeit. Auf der Schwelle erschienen inzwischen weitere Carabinieri, einer von ihnen drängte sich entschlossen nach vorne. Es war Scamarci, ein Neuzugang, der erst wenige Tage da war.

»Wenn Sie erlauben, Maresciallo, ich spreche ein wenig Rumänisch, vielleicht kann ich mit ihnen reden.«

Er trat neben die ältere der beiden Frauen, ergriff ihre Hand und redete schnell und leise auf sie ein, und je ruhiger die Frau wurde und je länger sie ihm unter unterdrücktem Stöhnen und Schluchzen erzählte, was sie zu berichten hatte, umso mehr verdüsterte sich seine Miene.

Die zweite hörte stumm zu und biss dabei auf einem Zipfel ihres langen Blumenrocks herum, wobei sie unwissentlich ihre bernsteinfarbenen Beine entblößte. Plötzlich fiel Santomauro ein, woher er sie kannte: Sie war eine der Tänzerinnen vom Zirkus. Am Vorabend war sie geschminkt gewesen und hatte mit Hochsteckfrisur in einem Glitzeranzug gesteckt, jetzt erkannte er sie nur durch diese Verzweiflungsgeste, die ihre schlanken Beine enthüllte, was ihm gehörig peinlich war.

Scamarci sagte noch etwas zu den Frauen, dann stand er auf und blickte ihn ernst an.

»Schlimme Geschichte, Maresciallo, heute Nacht ist ein kleines Mädchen vom Zirkus verschwunden. Die Nichte dieser Frau hier, sie hat es erst heute Morgen gemerkt, die Kinder schlafen alle zusammen, und vor allem nach einer Vorstellung herrscht immer etwas Durcheinander. Niemand weiß, wo sie ist, sie haben schon überall gesucht. Der Zirkusdirektor, ein gewisser Mustafa Parsi, durchkämmt gerade das Unterholz bei der Flussmündung, die beiden hier haben es nicht mehr ausgehalten und wollten die Polizei verständigen. Wirklich schlimme Geschichte.«

Er schüttelte den Kopf, als müsse er eine Fliege verjagen. Er war ein hochgewachsener, hübscher Junge, mit Haaren, die einen Deut zu lang über den Uniformkragen hingen, und zwei Ohrlöchern, die von einer bewegten Vergangenheit zeugten.

Santomauro, der immer neugierig darauf war, seine Leute kennenzulernen, auch wenn sein Naturell ihn von größeren Vertraulichkeiten abhielt, beschloss, ihn und Manfredi zu einer Ortsbegehung mitzunehmen. So konnte Scamarci außerdem als Dolmetscher für die beiden Frauen fungieren, die im Dienstwagen erneut in Tränen ausbrachen.

»Woher kannst du Rumänisch?«, wollte Manfredi wissen und drehte sich vom Beifahrersitz nach hinten um. Santomauro am Steuer lugte mit einem Auge in den Rückspiegel.

»Meine Oma kam daher, und sie hat mir ein wenig ihre Muttersprache beigebracht. Ich selbst bin aus Viterbo«, erwiderte

Scamarci und redete dann wieder schnell auf die zwei Frauen ein, die sich zu beruhigen schienen.

*

Marco Folchi hatte gehofft, ein Spaziergang an der frischen Luft würde ein wenig Abwechslung in seinen drögen Vormittag bringen, außerdem mochte er Dottor Gabriellis Gesellschaft und hatte daher einer Führung über sein Grundstück sofort zugestimmt.

Der kleine Agriturismo, den er seit ein paar Jahren mit seiner Frau betrieb, lief gut, den Sommer über waren sie immer ausgebucht, und wenngleich er keine andere Aufgabe hatte, als den Gastgeber zu spielen – die Bewirtschaftung der Gästezimmer und des kleinen Restaurants oblag ganz dem angestellten Personal –, fühlte er sich doch in der Pflicht, für seine Gäste da zu sein, zumindest für die sympathischeren unter ihnen. Und Gabrielli war sympathisch, ein interessanter Typ, Kinderpsychologe, der für den kompletten September ein Einzelzimmer gemietet hatte.

Um dem Zirkus mit seinem Tiergestank und Kinderlärm aus dem Weg zu gehen, hatten sie sich dem Landesinneren zugewandt, wo der Boden erst langsam, dann immer steiler zwischen Rosskastanienwäldchen und weiten Gestrüppflächen anstieg. Ein Stück weiter standen vereinzelt verfallene Häuser, die Folchi früher oder später instand zu setzen gedachte, und die wollte er seinem Exkursionsgefährten zeigen. Der tiefhängende, bewölkte Himmel jedoch bedrückte ihn, und nachdem sie kaum eine Stunde gegangen waren, sehnte er sich schon nach der Frische der Laube neben dem Haus zurück, nach seiner Pfeife und dem gerade begonnenen neuen Buch von Peter Robinson.

Gabrielli schien kaum besser gestimmt: Seit zehn Minuten lief er schweigend einher, die Hände in den Taschen vergraben und ein paar Kiesel auf dem staubigen Weg vor sich herkickend. Dabei war er die treibende Kraft ihrer Unternehmung gewesen, doch vielleicht würde er nun auch lieber umkehren.

Er war klein von Wuchs, mit hervorspringender Nase und großen, traurigen Augen unter den dichten Augenbrauen. Folchi mochte ihn, ohne genau sagen zu können, warum.

»Wenn wir die Lichtung erreichen, zeige ich Ihnen eines der verlassenen Gehöfte, dann kehren wir wieder um, einverstanden?«, fragte Folchi hoffnungsvoll.

Gabrielli lächelte: »Ich würde mir gerne auch die anderen ansehen, aber wenn Sie müde sind …«

»Nein, nein, ich dachte nur, Sie wären es.«

»Bitte entschuldigen Sie, ich war in Gedanken, aber ich würde gerne weitergehen, wenn Sie nichts dagegen haben. In der Stadt komme ich so selten zum Spazierengehen.«

Sie schritten weiter bergauf, doch Folchi spürte ein Unwohlsein, das immer schwerer auf seiner Brust lastete. Später, in der Rückschau, deutete er dies als mögliche Vorahnung, eines dieser sonderbaren Phänomene, die es wohl gab, die er aber noch nie selbst erlebt hatte. Im Moment aber schob er die Schuld eher auf den Hackbraten, den Carolina am Abend zuvor bereitet hatte. Er hatte sehr spät zu Abend gegessen, war hungrig gewesen, und aus lauter Sorge um Cecilias Gesundheitszustand und alles andere hatte er sich auch noch dem Alkohol ergeben. Normalerweise trank er einen halben Liter Wein pro Abend, nicht mehr, was laut sämtlichen Kardiologen, die er kannte, ein optimales Universalmittel für sein Herz war, doch gestern Abend hatte er es übertrieben.

»Sind Sie müde? Sie schwitzen ja, wenn Sie wollen, kehren wir um«, meinte Gabrielli besorgt. Das empfand er fast als Beleidigung, wollte sich aber nichts anmerken lassen und lachte dann innerlich über diesen männlichen Stolz, der es ihm nicht erlaubte, seine Schwäche gegenüber dem Jüngeren zuzugeben. Schließlich war und fühlte er sich gut in Form, ein starker Mann, dem man sein Alter trotz Bart und graumelierten Haaren nicht ansah.

»Das ist nur die Hitze, Sie werden sehen, weiter oben kommen wir in den Schatten. So alt bin ich nun auch wieder nicht, wissen Sie? Ich bin fünfundfünfzig, und einen solchen Spaziergang mache ich alle zwei Tage.« Lächelnd zwinkerte er seinem Begleiter zu, damit der nicht etwa glaubte, er sei verstimmt. Er hatte ein attraktives Gesicht, mit zahllosen Lachfältchen um Augen und Mund, so dass die Leute ihn gern für netter und gutmütiger hielten, als er eigentlich war. Marco Folchi wusste das, und darum lächelte er auch gerne und oft. Der andere erwiderte sein Lächeln und schien sogleich weniger besorgt.

»Ich finde es auch ziemlich warm. Sie sagten, in der Gegend um Pioppica gebe es noch mehr alte Gebäude, die in Schuss gebracht werden könnten?«

»Wenn Sie nach einem Schnäppchen Ausschau halten, sind Sie noch nicht zu spät, obgleich die schönsten Grundstücke schon verkauft sind. Ich zeige Ihnen eines, damit Sie sich ein Bild von den Möglichkeiten machen können, und wenn Sie wollen, stelle ich Sie einem Freund vor, der in Acciaroli ein Immobilienbüro betreibt. Wir sind fast da. Merken Sie? Hier ist es schon frischer. Vielleicht finden wir ein paar *carracai.*«

»Carracai?«

»Das sind Bergschnecken. Bei uns heißen sie so.«

»Hier im Cilento gibt es viele ganz eigene Ausdrücke, Traditionen und Gebräuche. Das finde ich hochinteressant. *Mortelle* zum Beispiel, Ihre Tochter sagte, die gebe es heute zum Abendessen. Was ist das genau?«

Folchi erklärte ihm geduldig, dass *mortelle* nichts anderes waren als geflochtene Mozzarellastränge, die mit Blättern vom Myrtenstrauch, eben der *mortella,* gewürzt waren. Dieser Landstrich hier hatte in der Tat so viele Besonderheiten zu bieten, über die er las und sich fortbildete und die er gerne mit jedermann teilte.

Nun schritten sie unter einigen Kastanien einher, keine Brise regte sich, und das Brummen der Insekten erfüllte die Luft. In der Ferne hörte man den Ruf eines Vogels. Schatten und Sonne schienen unter den Baumkronen Nachlaufen zu spielen. Vor ihnen lag das ehemalige Bauernhaus, von dem nur noch zwei Mauern standen, während die restlichen Steine in der Vegetation verstreut waren.

Marco Folchi hätte sich gerne hier niedergelassen und ausgeruht, doch leider hatte er seine Pfeife nicht dabei. Gabrielli rauchte toskanische Zigarren, die Folchi eine ebenbürtige Alternative zu sein schienen. Die Lippen zu einem kleinen Lächeln verzogen, wandte er sich um, als sein Blick auf einen bunten Fleck zu seiner Rechten fiel und ihm der Atem stockte.

»Was …?«, stieß sein Begleiter fragend hervor, doch er selbst bekam keinen Ton heraus und lief zu der großen Kastanie hinüber.

Das Mädchen lag zusammengerollt im Gras, das rosafarbene T-Shirt zerknautscht, der kurze Jeansrock über den dünnen braunen Beinen hochgerutscht. Ihre dicken, schwarzen Haare lösten sich aus dem geflochtenen Zopf. Sie war noch so jung, und er wusste sofort, ohne sie zu berühren, dass sie tot war. Er drehte sich um, trat schnell beiseite und erbrach den Hackbraten mitsamt seiner Seele unter einen nahen Baum. Dann ließ er die Stirn gegen die schrundige Rinde sinken. Hinter sich hörte er Gabriellis erschüttertes Gemurmel. Ohne sich umzudrehen, um den Anblick nicht noch einmal ertragen zu müssen, sagte er: »Sie warten hier, wenn es Ihnen nichts ausmacht, ich kenne mich aus und bin schneller. Ich kehre bald mit den Carabinieri zurück.«

»Machen Sie bloß schnell«, erwiderte Gabrielli nur, woraufhin er fast dankbar losrannte, weil der andere für ihn die grausige Aufgabe übernahm, den leblosen kleinen Körper zu bewachen. Als er sich im Galopp seinem Gut näherte, fühlte er sich unendlich viel älter als fünfundfünfzig.

*

»Einen Viertelliter Milch, sechs Brötchen und etwas von der frischen *caciotta,* bitte. Ist was passiert? Wo wollen denn die ganzen Carabinieri hin?«

»Ein kleines Mädchen soll verschwunden sein, unten beim Zirkus. Wie viel von dem Käse?«

»Dreihundert Gramm. Eins von unseren Kindern?«

»Nein, eins vom Zirkus. Sie suchen es schon seit heute Morgen.«

»Ach so, na dann … Dann bekomme ich noch sechs Eier, aber frische.«

*

»Es gab mal eine Zeit, da glaubte ich immer zu wissen, was das Richtige zu tun sei.«

Lillo nickte und lächelte mit geschlossenen Augen. Es war angenehm hier im Schatten auf den Treppenstufen vor der kleinen Kirche von San Pacuvio. Don Giovanninos Stimme drang trocken und leise an sein Ohr, kaum störender als der Wind in den Blättern des Oleanders dort drüben. Er hoffte, nicht antworten zu müssen.

»Ich war ja auch mal jung, nicht wahr, Pater Lillo?« Das eindringliche Stimmchen klang nun leicht fragend, vielleicht sollte er etwas mehr Nachdruck in sein Nicken legen. Don Giovannino fuhr fort, als genüge ihm diese stumme Aufmerksamkeit voll und ganz. »Ich war jung wie Sie, und ich glaubte, alles zu wissen. Im Beichtstuhl war ich ein Tiger, ich gab Ratschläge, machte Vorschläge und Mut, manchmal rügte ich auch.«

Don Giovannino als Tiger. Lillo wagte einen vorsichtigen Blick auf ihn. Alt, um nicht zu sagen steinalt, dabei dürr und kahl wie ein gerupftes Vögelchen, ähnelte er nicht gerade einem Raubtier. Aus einer zärtlichen Anwandlung heraus legte er die Hand auf die blassen, fleckigen Finger des Mitpriesters. Wie hielt er es an diesen heißesten Stunden des Tages nur in der schwarzen Kutte aus?

»Wollen Sie mir etwas sagen, Don Giovannino? Möchten Sie sich jemandem anvertrauen? Oder beichten?« Er lächelte ihn mit halbgeschlossenen Augen an. Die Oleanderblüten hinter dem alten Mann leuchteten bonbonrosa vor dem azurblauen Himmel, fleischig, prächtig und tödlich wie so viele schöne Dinge. Die kleine Kirche lag einsam etwas außerhalb von Pioppica, in völliger Stille, und die Sonne fand allmählich ihren gestreiften Weg auf die Steinstufen. Bald würden sie sich in die feuchte Kühle des Inneren zurückziehen müssen, um dort auf Büßer zu warten, die ihr Gewissen erleichtern wollten. Nichts Aufregendes, aber immerhin eine Beschäftigung.

Don Giovannino stand mit einem Seufzer auf und klopfte sich den Staub vom Talar.

»Nein, Pater Lillo, ich weiß selbst nicht, was ich da rede. Ich bin alt, und manches entfällt mir. Wie die Antworten, die ich den Leuten geben will. Wenn Sie mal so alt sind wie ich, werden Sie das verstehen.«

*

Minuccio kauerte zitternd auf seinen Fersen. Wenn er sich ganz, ganz klein machte, würde Mamma Signora ihn vielleicht nicht finden. Es war ein Fehler gewesen, nach Hause zu gehen. Solange er auf den Feldern blieb, war alles gut. Er konnte sie schon von weitem sehen und weglaufen. Und wenn sie sehen würde, was er geleistet hatte, würde sie ihn vielleicht nicht verprügeln. Aber er hatte Hunger, er wollte ein Stück Brot, und er dachte, wenn er etwas von der harten Kruste nahm, würde sie es vielleicht nicht merken.

Mamma Signoras Stimme kam näher, ebenso das Geräusch von ihrem Stock, der auf den Boden schlug. Letztes Mal hatte es geblutet, sie wusste, wohin sie treffen musste. Minuccio verkroch sich in die dunkelste Ecke des Waschkellers und versuchte, mit der schmutzigen Wäsche und den zum Trocknen aufgehängten Auberginen zu verschmelzen. Sie würde ihn sowieso in der Nacht überraschen, wenn er schlief, außer er ginge in den Wald. Aber es wurde langsam kalt nachts, und Minuccio hätte gerne im Haus geschlafen, auf dem Boden neben dem erloschenen Kamin in der Küche. Vielleicht, wenn Mamma Signora wüsste, dass er alles erledigt hatte … Das Feld war sauber, alle Steine herausgeklaubt, das Holz ordentlich aufgestapelt, die jungen Sträucher festgebunden, die Tischdecken gewaschen, die Schweine versorgt. Vielleicht würde sie ihn dann doch nicht verprügeln. Nicht dass ihm die Schläge viel ausmachten, aber er hatte Angst um seine Zähne und Augen. Das hatte Gina ihm erklärt: »Es ist egal, wohin sie schlägt, bloß nicht auf die Zähne und die Augen. Alles andere heilt wieder, aber die nicht.« Und Gina glaubte er immer alles.

Der Gedanke an Gina hatte ihn einen Moment abgelenkt, nun sah er plötzlich Mamma Signoras Füße vor sich, ohne zu wissen, wo sie hergekommen war.

»Hier bist du also, du dreckiger Lump! Jetzt werde ich dir das Fell gerben!«

Er vergrub den Kopf zwischen den Knien und schützte ihn mit seinen Händen. Augen und Zähne, nur das zählte. Augen und Zähne. Alles andere kam wieder in Ordnung. Sagte Gina. Zähne und Augen nicht. Zähne und Augen nicht.

*

Er spürte die Sehnsucht wie einen dumpfen Schmerz in seinem Bauch. Er hätte niemals geglaubt, dass man so leiden konnte. In seinen relativ behüteten, ruhigen dreiunddreißig Lebensjahren hatte Genny Morace zwar den Riemen seines Vaters zu spüren bekommen, Wut, Langeweile, Frust, Prüfungsangst, sprießende Pickel und das ganze Programm an Teenagerqualen, aber so etwas nie. Ein unbändiger Schmerz, der in seinem Innern nagte und grub und ihn ganz leer und kraftlos machte.

Und gleichzeitig eine wilde Freude, ein Hunger, ein Strahlen, die ihn genauso auslaugten.

Und nun? Was würde nun passieren? Er fühlte Sehnsucht, er fühlte Angst. Er wusste nicht, was größer war, die Angst oder die Sehnsucht.

*

Das Mädchen war wie immer verschwunden.

Evelina spürte eine boshafte Freude, wenn sie sie insgeheim so nannte, das Mädchen, und nicht bei diesem albernen und prätentiösen Namen, den ihr Vater ihr aufgezwungen hatte.

Das Mädchen.

Bald würde die Schule wieder losgehen, und das Mädchen

hatte sich angewöhnt zu verschwinden, stundenlang durch die Wälder zu streifen, unkontrollierbar, ohne jeden Sinn für Disziplin. Sie würde ein ernstes Wörtchen mit der Lehrerin reden müssen, damit sie sie endlich mit der verdienten Strenge anfasste und ihr ein für alle Mal die Grundregeln für ein Leben in Anstand einbläute.

Auf der Suche nach Preziosa hatte sie sich vom Haus entfernt, und nun stach ihr das helle Sonnenlicht in die Augen. Sie mochte Bäume und Büsche nicht, sie hatte immer das Gefühl, dass sich hinter ihnen etwas verbarg, außerdem irritierten sie diese Explosion grüner Vitalität und die Farben der Blüten, deren Duft sie nicht mochte. Zum Glück stand der Herbst bevor, und mit ihm die winterliche Ruhe, die früh einsetzende Dunkelheit, dann würde sich vielleicht auch ihre permanente Migräne etwas bessern.

Doch nun, diese letzten, nicht enden wollenden Sommertage, wie ihr das auf die Nerven ging! Und dieses Summen und Brummen und Zirpen und was sonst noch alles, wenn die Natur kurz vor dem Niedergang noch einmal richtig auftrumpfte!

Das Getöse der Insekten war einfach zu laut, Evelina wurde gegen ihren Willen neugierig, sie umrundete ein Gebüsch und stieß auf ein grausiges Fellbündel, blutig und wimmelnd vor Ameisen, Fliegen und anderem Getier.

Über Wurzeln stolpernd rannte sie zurück und landete mit einem erstickten Schrei in Toninos Armen, dem sie mit Mühe berichtete, dass sie ein totes Tier am Waldrand gefunden hatte. Unter dem Vorwand, sie zu trösten, betatschte das alte Schwein ihre Brüste. Evelina konnte nicht erwarten, dass ihr Vater starb, damit sie ihn endlich entlassen konnte.

*

Den Anruf aus der Kaserne nahm Manfredi auf dem Handy entgegen, während der Maresciallo mit Sicht auf das Zirkuszelt den Wagen parkte. Aus dem, was als Suche nach einem vermissten Mädchen begonnen hatte, war etwas anderes geworden. Ein Mann hatte die Kinderleiche gefunden und saß nun verständlicherweise erschüttert zu Hause, bereit, seine Aussage zu machen.

Cozzone begab sich schnellstmöglich mit einer Mannschaft vor Ort. Geheimnisvollerweise begriffen die zwei Frauen sofort, worum es ging, ohne dass es einer Übersetzung bedurfte. Die jüngere fing leise an zu weinen, die andere stellte Scamarci mit rauer Stimme eine einzige Frage, dann umarmte sie schweigend ihre Freundin. Santomauro und Manfredi stiegen aus, der Maresciallo drückte dem jungen Kollegen die Autoschlüssel in die Hand und überließ ihm die Entscheidung, ob er den beiden im Krankenhaus ein Beruhigungsmittel verabreichen ließ oder sie zurück zu ihren Zirkuswagen begleitete. Er war ihm dankbar, denn damit nahm er ihm eine der traurigsten und unseligsten Aufgaben ihres Berufes ab. Dann jedoch fiel ihm ein, dass das Allerschlimmste ihm selbst bevorstand.

Als sie die Zelte erreichten, sahen sie die Gruppe von Männern, die nach dem Kind gesucht hatten. Santomauro erkannte, dass sie schon Bescheid wussten. Sie starrten ihn aus grauen Gesichtern an, schweigend, wie die Frauen, die dabeistanden, die Kinder eng an sich gepresst. Ein junger Mann sprach Italienisch, ein Blondschopf, der am Vortag den Tierbändiger und Seiltänzer gegeben hatte und sich nun erbot, sie zu begleiten.

Mustafa, sagte er, sei in Erikas Zirkuswagen, es gehe ihm nicht gut, er sei bei denen gewesen, die die Kleine gefunden hatten. Der Maresciallo wusste, dass ein gewisser Marco Folchi die Carabinieri angerufen hatte, ein Einheimischer, doch er fragte nicht weiter und ging zu dem Wagen hinüber, der ihm gezeigt wurde.

Die anderen Leute drängten sich in und vor der kleinen Behausung, es herrschte eine Stille, die Santomauro wesentlich lärmender vorkam als jedes Getöse. Alle sahen ihn an, als er sich dem Zirkusdirektor gegenüber an den Tisch setzte und seine Dienstmütze abnahm. Erika war immer noch blond und langbeinig, nun aber in einen rosa Trainingsanzug gepresst;

stumm brachte sie ihm eine Tasse von dem starken Kaffee, den er schon kannte, dann kauerte sie sich zu Feuerschluckers Füßen nieder wie ein zahmes Haustier, obwohl jede ihrer Bewegungen, ihr Gesicht und ihr ganzer Körper erkennen ließen, dass sie alles andere als zahm war.

Der Riese schaute ihn aus seinen unfassbar blauen Augen an. Sein Gesicht war wie versteinert. Mit einem Räuspern sagte er: »Gehen Sie, Maresciallo, gehen Sie hin und sehen Sie es sich an. Ich habe sie gesehen und werde nie mehr Frieden finden, nie mehr …!«

Seine Stimme brach, und er umfasste mit den Fingern der Rechten sein linkes Handgelenk. Dort trug er ein schweres Kupferarmband, dessen Rand sich in seinen Daumen grub, was er gar nicht zu merken schien. Erika berührte seinen haarigen Arm und murmelte etwas, woraufhin er sich sofort entspannte, den Kopf senkte, heftig schüttelte, aufsah und wiederholte: »Gehen Sie, holen Sie sie, und finden Sie den Täter. Wir warten hier.«

Der Blondschopf begleitete ihn und Manfredi, ein anderer Mann erbot sich, den Rechtsmediziner und Cozzones Trupp, sobald sie einträfen, zum Tatort zu führen. Sie ließen die Flussmündung hinter sich und drangen in den kleinen Wald auf dem Hügel vor. Schatten und Sonne lösten einander unter den Bäumen ab, Santomauro hörte nur das Brummen der Insekten und das Knacken der Äste unter ihren Füßen. Neben ihm schleppte sich der schwitzende Manfredi hinauf.

Jan, ihr Führer, war ein Cousin des Feuerschluckers, dessen Nachnamen er teilte. Im Gehen erklärte er, dass viele von ihnen untereinander verwandt waren, aber nicht alle, es gab sogar den einen oder anderen Italiener.

Er konnte nicht sagen, wie viele Leute beim Zirkus waren, denn für gewöhnlich herrschte große Fluktuation. Ungefähr zwanzig Erwachsene und Kinder, aber genau wusste er es nicht. Die Kleine, die verschwunden war, hieß Zina, sie war die Enkelin einer Schwester des Feuerschluckers, eine Vollwaise, und mit ihren zehn Jahren trat sie im Zirkus als Seiltänzerin auf, ritt auf den kleineren Tieren, pflegte und fütterte sie und sollte später einmal Ballerina werden.

Wenn es ein Später gegeben hätte, dachte Santomauro bitter, genauso wie Jan wahrscheinlich, der jäh verstummte und schwieg, bis sie die Lichtung mit der Leiche erreichten.

In der Nähe ragten zwei Mauern eines verfallenen Hauses auf, die ganze Lichtung war mit Gestrüpp überwuchert, doch das Mädchen lag nicht dort, sondern unter einem nahen Baum, einer großen Kastanie, deren Zweige die Umgebung in kühlen Schatten tauchte.

Das Mädchen schien im Gras zu schlafen, ein hingekauertes buntes Häuflein, viel kleiner, als bei ihrem Alter zu erwarten gewesen wäre. Sie hatte lange, schwarze Haare, die zu einem halb aufgelösten Zopf geflochten waren, und trug kleine Goldohrringe, ihr Gesicht war leicht violett. All das erfasste Santomauro mit einem Blick, während er sich neben sie kniete, und noch andere Dinge, die er lieber nicht gesehen hätte. Er stand ruckartig auf und sagte barsch zu Manfredi: »Keiner rührt etwas an! Wir warten auf die Spurensicherung und den Rechtsmediziner.«

Er entfernte sich ein paar Schritte. Auch Manfredi warf nur einen raschen Blick auf sie und folgte ihm dann.

»Simone«, presste er hervor und umklammerte schmerzhaft seinen Arm. »Simone …« Mehr kam ihm nicht über die Lippen. Manfredi hatte drei eigene Kinder, darunter auch ein kleines Mädchen. Mit einer unausgesprochenen Frage in den gutmütigen Augen sah er seinen Vorgesetzten an, und Santomauro wusste sofort, was er meinte.

»Ist der Untersuchungsrichter informiert?«, fragte er viel schroffer als beabsichtigt.

»Ja, Ammaturiello hat ihn angerufen. In Vallo war ausgerechnet Gaudioso am Telefon, er sagte, er hätte zu tun, Familienprobleme, vielleicht stirbt die Schwiegermutter, keine Ahnung, er tue sein Möglichstes, wir sollten schon mal alleine anfangen.«

»Umso besser, hoffen wir, dass er sich nicht blicken lässt.«

»Ja, umso besser …«

Sie standen stumm nebeneinander, dann endlich fragte Manfredi mit einem tiefen Seufzer: »Hier bei uns passieren solche Dinge doch nicht, oder, Simone?« Und der Maresciallo verstand sehr gut, was er meinte. Es war die Hoffnung, die Illusion, dass das Böse, das sie gerade gesehen hatten, von diesen armen Fremden ausging, sich nur zufällig hier ereignet hatte und nicht in ihre Welt gehörte.

Just in diesem Moment betrat der Rechtsmediziner, der hochverehrte Leandro de Collis, die Szenerie. Keuchend und fluchend kam er den Pfad herauf, gefolgt von einem Carabiniere, der ihm die Tasche trug.

Seine wie immer untadelige Gestalt beugte sich selbst dann unter den Bäumen durch, wenn es gar nicht nötig war, als ob er sich seiner außergewöhnlichen Größe immerzu bewusst wäre. Und groß war er wahrhaftig, etwa einen Meter neunzig, mit breiten Schultern und einer sportlichen, eleganten Figur, dichten weißen Haaren, schwarzen Augenbrauen und Schnäuzer, insgesamt ein wirklich gutaussehender Mann mit bemerkenswert wichtigtuerischem Auftreten.

Santomauro hasste ihn aus vollem Herzen, wie man die Cholera oder den Autoverkehr hasst, wenngleich er im Laufe der letzten Ermittlung, die er bei sich immer noch den Fall der Meerjungfrau nannte, hin und wieder Spuren von Menschlichkeit in seiner arroganten Miene entdeckt hatte. Dennoch war die Antipathie groß, begründet und glücklicherweise gegenseitig.

»Also, Maresciallo?«, fragte de Collis und hielt geradewegs auf ihn zu. Die Kinderleiche unter dem Baum hinter sich hatte er noch nicht bemerkt. »Sind Sie zum Zirkus übergewechselt? Ihre Carabinieri haben mich quasi unter Gewaltanwendung aus meinem Haus verschleppt. Was gibt's, haben Sie eine Leiche, bei der Sie befürchten, sie könne sich durch magische Kräfte in Luft auflösen?«

Totò wäre ihm am liebsten an die Gurgel gegangen, doch Santomauro hielt ihn mit einer Handbewegung zurück. Schwierigkeiten warteten auch so schon genug auf sie.

»Kommen Sie und tun Sie Ihre Arbeit, danach tun wir die unsere.« Bei den Worten zeigte er mit der Hand auf den Baum und auf das, was darunterlag. De Collis drehte sich in einer eleganten, fließenden Bewegung um, dann konnte der Maresciallo beobachten, wie das kleine, sarkastische Lächeln in seiner Miene erstarb, seine Schultern nach vorn sackten, während der Arzt sich der Leiche näherte und sich neben ihr ins Gras kniete.

Er folgte Totò in Richtung Pfad, während der Fotograf angelaufen kam und begann, Bilder zu machen. De Collis protestierte nicht, ließ keine unangenehmen Kommentare fallen, wessen Arbeit denn nun Vorrang hätte, sondern verharrte weiter auf den Knien, schweigend und mit gesenktem Kopf. Santomauro betrachtete ihn, bis die Bäume ihm die Sicht versperrten.

Als er ihn etwas später wiedersah, hatte der Arzt sich zu Santomauros Erleichterung wieder gefangen: Ihm fiel der Umgang mit einem verhassten de Collis wesentlich leichter.

»Sie bekommen meinen Bericht so schnell wie möglich, gleich morgen, wenn ich es schaffe. Ich werde noch heute Nachmittag die Autopsie durchführen, sollten Sie uns mit Ihrer Anwesenheit beehren wollen. Auf alle Fälle, aber das haben Sie ja sicher selbst bemerkt, wurde die Kleine sexuell missbraucht, bevor man sie strangulierte. Weitere Details später. Signori, auf Wiedersehen.« Und mit einem kurzen Kopfnicken drehte er sich um und verschwand.

»So ein Arschloch«, murmelte Manfredi, als sie den Abstieg begannen. Hinter ihnen machten sich die Carabinieri im Schatten des Baumes zu schaffen, bewacht von dem stummen Cozzone, der mit seiner grimmigen Miene noch hässlicher aussah als sonst. Santomauro stimmte ihm zu – mit einem Hauch, einem sehr feinen Hauch schlechten Gewissens.

*

Und als ob die ganze Angelegenheit nicht schon traurig und schlimm genug gewesen wäre, trafen sie ein Stück pfadabwärts auf eine weitere Komplikation, zusammengesunken auf einem Mäuerchen.

Jan Parsi, dem die Verlegenheit ins Gesicht geschrieben stand, hatte sie dorthin geführt. Die Komplikation trug die übel zugerichteten Gesichtszüge eines kleinen Mannes Mitte, Ende dreißig, der sich als Dottor Sergio Gabrielli vorstellte und vorab verkündete, er habe nicht die Absicht, Anzeige zu erstatten. Das halte er für absolut unangemessen. Er hatte ein blaues Auge, an seiner geschwollenen Unterlippe klebte noch etwas getrocknetes Blut.

Gemeinsam stiegen sie ins Tal hinab, und er erzählte Santomauro, was passiert war, während Manfredi und Jan Parsi ihnen stumm folgten.

»Das alles ist nur zu verständlich, Maresciallo. Die Männer haben die Kleine gesucht und mich bei der Leiche gefunden. Folchi war losgegangen, um Sie zu rufen, ich bin als Wache oben geblieben, sie dachten, ich … Ist ja klar, was sie dachten, ich saß neben ihr, ganz benommen, da ist das nur natürlich. Ihr Chef, dieser Hüne, hat mich am Kragen gepackt und mit seinen Fäusten traktiert. Wahrscheinlich hätte er mich gleich umgebracht, aber irgendwie konnte ich ihm erklären, dass ich gerade erst gekommen war, und er war zum Glück luzide genug, um auf mich zu hören. Ich habe ihm das Erbrochene gezeigt, nicht meins, das von Folchi, und gesagt, dass die Polizei bald hier wäre. Er hatte ein Handy dabei, und zum Glück fiel mir die Nummer der Masseria Chiaraluce ein, Folchi hat ihm alles bestätigt, nur deshalb lebe ich wohl noch. Dennoch habe ich nicht vor, Anzeige zu erstatten. Wahrscheinlich hätte ich mich an seiner Stelle genauso verhalten.«

Santomauro hörte ihm schweigend zu. Gabrielli war kräftig, aber nicht einmal einen Meter fünfundsechzig groß, während Feuerschlucker selbst einen Sumoringer in Bestform in Angst und Schrecken versetzen konnte. Außerdem waren seine Leute bei ihm, aufgewühlt und wütend. Dieser Mann war um Haaresbreite der Lynchjustiz entgangen, und das wusste er.

Der Maresciallo sah in sein verschwollenes Gesicht mit der

großen Nase und fragte sich, ob er an seiner Stelle dieselbe Großmut beweisen würde.

»Das ist sehr großzügig von Ihnen. In manchen Momenten schaltet der Verstand einfach ab.«

»Ich habe selbst zwei kleine Kinder, ich kann das sehr gut verstehen.«

Sie hatten die Autos erreicht. Ein überflüssiger Krankenwagen wartete mit geöffnetem Heck. Feuerschlucker stand in der Nähe. Mit Stechschritt kam er auf sie zu, und der Maresciallo sah aus den Augenwinkeln, wie der Dottore ins Straucheln geriet, aber nur einen Augenblick lang, denn gleich darauf lag Gabrielli in den kräftigen Armen des Zirkusdirektors, der ihn stumm an sich drückte und dann wieder abstellte. Der arme Kerl war krebsrot, Mustafa nicht minder.

»Ich muss Sie noch einmal um Entschuldigung bitten.«

»Nicht der Rede wert. Wenn ich irgendwie behilflich sein kann, ich bin Kinderpsychologe.«

»Vorerst kümmern wir uns selbst um unsere Kinder, aber trotzdem danke. Und nochmals Entschuldigung. Maresciallo, beinah hätte ich diesen Herrn umgebracht, es fehlte wirklich nur so viel.«

Seine dicken Finger ließen eine klitzekleine Lücke zwischen Daumen und Zeigefinger.

Santomauro lobpries noch einmal Gabriellis Geistesgegenwart, die ihm das Leben gerettet und ihnen allen eine Menge Ärger erspart hatte.

»Die Sache liegt jetzt bei uns. Sie werden sehen, dass wir den Mörder finden.«

»Das ist auch besser so, Maresciallo. Besser, Sie kriegen ihn vor mir.«

*

»Papa, hör mir zu. Du bist aufgewühlt, du musst dich ausruhen. Ich mache dir einen Kamillentee, und dann legst du dich hin. Assuntina kümmert sich um Dottor Gabrielli, und Sbangiulieddu hilft ihr dabei. Ich fahre gleich zu Mama ins Krankenhaus, du siehst, es ist alles unter Kontrolle. Geh und ruh dich ein wenig aus, bitte.«

Marco Folchi presste die Hände vor das Gesicht. Er spürte einen heftigen dumpfen Schmerz in den Augenhöhlen, als habe sein Hirn beschlossen, sich den schnellsten Weg nach draußen zu suchen.

»Carolina, ich kann nicht. Die Carabinieri müssen mich noch befragen, immerhin habe ich die Leiche dieses Mädchens gefunden, und dazu noch auf meinem Grund und Boden. Sie müssen jeden Moment hier sein.«

»Aber sie haben doch bestimmt schon Gabrielli befragt, was wollen sie dann noch von dir? Du stehst doch nicht unter Verdacht! Sieh dich nur an, du bist ganz grau im Gesicht, ich habe Angst, dass du das nicht durchstehst …«

Er legte seine Hand auf ihren Arm. Carolina verstummte, seine Berührung hatte sie schon immer zu beruhigen vermocht.

»Mein Kind, bitte. Sie müssen mit mir reden, ganz zu Recht. Danach kann ich mich ja hinlegen. Ich würde jetzt ohnehin keine Ruhe finden, verstehst du? Ich habe immer das Bild von diesem armen Kind vor Augen, und dann sehe ich wieder Chiaretta vor mir …«

Sie fühlte, wie er sich versteifte, und auch in ihr erwachte bei diesem Namen erneut die alte Angst. Dabei war es so viele Jahre her. Carolina holte scharf Luft, dann sagte sie leise: »Papa, denk jetzt nicht an Chiaretta. Warte auf die Carabinieri, rede mit ihnen, das wird dich erleichtern. Aber ich würde dir gern irgendwie helfen. Was kann ich tun?«

Das war immer schon das Problem mit Carolina gewesen, dachte Folchi und schloss müde die Augen. Sie musste immer etwas tun, aktiv sein, brauchte das Gefühl, die Situation im Griff zu haben. So war sie immer, voll guten Willens, bis zur Zermürbung.

»Papa?«

Er öffnete die Augen und sah sie an, bemüht, den Ärger zu verbergen, den er unter seiner Erschöpfung in sich aufsteigen spürte. Carolina war schon dreiundzwanzig, doch wenn sie mit ihm sprach, lag in ihrem Tonfall, in ihrer Haltung so etwas Kindliches, Unfertiges, das ihm zutiefst auf die Nerven ging. Er wusste, dass es ihre Art war, ihm die Schuld zuzuschieben, ihm noch immer die Verantwortung für ihr Leben zu geben.

»Weißt du, was wir machen? Du fährst jetzt zu Mama, sofort. Du verbringst den Nachmittag bei ihr, damit sie diese böse Geschichte nicht von anderen zu hören bekommt. Du erzählst es ihr, aber nicht bis in alle Einzelheiten, noch mehr Sorgen kann sie zurzeit gar nicht gebrauchen. Tu mir den Gefallen, und ich verspreche dir, dass ich mich hinlege, sobald ich mit den Carabinieri gesprochen habe.«

»Bist du dir sicher? Wirst du es schaffen?«

»Was glaubst du denn, wie ich es bisher geschafft habe?«, brummte er, ohne nachzudenken, dann sah er die Tränen in den Augen seiner Tochter und schwieg verlegen.

Carolinas Augen waren zwei grüne, tiefe Seen, und als sie klein war, hatten die Eltern gedacht, dass sie einmal sehr schön werden würde. Doch es war anders gekommen. Chiaretta wäre schön geworden, wenn sie Gelegenheit dazu gehabt hätte, Carolina hingegen war plump, die Schultern und Beine viel zu rund, das Gesicht ziemlich gewöhnlich mit beinah groben Zügen. Nur ihre Augen blieben schön und ihre Haare, eine kastanienbraune Lockenmähne mit goldenen Einsprengseln. Doch sie war immer noch sein Kind, und er wollte sie nicht verletzen, wollte nicht, dass sie sich ungeliebt fühlte.

»Entschuldige. Ich bin nur so verwirrt. Du weißt, dass du hier unverzichtbar bist. Wir wissen es zu schätzen, welches Opfer du für uns gebracht hast. Fahr jetzt zu Mama. Sie braucht deine Gesellschaft viel dringender, ich komm schon zurecht.«

Dann saß er allein in der Küche vor der Tasse Kamillentee, den die Tochter noch schnell für ihn bereitet hatte. Sie war seiner Bitte gefolgt und gegangen, doch Folchi wusste, dass er sie wieder einmal verletzt hatte.

Es war schwierig, sie im Haus zu haben. Sie hatte Biologie

studiert, und wenngleich ihre Noten nicht berauschend waren, hatte sie es fast bis zum Examen geschafft. Er hatte ihr eine kleine Wohnung in Neapel besorgt, sie kam und ging seit ein paar Jahren, doch nun stand alles wieder auf Anfang. Sie hatte das Studium abgebrochen und war ganz zurückgekommen, um ihnen zu helfen, als sie das Problem seiner Frau nicht länger ignorieren konnten. Ihm passte das nicht, mehr noch, es störte ihn. Ihre Anwesenheit, so gut sie gemeint war, brachte ihr ganzes Leben durcheinander.

Denn wo Carolina an gutem Willen überfloss, mangelte es ihr im Gegenzug an Taktgefühl, und auch Cecilia, sosehr sie normalerweise in ihre Künstlerwelt abtauchte, ließ manchmal einen gewissen Unwillen ihr gegenüber erkennen. Seit der Diagnose – das war seine Bezeichnung für die Krankheit – schien sich seine Frau charakterlich zu verändern. Folchi fragte sich, ob ihr Leben je wieder sein würde wie früher. Er ließ seinen Kopf auf die Hände sinken. Nur ganz kurz, dachte er, und nickte ein.

Just in diesem Moment kam Santomauro. Folchi hatte nur ein paar Minuten geschlafen, doch seine Glieder fühlten sich bleischwer an, als wäre er mitten in der Nacht aus tiefsten Träumen gerissen worden. Er bat Santomauro ins Wohnzimmer und bot ihm einen Kaffee an, der abgelehnt wurde, dann setzten sie sich einander gegenüber.

Er kannte den Maresciallo nur vom Sehen, hatte aber viel von ihm gehört, und viel Gutes. Er beantwortete präzise alle Fragen, ließ aber absichtlich ein paar Dinge aus, die seiner Meinung nach nichts mit den Ermittlungen zu tun hatten.

Er erzählte von ihrem Aufstieg in die Berge, aber nicht von der Erschöpfung, die sich seiner bemächtigt und ihm das Gefühl gegeben hatte, alt zu sein. Für den Maresciallo durchlebte er noch einmal den grausigen Fund und beschrieb in allen Einzelheiten, die ihm noch gegenwärtig waren, diesen alptraumhaften Vormittag, doch über Chiaretta verlor er kein Wort. Warum auch, das lag alles so lange zurück, ein Schmerz, der nur seine Familie etwas anging.

Er erklärte, dass sie zurzeit zu fünft im Haus waren, er, die Tochter, Gabrielli und die Tarvisos, ein Ehepaar, das die Masseria Chiaraluce praktisch in Eigenregie verwaltete. Seine Frau Cecilia lag aufgrund eines komplizierten Schienbeinbruchs im Krankenhaus. Er ließ noch mehr aus, darunter auch die Diagnose, vielleicht würde Cecilia ihm davon erzählen, ihm war nicht danach. Außerdem gab es noch ein holländisches Camper-Pärchen, die angefragt hatten, ob sie ihr Zelt in der Nähe aufstellen durften, aber darüber sollte er lieber die Tarvisos befragen, die es ihnen angeboten hatten.

Der Maresciallo wollte wissen, wie die kleine Zina Razini – so, sagte er, hieß sie – auf sein Grundstück gekommen sei. Die Grenze zwischen diesem und dem Nachbargrundstück, das von Dottor Morace, war auf der Karte eingezeichnet, und wahrscheinlich würde Sbangiulieddu Tarviso, sein Vertrauensmann, ihm die Steine und Bäume genau zeigen können, die die Grenze markierten, doch Folchi kannte sie nicht im Einzelnen. Die Ruine gehörte jedoch sicher ihm. Wie die Kleine da hinaufgelangen konnte, war ihm selbst schleierhaft. Der Maresciallo hörte zu, stellte noch ein paar Fragen und verabschiedete sich dann.

Marco Folchi hielt das Carolina gegebene Versprechen und legte sich hin. Er war ein alter Mann, auch wenn er das vor seiner Frau und seiner Tochter niemals zugegeben hätte.

*

Assuntina Tarviso war eine dünne, unscheinbare Frau absolut undefinierbaren Alters. Sie sei leider gerade auf dem Weg in die Kirche, erklärte sie dem Maresciallo bedauernd, während Ammaturiello mit ihrem Ehemann Sbangiulieddu sprach, der in Unterhemd und Hosenträgern in der Küche des Nebengebäudes der Masseria mit flinken Händen ein Huhn rupfte. Die ganze Anlage bestand aus einem großen Haus, einem schönen, alten Gebäude mit Rundbogen und Vortreppe, darüber ein Balkon über mehrere Seiten. Das Nebengebäude war neueren Datums und lag isoliert hinter dem großen Garten, in dem verschiedene Bäume standen, darunter auch ein paar riesige Palmen mit runden, orangeroten Früchten.

»Wir hier«, erklärte er barsch, »und die da. So wollte es die Signora«, es schien, als spucke er das Wort geradezu aus, »damit die Gäste uns nicht sehen, außer wenn sie uns brauchen. Ich und meine Frau putzen und kochen, wir machen alles. Die da halten nur Hof.«

Das Huhn war nackt, doch er zupfte weiter an der Haut herum, auf der Jagd nach nicht vorhandenen Federn. Er hatte ein dunkles Gesicht, aus dem das Stirnrunzeln kaum wegzudenken war. Von der Schwelle aus sagte Assuntina: »Ich muss dann«, und zu Santomauro mit leiser Stimme: »Hören Sie nicht auf ihn, die Folchis sind ganz liebe Menschen, die Arbeit ist leicht, und wir haben hier unsere Ruhe.« Mit einer Hand wies sie auf die kleine, aber ordentliche Wohnung, dann schien sie sich über ihre eigene Courage zu wundern und schlüpfte hinaus.

»Was die abends nach dem Essen zu Hause so tun, darüber wissen wir nichts. Als dieses Mädchen aus dem Zirkus ermordet wurde, waren wir hier, mit den Enluds, unseren holländischen Freunden, die ihr Zelt dort hinten aufgeschlagen haben.« Er deutete mit einer vagen Geste aus dem Fenster.

Die Enluds waren jung, fröhlich, schlank und blond, sie sahen aus wie Geschwister, waren aber verheiratet und erklärten in einem Kauderwelsch aus Englisch und Italienisch, dass sie Chatfreunde Sbangiulieddus waren und deshalb zur Masseria gekommen seien. Folchi ließ sie kostenlos zelten, deshalb fanden sie ihn nett, sie würden nicht mehr lange bleiben, den vorigen Abend hatten sie wie jeden Abend mit den Tarvisos verbracht. Sie lächelten viel, und Ammaturiello verließ sie in der festen Überzeugung, dass es da irgendetwas gab, das nicht ausgesprochen worden war.

*

Am frühen Nachmittag hatte Santomauro eigentlich der Obduktion beiwohnen wollen, doch zum Glück kam ihm ein Anruf von Gnarra dazwischen.

Zusammen mit dem Gefreiten Pasquale Cozzone fuhr er zum Tatort, der Gefreite lenkte, als habe er erst am Vortag seine Führerscheinprüfung abgelegt.

»Pasquale, könntest du nicht ein bisschen Gas geben? Ich muss noch nach Vallo zu Dottor de Collis, am besten in nicht allzu ferner Zukunft.«

»Aber Maresciallo, die Kurven.«

Santomauro seufzte zustimmend, die Straße von der Carabinieriwache hinunter nach Pioppica war wirklich extrem kurvenreich, und auch hinter dem Dorf in beide Richtungen die Küste entlang, sowohl nach Casale Marino als auch nach Acciaroli, entlang der steilen Felsabstürze auf das türkisblaue Meer, nichts als Kurven, in denen auch noch die Einfahrten zu den im üppigen Grün verborgenen Villen lagen.

Allerdings lebte Cozzone schon jahrelang hier, mittlerweile müsste er also Übung haben. Doch wie üblich brachte Santomauro es nicht übers Herz, ihm das vorzuwerfen. Cozzone war klein, hässlich, mit zu vielen Muttermalen, zu vielen Haaren und zu vielen Zähnen. Außerdem hatte ein übelmeinendes Schicksal ihm diesen peinlichen Nachnamen beschert, Cazzone, von dem er unter beachtlichem Zeit- und Geldaufwand am Ende nur einen einzigen Vokal hatte ändern können – sozusagen von Langschwanz in Longschwonz. Santomauro redete ihn netterweise nur mit Vornamen an, und das entgegen seiner selbstauferlegten Regel, mit seinen Untergebenen keinen allzu persönlichen Umgang zu pflegen.

Alle anderen, außer Maria Pia, nannten ihn bei seinem Nachnamen, und oft genug bei seinem alten, indem sie so taten, als wäre ihnen die Vokalumwandlung von A nach O gerade entfallen.

»Maresciallo, ich fahre jetzt schneller, aber ich will auch nicht da unten landen. Ich sehe nämlich nicht mehr so gut.«

»Das auch noch? Also gut, Pasquale, mach langsam, und zurück fahre ich.«

Mit Gottes Hilfe erreichten sie die Einfahrt von Sigmalea, dem renommierteren der zwei Wohnparks nicht weit von Pioppica. Vom Tor aus sah man fast nichts, doch Santomauro wusste, dass sich unterhalb von ihnen ganz unauffällig im Schutz der Bäume Häuser an das Terrain schmiegten, die er sich nicht einmal in seinen wildesten Träumen leisten konnte.

Auf halber Höhe entdeckten sie Brigadiere Pietro Gnarra, Pedro für seine Freunde, der wild mit den Armen wedelte, um auf sich aufmerksam zu machen. Neben ihm stand eine üppige Brünette um die fünfzig, die sich gekonnt als Vierzigjährige ausgab, braungebrannt und schmuckbehangen, und rieb sich in ihrem durchsichtigen ärmellosen Hemd die Oberarme, als friere sie.

Er stellte sie ihnen kurz als Signora Mazzini vor, eine Freundin, mit der er gerade Kaffee getrunken habe, als der Gärtner von den Calongas sie störte. Santomauro kannte Ingenieur Mazzini, einen äußerst rüstigen Siebzigjährigen, der sehr reich und sehr beschäftigt war mit seinen Bautätigkeiten in Rom und Umgebung.

Sie gingen zur Calonga-Villa, gefolgt von Cozzone und der Dame. Santomauro flüsterte: »Kaffee getrunken, hm? So nennt man das also heute?«, und Gnarra stieß ein belustigtes Schnaufen aus. Der Maresciallo betrachtete ihn mit nachsichtigem Staunen. Obwohl sie fast gleich alt waren, ertappte er sich immer wieder dabei, dass er ihn wie den jüngeren, draufgängerischen Bruder behandelte, den er nie gehabt hatte. Tatsächlich war Gnarra in puncto Frauen eine wahre Geheimwaffe, mörderisch beim ersten Schuss. Man erzählte sich allerlei unerhörte Geschichten über ihn, und Santomauro hatte den schweren Verdacht, dass sie allesamt stimmten.

»Buongiorno, Maresciallo.«

Santomauro kannte Carmelo Fedulla bereits, den Gärtner beinah aller Villen der Gegend, einen kernigen jungen Mann, der trotz seines typisch cilentanischen Namens auffällig afrikanisch aussah, mit sehr dunkler Haut, schwarzen Locken, platter Nase, das Ergebnis einiger abenteuerlicher Kreuzungen seiner Vorfahren.

»Ich war für fünf Uhr mit Signora Calonga verabredet, sie

nimmt das sehr genau, fast schon penibel genau, darum habe ich geklopft und geklopft, und irgendwann fiel mir auf, dass die Tür nicht abgeschlossen war. Ich bin rein und ... Was für ein Anblick, Maresciallo, sie sahen alle aus wie tot! Der Commendatore lag im Flur, die anderen in den Zimmern. Ich dachte wirklich, sie seien tot, dann merkte ich, dass das nicht so war, aber ich bekam sie einfach nicht wach. Da habe ich gerufen und bin rausgerannt zum nächstgelegenen Haus ...«

»Und dann kam ich«, sagte Gnarra.

»Wo du eh gerade dort Kaffee getrunken hast«, erwiderte Santomauro.

» ... gerade Kaffee getrunken ...«, wiederholte Cozzone, der sich eifrig Notizen machte.

»Da koche ich uns doch mal einen Kaffee«, fiel Signora Mazzini trällernd ein, »ich glaube, das können diese armen Menschen jetzt wirklich gebrauchen.«

»Hast du den Krankenwagen gerufen?«

»Sie sagten, sie kämen so schnell wie möglich, aber mittlerweile glaube ich, ist es nicht mehr so dringend, sie haben ja nur mal richtig ausgeschlafen von gestern Abend bis heute Nachmittag.«

Es war der klassische Raubüberfall mit Gas, was Santomauro seit seinen Zeiten in Neapel nicht mehr erlebt hatte. Im Cilento schon gar nicht, aber für alles gab es ein erstes Mal. Commendatore Calonga, seine Frau, zwei erwachsene Kinder, eine Schwiegertochter und ein Dienstmädchen waren mit Gas eingeschläfert und anschließend um Geld und Schmuck, Uhren sowie die Autoschlüssel erleichtert worden, außerdem um neun Handys, ein paar Laptops und verschiedene andere Kleinigkeiten.

Cozzone wurde beauftragt, die Aussagen aufzunehmen, während sie zu Gnarras Wagen gingen. Als sie die Kurven von Sigmalea wieder zurückfuhren, hörten sie in der Ferne die Sirene des Krankenwagens. Pedro gab Gas, um ihm nicht auf dem engen Weg zu begegnen. Ansonsten fuhr auch er vorsichtig, vielleicht war Autofahren sogar das Einzige, was er vorsichtig tat, und so näherten sie sich äußerst gemächlich der Ortschaft. Santomauro schwieg, bei Pedro hätte es sowieso keinen Sinn gehabt, etwas zu sagen, er würde niemals schneller fahren als dreißig.

»Zurück in die Kaserne?«

»Nein, bring mich nach Vallo, ich muss zu de Collis.«

»Ach ja, die Obduktion.« Gnarras Miene verdüsterte sich. »Ich habe davon gehört. Schlimme Geschichte, was, Simone?«

»Ja, wirklich schlimm«, erwiderte er nur und wusste, dass er bei Pedro nicht mehr zu sagen brauchte.

*

»Sie wurde missbraucht, aber das habe ich ja schon heute Vormittag gesagt. Wenn Sie so freundlich wären zu warten, bekommen Sie den Rest meines Berichts gleich schriftlich.«

Professor de Collis saß am Schreibtisch seines kleinen Büros direkt neben dem Leichenhaus des San-Luca-Krankenhauses in Vallo della Lucania. Ein Lichtkegel umgab den Computer, ansonsten herrschte Halbdunkel, und de Collis saß schräg verborgen im Schatten. Maresciallo Santomauro sah nur seine schönen Hände auf der Tastatur, lange und feingliedrige Pianistenfinger, die eben noch den toten Körper eines kleinen Mädchens auseinandergenommen und wieder zusammengesetzt hatten.

Santomauro hatte mit Erleichterung von einem Assistenten erfahren, dass Zinas Obduktion bereits abgeschlossen war. Er hatte schon einige Leichen von gewaltsam gestorbenen Kindern gesehen, doch dieses kleine Opfer, missbraucht und ermordet, fern von zu Hause, ohne Eltern, die um es weinten, war mehr, als er ertragen zu können glaubte.

»Ich warte, solange Sie wollen, ich brauche jegliche Hilfe, die ich kriegen kann.«

Dieses entwaffnende Bekenntnis schien den Arzt nicht weiter zu tangieren, der ungerührt auf die Computertastatur einhackte, doch Santomauro entging nicht das fast unmerkliche Zittern der Pianistenhände, und so ließ er sich mit einem tiefen Seufzer nieder, nahm seine Kappe ab, fuhr sich mit den Händen über den fast kahlgeschorenen Schädel und richtete sich auf eine längere Wartezeit ein.

Seine Geduld wurde nicht lange auf die Probe gestellt. De Collis begann mit eintöniger Stimme zu sprechen. Er sprach und tippte, als diktierte er einer unsichtbaren Sekretärin, während seine Finger im bläulichen Licht des Bildschirms hin und her flitzten. Der Maresciallo lauschte den Daten des Obduktionsberichts, eingelullt vom hypnotischen Rhythmus der Fakten, die es eigentlich gar nicht geben dürfte.

»Vergewaltigt … kein Sperma am Opfer, sehr wahrscheinlich ein Präservativ … Mit einem Strick stranguliert, der vor Ort gefunden wurde. Einfacher Knoten … normale Wäscheleine. Zuerst mit einem Stein bewusstlos geschlagen, ebenfalls vor Ort aufgefunden. Mit Gewissheit hat der Schlag nicht ausgereicht, sie zu töten. Sicher kann festgestellt werden: Kontusion der Kopfhaut, Platzwunde, subgaleale Blutung im Bereich des Schläfenlappens, Schädel und Dura mater unverletzt, keinerlei Hinweise auf eine Subdural- oder Subarachnoidalblutung. Es ist unmöglich festzustellen, ob die Gewalteinwirkung nach dem Hirntrauma stattfand. Ich neige aber dazu, es anzunehmen.«

Dieser letzte, mit fester Stimme geäußerte Satz ließ Santomauro aufblicken: De Collis hing über seinem Schreibtisch und sah ihn zum ersten Mal direkt an. Der Carabiniere bemerkte die tiefen Ringe unter seinen Augen, dunkle Tränensäcke unter geröteten Lidern, insgesamt erinnerte nicht mehr viel an seine vormittägliche Topform.

»Ich neige ganz entschieden dazu, es anzunehmen«, wiederholte der Arzt und zog sich wieder in den Schatten zurück.

»Keine Hinweise auf Gegenwehr, keine Ekchymosen, eingerissene Fingernägel oder Kratzer, Kleidung völlig intakt. Die Kleine hat nicht gekämpft. Nur der Schlag auf den Kopf, die Vergewaltigung und dann die Strangulation. Ich glaube, so ist es gewesen. Wenn Sie noch zwei Minuten warten, gebe ich Ihnen den fertigen Bericht.«

»In Ordnung, ich warte draußen, danke, Sie waren wie immer erschöpfend.«

De Collis machte sich nicht die Mühe zu antworten und bearbeitete weiter stumm die Tastatur, während Santomauro auf den schimmelgrünen Flur hinaustrat. De Collis schaffte ihn einfach immer. Der ehemalige Universitätsprofessor hatte vor ein paar Jahren seinen Lehrstuhl unter dem Ruch des Skandals aufgeben müssen und arbeitete seitdem als Rechtsmediziner in der Gegend um Sigmalea herum, wo er eine Luxusvilla besaß. So gut wie immer gab er den herzlosen, arroganten Roboter, bis auf wenige Ausnahmen …

Der Obduktionssaal befand sich ein Stück weiter vorn. Der Maresciallo drückte die Tür auf und ging hinein. Der kleine Leichnam lag noch auf dem Tisch, mit einem Laken bedeckt. Er bekreuzigte sich, weil ihm nichts anderes einfiel, und blieb schweigend stehen, gut eine Minute ohne jeden Gedanken.

Als er wieder auf den Flur trat, sah er am anderen Ende eine hochgewachsene Gestalt auf sich zukommen. Erstaunt erkannte er Pater Lillo.

»Was tun Sie denn hier, Pater?«, fragte er verwundert.

»Dasselbe wie Sie, Simone. Ich bin hier, weil ich verstehen will, wie solche Sachen geschehen. Außerdem will ich ein Gebet sprechen, das ist immer hilfreich.«

»Wem, uns?«, fragte der Maresciallo bitter.

»Uns und denen, die ermordet werden, ohne zu wissen, warum. Zumindest glaube ich, dass es ihnen hilft, oder ich will es glauben, sonst könnte ich meinen Beruf an den Nagel hängen.«

Lillo verschwand im Obduktionssaal, und Santomauros Blick blieb an der Schwingtür hängen.

Seinen Beruf – wer weiß, warum er die Tätigkeit des Priesters nie als Beruf angesehen hatte. Ein Beruf ist eben keine Berufung, sondern manchmal auch lästig, eine Pflicht, die zuzeiten einfach erfüllt werden muss, wie es bei ihm selbst häufig war. Wie jetzt. Wie vielleicht auch für den Jesuiten in diesem Moment, im anderen Raum. Wie wohl auch für de Collis, dachte

er und hatte wieder den gebeugten Rücken des Rechtsmedizi-
ners vor Augen.

Er schüttelte sich, wandte sich um und sah sich dem Arzt
gegenüber, der ihm den Bericht hinhielt, sich mit einer knappen Handbewegung verabschiedete und wieder in sein Büro
ging.

Während Santomauro sich entfernte, schoss ihm ein unan-
genehmer Gedanke durch den Kopf. De Collis war voller Mitleid gewesen. Nicht nur für das kleine Opfer, sein Mitleid hatte
auch ihm und sich selbst gegolten: Er hatte gesagt, was sie beide
hatten hören wollen, nämlich dass das Mädchen möglicherweise nichts mehr gespürt hatte. Doch sie beide wussten, dass
das nicht stimmte. Es gab keinen Beweis, dass sie während der
Vergewaltigung schon bewusstlos gewesen war. Im Gegenteil,
bei dieser Art von Verbrechen war das Moment der Überzeugung, der versuchten Verführung von grundlegender Bedeutung, während der Mord nur dazu diente, die Spuren zu verwischen. Bestien wie diese wollten ihr Opfer bei Bewusstsein. Er
schüttelte den Kopf, er hatte einen ekligen Geschmack im
Mund, wie von Galle.

Er trat in die abendliche Frische hinaus und hielt kurz bei
seinem Auto inne. Die Worte eines Gebets, das er vor langer
Zeit gekannt hatte, fielen ihm wieder ein.

»Engel Gottes, der du ihr Schutz schenkst, erleuchte und
beschütze sie, die dir anvertraut ist von göttlicher Gnade …«

Und nach dem Gebet formulierte er in seinem Herzen einen
Schwur für die kleine Zina.

*

Minuccio glaubte eigentlich nicht, dass die Hühner eine Nase
zum Riechen hatten, aber irgendwie merkten sie immer, wenn
er sich näherte, ganz egal, wie sachte er sich bewegte, und bekamen Angst. Vielleicht lag es an den abendlichen Geräuschen,
den Lauten in der Dunkelheit, die sich irgendwie änderten,
wenn er durch die Wiese strich. Wenn er länger darüber nachdachte, bekam er fast selber Angst. Das Dunkel, die Wiese, die

Bäume sahen aus wie reglose Menschen, die ihre Arme in die Höhe reckten. *Mamma mia,* wie unheimlich!

Doch eine Mama hatte er sowieso nicht, und was er jetzt brauchte, waren Eier, also konnte er es sich nicht leisten, Angst zu haben wie ein dummes Huhn, er musste sich in den späten Abendstunden zum Hühnerstall schleichen. Das war seiner Erfahrung nach der beste Zeitpunkt, die Hennen hatten ihre Eier bereits gelegt, der Alte sie aber noch nicht eingesammelt. Am nächsten Tag, um sechs Uhr früh, wäre es schon wieder zu spät. Das Schloss an der Stalltür brachte nichts, weil er es immer kaputtmachte, also schlossen sie nicht mehr ab.

Die Hühner drinnen begannen wie auf Kommando zu scharren und zu flattern. Wie zum Teufel schafften sie das bloß? Dieses Mal hatte er ganz sicher kein Geräusch gemacht. Dann hatten sie also doch eine Nase, das war die einzige Erklärung, und hatten ihn am Geruch bemerkt.

Gina sagte manchmal lachend zu ihm: »Minù, du stinkst! Du stinkst wie eine Stute, die durch die pralle Sonne galoppiert ist!«, und dann lachten sie beide wie verrückt.

Sie schaffte es immer, ihn zum Lachen zu bringen. Wo war sie jetzt bloß? Vielleicht würde sie zu ihm zurückkehren, wenn sie die Eier in dem Versteck fände, und ihm verzeihen. Auch wenn Minuccio gar nicht wusste, was er eigentlich getan hatte. Doch Gina hatte immer recht, wenn sie weg war, musste es einen Grund dafür geben, einen wichtigen Grund.

Leise schlich er sich in den Stall, der mindestens so schlimm stank wie er. Diese Hühner mussten wirklich eine feine Nase haben, wenn sie seinen von ihrem Gestank unterscheiden konnten. Sie machten ein Höllenspektakel, am liebsten hätte er einigen von ihnen den Hals umgedreht, doch er wusste, dass Gina das nicht gefallen würde, also nahm er so viele Eier, wie er mit zwei Händen tragen konnte, und kroch auf allen vieren wieder nach draußen.

»Jetzt hab ich dich, du kleines Miststück!« Er fühlte den Tritt in die Nieren, bevor er die Stimme hörte. Der Alte! Der, der Tonino hieß! Im Halbschatten konnte er sein Gesicht kaum erkennen, dafür umso deutlicher den Stock, den er in der Hand hielt, den sah er sehr gut. Und er spürte ihn, auf dem Rücken, drei- oder viermal, während er sich aufrappelte und wegrannte, die Eier an den Leib gepresst.

Er rannte, bis seine Lungen zu platzen schienen. Er wusste, wenn Tonino ihn in die Finger bekam und zum Dottore schleppte, hätte er echt ein Problem. Abgesehen von den Schlägen würde der Dottore mit Mamma Signora reden, und das wäre das Ende. Irgendwann musste er aber doch anhalten, während ihm das Herz bis zum Halse klopfte, und er ließ sich erschöpft auf die Knie sinken. Im Wald fühlte er sich sicher.

Er betrachtete seine Hände, und Bruchstücke von Eierschalen darin, aus denen der durchsichtig-gelbe Schleim tropfte. Ihm kamen die Tränen, doch dann lächelte er: Zwei Eier hatte er gerettet! Heil, perfekt, mit brauner Schale, die noch warm war vom Hühnerhintern. Er würde sie an Ginas geheimen Ort bringen, und dann würde sie vielleicht zurückkehren.

*

Tonino ließ seufzend den Stock sinken, als Minuccio zwischen den Sträuchern verschwand. Er schlug den Jungen nur ungern, denn er wusste, dass er stahl, weil sie Hunger hatten, er und seine Schwester, doch ihm blieb nichts anderes übrig. Diese Hexe von Donna Evelina kontrollierte jeden Morgen, wie viele Eier er nach Hause brachte, und sie hatte ihn schon mehr als einmal des Diebstahls beschuldigt. Tonino hätte sie nur zu gern eigenhändig erwürgt, doch er musste die Zähne zusammenbeißen und schweigen. Don Carmelo wollte von diesen Dingen nichts wissen, nach dem x-ten Diebstahl hatte sie sich jedoch bei ihm beschwert, und Tonino hatte zugeben müssen, dass es einen Dieb gab, der in den Hühnerstall eindrang. Don Carmelo mochte es nicht, wenn er betrogen wurde, daher waren Minuccios Tage gezählt, und alles nur wegen diesem Weib.

Alle wussten, dass Minuccio nicht ganz richtig im Kopf war, wegen der vielen Schläge, die er als Kind bekommen hatte und wahrscheinlich bis heute bekam, und Tonino versuchte immer, ganz sanft zu schlagen, doch dann kam Minuccio wieder. Glücklicherweise konnte er wenigstens schnell rennen! Gina hingegen, seine Schwester, war zarter, aber genau wie er ein kleiner Wildfang, das arme Kind. Tonino wusste nicht, wie alt die zwei waren, fünfzehn oder sechzehn vielleicht, denn als Donna Amalia sie aufgenommen hatte, konnten sie kaum sprechen.

Es war nicht Toninos Gewohnheit, Mitleid für andere zu empfinden, doch diese beiden taten ihm wirklich leid. Das Leben konnte so ungerecht sein.

Die Hühner im Stall flatterten ärgerlich umher, vielleicht stimmten sie ihm zu. Zum Teufel aber auch! Sie verbrachten ihr Leben damit, Eier herauszupressen, die größer waren als ihr eigenes Arschloch, und dann kam jemand daher und aß sie auf, da hatte man doch wirklich Grund, sich zu beschweren!

Als er ins Haus zurückging, schrillte der Schrei des Hahns laut und klar durch die Abendluft. Tonino grinste. Ihm war gerade ein altes cilentanisches Sprichwort eingefallen: *La addina face l'uovo e a lo addo re vrucia lu culo* – das Huhn legt das Ei und dem Hahn schmerzt der Po.

Nacht von Dienstag auf Mittwoch – die zweite

Preziosa hatte keine Angst vor der Dunkelheit, schon seit mindestens vier Monaten nicht mehr, und doch wäre es ihr lieber gewesen, wenn das kleine Licht in der Schlafkammer angeblieben wäre, aber Mama wollte das auf gar keinen Fall. Auch heute Abend gab es nur ein kurzes Spätprogramm: Hände, Füße, Popo waschen, dann Zähneputzen, aber mindestens fünf Minuten lang, Schlafanzug, ins Bett, zerstreuter Kuss von Estera, die noch den Abwasch machte, Nachttischlampe aus.

Mama kam nur selten zum Gutenachtsagen, eine strenge Ermahnung von der Schwelle aus, Türe zu, und es war stockfinster. Vorsichtig tastend stand sie auf und öffnete sie wieder, um den Lichtschein aus dem Flur und den anderen Zimmern hereinzulassen. Wenn sie Glück hatte und der Opa Zeit, erzählte er ihr noch ein Märchen, manchmal zwei, und dann blieb die Nachttischlampe bis spät an, ohne dass Mama gewagt hätte, sie auszuschalten. Einmal hatte sie das versucht, doch auf des *nonnos* Reaktion hin war ihr die Lust dazu vergangen: Wenn er da war, schaute Mama nicht einmal mehr in Preziosas Zimmer hinein.

Die besten Nächte aber waren die, wenn der Nonno ihr erlaubte, in seinem Bett zu schlafen. Das geschah gerne dann, wenn es einen Film im Fernsehen gab, der auch für Kinder geeignet war, und das war ein wahres Fest: Der Fernseher lief bis spät in die Nacht, und sie kuschelte sich neben den starken und warmen Körper ihres Großvaters in die weichen Kissen, atmete tief seinen Duft nach Zigarren und Likör ein. Doch heute Nacht würde der Nonno nicht da sein, er war ausgegangen und kam spät zurück. Preziosa kroch unter die klammen, steifen Laken und seufzte im Dunkeln. Dann noch einmal laut, völlig zwecklos, wie sie wusste, weil ohnehin niemand kam. Dann zwang sie sich, die Augen zu schließen, und biss sich auf die Zunge, um nicht nach jemandem zu rufen. Estera schlief weit entfernt, und die Mama tat so, als hörte sie nichts. Immerhin würde irgendwann ihr Opa kommen und früher oder später, in dieser verhassten Finsternis, auch der Schlaf.

*

Cecilia Folchi riss in der Dunkelheit die Augen auf und sah trotzdem nichts. Schon wieder hatten sie ihr das Badlicht ausgeknipst. Diese verfluchten Krankenschwestern bezahlten die Stromrechnung wohl aus eigener Tasche, denn sie bat sie wieder und wieder vergeblich, das Licht anzulassen. Sie hasste es, in der Nacht aufzuwachen und wie unter einer schwarzen Decke zu liegen. Ihr erster Gedanke war dann immer: Nun bin ich im Schlaf komplett erblindet, die Krankheit schreitet fort und hat mir endgültig die Augen zerfressen, oder wie zum Teufel diese Makulopathie funktionierte. Sie fiel in ihr Kissen zurück, auf ihrem Gesicht ein Schweißfilm, die Halsmuskeln verkrampft, und tastete hilflos nach der Klingel am Kopfende, fand sie, drückte sie hektisch. Wenige Minuten später kehrte das gepriesene Licht in ihr Zimmer zurück, und zusammen mit ihm die dicke Krankenschwester, die nette.

»Ach, Sie Arme, hat man Ihnen wieder im Bad das Licht ausgemacht!«

»Ich hatte solche Angst, Luisa, ich dachte, ich sei blind«, murmelte sie mit zitternder Stimme. Das funktionierte immer.

»Jetzt bin ich ja da, alles in Ordnung«, und sie drückte sie an ihren großen, gestärkten Busen, der so gut roch. Cecilia umarmte ihre breiten Hüften und ließ sich eine Weile wiegen und trösten. Sie wusste, dass die Schwestern sie mochten. Sie hatten Mitleid mit ihr.

»Jetzt mach ich das Badlicht an, dann bleibe ich noch ein wenig bei Ihnen, bis Sie eingeschlafen sind, einverstanden, meine Liebe?«

Sie lächelte sanft, und mit ihrer Hand in der der Frau entspannte sie sich langsam.

Gott, wie sie sie hasste! Wie sie alle hier hasste, auch die Ärzte und die hellgelben Wände und die Fliesen, und diese Gerüche nach Essen und Alkohol und Krankheit, und jedes Molekül in diesem verfluchten Krankenhaus, aus dem sie höchstwahrscheinlich nie mehr herauskommen würde.

»Danke, Luisa, Sie sind ein Schatz, mir geht es schon wieder besser«, flüsterte sie mit einem sanften Lächeln.

*

Totò Manfredi war im Sessel eingeschlafen, das Buch im Schoß und die Lesebrille auf die Nasenspitze gerutscht. Maria Pia nahm sie ihm vorsichtig ab und legte sie auf das Tischchen. Armer Totò, irgendwie wirkte sein Gesicht so nackt und schlafend viel jünger und verletzlicher als sonst.

Auf Zehenspitzen schlich sie hinaus, blieb einen Augenblick im Flur stehen, um den nächtlichen Schlafgeräuschen ihrer Kinder zu lauschen. Ohne die Zimmer zu betreten, stellte sie sich ihre reinen Gesichter vor, die leicht verschwitzten, zerstrubbelten Haare, die kleinen Knubbelfüße, die unter dem Laken hervorlugten, ein Händchen, das noch das Kuscheltier drückte, die zarten Lippen, rosa wie eine Blütenknospe. Sie ging nicht hinein, obwohl sie sich nichts sehnlicher wünschte.

Was für ein Glück ich doch habe, dachte sie, und dieser Gedanke raubte ihr den Atem, so dass sie sich gegen die Wand lehnen musste mit plötzlich zitternden Beinen und Tränen in den Augen. Alle sind hier, hier bei mir, in Sicherheit. Womit habe ich das nur verdient? Und irgendwo gibt es eine Mutter, die nicht einmal weiß, dass ihr kleines Mädchen tot ist, auf so schreckliche Weise umgekommen.

Sie ließ sich auf den Boden sinken, vergrub den Kopf zwischen ihren Knien, die Arme fest um den Körper geschlungen, und stille Tränen rannen ihr über die Wangen.

So fand sie ihr Mann, der aus seinem Nickerchen erwacht war und für den echten und erholsameren Schlaf ins Bett tappte. Er sagte nichts, ließ sich nur neben sie sinken und umarmte sie fest, bis die Tränen versiegten und der Schmerz und die Angst von ihr abließen.

*

In der Nacht nahm Gilja die Gerüche viel deutlicher wahr. Auch tagsüber war die Luft geschwängert von berauschenden Düften, die manchmal schwer auseinanderzuhalten waren, aber in der Nacht! Die Nacht war eine wahre Schatzkammer der Gerüche, schwere Aromen und fauliger Gestank, geheimnisvolle Ausdünstungen, all das stieg ihr in die Nase und ließ sie vor Freude durch die Dunkelheit tanzen, den lumpigen Rock in den zarten Fingern, sich drehend wie ein Kreisel, während die hochgereckte Nasenspitze einem Hauch hier nachspürte, einem anderen dort und noch einem da.

Hier, ein Blütenduft, sie folgte seiner Spur und stieß auf einen wilden Jasminstrauch, dann wieder der Gestank nach nassem Hundefell und der angenehme Geruch von Erde und Feuchtigkeit, sie strich durch das kühle Gelände und stieß auf einen Pilz, einen guten, essbaren, den würde sie einer der Tanten in den Zirkuswagen mitbringen. Sie alle dort in den Wagen waren ihre Tanten, obwohl sie nicht genau wusste, warum. An eine Mama oder einen Papa konnte sie sich nicht erinnern, vielleicht hatte sie nie welche gehabt, doch sie waren ihre Tanten und Feuerschlucker ihr Onkel, der Stärkste von allen. Manchmal stieg ihr ein leckerer Duft nach Spiegelei in die Nase oder nach Brühwürstchen, der sie zum Zirkusplatz zurücklockte. Andere Male verfolgte sie die Spur eines Pilzes, einer Blume oder eines Tieres so lange, dass sie plötzlich von Nacht umgeben war. Sie, Gilja, brauchte nicht viel Schlaf, außerdem schien niemand zu merken, was sie tat. Das Leben war leicht, das Leben war frei, das Land, dessen Namen sie vergessen hatte, schien das schönste zu sein, das sie je gesehen hatte, auch wenn ihr letztlich alle Länder gefielen. Da, ein Windstoß, Geruch nach Brackwasser, der sie ans Meer erinnerte, und da, das Meer, gleich hinter den Bäumen, ein paar Dutzend Meter unter einem Felsvorsprung, der sich vor ihr auftat. Und dort, dieser Harzgeruch, ein junges Pinienwäldchen ein Stück weiter vorn, und der nächtliche Schatten zwischen den Ästen, und die Frische der Piniennadeln und des Unkrauts unter den Füßen und der Pinienkerne, die so lecker schmeckten, wenn man sie mit einem Stein zerquetschte.

Schon wollte sie in das Wäldchen eindringen, doch irgendetwas hielt sie zurück. Die Nacht war erfüllt von Geräuschen, Rascheln, Flüstern, leisem Knacken und Gemurmel, und das jagte ihr manchmal Angst ein. Zina war nicht zurückgekehrt, nachdem sie am Vorabend mit ihr und den Cousinen gespielt hatte. Sie hatte gesehen, dass die Tanten weinten, hatte aber lieber nicht nachgefragt.

Ihr würde das nicht passieren, nein. Gilja würde immer wieder nach Hause kommen. In ihr Zuhause, den Zirkus. Ihre kleinen nackten Füße, braungebrannt und schwielig, drehten sich um, trugen sie fort von dem Wäldchen und seinen geheimen Verlockungen.

*

Maresciallo Santomauro liebte sein Zuhause. Klein, abgelegen, nicht besonders komfortabel, dafür mit direktem Zugang zum Meer, der für ihn von unschätzbarem Wert war. Er hatte auf eine Unterbringung in der Kaserne verzichtet, und im Gegenzug hatte er Freiheit erhalten und Einsamkeit.

Die Einsamkeit war ihm wichtig, er brauchte sie wie die Luft zum Atmen, vor allem am Ende eines langen Arbeitstages, doch an diesem Abend wäre er tausendmal lieber mit den anderen in die Kaserne zurückgekehrt, hätte sich neben jemanden gesetzt, geredet oder vielleicht auch einfach geschwiegen und Panguro zugesehen, Ammaturiello, Cozzone, Totò, Pedro, die gewohnten freundlichen Gesichter all der freundlichen Menschen, mit denen er den Arbeitsalltag teilte. Sie hätten traurige Blicke gewechselt, den einen oder anderen wütenden Kommentar abgegeben, einer hätte aufgeregt Fragen gestellt, der Geist der armen kleinen Zina wäre bei ihnen gewesen, aber in der Gemeinschaft hätte er das unauslöschliche Bild vielleicht besser ertragen, das auf seiner Netzhaut wie eingebrannt war.

Doch er musste allein nach Hause gehen, die Essenseinladung von Totò schlug er aus, der Freund war müde, hatte kleine Kinder und nur den einen Wunsch, bei ihnen zu sein, sie an sich zu drücken in dem Gefühl, dass der Horror weit entfernt von seiner eigenen Familie war.

Santomauro machte alle Lichter an, kochte sich einen Topf Spaghetti mit Pfeffer und Parmesan und begann zu essen, draußen im Dunkeln mit dem Licht im Rücken. Er aß, bis er satt war, und dann noch weiter, in der Hoffnung, dass das Völlegefühl im Magen die immense Leere vertreiben würde, die er in seinem Herzen spürte.

Zweiter Tag, Mittwoch

»Wir haben einen Anhaltspunkt!«

Magische Worte aus Totò Manfredis Mund, die Santomauro von seinem Stuhl rissen. Es war Mittwochmorgen, die Carabinieriwache brummte vor Geschäftigkeit. Der Maresciallo und seine Mitarbeiter würden sich keine Pause gönnen, ehe Zinas Mörder nicht geschnappt wäre.

Der Hinweis war vor einer Stunde als anonymer Anruf eingegangen, um zehn Uhr, und Manfredi selbst hatte die Notiz, die Ammaturiello sich am Telefon gemacht hatte, kaum beachtet und als das abgelegt, was sie war: Dorfklatsch.

Dann aber war Barbarella Pilerci aufgetaucht, ihres Zeichens Friseurin und oberstes Klatschweib von Pioppica und Umgebung und als solche stets bestens informiert, wie die Carabinieri bei ihrem letztjährigen Mordfall hatten feststellen dürfen: Diese Signora wusste wirklich alles von allen im Dorf, und zudem hatte sie große Freude daran, es den zuständigen Stellen und auch sonst jedermann zu erzählen.

Daher ließ Totò Manfredi sie Platz nehmen, bot ihr einen Kaffee an und ließ sie erzählen, dann kramte er den Zettel mit der Telefonnotiz vom Morgen hervor und rief Santomauro und Gnarra zu sich. Sie setzten sich um seinen Schreibtisch, die Signora wiederholte alles noch einmal von Anfang an, beantwortete ihre Fragen, und irgendwann war es nicht mehr zu verleugnen, dass sie eine Spur hatten.

Obwohl Signora Pilerci eine ausgesprochen unansehnliche Frau war, die zudem auf einem Fuß hinkte, schien sie unerklärlicherweise davon überzeugt, besonders faszinierend und attraktiv zu sein, kleidete und schminkte sich entsprechend farbenfroh mit reichlich Glitter, so dass sie aussah wie eine

87

aufgemotzte fette Kröte undefinierbaren Alters. Ihre Vorliebe für smaragdgrünen Lidschatten und grellorangefarbenen Lippenstift trug nicht unerheblich dazu bei, dass sie schillerte wie ein Riesenlurch.

»Normalerweise würde ich das für mich behalten, Sie wissen ja, es ist nicht meine Art, über andere herzuziehen, aber im Dorf gibt es seit gestern kein anderes Thema mehr als das arme kleine Ding. Es heißt, die Carabinieri wüssten sich keinen Rat, da dachte ich mir: Wenn ich doch was weiß, warum dann nicht helfen? Er ist so ein komischer Typ, wissen Sie, deshalb habe ich mich auch nicht weiter gewundert, als ich ihn im Zirkus sah, neulich abends. Da treibt sich ja viel komisches Volk herum, im Zirkus, deshalb … Sie habe ich ja auch gesehen, Maresciallo, zusammen mit Signora Maria Pia, die hat mich übrigens schon länger nicht mehr angerufen zum Haareschneiden, aber sie sah wirklich gut aus, hübsch geschminkt, elegant, etwas Dekolleté.«

Santomauro sah zu Boden, um nicht loszuprusten, Gnarra grinste unverhohlen, das Klatschweib hatte mit einem Handstreich neunzehn Kinder weggewischt, doch Totò war bis über beide Ohren errötet, und die Signora rückte zufrieden auf ihrem Stuhl herum und wippte mit dem Fuß, an dem ein 15-Zentimeter-High-Heel mit kokettem Riemchen um den Knöchel saß, welcher wiederum dem Umfang von Manfredis Bizeps Konkurrenz machte.

»Zum Beispiel war auch der Vermessungstechniker Randazzo da, mit seinem Sohn, und bei dem wissen ja alle, dass er nur hingeht, um die Beine der Stripperinnen zu sehen, und nicht seinem Kind zuliebe …«

»Sie meinen wohl der Trapezkünstlerinnen«, korrigierte sie Manfredi kleinlich.

»Von den Mädchen halt, Tänzerinnen, Stripperinnen, was weiß ich. Ich bin jedenfalls mit meiner kleinen Nichte hingegangen, um sie ein wenig aufzuheitern, wissen Sie, die Tochter meiner Schwester, mit ihrem Mann, der nicht arbeitet und immer zu Hause rumhängt, Kosmetikerin wollte sie ja nicht lernen, und jetzt muss sie eben als Hausmädchen jobben, da hat die Kleine nicht viel zu lachen, also bin ich mit Angelina in den Zirkus gegangen. Und er war auch da, allein. Nun sagen Sie selbst, wer geht denn schon ganz alleine in den Zirkus! Das fand ich verdächtig, aber ich dachte, vielleicht ist seine Nichte irgendwo, und das war sie auch tatsächlich, mit dem Opa und der Mama, aber er saß hinten, ganz allein, als wollte er nicht gesehen werden.«

»Hatten Sie den Eindruck, dass er sich versteckte?«, fragte Santomauro.

»Nein, überhaupt nicht, er verbarg nicht etwa sein Gesicht oder so was, nur, warum sollte sich jemand nicht zu seiner Familie setzen, in die erste Reihe, und stattdessen ganz allein nach hinten, zu den üblen Visagen? … Ganz schön heiß hier drinnen! Haben Sie keine Klimaanlage?« Und sie fächelte ihrem großzügigen Ausschnitt mit der Hand Luft zu. Unter dem Minirock lugten einige Zentimeter Cellulite-Schenkel hervor, und die Signora räkelte sich auf dem Stuhl, um noch mehr davon zu präsentieren.

»Welche üblen Visagen denn?«, war nun Gnarra an der Reihe, sie mühten sich redlich zu dritt, ihre Fragen loszuwerden, doch es hätte gut und gerne noch drei Beamter mehr bedurft, um diesen Redefluss zu bändigen.

»Also, ich weiß auch nicht, so Typen, die irgendwie nach Albanern aussahen oder Ukrainern, blond, ausgehungert, ein bisschen schmutzig, sie standen da in der Ecke rum und taten so, als müssten sie das Zelt reparieren, aber das Zelt war völlig in Ordnung und stabil, und sie machten sich gegenseitig Zeichen.«

»Haben sie mit ihm geredet?«, fragte Manfredi.

»Gesehen habe ich das nicht, aber ich möchte wetten, dass ja, was sonst sollte er da rumhängen, im Dunkeln, und dann noch halb hinter einem Pfosten. Von der Bühne hat er so jedenfalls nicht viel gesehen, und bevor Sie mich das fragen, es gab genug freie Plätze, das wissen Sie ja selbst, Maresciallo, Sie waren ja mit der Signora Maria Pia da. Sie waren aber auch

89

wirklich ein schönes Paar ...« Sie zog einen schwarzen Fächer aus ihrer großen Korbtasche, die sie neben sich auf den Boden gestellt hatte, und begann energisch zu wedeln. Ihr Parfüm traf die Männer wie eine Tigerpranke.

»Aber nun habe ich ihn ja auch nicht andauernd beobachtet, da hätte ich ja einen steifen Hals bekommen, außerdem ist meine Nichte eine wahre Nervensäge, auf die man permanent achtgeben muss, und mir gegenüber saß Brigida Nuzzo mit einem neuen Verlobten, zumindest war es ein anderer als letzten Monat, und ich musste dauernd überlegen, wo ich sein Gesicht schon einmal gesehen habe, und dann dieser Feuerschlucker, der ist wirklich großartig, ein faszinierender Mann, wenn Sie verstehen, was ich meine, als Frau hat man ja ein Gespür für so was, also wenn Sie, Brigadiere Manfredi, da mal Ihre Frau fragen, die wird Ihnen sicher sagen können, dass sie es auch bemerkt hat, dieses gewisse ... ich weiß nicht, was ... Charisma, das ist es, mit diesem Schnurrbart, und die trainierten Muskeln, außerdem mochte ich schon immer Männer mit behaartem Oberkörper. Fragen Sie nur, Brigadiere, fragen Sie Signora Maria Pia.«

»Das werde ich bestimmt tun, danke«, erwiderte Manfredi, der allmählich das Gefühl hatte, verarscht zu werden, kurz angebunden, während Gnarra todernst auf einen Punkt hinter Santomauros Ohr starrte.

Sie beendeten das Protokoll, ließen sie unterschreiben, bedankten sich und verabschiedeten sie. Powackelnd humpelte sie hinaus, dieses unansehnliche Geschöpf, das sich wunderbarerweise für eine Göttin hielt. Beim Hinausgehen musterte sie ungeniert Gnarras Brustmuskeln, der nicht in Uniform war und unter dem aufgeknöpften Hemd ein Rippshirt trug, das an ihm richtig sexy aussah.

»Habt ihr das gesehen? Sie hat mir zugezwinkert!«, stieß er halb entsetzt, halb geschmeichelt hervor.

»Sei still, wir haben zu tun. Also? Was haltet ihr davon?« Und da wiederholte Manfredi die magischen Worte: »Wir haben einen Anhaltspunkt. Der anonyme Anrufer heute Morgen, eine verstellte Stimme, die von einem jungen Mädchen stammen muss, hat dasselbe sagt, wenn auch weniger wortreich.«

»Wir werden mal mit diesem Genny Morace reden und hören, was er uns zu sagen hat über den Circus der Wunder«, erwiderte Santomauro. »Und übrigens, Totò, ich bin wirklich sauer auf Maria Pia. Sie hat sich an dem Abend null um mich gekümmert, so beschäftigt war sie damit, die Prachtmuskeln des Feuerschluckers anzuschmachten.«

»Simone! Du kannst mich mal gernhaben, und du hör sofort auf zu lachen, scheinheiliger Heuchler«, erwiderte Manfredi, Letzteres in Gnarras Richtung.

»Ich habe doch gar nichts gesagt«, protestierte dieser prompt.

»Aber gedacht, das ist dasselbe!«

*

»Hallo? Hier spricht Staatsanwalt Gaudioso, verbinden Sie mich mit Santomauro. Wie, nicht da? Wo ist er denn? Welcher Fall? Ach ja, genau darüber wollte ich mit ihm reden. Ich bin im Moment extrem eingespannt hier, es gibt ein paar wichtige Dinge, die meine permanente Anwesenheit in Vallo erforderlich machen, und was diese unschöne Sache mit dem Zigeunermädchen betrifft, da verlasse ich mich völlig auf Maresciallo Santomauro, dass er ohne mich auskommt. Andererseits sollte man nach meinem Dafürhalten die Ermittlungen auf den sicher liederlichen familiären Umkreis des Opfers konzentrieren, diese Leute leben ja wie die Tiere, am Rande der Legalität, solche Dinge passieren häufiger, wie Sie sicherlich wissen … Wie? Was sagen Sie? Ich glaubte, ich hätte etwas gehört wie … Ich verstehe Sie nicht mehr, die Verbindung ist so schlecht. Jedenfalls stehe ich allzeit zu Ihrer Verfügung, die Anstrengungen zu koordinieren. Richten Sie das dem Maresciallo aus? Mit wem habe ich gesprochen? Gut, Brigadiere Manfredi, ich erwarte von Ihnen allen äußerste Effizienz und volle Unterstützung für Santomauro. Hier ist Teamarbeit gefragt, schließen Sie den unerfreulichen Fall zügig ab, und dann weiter im Text.«

*

»Preziosa? Was tust du da?«

»Guck mal, Estera, ich habe einen Schatz gefunden. Siehst du? Hier hat jemand vor kurzem gegraben, bestimmt hat er etwas Wertvolles versteckt, wenn ich weitergrabe, finde ich Goldmünzen oder eine Perlenkette, oder wer weiß was!«

Estera seufzte. Dieses Kind hatte eine blühende Phantasie, und sie war viel zu oft sich selbst überlassen. Mit einer wenig überzeugten Schimpftirade scheuchte sie es zum Händewaschen. Preziosa protestierte, gab aber schließlich nach. Als sie davonschlurfte, murmelte sie etwas von einem Schatz, den Estera ihr klauen wollte. Doch vielleicht hatte auch sie den süßlichen Geruch bemerkt, der von der Erde aufstieg, vielleicht hatte sie ein Stückchen braune Haut und Fleisch gesehen. Estera seufzte und versuchte mit dem Fuß die Erde zurechtzuschieben, immer darauf bedacht, nicht an das zu rühren, was dort vergraben lag. Preziosa war weg, würde aber schon bald neugieriger als ein Äffchen zurückkommen. Und wie sollte sie ihr dann erklären, dass unter dem Häuflein Erde der Kadaver eines kleinen Hundes lag, den irgendwer mit einem Stein erschlagen hatte? Dieser Faulpelz von Tonino hätte ihn ruhig in dem Wäldchen verscharren können, aber nein, dafür war er sich ja zu schade, und er hatte ihn lieber in der weichen Erde der Rosenbeete verscharrt, weil das optimalen Dünger ergäbe. Na, dem würde sie was erzählen.

*

Diesmal saß Santomauro selbst am Steuer. Pietro Gnarra fuhr wie eine zweiundneunzigjährige, schwer kurzsichtige Oma, und Totò Manfredi war hinter dem Lenkrad genauso nervös wie die meiste Zeit des Tages, egal ob bei der Arbeit oder in seiner Freizeit. Also fuhr Santomauro, und während er in den Haarnadelkurven von der Kaserne bei Pioppica Sopra hinunter nach Pioppica Sotto geschickt mit Kupplung, Bremse und Gaspedal hantierte, versuchte er innerlich das Wortgefecht seiner beiden Mitarbeiter um den Fall auszublenden.

Eigentlich war es ziemlich eigenartig, dass zwei Dörfer, die de facto in vielerlei Hinsicht voneinander getrennt waren, sich einen Namen teilten, doch früher hatte es eben nur das höher gelegene Oberpioppica gegeben, dicht an die Berge geschmiegt mit seinen Steinhäuschen, kleinen Plätzen, Bögen, Durchgängen, Treppen, Gassen und verborgenen Winkeln, die aus dem Dorf ein wahres Kleinod cilentanischer Architektur machten. Weiter unten, Richtung Meer, war außer ein paar versprengten Fischerhütten, Strand und Kieseln nichts gewesen.

Dann waren die ersten Fremden gekommen auf ihrer Suche nach unberührten Landstrichen, es war die Rede gegangen von der mediterranen Diät – »letztlich nichts anderes als Nudeln und Tomaten«, dachte Santomauro verächtlich –, und plötzlich war Unterpioppica entstanden als Fraktion des älteren Ortes, doch deshalb nicht weniger wichtig, im Gegenteil.

Gerade die saisonalen Gäste und Liebhaber der Gegend, manche von ihnen mit großem Einfluss, hatten den beiden Örtchen nämlich zahlreiche Vorteile und Erleichterungen verschafft. Also lebten die zwei Pioppicas weiter zusammen, eng verbunden durch Interessen, Hochzeiten, Eifersüchteleien und alte Traditionen, ein Dorf, zweigeteilt durch einen Berg und eine kurvige Straße, die vom Himmel zum Meer hinabführte.

Santomauro gab am Ende einer Kurve Gas, bog dann in die Seitenstraße ein, die zum höher gelegenen Teil Pioppica Sottos führte. Ein entgegenkommender Wagen älteren Baujahrs nahm die Kurve zu großzügig, und zugleich schummelten sich die Stimmen der Kollegen wieder in sein Bewusstsein. Pedro hatte sich nach hinten gedreht. Sein ebenmäßiges, braunes Gesicht war gerunzelt, das rabenschwarze Haar leicht zerzaust, die Hand trommelte auf sein Bein.

»Das ist doch alles viel zu einfach. Das Klatschweib sagt, Genny Morace sei irgendwie komisch, wir reden mit ihm, stören ihn dazu noch beim Mittagessen, nehmen ihn fest, und wie durch ein Wunder ist der Fall gelöst. Totò, glaubst du etwa an Märchen?«

»Dummkopf«, lautete die harsche Replik seines Kollegen,

»da sieht man, dass du keine Ahnung von Ermittlungsarbeit hast. Aber was will man schon erwarten von einem, der seine Prüfungen besteht, indem er die Tochter des Kommissionsvorsitzenden bumst.«

»Du bist ja bloß neidisch, mein Guter!« Das Positive an Gnarra war, dass er eigentlich nie etwas übelnahm, egal, was man ihm vorwarf. Schade nur, dass es in der Regel stimmte.

»Nein, ich denke nur mit dem Gehirn. Er war zur rechten Zeit am rechten Ort, interessierte sich nicht für die Vorstellung, was zwei andere, glaubwürdige Zeugen bestätigt haben, er scheint irgendwie eine zwielichtige Type zu sein, was willst du mehr?«

»Klar! Los, lass ihn Rizinusöl trinken, dann wird er schon gestehen!«

»Du nennst mich einen Faschisten? Mich, der ich das *Kapital* gelesen habe, als du noch zu Teenagerblättchen gewichst hast?«

»Ich war zum Glück nie in der Verlegenheit, es mir selbst besorgen zu müssen, mein Guter!«

»Jetzt Schluss damit, alle beide, das bringt uns doch nicht weiter.«

»Simone, du immer mit deinem Das-bringt-doch-nichts-Fimmel, sag uns wenigstens, was du davon hältst«, meinte Gnarra, indem er sich zu ihm umdrehte, die glatten, muskulösen Unterarme über der Brust verschränkt. Am Handgelenk glitzerten drei, vier Goldarmbändchen, das Liebespfand einiger unglücklicher Verflossener.

Pedro schmückte sich für sein Leben gern, so dass er in der Kaserne gerne – möglicherweise ohne sein Wissen – »A' Maronna 'ell'Arco«, die güldene Jungfrau von Neapel, genannt wurde. Santomauro hatte sich seine Ohrläppchen nie von nahem angesehen, doch er war sich sicher, dass er früher Ohrlöcher gehabt hatte, die jetzt fast zugewachsen waren. Schade, dass die Uniform es ihm verbot, denn Pedro hätte bestimmt einen wunderschönen Piraten abgegeben mit einem Diamanten im Ohr und einem weiteren im Nasenflügel.

»Sag es ihm, Simone«, drängte sich Totò Manfredis penetrante Stimme in diese abwegigen Gedankengänge, während sein Kopf sich zwischen ihn und Pedro schob, »sag ihm, dass wir zum Landgut der Moraces fahren, weil Genny Morace unter schwerem Verdacht steht.«

Der Maresciallo sah ihn an: Armer Totò, außer dem immer spärlicher werdenden Haupthaar, war er auch noch mit grauslichen schwarzen Ohrhärchen geschlagen.

»Ihr habt beide recht und unrecht, und nur deswegen ertrage ich euch noch, denn zusammen ergebt ihr fast ein funktionierendes Hirn. Natürlich, wir haben die Bestätigung, dass Morace im Zirkus war, und zwar aus Gründen, die mit der Vorstellung nichts zu tun hatten, und natürlich reicht das noch lange nicht aus, ihn für schuldig zu erklären. Doch er war da, vielleicht haben er oder seine Familie etwas gesehen, also müssen wir ihn befragen, wie wir es mit allen tun, von denen wir wissen, dass sie vorgestern Abend in der Vorstellung waren, und das sind leider wenig genug.«

»Ja, aber bei den anderen sind wir nicht gleich im Dreierpack aufgelaufen«, gab Manfredi triumphierend zurück, »da hast du Cozzone, Ammaturiello und die anderen hingeschickt. Und was sagt mir das?«

»Dass du ein Dummkopf bist!«

»Du hör jetzt auf! Natürlich sind wir auf ihn etwas neugieriger, aber irgendwo müssen wir schließlich anfangen. Wir werden auch Folchi noch einmal überprüfen und Gabrielli und alle. Ich gebe zu, es war dumm von mir, zu glauben, ich müsste euch mitnehmen. Jetzt merke ich, dass ich genauso gut das Radio hätte anstellen können.«

»In Wahrheit ist es doch so, dass du, Simone, während der Ermittlungen deine Gedanken lieber für dich behältst, während wir uns eben ein paar Wortgefechte liefern, um den Motor am Laufen zu halten.«

Santomauro lächelte Gnarra kurz zu.

»Vielleicht hast du recht, am Anfang einer Ermittlung habe ich einfach noch nicht viel zu sagen, aber wenn ich euch zuhöre, hilft mir das beim Nachdenken. Drei Köpfe denken eben doch besser als einer, so banal das klingen mag.«

»Das nennt man Brainstorming, also ein Hirn-Gewitter für all jene, die der englischen Sprache nicht mächtig sind, weil sie, anstatt Vokabeln zu lernen, die Englischlehrerin bumsten und dann trotzdem bestanden haben«, mischte sich Manfredi ein.

»Neid ist eine hässliche Fratze«, gab Gnarra tiefgründig zu bedenken.

»Wir sind da, Gott sei Dank. Zurück geht ihr zu Fuß.«

»Aber Dottor Moraces Haus ist doch erst da vorne«, jammerte Manfredi.

»Ihr bleibt hier. Habe ich das vergessen zu sagen? Ich möchte, dass ihr ein paar andere Dinge abklärt. Totò, du überprüfst Randazzo, Pietro dreht eine Runde und hört sich bei seinen Informanten um.«

»Du meinst, er geht zum Friseur, trinkt ein Bier in der Bar Centrale, isst ein *cannolo* bei Ciccinella, bespricht mit Amatuccio die neusten Schlagzeilen und nimmt einen Aperitif in der Bar von Colapelato! Was für ein Leben, ich hätte zu gern auch ein paar Informanten.«

»Warum legst du dir dann keine zu, hm? Ist es etwa meine Schuld, wenn die Leute mit mir reden wollen und mit dir nicht? Wie gesagt, Totò, Neid ist eine hässliche Fratze.«

Gnarra konnte fies werden, wenn er es darauf anlegte. Santomauro wollte nicht parteiisch erscheinen, deswegen sagte er streng: »Schluss jetzt! Macht, dass ihr fortkommt. Ich bin nur froh, ein Mann zu sein, als Frau würde ich keinen von euch ertragen.«

*

Genny Morace hatte das Gesicht und das Auftreten eines netten Jungen, weshalb alle, die ihn nicht so gut kannten, kein Verständnis für die väterliche Abneigung hatten. Tonino allerdings, der in diesem Haus aufgewachsen war, kannte Genny sozusagen in- und auswendig. Was sein Arbeitgeber über den jungen Herrn dachte, war absolut gerechtfertigt, und Tonino wusste sogar noch das eine oder andere Detail mehr, das er Don Carmelo um des lieben Friedens willen aber verschwieg.

Tonino hatte sich für heute vorgenommen, das Kellergeschoss aufzuräumen, und war den ganzen Tag um die Räume herum beschäftigt gewesen, die auf den tiefer gelegenen Hof hinausgingen. Nun war er fast fertig und rollte gerade ein letztes Fässchen zurück in den dunklen und trockenen Keller. Er hatte Spinnweben entfernt, die älter waren als er, hatte Ecken gesäubert, wo noch nie ein Lichtstrahl hingelangt war, hatte Staubmäuse und Unrat aus prähistorischen Zeiten zusammengefegt.

Und währenddessen hatte er genauestens Gennys Hin und Her beobachtet, dem es wie immer nicht im Traum eingefallen war, ihm seine Hilfe anzubieten. Dabei würde all das einmal ihm gehören, eines Tages in frühestens hundert Jahren, hoffentlich.

Tonino seufzte und wischte sich den Schweiß von der Stirn. Wie anders war da doch Don Carmelo gewesen! Er hatte sich als junger Mann für alles Mögliche interessiert. Wenn er sah, wie Bauern einen Baumstumpf ausgruben, um Brennholz daraus zu machen, hatte er ihnen sofort seine Hilfe angeboten. Wenn die jungen Walnussbäume gepflanzt wurden, war er da, auf den Feldern, und umfasste mit seinen kräftigen Fingern die kleinen Pflänzchen ebenso vorsichtig und geschickt, wie er den entzündeten Rachen eines Kindes untersuchte. Er sagte immer, ein Landarzt wie er müsse ein Schwein schlachten können genauso wie einen eingewachsenen Fingernagel herausschneiden, das Korn aussäen genauso wie ein gebrochenes Bein schienen. Wie oft hatten sie den Wein mit den eigenen Füßen gekeltert, wie oft hatten sie Schinken gemacht oder ein paar Hasen das Fell abgezogen, wie oft waren sie zusammen auf die Jagd gegangen!

Erneut seufzte Tonino, tief und lang aus seiner verschleimten Brust. Don Carmelo wurde alt und er ebenso, und dieser Nichtsnutz von Sohn schaffte nicht mal seinen Abschluss in

Medizin. Da war er ja, der junge Herr, schick eingekleidet vom Geld seines Vaters, wer weiß, wo er sich nun wieder vergnügen ging. Immerhin, einen Neuwagen hatte sein Vater ihm verweigert, und so musste er mit dem klapprigen alten Fiesta herumfahren, der vor ihm Donna Evelina gehört hatte.

Aber das Geld für das Benzin, wo nahm er das nur her? Und wovon bezahlte er seine nächtlichen Streifzüge mit den jungen Weibsbildern und Kerlen, die noch nichtsnutziger waren als er? Don Carmelo schwor Stein und Bein, dass er von ihm keinen Euro bekam, die wenigen Male, die er so guter Laune gewesen war, dass Tonino das Thema anzuschneiden gewagt hatte.

»Ciao, Tonino, ich komme heute nicht zum Abendessen, richte das bitte meinem Vater aus.«

Natürlich, und wer bekäme die Zurechtweisungen des Alten ab? Wenn Don Carmelo etwas nicht ertrug, dann, dass seine Kinder nicht bei Tisch erschienen. Und was kostete es Genny schon? Eine halbe Stunde am Mittag und eine halbe am Abend, was war da schon dabei?

Das Auto war in einer Staubwolke verschwunden, und Tonino kämpfte noch mit zwei alten Korbstühlen, denen jeweils ein Bein fehlte und die sich dennoch standhaft weigerten, Brennholz für den Kamin abzugeben. Mit einem Fußtritt zerbrach er schließlich die Rückenlehne des stabileren. Früher hätte er das mit den Händen getan, keine Frage.

Zweimal hatte Signorino Genny sich umentschieden: Nach fünf Examen in zehn Studienjahren, die den Vater eine Menge Schweiß gekostet hatten, war er zu der Überzeugung gelangt, dass Biologie besser war, um in den drei Folgejahren bravourös zwei weitere Prüfungen abzulegen und dann zur Philosophie zu wechseln, was er seit mittlerweile zwei Jahren ohne jedes erkennbare Ergebnis studierte. Er, Tonino, hätte ihn längst aus dem Haus gejagt, doch Don Carmelo war in der Sache merkwürdig nachgiebig.

Das Häuflein aus Reisig und dünnen Hölzern war ordentlich gestapelt, nun mussten nur noch die großen grünen Fünfzig-Liter-Flaschen gespült werden. Tonino schleppte sie eine nach der anderen zum Brunnen, schnaufend und schwitzend in der heißen Nachmittagssonne. Was fiel ihm eigentlich ein, in seinem Alter noch die Arbeit eines jungen Burschen zu verrichten?

Er wusste, warum Don Carmelo diesen degenerierten Faulpelz im Hause behielt: Er hoffte immer noch gegen jede Vernunft, dass er heiraten und ihm den ersehnten Erben schenken würde, einen männlichen Erben mit seinem Vor- und Nachnamen. Denn sosehr er Preziosa auch liebte, und er vergötterte dieses Kind geradezu, so ging der Familienname für Don Carmelo doch über alles, und allein Genny blieb ihm als Stammhalter. Klar doch, die Hoffnung stirbt zuletzt, Tonino hätte Don Carmelo da ein paar Sachen erzählen können, hielt es aber für klüger, zu schweigen. Und so würde Genny sich ein schönes Leben machen bis zuletzt, und sie beide würden immer älter und bissiger werden, zusammen mit Donna Evelina, der armen hoffnungslosen Seele. Zum Glück gab es Preziosa, wenigstens sie.

Ein Auto kam die Straße herauf und bog in die Einfahrt ein, eine Wagentür schlug zu, und Tonino fluchte: Er hatte den Motor nicht gehört, seine Ohren wurden immer schlechter, auch das noch.

Und wer kam da überhaupt und störte die Mittagsruhe, in der Don Carmelo bekanntermaßen niemanden sehen wollte? Maresciallo Santomauro natürlich, der war nicht von hier und wusste bestimmte Dinge einfach nicht; aber vielleicht war es an der Zeit, dass ihn mal jemand aufklärte.

*

Das Wohnhaus des Dottor Morace, für alle im Dorf Don Carmelo, stand oben im alten Teil von Pioppica Sotto, dort wo hinter den letzten Häusern die Felder begannen. Don Carmelos Grundbesitz erstreckte sich bis an den Fuß der Berge, bestellte Felder, soweit das Auge reichte, dazu struppige Eukalyptuswäldchen mit dichtem Unterholz. In dieser Gegend des

Cilento hatte seiner Familie früher einmal ein Großteil des Landes gehört.

Das Haus war ein großer, schmuckloser Bau ohne jenen architektonischen Reiz, der sonst oft den mangelnden Komfort solch alter Häuser mit einem umso schöneren Äußeren aufwiegt. Dieses hier war groß und hässlich ockergelb, doch sehr effizient saniert und daher gemütlich, außerdem perfekt instand gehalten.

Der Maresciallo wich einem klapprigen cremefarbenen Ford Fiesta aus, der mit aufheulendem Motor aus dem unteren Hof schoss, wo ein rostiges, aber funktionierendes Hoftor zu den Garagen, Kellerräumen und in der Nähe des Hauses gelegenen Nutzgärten führte. Er bremste ab, beschloss dann, von der Hauptstraße abzubiegen und vor dem Haupttor zu parken, an dem eine Gedenktafel auf einen Morace-Ahnen verwies, der Ende des neunzehnten Jahrhunderts geboren und ehrenhaft im Ersten Weltkrieg gefallen war.

Santomauro hatte eigentlich keinen wirklichen Grund, bei den Moraces vorbeizuschauen, was er offen zugegeben hätte, wenn Gnarra und Manfredi weniger penetrant gewesen wären. Er hätte Genny Morace genauso gut in die Kaserne bestellen können, aber da die Ermittlungen nun mal an dem Punkt waren, wo sie waren, nämlich bei null, hatte er keine Ahnung, wo er ansetzen sollte.

Sie hatten ein totes Kind, und es war eines schrecklichen Todes gestorben. Unter ihnen verbarg sich ein Mörder, eine Bestie, die beschlossen hatte, ihren Kopf zu heben und genau in diesem Moment zuzuschlagen. Die Ermittlungen gingen noch in alle Richtungen: angefangen bei den Vorstrafen Mustafa Parsis und seiner Leute, die als Erstes überprüft worden waren. Die zwei Augenzeugen, Folchi und Gabrielli, schienen nichts weiter zu sagen zu haben, würden aber in den nächsten Tagen noch einmal vernommen werden, auch wenn es nicht danach aussah, als ob sie mehr mit der Sache zu tun hatten, als dass sie die zufälligen Finder dieses armen, anrührenden Leichnams waren.

Folchi gehörte das Grundstück, auf dem Zina gestorben war, doch das änderte nichts an den nackten Fakten: Santomauro hatte einfach nichts, wo er ansetzen konnte. Also, hatte er sich gesagt, warum nicht gleich mit allen reden, die gestern Abend im Zirkus gewesen waren? An Dottor Morace samt Tochter und Enkelin erinnerte er sich persönlich, und auch an ein paar andere Dorfbewohner, die er kannte. Er würde Maria Pia und Lillo fragen und so nach und nach zumindest einen Teil des Publikums rekonstruieren, um dann mit detaillierten und weitgehend nutzlosen Befragungen langsam ein Gesamtbild zusammenzusetzen.

Bis dahin versuchten sie nachzuzeichnen, was die Außenseiter des Dorfes getan hatten, vor allem jene, die im Zusammenhang mit Kindern auffällig geworden waren. Viel Laufarbeit, geduldige Befragungen, die ewig gleiche, scheinbar sinnlose Fragerei: Das bildete nun mal den Großteil ihrer Arbeit neben stundenlangem Durchforsten von Aktenbergen, Telefonaten, langweiligen Überwachungen und Computerkontrollen, und dann, manchmal, der entscheidende Funke, der alles rechtfertigte und die Befriedigung brachte, den Tod eines Unschuldigen gerächt zu haben. Der Maresciallo hoffte, dass dies nicht einer jener ungelösten Fälle werden würde, die ihm schwer auf dem Gewissen lasteten, ruhelose Tote, deren Mörder nie gefunden wurden. Er wünschte mit ganzer Kraft, dass derjenige, der die kleine Zina missbraucht und getötet hatte, zur Rechenschaft gezogen wurde, und er war bereit, sich dafür an jeden noch so kleinen Strohhalm zu klammern.

So ging er durch das große Tor und betrat festen Schrittes den dunklen und kühlen Durchgang zwischen Haus und Hof. Ein kräftiger alter Mann mit lediger Haut kam die Treppe herauf, die zum Hof hinabführte. Schnaufend blieb er vor ihm stehen. Tonino Scarano, Gärtner, Hausmeister und schwarze Seele des Dottore. Santomauro kannte ihn vom Sehen und wusste, dass er gar nicht so alt war. Er trug ein blau-rot gestreiftes Hemd mit Schweißflecken unter den Achseln, und in sein widerstrebendes Lächeln gruben sich tiefe Falten. Man erzählte sich, er verbreite dieselbe düstere Stimmung wie sein Arbeitgeber.

»Suchen Sie jemanden, Maresciallo?«

»Ist Genny Morace zu Hause?«

»Tut mir leid, er ist gerade weggefahren«, erwiderte Tonino und verzog missgünstig das Gesicht.

»Auch gut, dann werde ich mich eben mit dem Dottore und seiner Tochter unterhalten. Die sind doch da, oder?«

»Ja, aber um diese Uhrzeit ist Don Carmelo nicht zu sprechen. Er ruht.«

Dabei stellte er sich so hin, dass er dem Besucher den Zugang zur Treppe, die in den ersten Stock führte, verwehrte.

»Dann wird er für mich eine Ausnahme machen. Bitte sag ihm, dass ich hinaufkomme.« Santomauro hatte unter Mühen gelernt, dass es in diesem Landstrich in manchen Situationen geraten war, laut zu werden. Tonino wich ein wenig zurück, ohne seine überhebliche Haltung abzulegen, brummte etwas und ging dann die Treppe hinauf ins Haus. Gute zehn Minuten ließ er den Maresciallo warten, dann kam er herunter, nickte ihm zu und verschwand in den Tiefen des Hauses.

Santomauro stellte sich auf eine nicht gerade entspannte Unterhaltung ein. Er kannte Dottor Carmelo Morace vom Sehen, konnte aber nicht behaupten, dass er ihm sympathisch war. Um Gottes willen, ein guter Arzt, gewissenhaft und hilfsbereit, aber eben der klassische Landbesitzer vom Dorf, halsstarrig und despotisch innerhalb und außerhalb der Familie, zumindest wenn man dem Dorfklatsch von Pioppica Glauben schenkte.

Einige zusätzliche Details hatte er von Gnarra erfahren, der nie versiegenden Informationsquelle über das Dorf und seine Bewohner. Don Carmelo entstammte einem alten, angesehenen cilentanischen Geschlecht und war mit allen wichtigen Familien verwandt, die in der Gegend irgendetwas zählten. Er selbst war ein pragmatischer Mann, solide und ehrlich, der im Dorf allgemeinen Respekt genoss, wenn nicht sogar Sympathie. Ein gewissenhafter Arzt der alten Schule, der bei Bedarf einen Infarkt oder eine Lungenentzündung zu behandeln wusste, ein Kind auf die Welt brachte, einen kaputten Zahn zog, eine hässliche Wunde nähte und Ratschläge zu einem trächtigen Pferd gab. Einerseits reich, ererbter Reichtum, und den Patienten gegenüber generös, denen es freistand, wie sie ihre Rechnung bezahlten, und die häufig ihre Schuld mit den Früchten ihrer Felder oder Dienstleistungen unterschiedlichster Art beglichen, doch gleichzeitig geizig, äußerst geizig, hieß es, gegenüber den Angestellten und jenen, die nicht in seiner Gunst standen, und ganz besonders mit seinen zwei erwachsenen Kindern, einem Jungen und einem Mädchen.

Dann gab es noch die Enkelin, die er geradezu vergötterte, auch sie hatte Santomauro im Zirkus gesehen. Darauf setzte der Maresciallo nun, dass der alte Herr und seine Tochter sich aus Mitleid mit diesem armen kleinen Mädchen milde stimmen lassen würden und nachdächten, ob ihnen an dem Abend, der eigentlich ein freudiger hätte sein sollen, irgendetwas aufgefallen war.

Don Carmelo empfing ihn in seinem Büro am oberen Ende der Treppe, einem großzügigen Raum mit schweren Regalen aus Massivholz, die, vollgestellt mit ledergebundenen medizinischen Wälzern, dem Raum viel von seinem Licht nahmen. Der Schreibtisch war ein alter, mit Schnitzereien versehener Apothekertresen, ein wunderschönes und ganz besonderes Stück, das viel über die Persönlichkeit seines Besitzers aussagte. An den Wänden gerahmte Urkunden, viele davon in schnörkeliger Handschrift. Der gesamte Stammbaum der Familie Morace, Ärzte und Apotheker, eine Generation nach der anderen, die ihr Wissen und Können in den Dienst der Bewohner von Pioppica und Umgebung gestellt hatten. Ihnen saß Don Carmelo stolz vor, Letzter seiner Sippe, »denn der Sohn«, wusste Gnarra zu berichten, »taugt nichts, und die Tochter zählt nicht«. Er war ein Mann Ende sechzig, von kräftiger Statur, mit schönem, ausdrucksstarkem Gesicht, spärlichem Haar und großen, pelzigen Ohren. Um den Hals hing ihm an einer Schnur seine Brille, die einzige Unstimmigkeit in seiner eleganten, seriösen Kleidung. Ohne sich zur Begrüßung zu erheben, hieß er den Maresciallo mit einer Handbewegung Platz nehmen und fragte, ob er ihm einen Kaffee oder etwas Alkoholisches anbieten könne, was Santomauro als bloße Förmlichkeit erkannte und dankend ablehnte.

»Nun, Maresciallo«, meinte der Dottore und faltete die großen, behaarten Hände über der braunen Weste, »da ich nicht glaube, dass Sie hier sind, weil Sie meine ärztliche Hilfe benötigen, vermute ich, es geht um dieses schreckliche Verbrechen, von dem das ganze Dorf spricht.«

»Dem ist tatsächlich so.«

»Gut, dann freut es mich, Sie bei guter Gesundheit zu wissen, doch ich weiß nicht, wie ich Ihnen behilflich sein könnte.«

»Sie waren mit Ihrer Tochter und Ihrer Enkelin im Circo delle Maraviglie, vorgestern Abend. Und wenn ich recht informiert bin, war Ihr Sohn auch da.«

»Ja, und? Auch Sie waren da, Maresciallo, mit der Frau Ihres Brigadiere. Macht uns das etwa alle zu Verdächtigen?«

Vielleicht war es der harte, scharfe Tonfall oder der offensichtlich genervte Blick auf die Taschenuhr, die an einer schweren Goldkette über der Weste hing, vielleicht auch die kaum verhüllte Anspielung auf Maria Pia oder sein leicht reizbares schlechtes Gewissen, jedenfalls schaltete Santomauros Gehirn augenblicklich vom freundlichen Plauderton in den Verhörmodus renitenter Verdächtiger um. Dabei ließ er sich nichts anmerken, außer vielleicht mit einem kleinen, hungrigen Wolfslächeln, das Don Carmelo jedoch, da er ihn nicht gut kannte, entging.

»Aber nein, Gott bewahre! Ich befrage lediglich alle Leute, die in der Vorstellung waren. Das Mädchen hat ja selbst mitgemacht und ist gleich im Anschluss verschwunden. Da ist jede Zeugenaussage wertvoll.«

»Ich habe nichts gesehen außer der mitleiderregenden Darbietung eines Häufleins von Schmierenkomödianten. Meine Enkelin wollte unbedingt in den Zirkus, also bin ich mit ihr hingegangen, doch ich hatte gehofft, das Ärgernis würde sich auf den einen Abend beschränken.«

»So wäre es ja auch gewesen, nur leider ist ein kleines Mädchen etwa im Alter Ihrer Enkelin auf schreckliche Art ums Leben gekommen, weswegen ich Sie hier belästigen muss.« Santomauros Geduld war in manchen Situationen spürbar begrenzt. Er erhob sich und baute sich vor dem Alten auf. Don Carmelo blickte zu ihm auf, dann erhob er sich ebenfalls und sah ihn einen Moment mit blitzenden Augen an. Schließlich räusperte er sich und wandte den Blick ab.

»Für das Mädchen tut es mir aufrichtig leid, glauben Sie mir«, sagte er mit sanfterer Stimme. »Vielleicht ist es gerade die Angst um Preziosa, weshalb ich nichts von dieser Geschichte wissen möchte, aber Sie müssen natürlich Ihre Arbeit tun. Mir ist wirklich nichts Außergewöhnliches aufgefallen, Preziosa und diese armseligen Zirkusleute haben meine ganze Aufmerksamkeit absorbiert, Sie wissen ja, wie aufgeregt Kinder bei solchem Unfug immer sind.«

Kurze Pause, dann sah er dem Maresciallo direkt in die Augen, während seine Hand auf dem Schreibtisch einen Stift traktierte: »Zu meinem Sohn Gennaro kann ich Ihnen nichts sagen. Ich wusste nicht, dass er auch da war. Ansonsten habe ich die Kinder in der Manege gesehen, aber mein einziger Gedanken war, dass es eine Schande ist, sie dort arbeiten zu lassen. Vielleicht kann meine Tochter Evelina Ihnen weiterhelfen. Jetzt entschuldigen Sie einen alten müden Mann, der manchmal etwas schroffer ist als nötig.«

Gänzlich unerwartet reichte er ihm die Hand, er hatte einen festen, starken Händedruck, der jedem Vierzigjährigen Ehre gemacht hätte. Der Maresciallo ging hinaus und stieß dort auf Tonino, der wahrscheinlich die ganze Zeit an der Tür gelauscht hatte und ihn nun zu Evelina Morace führte.

*

Minuccio wusste nicht mehr, was er denken sollte. Er hatte sie überall gesucht. Kein Versteck im Wald, kein verlassenes Gemäuer in der Umgebung, das er nicht nach ihr abgesucht hätte. Ihre Verstecke waren seine Verstecke, sie waren eins. Sie war seine Stimme, seine Wörter. Minuccio wusste, dass er nicht sonderlich intelligent war. Er hatte Wörter, doch sie waren alle in seinem Kopf und wollten nicht heraus. Vielleicht wegen der ganzen Schläge, die er als kleiner Junge bekommen hatte und immer noch bekam, wenn er nicht schnell genug rannte. Sie war immer schneller und klüger gewesen als er, sie floh wie der Wind. Manchmal hatte er extra langsam gemacht, um sich schnappen und verprügeln zu lassen, denn sie war viel zerbrechlicher, und es hätte ihm so schrecklich leidgetan, wenn der Stock auch ihr die Nase zertrümmert hätte oder einen ihrer zarten Arme. Sie war seine Zwillingsschwester, er liebte sie, sie war alles, was er hatte. Er hatte sie immer beschützt. Außer vor dem Schwein. Beim ersten Mal war er zu klein gewesen und sie auch. Zu klein, um zu verstehen und abzuhauen, sie hatten nur zusammen weinen können, hatten sich umarmt, danach, und dann noch viele Male. Dann, mit den Jahren, als sie größer geworden war, war sie weggerannt, doch das Schwein war immer zu schnell, nicht wie Mamma Signora, die sich heimlich anschleichen musste, um sie zu erwischen. Das Schwein konnte schnell rennen.

Minuccio hatte in jedem Versteck kleine Gaben zurückgelassen, Geschenke, die er sich mühsam und unter der ständigen Angst vor Prügeln zusammengeklaut hatte: Eier, ein Stück Brot, eine Blümchenunterhose, die zum Trocknen auf der Leine hing – aber nichts, kein Lebenszeichen von ihr. Er machte sich Sorgen um sie, schreckliche Sorgen.

*

»Möchten Sie vielleicht eine Tasse Tee oder sonst etwas?« Santomauro lehnte ab, und Evelina Morace entspannte sich unmerklich in ihrem Sessel. Sie saßen in einem kleinen Salon, der mit allen Nuancen der Farbe Beige spielte. Das seidenbezogene Sofachen mit passenden Sesseln, die luftigen Gardinen am Fenster, kein Bild, ein bis oben hin mit mattfarbenen Wollknäueln gefülltes Nähkörbchen. Bei Santomauro stellte sich schlagartig das Gefühl von Enge ein, von Beklemmung, als hielte das Zimmer selbst die Luft an. Die Tür war geschlossen, vielleicht trug auch das zu der Empfindung bei, in der Falle zu sitzen. Er versuchte es sich in dem Sessel bequem zu machen, doch wie die anderen Möbel im Raum diente auch er offenbar weniger der Bequemlichkeit als dem Dekor.

»Sie wollten etwas über den Zirkus wissen, wenn ich mich nicht irre.«

Evelina sprach mit gedämpfter Stimme, alles an ihr war gedämpft: die cremeweiße Bluse und die graue Hose, das hellbraune, im Nacken zusammengesteckte Haar, die feingeschnittenen, aber maskenhaft ausdruckslosen Züge. Sie saß in sich zusammengesunken da, den Oberkörper gekrümmt in einer Haltung, die sie gewohnt zu sein schien. Während des ganzen Gesprächs blickte sie ihm kein einziges Mal ins Gesicht.

»Ich muss wissen, ob Ihnen irgendetwas aufgefallen ist, vorgestern Abend. Wir befragen alle Personen, die da waren.«

»Dann fischen Sie also völlig im Trüben.«

Trotz der freundlichen Stimme erinnerte die schmallippige, grobe Bemerkung Santomauro daran, dass sie Don Carmelos Tochter war.

»Sagen wir mal, wir sind für jeden Hinweis dankbar«, erwiderte er mit einem strahlenden Gnarra-Lächeln. Ohne aufzublicken, knetete sie den Stoff ihrer Hose.

»Tut mir leid, da kann ich Ihnen nicht helfen. Mir ist nichts aufgefallen. Ich hatte mir eine Zeitschrift mitgenommen, zur Ablenkung. Ich mag diese Art von Spektakel nicht. Das Kind wollte hin, daher …«

Das Kind musste ihre Tochter sein, mit der Santomauro noch nicht gesprochen hatte.

»Verstehe. Und was können Sie mir zu Ihrem Bruder sagen? Er war ebenfalls dort, vielleicht hat er etwas gesehen?«

»Tut mir leid, aber über das, was mein Bruder treibt, bin ich nicht informiert. Da werden Sie wohl mit ihm selbst sprechen müssen. Wenn Sie ihn zu Hause antreffen.« Mit einem kühlen Lächeln, dem ersten überhaupt, stand sie auf. Die Unterhaltung war beendet.

In diesem Moment schwang die Zimmertür auf, knallte gegen die Wand, und ein Mädchen von neun oder zehn Jahren stürmte in einem zu kurzen roten Kleid auf mageren Beinen herein. Als sie die beiden Erwachsenen erblickte, blieb sie ruckartig stehen.

»Mama! Entschuldigung, ich dachte du wärst …«

»Was gibt es? Ist das die richtige Art, einen Raum zu betreten?« Ihr Tonfall war neutral, ohne den Schatten eines Vorwurfs, doch die Kleine wich einen Schritt zurück. Santomauro spürte die verborgene Eiseskälte, die von der Frau ausging.

»Ich wollte Klavier spielen, und da … na ja, egal.« Das Kind hatte dieselben hellen Haare der Mutter und ihren zarten Körperbau, die klaren Gesichtszüge aber waren die des Großvaters, und die Augen, schwarze, lebhafte Augen, kamen vielleicht von einem anderen Familienmitglied. Neugierig sah sie den Maresciallo an: »Bist du ein Carabiniere? Kommst du, um Tonino festzunehmen?«

»Was redest du denn da! Geh sofort auf dein Zimmer, Schulaufgaben machen!«, fuhr die Mutter sie an, dann drehte sie sich mit entschuldigender Miene zu Santomauro: »Tonino ist unser langjähriger Bediensteter, ich weiß nicht, wie …«

»Aber du sagst doch selbst immer, dass er ein Dieb ist und eingesperrt gehört!«

»Preziosa!« Als sie drohend die Hand hob, war das Kind schon davongerannt.

»Entschuldigen Sie bitte. Sie ist eine unverbesserliche Lügnerin.«

»Um Himmels willen, so ein nettes Kind. Und was für ein außergewöhnlicher Name, Preziosa, eine Familientradition?«

»Nein, mein Vater hat ihn ihr gegeben«, antwortete Evelina. Wenn sie zuvor leblos gewirkt hatte, so erstarrte sie nun zu völliger Reglosigkeit, ein Klumpen Eis in Frauenkleidern. Der Maresciallo wollte noch etwas aus ihr herausholen, doch die zu einem blassen Strich zusammengepressten Lippen würden kaum mehr preisgeben.

»Sie spielt Klavier?«, fragte Santomauro, um etwas zu sagen.

»Nein. Das Klavier gehörte meiner Mutter«, erwiderte Evelina knapp und völlig teilnahmslos.

»Ah, vielleicht hat Ihre Tochter ja deren Talent geerbt«, gab er zurück und fühlte sich wie ein geschwätziger Esel angesichts der immer verschlosseneren, fast feindseligen Miene der Frau.

»Das will ich nicht hoffen. Jedenfalls erlaube ich ihr nicht, es zu spielen.«

Während sie im Hinausgehen sorgfältig die Zimmertür schloss, stellte sie ihm plötzlich eine unerwartete Frage: »Wissen Sie, wie lange der Zirkus noch hier bleibt?«

»Im Moment kann er nicht abreisen wegen der laufenden Ermittlungen. Warum? Wollten Sie noch einmal mit Preziosa hin?«

»Um Himmels willen, nein!«, rief sie spontan aus, die erste echte Gefühlsregung außer der gegen die Tochter erhobenen Hand. »Ganz im Gegenteil. Ich fürchte, meine Tochter könnte meinen Vater überreden, noch einmal hinzugehen. Das wäre mehr, als ich ertrage könnte, noch so einen Abend voll banaler Vulgaritäten.«

Als Santomauro sich entfernte, fühlte er sich komplett solidarisch mit Feuerschlucker und seinen Leuten. Eine alte Frau deckte im Speisezimmer den Tisch, weißes Porzellan und Silberbesteck. Der Maresciallo nickte ihr grüßend zu, doch sie tat so, als bemerke sie ihn nicht.

Tonino, der mutmaßliche Dieb, begleitete ihn nach draußen. Genny Morace war noch nicht zurückgekehrt. Santomauro beschloss, ihn in die Kaserne einzubestellen, um nicht noch einmal den Fuß in dieses unangenehme Haus setzen zu müssen. Eine Hoffnung, die sich nicht erfüllen sollte.

*

»Vater, vergebt mir, denn ich habe gesündigt.«

Pater Lillo seufzte. Der Stimme nach eine alte Frau, nichts Spannendes oder Mitreißendes, nur das x-te Mütterchen, das seine Schwiegertochter nicht mehr ertrug, mit der Schwester gestritten oder die Sonntagsmesse geschwänzt hatte. Wie ihn das alles langweilte! Als er Don Giovannino zugesagt hatte, ihm bei der Leitung der kleinen Kirchengemeinde San Pacuvio zu helfen, hatte er gehofft, damit die Langeweile zu vertreiben, die ihn gegen Ende des Sommers befallen hatte. Dieselbe Langeweile, wegen der er bisher noch nicht nach Neapel zurückgekehrt war, zur gewohnten Stadtroutine aus Wohltätigkeitstees, Wohltätigkeitsdiners und Wohltätigkeitsbasaren sowie lahmer Konversation mit den vermögenden Damen des Reichenviertels Posillipo, die seinen üblichen Jagdgrund bevölkerten. Lillo war Spendensammler, einer der besten, und die Gesellschaft Jesu, die seine Begabung zu schätzen wusste, hatte ihn vor Jahren in diese reiche Gemeinde versetzt, wo er mit seinem Charme zahlreiche reife, gut betuchte Wohltäterinnen sowie ihre widerspenstigen, aber einflussreichen Ehemänner dafür hatte gewinnen können, sich an mildtätigen Aktionen zu beteiligen.

Das alles langweilte ihn mittlerweile zu Tode, wenngleich er auf die geleistete Arbeit stolz war, und er hatte begonnen, mit Nachdruck um seine Versetzung zu bitten. Er wollte an einen gefährlichen Ort, wo er sein Können, seinen Mut und seine Intelligenz unter Beweis stellen konnte, irgendeine Mission in der Dritten Welt oder auch eine Stelle im Vatikan, das sollten die entscheiden, aber bitte schnell, bevor er unwiederbringlich gealtert war und sich wie der Großteil seiner Stadt-Schäfchen zu einem Lifting hinreißen ließ. Die Damen der besseren neapolitanischen Gesellschaft, die er kannte, waren ausnahmslos blond – von platinblond bis tizianrot gesträhnt, keine einzige Brünette, viel mehr Blondinen als in Norwegen –, schlank und durchtrainiert, konsequent elegant mit der richtigen Marke gekleidet, altersmäßig allesamt an die vierzig und ums Verrecken entschlossen, kein einziges Lebensjahr mehr zuzugeben.

Die Büßerin, die er nun durch das Gitter des Beichtstuhls erkennen konnte, war hingegen schon um einiges älter, und kein Lifting würde das dichte Faltennetz unter der weißen Hochsteckfrisur glätten, das sich über ihre ausgeprägten Gesichtsknochen zog, mit hohen Wangen und Adlernase. Ein schönes Gesicht, im Gesamtbild, eine bemerkenswerte alte Dame.

»… die letzte Messe versäumt, dann habe ich eine liebe Freundin belogen, musste meine Magd bestrafen, habe schlecht über meinen Cousin gedacht …«

Da, er hatte es geahnt, die übliche gähnende Langeweile. Die Intrigen des Vatikans hingegen, der Kampf um die Macht, der Schemen einer purpurnen Kardinalsrobe, auch wenn er dafür seinem Jesuiteneid würde abschwören müssen, oder eben die Urwälder Amazoniens, die Evangelisierung völlig jungfräulicher, wilder Seelen, Schlangen, Gefahr, Drogenhändler …

»… Aber wo er sich doch diesen Tunichtgut im Haus hält, wo doch nun dieses fremde Mädchen so schrecklich ums Leben gekommen ist, da musste ich ihm doch etwas sagen, meinen Sie nicht, Pater? Und er schickt mich zum Teufel, er ist einfach kein guter Mensch, mein Cousin, und ich …«

»Entschuldigen Sie, Signora, mir ist da etwas entgangen, was sagten Sie über diesen Tunichtgut? Und das Mädchen?«

»Ich sagte, dass mein Cousin sich einen Burschen mit Vorstrafen im Haus hält, und auch noch wegen Vergewaltigung Minderjähriger, und sein Grundstück grenzt an das, wo diese Zigeunerin umgekommen ist, also ich meine ja nur! Das schien mir doch ausreichend, um Verdacht zu schöpfen, aber er, nein! Tonino ist ihm heilig!«

»Kommen Sie herüber, Signora, damit ich Ihnen die Absolution erteilen und die Buße auferlegen kann, wir kennen uns noch nicht, stimmt's?«

»Nein, sonst würde ich mich bestimmt an Sie erinnern, was ist denn aus Don Giovannino geworden? Er ist doch nicht etwa gestorben?«

»Um Himmels willen, nein, es geht ihm ausgezeichnet, er hat bloß anderweitige Verpflichtungen. Ich bin Pater Lucarello, aber Sie können mich Pater Lillo nennen.«

»Das kommt mir etwas frivol vor für einen Priester. Mein Name ist Amalia Morace, verwitwete Manzo.«

»Morace, Morace, die Cousine des Dottore? Nun …, *ego te absolvo in nomine Patris …*«

»Aber ich war doch noch gar nicht fertig. Vielleicht bin ich manchmal zu streng mit meinem Burschen … aber er ist ein solcher Faulpelz, vielleicht noch ein anderes kleines Vergehen, ich habe meine andere Angestellte bestrafen müssen …«

»Beten Sie drei Ave-Maria und zwei Vaterunser und gehen Sie hin in Frieden, Signora.«

Er sah zu, wie sie hinausging, groß und hager, aber festen Schrittes, gut gekleidet, eine autoritäre Alte, selbst wenn sie ihre kleinen Sünden beichtete. Er befreite sich von der viel zu schweren Kutte, die er über seine kurzen Hosen gezogen hatte, setzte sich auf die Stufen vor der Kirche und überlegte, wie er die Information am besten Maresciallo Santomauro zukommen lassen konnte. Ein gewisser Tonino, der für Dottor Morace arbeitete, war wegen Gewalt gegenüber Minderjährigen vorbestraft. Ihm selbst waren ja durch das Beichtgeheimnis die Hände gebunden, und würden die Carabinieri nicht sowieso die Vorstrafen aller irgendwie in den Fall verwickelten Personen überprüfen? Was tun? Musste er schweigen, stumm wie ein Grab, oder durfte er eine Anspielung fallenlassen? Nein, das Beichtgeheimnis zu brechen war eine Todsünde. Er saß in der Falle. Oh, die Wälder des Amazonas, die Flure des Vatikans, alles Orte, wo die Gefahren auf der Hand lagen und ein Mann kämpfen konnte ohne Reue!

*

Manchmal überraschte sich Carolina bei dem hoffnungsvollen Gedanken, dass ihre Mutter vielleicht nie mehr aus dem Krankenhaus zurückkehren würde. Ohne sie lief es einfach besser.

Das war kein schöner Gedanke, aber die Wahrheit. Wenn sie da war, war der Vater anders; nervöser, fast ängstlich, immer krampfhaft darum bemüht, ihr jeden Wunsch zu erfüllen, noch bevor er überhaupt in ihrem Kopf Gestalt angenommen hatte, unterwürfig wie ein Hündchen.

Das ging ihr auf die Nerven, es war so erbärmlich mit anzusehen. Ihr wurde dann speiübel, auch weil Mama so tat, als merke sie nichts, und nur herumsaß, schön wie eine Miniatursphinx mit dem ewig gleichen, leicht enttäuschten Gesichtsausdruck auf den feinen Zügen. Nichts könnte ihre Unzufriedenheit stillen, ihren Hunger nach etwas anderem, immer gleich Unfassbarem und Unerreichbarem, von dem sie selbst nicht wusste, was es war.

Zumindest war es nichts, das ihr Vater oder sie ihr geben konnten. Aber das kapierte er nicht, leider.

*

Er war mit Gnarra in der Bar Centrale verabredet. Pioppica Sotto hatte seit prähistorischen Zeiten zwei Bars, die von jeher um die Gunst der Touristen und die Vormachtstellung buhlten, in welchem der Lokale *man* seinen Kaffee zwischendurch, die Brioche oder den Cappuccino konsumierte. Die Bar Centrale lag an der Piazza degli Eroi, hatte nur wenige Tische draußen, bot ihren Gästen dafür den direkten Blick auf Piazza, Strand und Meer. Das Caffè Eucalipto hingegen nannte einen großen Garten sein Eigen, mit Eisentischchen auf der Wiese, Maulbeer- und Feigenbäumen, duftenden Glyzinien im Frühling und einer kleinen Treppe, die zur Promenade und zum Strand hinabführte. In der einen Bar gab es *panini, crocchette* und *supplì,* in der anderen mit Gemüse oder Ricotta gefüllte Pizzen. Die eine war berühmt für ihren Kaffee mit Walnusslikör, bei der anderen schwärmte man vom brasilianischen Kaffee mit einem Schuss Kakao. In der Bar Centrale gab es einen Raum mit Videospielen, im Eucalipto Billard und Schaukelpferde für die Kinder.

Es war eine gnadenlose, brutale Konkurrenz, doch der harte Kampf verlief über die Köpfe der ahnungslosen Dorfbewohner und Feriengäste hinweg, die friedlich von der einen in die andere Lokalität der zwei Streithähne wechselten, und dies oft am selben Nachmittag, je nachdem, was man konsumieren oder welche Freunde man treffen wollte. Es war also ein perfektes Gleichgewicht, das erst in jüngster Zeit durch das Auftauchen einer Strandbar und die Neueröffnung eines kleinen Lokals im oberen Teil des Dorfes gestört wurde, welches bislang aber nur Achtzigjährige frequentierten, die sich dort zum Kartenspiel trafen.

Santomauro hatte unter Zuhilfenahme von Pedro Gnarras Kontakten ein Gespräch mit der Familie Scorpoletta anberaumt, was seine eigenen Möglichkeiten überstiegen hätte. Der entscheidende Unterschied der beiden Lokale lag nämlich in den Menschen, die dort arbeiteten. So extrovertiert und redselig die gesamte, durch Heirat und natürliche Fruchtbarkeit besonders vielköpfige Familie Di Monaco vom Eucalipto war, so verschlossen und zurückgezogen lebten die Scorpolettas von der Bar Centrale.

Vater, Mutter und vier Kinder von pubertierend bis gerade erwachsen, alle gleichermaßen groß und kräftig, leicht rothaarig, dickleibig und von der ungesunden Blässe derer, die nie die Sonne sahen. Ihr Leben spielte sich in der Bar Centrale ab, egal in welchem Monat, egal zu welcher Jahreszeit. Sie wohnten im ersten Stock über der Bar, und man wusste weder über Freundschaften oder Beziehungen der Kinder noch über Verwandte oder Bekannte der Eltern zu berichten. Sie waren vor rund zehn Jahren von »außerhalb« zugereist – ein ebenso vager wie allumfassender Begriff, der für die Cilentaner jeden Ort außerhalb des Cilento bezeichnete – und fristeten ein stilles, der Dorfgesellschaft gänzlich abgewandtes Dasein. Im Spätherbst schloss die Bar für einen Monat und dann noch einmal zwischen Karneval und Ostern; es ging das Gerücht, sie kehrten dann dorthin zurück, wo sie herkamen, um sich dem zügellosen Wohlleben hinzugeben und all die hart verdienten Penunzen zu verprassen, doch in Wirklichkeit kamen sie genauso dick, blass und abgearbeitet zurück, wie sie gegangen waren, und nahmen ihren Platz hinter der Bar wieder ein. Von Signora Scorpoletta hieß es, sie hätte keine Beine, denn niemand konnte sich erinnern, sie jemals von der Taille an abwärts gesehen zu haben, dafür war sie eine Spitzenköchin, auch wenn ihr

Essen für feinere Gaumen einen Tick zu ölig war. Santomauro kaufte häufig eine Portion Auberginen-Auflauf bei ihr oder Pizza mit Eskariol zum Abendessen.

Wer weiß, warum diese monolithische Familie, die ihren Alltag zwischen Kasse, Kaffeemaschine und Eistheke zubrachte, beschlossen hatte, einen Abend im Circo delle Maraviglie zu verbringen. Welches Kind hatte da gebettelt, gejammert, gefleht, um die Vorstellung zu sehen? Oder vielleicht hatte es die Mutter nach einem Moment der Entspannung und des exotischen Divertissements verlangt? Oder Signor Scorpoletta hatte beschlossen, seiner Familie einen Abend der totalen Ausschweifung zu gönnen, damit er sie in den kommenden Monaten besser triezen konnte?

Es war und blieb ein Rätsel, und doch hatten die Pioppicaner vor zwei Tagen verwundert zur Kenntnis genommen, dass die Rollläden zu ungewohnter Stunde verschlossen waren und Familie Scorpoletta sich *en bloc* auf die Sitzbänke der dritten Reihe des Circo delle Maraviglie verlagert hatte, unter den Blicken sowohl des Maresciallo Santomauro als auch des übrigen Publikums, was sie nun eben zu möglichen Zeugen in den laufenden Ermittlungen machte. Für Menschen, die keine zwei Worte am Stück herausbrachten – ob aus Unwillen oder Unvermögen, ließen böse Zungen dahingestellt sein –, war dies natürlich eine beträchtliche Herausforderung, weshalb der Maresciallo sich Pedro Gnarra mitnahm, dessen Redekunst selbst einen Stein zum Sprechen gebracht hätte.

Gnarra hatte zuvor ein paar Runden durch die Geschäfte des Ortes gedreht, deren Inhaber im Zirkus gesichtet worden waren, hatte aber letztlich rein gar nichts in Erfahrung bringen können, wie er seinem Vorgesetzten in etwas blumigeren Worten berichtete, während sie in den kühlen Halbschatten der Bar traten, in dem die blankgescheuerten Armaturen glänzten.

Die Annäherung verlief schrittweise. Zuerst tranken sie einen Kaffee, bedankten sich bei Tochter Nummer eins und hinterließen ein mehr als ordentliches Trinkgeld. Anschließend traten sie zum Tresen hinüber, hinter dem Madame

Scorpoletta thronte. Ein Croissant mit Cremefüllung, ein *babà au rum*. Überschwängliches Lob für die Signora. Vielleicht wäre dies der passende Moment für einen Limoncello? Sie ließen sich an einem Tisch im Innern nieder, und als der Herr des Hauses, schmierig und bleich in seiner schneeweißen Schürze, das Tablett mit den Gläsern brachte, ließen sie endlich die Katze aus dem Sack: »Frisch heute, nicht wahr?« Pedro Gnarra in Plauderton.

»Hmpf.« Padron Scorpolettas Tablett auf dem Tisch, Rückwärtsgang eingelegt.

»Nicht so wie vorgestern Abend.« Santomauro nun deutlicher. »Im Zirkus wehte ein angenehmes Lüftchen, stimmt's? Wir haben uns dort gesehen, wissen Sie noch? Im Circo delle Maraviglie, in der Abendvorstellung.«

»Hmpf.« Füßescharren.

»Sie waren ja mit der ganzen Familie da, wenn ich mich recht erinnere.« Santomauro bemühte sich stets um Liebenswürdigkeit, doch nicht immer hielt er das Geduldsspiel lange durch.

»Ja.« Zumindest der Wirt schien sich dem Gespräch nun zu ergeben.

»Setzen Sie sich doch zu uns, ich muss Ihnen ein paar Fragen stellen.«

»Worüber denn?«, erwiderte jener abweisend, rief aber in Richtung Tresen sein »Cuncè, bring mir einen Stuhl«.

Der Stuhl kam, er ließ sein breites Hinterteil darauf plumpsen und verschränkte die schinkendicken, weißen Arme über dem Bauch.

»Wir waren da. Und? Das ist doch kein Verbrechen.«

»Gott bewahre.« Santomauro bleckte die Zähne zu einem falschen Lächeln. Gnarra, der ihn gut kannte, schlug nervös die Beine übereinander, um sie gleich wieder zu öffnen.

»Antimo, der Maresciallo will auf nichts hinaus, er braucht nur ein paar Informationen, da an dem Abend ein Mädchen ermordet wurde, wir brauchen die Unterstützung aller, die etwas gesehen haben könnten.«

»Ich habe geschlafen.«

»Wie bitte?« Santomauro bemühte sich, einen ruhigen Tonfall zu bewahren.

»Ja, ich habe geschlafen. Glauben Sie etwa, wenn ich hier den ganzen Tag geschuftet habe, kann ich mir noch bis spät abends diesen Unsinn anschauen? Kaum hingesetzt, war ich schon eingeschlafen.« Nach dieser Aussage holte er tief Luft, die längste Rede, die der Maresciallo je von ihm gehört hatte.

»Warum sind Sie dann hin?«

»Weil mir alle fünf den letzten Nerv geraubt haben«, lautete die lakonische Antwort.

»Verstehe. Vielleicht ist Ihrer Familie irgendetwas Ungewöhnliches aufgefallen?«

»Fragen Sie sie. Die können ja reden. Cuncè! Komm her!«, rief er die jüngste Tochter Concetta zu sich an den Tisch und erhob sich dann nilpferdgleich, um zum Kaffeetresen zurückzukehren.

Concetta bestätigte alles. Sie hatten den Vater so lange gepiesackt, bis er nachgegeben hatte. Kaum im Zirkus angekommen, war er eingeschlafen, während der Rest der Familie sich wunderbar amüsierte. Chips und Erdnüsse hatten sie aus der Bar mitgebracht, so dass kein Penny extra ausgegeben wurde, abgesehen von der bärtigen Frau. Ihr, Concetta, war nichts Merkwürdiges aufgefallen, doch sie konnte von einigen Personen bestätigen, dass sie da gewesen waren, und dem Maresciallo noch weitere Zuschauer anzeigen. Sie war die Gesprächigste der Familie, ein Mädchen um die sechzehn mit Sommersprossen auf der hellen Haut und Armen, Wangen und Waden, so weich wie aufgegangener Hefeteig. Sie hatte fröhliche Augen, aus denen die Intelligenz blitzte, im Unterschied zu ihrer Mutter, mit der sie gleich danach sprachen und die dem Vorangegangenen nichts hinzuzufügen hatte, vielleicht weil sie zu sehr damit beschäftigt war, ihrem Mann besorgte Blicke zuzuwerfen.

Die zwei Jungs lagen mit achtzehn und zwanzig Jahren altersmäßig dicht beieinander und waren beide gleich tumb und träge. Sie hatten sich vor allem für die Tänzerinnen und Trapezkünstlerinnen interessiert und sonst nichts bemerkt.

Die größere Tochter, Assunta, war nicht nur das älteste der Kinder, sondern auch das einzige dunkelhaarige, ansonsten aber vom selben Schlag wie die drei kleineren. Und sie verheimlichte etwas. Die zwei Carabinieri merkten es beide, doch wegen der ständigen Überwachung durch Mama und Papa konnte das Verhör nicht in die Tiefe gehen. Also nahm Santomauro noch einmal den Signore mit seiner Frau in die Zange, um zu klären, wann genau sie gekommen und gegangen waren. Gnarra fand in der Zwischenzeit, dass er unbedingt einer gewissen Dame eine bestimmte Packung Bonbons schenken müsse, und Assunta ging mit ihm nach draußen vor das Schaufenster, damit er in Ruhe aussuchen konnte.

Santomauro bekam mit viel Mühe heraus, dass sie alle gemeinsam nach Hause gegangen waren, beobachtet und verabschiedet von diversen Dorfbewohnern, die ihrerseits auf dem Heimweg waren. Er kaufte noch etwas gefüllte Pizza und zwei Teilchen mit Erdbeerfüllung. Dazu orderte er zwei eisgekühlte Biere und bat darum, alles zum Mitnehmen einzupacken. Endlich, als ihm nichts mehr einfiel, um die misstrauischen und fuchsigen Blicke der beiden Scorpolettas abzuwehren, kam Gnarra mit dem Töchterchen wieder herein, in der Hand eine große, rosafarbene Bonbonpackung und vom einen bis zum anderen Ohr lächelnd. Santomauro zahlte, und beide flohen nach Hause, um dort in Ruhe ihre gefüllte Pizza und die Informationen zu teilen.

*

»Niemand kocht so gut wie Madame Scorpoletta.«

»Allein deswegen könnte man sie glattweg heiraten«, erwiderte Gnarra mit vollem Mund.

»Ich seh dich schon, wie du vollgefuttert und bräsig hinter der Bar sitzt und den Kundinnen schöne Augen machst.«

»Ich könnte ja Assunta heiraten, die kriegt bestimmt eine ordentliche Mitgift.« Pietro schnappte sich noch ein Stück Pizza.

»Und, was hat sie dir erzählt?«

»Hmm, lecker! Wie du vermutet hast, der anonyme Anruf kam von ihr. Sie hat Genny Morace mit zwei zwielichtigen Typen vom Zirkus rumhängen sehen. Sie tuschelten miteinander und tauschten etwas aus, Zettel oder Geld, das wusste sie nicht genau. Und er versteckte sich vor dem Vater, so viel ist klar. Sie hat ihn genau beobachtet, und wenn du meine Meinung hören willst, offenbar mit einem gewissen persönlichen Interesse. Der junge Mann gefällt ihr. Darf ich das Bier austrinken?« Er wischte sich den Mund mit einer Papierserviette ab.

Sie saßen auf der kleinen Terrasse zum Meer hin, und Santomauro hörte das Klingeln seines Handys zu spät. Es war die eindringliche, leise Anfangsmelodie von Ravels *Bolero,* die Pietro aufspringen ließ, der kurz darauf enttäuscht Santomauro das Mobiltelefon hinhielt: »Totò für dich.«

»Wo steckt ihr bloß? Ich versuche euch seit zehn Minuten zu erreichen, Pietro auch, ihr braucht ja ewig, um ranzugehen!«

»Ein dringender technischer Halt. Pedro hatte Magenprobleme.«

»Kein Wunder bei all den Ausschweifungen, die er sich gönnt! Wann kommt ihr denn? Ich bin schon ewig fertig.«

Dabei war Pedro überzeugter Gesundheitsapostel. Für Santomauros Geschmack war Manfredi dem Freund gegenüber entschieden zu biestig. Dennoch, sie hatten noch einen langen Tag vor sich, und so stiegen sie, immer zwei Stufen auf einmal nehmend, die kleine Treppe zur Küstenstraße hinauf.

*

Manfredi hatte den Auftrag bekommen, den Vermessungstechniker Randazzo zu befragen, den er noch aus Schulzeiten vom Gymnasium in Vallo della Lucania gut kannte. Er hatte nichts herausfinden können und saß nun grollend auf einer Bank des kleinen Platzes unweit vom Meer, der Piazza Fidelis hieß, was aber in Pioppica kaum jemand wusste.

Die Ursache für Totò Manfredis augenfällige Übellaunigkeit erkannten sie schon beim Näherkommen: Ein paar Dutzend Meter entfernt unterhielt sich seine Frau Maria Pia liebreizend mit Pater Lillo Lucarello, der weniger denn je wie ein Priester aussah mit seiner am Knie zerrissenen Jeans und dem weißen Armani-Trägerhemd. Alle beide hielten sie eine *granita* mit Strohhalmen in der Hand, die im Eifer der Unterhaltung lustig wackelten. Maria Pia warf lachend den Kopf zurück, dann saugte sie an ihrer Granita. Santomauro glaubte sehr deutlich zu hören, wie Totòs Zähne knirschten.

»Fahren wir? Der Wagen steht oben«, fragte er und klimperte mit dem Schlüsselbund.

»Fahrt ihr mal. Ich lasse mich gleich von irgendwem mitnehmen.«

»Jetzt lass sie in Frieden, die gute Frau! Vielleicht will sie ja beichten«, grinste Gnarra. Santomauro versetzte ihm einen Fußtritt.

»Komm schon, wir müssen uns in der Kaserne zusammensetzen und Bilanz ziehen.«

Manfredi stand langsam auf und seufzte tief. Als sie an Lillo und Maria Pia vorbeikamen, grüßte der Maresciallo, während Pietro die Hacken zusammenschlug. Totò zögerte.

»Möchtest du mitfahren? Guten Tag, Pater.«

»Nein, danke, ich bin selbst mit dem Auto hier, und Lillo erzählt mir grade den neuesten Dorfklatsch«, trällerte seine Frau, nicht ahnend, welchen Sturm sie ausgelöst hatte.

*

Ganz Europa hatte er bereist, überall war er mit seinen Leuten auf Tournee gewesen, immer hatte er sie vor Schwierigkeiten bewahren können. Und nun das, diese schreckliche Geschichte, das hatte ihn völlig unvorbereitet getroffen. Es hätte nicht passieren dürfen, die kleine Zina hätte nicht so sterben dürfen.

Alle beobachteten ihn, während er die alltäglichen Belange rund um den Zirkus regelte. Natürlich, sie konnten ja nicht dichtmachen, *the show must go on,* wovon sollten sie sonst ihr Essen bezahlen, Benzin, Kleider, das Futter für die Tiere?

Sie hatten nicht mehr als das wenige, mit dem sie herumreisten. Wenn ein oder zwei Vorstellungen mal schlecht besucht waren, drohte schon der Hunger, oder sie mussten jemanden wegschicken, der die Arbeit brauchte. Die Show würde weitergehen, und heute sowie die nächsten Abende würde es rappelvoll sein, denn die Leute wollten Blut sehen, den Geruch der Tragödie atmen, wenn auch nur aus der Ferne.

Feuerschlucker, alias Mustafa Parsi, wusste das nur zu gut, wie alle, die im Zirkus geboren und aufgewachsen waren. Deshalb wies er seine Seiltänzer auch an, während der Nummer ab und zu mit dem Fuß danebenzutreten, meist war es die Frau, oder der Junge, weil sie leichter waren und von einem männlichen Erwachsenen an der ausgestreckten Hand festgehalten werden konnten, knapp bevor sie fünfzehn Meter hinab auf die bloße Erde stürzten. Ohne Netz.

Das war die Devise. Ohne Netz. Die Kinder standen im gefährlichen Gleichgewicht auf den Rücken der galoppierenden Pferde, kleine Kinder, je kleiner, desto enthusiastischer das Publikum.

Die hungrigen Löwen und Tiger, zumindest wirkten sie so, mit der Assistentin des Tierbändigers Buda, die allerdings wirklich Angst hatte und schwitzte und die er genau deshalb ausgewählt hatte. Erikas Schlangen, Meter um Meter kalte, exotische Gefahr, die sie umschlangen, sie jeden Moment mit ihren tödlichen Windungen erwürgen konnten. Erika war gut: Sie schaute stoisch nach vorn, und den Zuschauern lief ein kalter Schauer über den Rücken, wenn das Tier sich ihr zwischen den Beinen hindurch oder um den zarten Hals wand. Ohne Netz.

Und auch das ungelenke, dicke Mädchen, das keuchend und unter Mühen die Reifen kreisen ließ, während dem hübschen, lächelnden Mädchen neben ihr die Reifen wie von selbst um den schlanken Leib rotierten: auch das ohne Netz, alles war von Feuerschlucker so einstudiert, denn er wusste, dass die Zuschauer nur auf sie schauen würden, die Dicke, und mit angehaltenem Atem darauf warteten, dass ein Reifen fiel, er sie böse anstarrte, den Schnäuzer verzog und die Peitsche knallen ließ.

Da war es nebensächlich, dass Mina, so hieß das dicke Mädchen, nach der Vorstellung wirklich weinte, runde, schweißgetränkte Tränen auf dem überschminkten Gesicht. Die Leute wollten es sehen, und er gab es ihnen.

Heute und an den folgenden Abenden würden sie in Scharen in den Zirkus strömen, denn sie wollten Blut riechen. Zinas Blut.

*

Beide dachten an ein totes Mädchen, sprachen es aber nicht aus.

Sie saßen zusammen in Folchis Büro am Schreibtisch, wo es dank der halb heruntergelassenen Rollos angenehm kühl war, die Köpfe zusammengesteckt wie zwei Grundschüler. Zuvor hatte Sergio Gabrielli die langen Buchreihen bewundert, die säuberlich sortiert in vier mächtigen Nussholz-Regalen standen. Marco Folchi hatte die Glastüren aufgemacht und erklärt, dass für einige antike Bände Staub ebenso schädlich war wie Feuchtigkeit, der Dottore hatte die feinen Glasscheiben bewundert, jede anders gemustert, und hatte von der Schönheit sowohl der Möbel als auch der Bücher geschwärmt.

Sein Gastgeber sammelte alte und wertvolle Bücher über das Cilento, aber auch neuere Ausgaben, alle zum selben Thema. Nachdem die Höflichkeiten ausgetauscht waren, hatten sie sich niedergelassen, sich gegenseitig die Bände hin und her gereicht und durchgeblättert. Schließlich waren sie bei den »Legenden des Cilento zwischen Himmel und Meer« angelangt. Ein altes und staubiges Buch, dessen Seiten noch nicht einmal alle aufgeschnitten waren, was Folchi mit einem Brieföffner mit Horngriff nachholte. Sie stießen fast sofort auf die Legende vom Mao und lasen sie beide für sich, ohne ein Wort zu sagen.

Der Mao raubte Kinder und aß sie auf.

Beide mussten sie an ein totes Mädchen denken, sprachen es aber nicht aus.

Sonst hätten sie gemerkt, dass es sich nicht um dasselbe Mädchen handelte. Dottor Gabrielli sah Zina vor Augen, wie er sie unter der Kastanie hatte liegen sehen. Marco Folchi hingegen dachte an Chiara.

*

»Hallo, Maresciallo? Ich bin's! Wie, wer? Ich, Barbarella Pilerci. Mir ist noch etwas Wichtiges eingefallen. Cecilia Folchi, die Frau von dem, der die Leiche gefunden hat, liegt unter einem Vorwand im Krankenhaus, weil sie ihren Mann verlassen will. Ich weiß es nun mal, Maresciallo, stellen Sie mir doch keine Fragen, auf die Sie keine Antwort kriegen. Sie liegt dort mit einem Bruch, dabei könnte sie längst nach Hause, aber nein, angeblich hat sie eine schwere Augenkrankheit, doch das ist gelogen, weil das ist eine alte Geschichte, dass sie halbblind ist, das wissen doch alle, und dass sie das jetzt entdeckt haben will, ist ein Ammenmärchen, um nicht nach Hause zu müssen. Glauben Sie mir, ich kenne sie gut, ich habe ihr alle drei Tage die Haare gemacht, obwohl, seit sie im Krankenhaus liegt, ruft sie mich nicht mehr an. Sie sieht schon lange nicht gut, und das bedeutet, dass sie nicht nach Hause will, und ich frage mich, lieber Maresciallo, warum? Vielleicht weil sie weiß, dass ihr Mann ein Kindermörder ist?«

Tja, warum? Das fragte sich auch Santomauro, müde nach einem schier endlosen Nachmittag voll gegensätzlicher Aussagen über alle möglichen Verbrecher, sei es in Freiheit oder nicht.

*

Gilja liebte es, sich von den vielen Tiergerüchen betören zu lassen, deshalb kam sie so gern am Spätnachmittag her, wenn die Tiere in ihren Käfigen angespannt zitterten, aufgeregt vor Beginn der Vorstellung und dem bisschen Freiheit, das ihnen dann vergönnt wurde. Die alte, zahnlose Kameldame mochte sie am liebsten, und Gilja betrat auf Zehenspitzen ihren Käfig, um sie nicht zu wecken: Biba verbrachte mittlerweile die meiste Zeit mit Schlafen, um Kraft für die Vorstellung am Abend zu sammeln. Sie kniete sich neben sie und fuhr ihr mit den Händen sanft durch das rötliche Fell, das nach Moschus und Wild roch. Heute Nacht würde sie vielleicht bei ihr schlafen, oder morgen Nacht. Bald, auf jeden Fall, denn Bibas Zeit wäre bald abgelaufen, und die alte Kameldame hatte gerne jemanden neben sich, der sie mochte. Der leckere und verlockende Duft nach Abendessen, nach Tomaten, Kräutern, frischem Brot, vielleicht sogar Würstchen stieg Gilja in die Nase, und sie stand auf und folgte ihm wie einer Musik, die nur für sie hörbar war, während Biba im Schlaf leise schnarchte und vom ewigen Weidegrund träumte.

*

Das Gespräch mit Signora Folchi war nicht erhellender als die anderen des Tages. Der Maresciallo suchte sie alleine auf, während Manfredi und Gnarra in der Kaserne blieben und versuchten, ein wenig Ordnung in das Chaos an Informationen zu bringen, die sie bisher gesammelt hatten. Unter anderem hatten die Carabinieri Schwierigkeiten, die genaue Anzahl der Zirkusleute zu beziffern. Vor allem bei den Kindern, die leichtfüßig hierhin und dorthin rannten und sich jeglicher Kontrolle entzogen. Manfredi war sich sicher, dass dahinter ein Legalitätsproblem von vielen von ihnen steckte, Erwachsenen und Kindern, doch Santomauro war seinem Gejammer entflohen mit der Ermahnung, sein Bestes zu tun.

»Wenn das so einfach wäre!«, brummte er jetzt, während er Notizen, Fotos und andere Unterlagen durchwühlte. »Er läuft herum, und wir sollen hier über dem Papierkram brüten!« Gnarra schwieg, stieß aber einen solidarischen Seufzer aus.

Santomauro wohnte in Pioppica Sotto, er würde später direkt nach Hause gehen. Er spürte die Müdigkeit, es war schon früher Abend, und er hätte liebend gern auf diese letzte Unterhaltung verzichtet, doch sie war nun mal die Einzige der Familie, die er noch nicht befragt hatte, und das Klatschweib von Friseurin war trotz aller Häme nicht dumm, und überhaupt, warum hatte der Ehemann ihre Erblindung nicht erwähnt? Er wusste, dass dieser Gedanke unterschwellig an ihm nagen würde, so eine sinnlose Kleinigkeit, die die Ermittlungen auf Dauer lähmte, wenn man ihr nicht nachging, wie die Erinnerung an etwas, das noch zu erledigen war, ein Loch im Strumpf, eine kleine Reparatur, das langweilige Buch, das noch ausgelesen und zurückgegeben werden musste, solche Sachen.

Also fuhr er müde und lustlos nach Vallo ins Krankenhaus San Luca, mit dem einzigen Wunsch, den Arbeitstag so bald wie möglich zu beenden. Er parkte vor der Klinik, stieg aus, verschloss das Auto, ohne sich ein einziges Mal umzuschauen. Noch lange danach sollte Santomauro sich fragen, ob die Dinge vielleicht anders gelaufen wären, wenn er in diesem Augenblick achtsamer gewesen wäre.

Signora Folchi hatte ein Einzelzimmer und saß in einem kleinen Sessel im abendlichen Dämmerlicht. Es war klar, dass sie fast nichts mehr erkennen konnte, dennoch sah sie ihm direkt ins Gesicht, mit aufgerissenen Augen, und folgte jeder seiner Regungen mit kleinen, fast unmerklichen Kopfbewegungen. Sie war eine sehr schöne, noch junge Frau, eher vierzig als fünfzig, die sich nicht in ihre Krankheit ergeben wollte. Sie war äußerst sorgfältig gekleidet, trug ein schlichtes, graublaues Kostüm, das ihrem schlanken, zierlichen Körper und den himmelblauen Augen schmeichelte. Sie hatte dunkelblonde Haare, die zu einem Knoten gesteckt waren, und ihr zartes Gesicht war dezent geschminkt.

Flüchtig fragte er sich, wer sie frisierte und schminkte, da sie die Pilerci ja wohl nicht bestellte und es gewiss nicht mehr alleine tun konnte. Sie lächelte, schob sich eine Strähne hinter das Ohr und beantwortete seine Fragen freundlich und erschöpfend, so wie es ihre Art zu sein schien.

»Ich bin vor ein paar Wochen eingeliefert worden, weil ich gestolpert war und mir das Bein gebrochen habe, aber sicher wissen Sie schon, Maresciallo, dass die Ärzte sofort feststellten, dass mit meinen Augen etwas nicht in Ordnung ist. Es war offensichtlich, aber ich hatte es nicht wahrhaben wollen. Witzig, oder? Ich wollte die Wahrheit nicht sehen, nämlich dass ich am Erblinden war.«

»So schlimm wird es schon nicht sein«, machte er einen hilflosen Versuch, wurde aber gleich mit ruhiger Entschlossenheit unterbrochen.

»O doch, glauben Sie mir. Es ist eine Erbkrankheit, an der man nichts ändern kann. Und da meine Tochter und mein Mann das wussten – meine Mutter war blind, als sie starb –, haben sie alles getan, damit ich es so spät wie möglich merkte. In den letzten Wochen hat Carolina mir vorgelesen, Marco ging lieber abends im Dunkeln mit mir spazieren, als fernzusehen, ich kochte nicht mehr, nähte nicht mehr, eine Verschwörung, bei der ich nur zu gern mitspielte. Die Wahrheit ist eine hässliche Fratze.«

Der Maresciallo musste an die ganz ähnlich klingenden Worte von Pietro Gnarra vor ein paar Stunden denken. Nur dass es dabei um den Neid gegangen war. Komisch, der Neid und die Wahrheit, zwei so unterschiedliche Dinge hatten für Gnarra und die freundliche Signora hier die gleichen hässlichen Fratzen. Santomauro hatte gerade erst ein Buch über die Gleichzeitigkeit der Dinge gelesen und wusste, dass dies etwas zu bedeuten hatte, nur was? Der Gedanke entglitt ihm so schnell, wie er gekommen war.

»Daher, Maresciallo, gibt es nichts, was ich über den Zirkus oder dieses arme unschuldige Kind sagen könnte. Ich war schlicht und einfach nicht da. Ich weiß nicht, was die Meinen zu Hause an dem Abend getan haben, mir konnte nichts auffallen. Obwohl der Ort des Verbrechens in der Nähe meines Hauses ist, bin ich die denkbar schlechteste Zeugin. Und selbst wenn ich zu Hause gewesen wäre, hätte ich doch nichts gesehen. Also, wenn ich Sie das fragen darf, warum sind Sie hier?«

Eine offene Frage verdient eine offene Antwort, dachte der Maresciallo schlicht.

»Ich wollte mir von der ganzen Familie ein Bild machen, mehr nicht. Der Ort des Verbrechens, wie Sie sagen, liegt ganz in der Nähe und ist für jemanden, der nicht dort wohnt, schwer zugänglich.«

»Und auf der Masseria wohnen Männer. Denn es muss sich doch um einen Mann handeln, oder?«

»Davon ist auszugehen«, gab Santomauro zu und stutzte

selbst über den ruhigen, sachlichen Ton der Frage und über seine eigene, unumwundene Antwort.

Cecilia senkte den Kopf, als betrachte sie ihre Hände im Schoß: »Was soll ich sagen, Gabrielli kenne ich kaum. Für meinen Mann lege ich selbstverständlich die Hand ins Feuer, wenn Ihnen das hilft. Tarviso mag ich nicht, ich finde ihn unangenehm, aber deswegen nagelt man niemanden ans Kreuz. Und Marco hält ihn für unverzichtbar. Dann sind da diese Holländer, glaube ich, aber sie habe ich nicht kennengelernt. Tut mir leid, Maresciallo, wenn Sie Ihre Zeit mit mir vergeudet haben.«

Sie lächelte ihn an, und Santomauro erwiderte ihr Lächeln in der Hoffnung, dass sie es merkte. Ihm gefiel die Frau, und als er wenige Minuten später über die Krankenhausflure lief, fragte er sich unwillkürlich, wie sich das für ihn anfühlen würde, wenn er in relativ jungen Jahren unwiderruflich der Blindheit entgegenginge. Bestimmt würde er bitter werden, zornig auf Gott und die Welt, oder aber erloschen, am Boden zerstört durch die Last des Schicksals?

Nichts von dem hatte er an der Frau in ihrem Sessel im Halbdunkel des Zimmers gespürt. Es war ihm ein Rätsel, was sie dachte. Manchmal hatte sie beinah froh über ihr Schicksal gewirkt, natürlich ergeben, als sei dies das folgerichtige Ende einer ihr bekannten und gerechten Geschichte.

In Gedanken versunken ging er durch die Vorhalle auf den Ausgang unweit der Notaufnahme zu, als wilde Schreie ihn aufhorchen ließen. Vor ihm ein Arzt in Kittel, Clogs und Brille, der ungelenk hinter jemandem außerhalb seiner Sichtweite herlief. In der Tür tauchte der wachhabende Polizist auf, aber zu spät. Draußen hörte man Reifenquietschen, einen aufheulenden Motor, und als Santomauro und die anderen in die Abendluft traten, raste gerade ein alter Fiesta von heller, undefinierbarer Farbe davon.

»Was ist passiert?«, fragte der Maresciallo.

»Eine Schussverletzung am Oberarm, nur oberflächlich, die Kugel ist ein- und wieder ausgetreten. Er behauptet, er sei in eine Mistgabel gefallen, aber beim Säubern der Wunde habe ich gesehen, dass die Verletzung von einer Kugel herrührt, ich habe ihm gesagt, dass wir das anzeigen müssen, und da ist er geflohen.« Der Arzt keuchte immer noch, Schweiß lief ihm über die speckigen Wangen.

»Tja, wir erleben hier ja so allerhand, was, Doktor?«, mischte sich der Polizist ein, der noch sehr jung war.

»Ach, das ist ja noch gar nichts, da musst du mal die Story von dem Typen hören, der von einer Kuh auf die Hörner genommen wurde, nachdem er sie mit dem Auto angefahren hatte …«

Angeregt plaudernd entfernten sie sich, und Santomauro ging in Richtung Parkplatz. Das Auto war ihm irgendwie bekannt vorgekommen, doch er hatte den rennenden Mann nur einen kurzen Augenblick sehen können. Auch egal, dachte er, er konnte sich schließlich nicht um alles kümmern. Dass er sich in dem Punkt irrte, sollte ihm erst zu spät klarwerden.

*

Es war alles ein unglücklicher Zufall.

Er hat keine Schuld, keiner kann ihm die Schuld geben an dem, was passiert ist. Außerdem hatte er die Kleine für ein aufgewecktes Mädchen gehalten, so allein, wie die abends herumlief, wer weiß, wie oft die es schon getan hatte.

Er schwört aufrichtig, dass er nicht mit Problemen gerechnet hat, sie war ganz still und ruhig, als ob sie schliefe, dann ist sie plötzlich losgerannt.

Einen einzigen Fehler hat er begangen, und das passiert ihm nicht noch einmal.

Er ist nicht pädophil, er ist kein Mörder.

Er wird seine Probleme schon irgendwie lösen.

Nur, da ist noch diese andere, die kleine Blonde mit den geflochtenen Zöpfen, die durchs Dorf läuft. Noch so ein Zigeunermädchen ohne Eltern und ohne Regeln. Sie lassen sie einfach so herumlaufen. Keiner kümmert sich um sie.

Er will nicht daran denken, tut es aber trotzdem. Er sieht sie in der Nacht, in seinen Träumen, und wacht schweißgebadet mit schalem Geschmack im Mund auf.

Er ist nicht pädophil.
Er ist kein Mörder.
Er ist ganz normal, genau wie alle anderen.
Er mag es halt, wenn sie jung sind, frisch, keine langen Geschichten
machen, nicht reden oder kratzen. Ist das vielleicht verboten?
Alles andere ist ja nicht seine Schuld.
Er ist nicht pädophil, er ist kein Mörder.

*

Es war schon eine Weile her, dass er die Architektessa besucht
hatte. Sorgfältig machte er sich für den Besuch zurecht. Sie
merkte es immer, wenn er müde war, schlechter Stimmung und
darum nachlässig gekleidet. Andererseits war er ein alleinste-
hender Mann, keine Frau achtete darauf, dass seine Hemden
gebügelt, die Knöpfe ordentlich angenäht, die Bundfalte akku-
rat gelegt war. Santomauro war Stammkunde bei einer Wäsche-
rei in Casale Marino, manchmal kam eine Frau aus Pioppica
zum Putzen, hin und wieder kochte sie auch etwas, und natürlich war er durchaus in der Lage, sich in Notfällen selbst ein
Kleidungsstück zu waschen oder zu bügeln. Er kam also ganz
gut alleine zurecht, ein wenig aus Not, vor allem aber, weil er
von niemandem abhängig sein wollte.

All das wusste die Architektessa, und trotzdem warf sie es
ihm manchmal vor, in den raren vertrauten Momenten zwischen ihnen. Auch jetzt, mit einem Gläschen Nocillo in der
Hand, angesetzt nach eigenem Rezept, alt, köstlich und streng
geheim, ließ sie eine Anspielung fallen.

»Maresciallo, Ihr habt aber heute mal wieder kleine Augen.
Habt Ihr schlecht geschlafen?«

Sie redete ihn immer noch in der altertümlichen Ihr-Form
an, obwohl Santomauro sie seit Jahren inständig um das Du
bat, und erwartete im Gegenzug von ihm, dass er sie mit Vornamen ansprach und duzte. »Nicht besonders, Venera. Du
weißt ja von der schlimmen Geschichte. Ich liege die halbe
Nacht wach und denke nach.«

Sie seufzte und nahm seine Hände in ihre. Sie saßen draußen

auf der Schwelle ihres Hauses und genossen die letzte Abend-
sonne, die im September an diesen Orten früh verschwand.

Später würden sie hineingehen, Santomauro würde das von
ihr im Kamin aufgeschichtete Holz anzünden, und sie würden
weiterreden, wenig sagen, lange schweigen, mit dem Gefühl
von Wohlsein und Frieden, das er nirgendwo sonst auf diese
Weise empfand.

Vielleicht würde sie ein Tellerchen mit schwarzen Oliven
hinstellen, die sie selbst in Öl und Peperoncini einlegte, oder
ein Stück überreifen Käse mit den kleinen rosafarbenen Maden, die hierhin und dorthin krabbelten. Dazu gäbe es das
exzellente Schwarzbrot, das sie einmal in der Woche buk, und
eine Flasche Wein, und Santomauro würde unter ihrem wachsamen, aufmerksamen Blick essen.

Die Architektessa aß fast nie etwas, einmal hatte sie ihm erklärt, dass sie ihrem Körper nur Nahrung gab, wenn sie das
Bedürfnis verspürte. Andererseits war sie eine Hexe, vielleicht
die letzte der Gegend, und der Maresciallo wusste, dass sie
noch über einige andere Zauberkräfte verfügte.

Jetzt schwieg sie und blickte auf die kleinen Hände, die sie
im Schoß des schwarzen Kleides gefaltet hielt. Dann hob sie
den Kopf und sah ihn mit funkelnden Augen an.

Santomauro fand sie wunderschön, mit all seinen Runzeln
ähnelte ihr kleines, braunes Gesicht einer Trockenpflaume. Sie
war etwas über achtzig, und obwohl er erst seit kurzem die
vierzig überschritten hatte, war sie in den Jahren, die er nun
schon in Pioppica lebte, die einzige längerfristige weibliche
Bekanntschaft gewesen, die er gepflegt hatte, wobei in seiner
Hingabe nichts Kindliches lag.

»Dieses arme Mädchen, ich habe noch nichts herausgefunden, ich fühle mich so nutzlos.«

Die Architektessa seufzte und drückte leicht seine Hände.

»Ihr wisst doch, dass es der Mao war, nicht wahr? Er braucht
Menschenfleisch zum Leben, und Kinderfleisch ist das beste.
Er war es«, wiederholte sie, und ihre Stimme war ein einziges
Raunen. Santomauro sah sie fasziniert an.

»Hütet Euch vor dem Mao, und auch vor Comare Perna, die noch gemeiner sein kann als er.«

Dann sagte sie nichts mehr, wie vorherzusehen war, und sah ihm schweigend beim Essen zu.

Santomauro grübelte ihren Worten nach, als er mit dem Auto nach Hause fuhr. Der Himmel war schwarz und sternenklar. Manchmal begegnete er einem kleinen Fuchs, der einen endlosen Moment lang in die Scheinwerfer starrte, mit grünen, wie Smaragde glitzernden Augen, bevor er sich flugs in das Gebüsch seitlich der Straße flüchtete.

Heute jedoch nicht, und auf dem gesamten Weg kam ihm kein Auto entgegen. Der Herbst stand vor der Tür, die Leute gingen abends weniger aus. Er parkte an der Straße oberhalb seines Hauses, ging in der Dunkelheit die abgetretenen Stufen hinab, die er auch mit geschlossenen Augen gefunden hätte, riss alle Fenster auf und legte sich in Kleidern aufs Bett, um nachzudenken.

Der Mao, Comare Perna, wie leicht ließ sich das als die Phantastereien einer alten Frau abtun, die ihr Leben lang nicht aus dem Einhundert-Seelen-Dorf herausgekommen war, doch mit der Zeit hatte er gelernt, dass es besser war, die kleinen, sporadischen Hinweise der Architektessa ernst zu nehmen.

Er beschloss, sich am nächsten Tag schlauzumachen. Ohne es zu merken, schlief er, so wie er war, ein, und Comare Perna besuchte ihn in seinen Träumen, eine riesige, schwarzgekleidete Frau, die graue Schürze über ihre dicken, knotigen, blutverschmierten Hände gebreitet. Hinter ihr sprang der Mao herum, klein, aber sehr, sehr böse, Santomauro wusste, dass er böse war, und als er sich endlich zu ihm umdrehte, sah er in das Gesicht von Totò Manfredi. Schweißgebadet wachte er auf und konnte die ganze Nacht nicht mehr einschlafen.

Nacht von Mittwoch auf Donnerstag – die dritte

Am liebsten hätte Carolina jemanden umgebracht. Ihren Vater am besten. Der Ärger stieg wie eine heiße Welle in ihr auf, flutete durch Gehirn und Wangen, floss zurück bis in die Finger und Zehen, pulsierte und pulsierte auf der Suche nach einem Ausgang. Mit geöffnetem Mund sog sie die frische Nachtluft ein, berührte die Blätter eines Zitronenbaumes, strich dann über seine knorrige Rinde.

Jetzt schlief ihr Vater, nach dem Streit. Wer weiß, vielleicht würde er heute endlich mal ruhig schlafen nach all der Schreierei und der Wut und den Tränen. Es war so ungerecht! Seit dem Tod der kleinen Zigeunerin war seine Ruhe Carolinas stete, quälende Sorge gewesen, doch heute Abend, wo sie bis zum Morgengrauen hätte reden und diskutieren wollen, schlief er in aller Seelenruhe. Sie hatte lange vor seiner Tür gestanden und dem leisen Schnarchen gelauscht, einem sehr vertrauten Geräusch für sie. Dann war sie in den Garten hinuntergegangen, mit wachsendem Ärger. Sie hätte ihn umbringen können, oder vielleicht ihre Mutter, die bestimmt genauso selig in ihrem Krankenhausbett schlief. Alle schliefen, alle außer ihr. Und der Hündin.

Ein unterdrücktes Winseln, und da war sie, schwanzwedelnd am Rand des Lichtkegels, auf dem Schnäuzchen so etwas wie ein Lächeln. Eine hoffnungslose Herumtreiberin, die nur nach Hause kam, wenn sie Hunger hatte. Erst als sie sich näherte, fiel Carolina auf, dass es gar nicht sie, sondern ein anderes Hündchen war, das ihr sehr ähnelte. Wo sie wohl hingekommen war? Doch nun stand da ein neues Tier, das nach etwas zu fressen und ein paar Streicheleinheiten verlangte.

Carolina ging näher, der Hund wich leise winselnd zurück.

Hatte er Angst vor ihr? Einen Moment lang war das Mädchen versucht, ihm einen Tritt zu versetzen. Einen gezielten, kräftigen Tritt, so dass er durch die Luft gesegelt und vielleicht mit ein paar gebrochenen Rippen jaulend davongehumpelt wäre. Dann würde er nicht wiederkommen, ein Bittsteller weniger. Sie war kurz davor, doch kaum war der Gedanke gedacht, hockte sie sich neben dem Tierchen nieder und begann, es hinter den Ohren zu kraulen.

»Willst du was fressen, hm, kleiner Pfiffikus? Warte hier, es gibt noch einen Rest Reis und vielleicht eine Frikadelle.«

Der Hund streckte sich wohlig. Carolina ging in Richtung Küche am Zitronenbaum vorbei, dem sie aus vollem Herzen einen Fußtritt verpasste, die Rinde bekam eine Kitsche, mehr nicht.

Dritter Tag, Donnerstag

Tatsache war, wenn er in die Stadt zurückkehren wollte, wüsste er nicht wohin. Carla würde ihn nicht mehr in die Wohnung lassen, darüber war sich Gabrielli schmerzhaft im Klaren, und welche Alternative hatte er? Im Büro schlafen, auf dem unbequemen Sofa, auf dem er die wenigen erwachsenen Patienten, die er hatte, weichklopfte?

Für Kinder hatte er ein Extrazimmer voll mit bunten Spielsachen, Kuscheltieren, sogar einem Indianerzelt, alles, damit sie sich wohl fühlten, doch ihm erschien es wenig angebracht, es sich im Zelt gemütlich zu machen. Zumal er nach den jüngsten Ereignissen das Gefühl hatte, dass es umso besser sei, je ferner er sich seiner Praxis hielt. Also?

Das Gästezimmer in der Masseria Chiaraluce war seine einzige realistische Option. Trotzdem wäre er gerne abgereist, zumal ihn bisher niemand aufgefordert hatte, in der Nähe zu bleiben, er also offenbar nicht unter Verdacht stand. Daher rief er Giacomo Jack Manzi an, sagte, er sei verhört worden und wolle eventuell demnächst nach Neapel zurückkehren. Insgeheim hoffte er auf eine spontane Einladung, da Jack allein lebte, doch stattdessen riet ihm der Freund von jeglichen Annäherungsversuchen strikt ab.

»Als dein Freund und Anwalt muss ich dir rundheraus sagen, dass diese Hure deine Eingeweide sehen will, Sergio. Sie will dir den Arsch aufreißen, will, dass du Blut, Scheiße und Katzenkotze auf einmal spuckst, sie will, dass dir Maden aus dem Arschloch kriechen und bis zu deinem geifernden Mund hochrobben, sie will …«

»Schon gut, hör auf, ich hab's kapiert, Jack, erspar mir weitere Details. Aber die Kinder, ich halte es nicht mehr aus …«

»Vergiss sie! Sie sind gestorben für dich! Verwest, verkohlt, verfault, verschimmelt!«

Und so weiter, und so weiter. Sergio Gabrielli legte auf und sah sich um. Er saß auf einem Mauervorsprung zum Meer hin, eine Agave neben ihm reckte sich wie ein mahnender Finger in den azurblauen Himmel, der Strand war menschenleer, auch sonst waren kaum Leute unterwegs.

Vielleicht konnte er für immer hierbleiben. Es erschien ihm nicht die schlechteste Idee, sich für den Rest seines dreimal verdammten Lebens in Pioppica zu verstecken.

*

Gnarra am Schreibtisch, und dann noch am Vormittag, war ein seltener und an sich schon bemerkenswerter Anblick. Im Vorübergehen sah Santomauro, dass der Kollege sich mit einem Herrn um die siebzig im tabakfarbenen Anzug unterhielt. Pietros Stimme rief ihn zurück, und er blieb in der Bürotür stehen.

»Maresciallo Santomauro, darf ich Ihnen Colonnello Parmesi vorstellen?«

Pietro hatte ihn nur die ersten fünf Minuten ihrer Bekanntschaft gesiezt, als Santomauro sich vor nicht allzu vielen Jahren als Verbannter und Besiegter, aber nicht Gezähmter in der Gegend von Pioppica niedergelassen hatte. Damals konnte er es noch nicht wissen, aber Pioppica war seine Rettung gewesen, und er hatte sich dort ein Nest gebaut und die Wärme und Menschlichkeit gefunden, deren er so sehr bedurft hatte. Die formelle Anrede des Freundes war folglich eine Botschaft an ihn, und reaktionsschnell ließ er sich mit Pokerface auf das Spiel ein.

Er und Gnarra waren ein perfektes Team, zumindest bei der Arbeit. Für die Jagd nach Frauen, was ungefähr achtundneunzig Prozent von Gnarras Lebenszeit in Anspruch nahm, war Santomauro weniger geeignet. Pietro hatte den Freund schon mehrere Male mitnehmen wollen, dann aber aufgegeben, beinah jedenfalls. Es war ein Gebiet, auf dem sie beide Einzelgän-

135

ger waren, Pietro als nimmersatter Feinschmecker, er selbst aus
entgegengesetzten Gründen.

»Sehr erfreut, Colonnello. Sagen Sie, Brigadiere Gnarra, gibt
es ein Problem?«

»Ich bin hier, um Anzeige zu erstatten, wie ich soeben Ihrem
Untergebenen erklärt habe«, mischte sich Parmesi ein und erhob sich mit ausgestreckter Hand. Der Maresciallo bildete sich
kurz ein, die Hacken seiner blankgeputzten Schuhe zusam-
menschlagen zu hören.

»Anzeige wegen was?«

»Hausfriedensbruch, Raubüberfall, versuchter Einbruch-
diebstahl, Sie kennen sich besser aus, Maresciallo. Anzeige
gegen Unbekannt, natürlich, und ich erstatte sie ohne jede
Hoffnung auf Genugtuung, wohlverstanden, weil ich ein geset-
zestreuer Bürger bin. Im Übrigen möchte ich Ihnen sagen, dass
ich glaube, dass, wenn Sie mit der gebotenen Sorgfalt Ihren
Pflichten nachkämen, diese Dinge nicht geschehen würden.
Ich hätte fast Lust, General Santieri anzurufen, einen guten
Freund von mir, um mich ernsthaft bei ihm zu beschweren.«

»Erklären Sie mir die Sache doch bitte«, und Santomauro
ließ sich neben ihm nieder, während Gnarra auf der anderen
Seite des Schreibtischs ergeben die Hände unter dem Kinn
verschränkte. Sein Mund zuckte fast unmerklich im versteiner-
ten Gesicht, die schwarzen Augen allerdings blitzten amüsiert.
Zum Glück würdigte Parmesi ihn, nun, da er einen dickeren
Fisch an der Angel hatte, keines Blickes mehr.

»Gestern Nacht, es wird so gegen vier gewesen sein, musste
ich mich wegen eines körperlichen Bedürfnisses aus dem Bett
erheben und hörte aus dem Stockwerk unter mir Geräusche.
Ohne meine Signora zu wecken – die im Übrigen mit Ohren-
stöpseln schläft, da ich zum Schnarchen neige –, begab ich
mich hinab. Nebenbei gesagt, ich besitze eine kleine zweistö-
ckige Villa in der Wohnanlage Krishnamurti, mit einem kleinen Grundstück und Privatzugang zum Meer. Nichts Großar-
tiges, aber wir liegen ziemlich isoliert, da kann man ja gar nicht
vorsichtig genug sein. Aus dem Erdgeschoss erklangen unmiss-

verständliche Einbruchsgeräusche, deswegen besorgte ich mir eine Waffe – nebenbei bemerkt, auf dem Treppenabsatz steht ein Schrank, in dem ich meine Sammlung alter Jagdgewehre aufbewahre –, schlich mich dann auf Zehenspitzen hinunter, machte den Ursprung der Bewegung aus und schoss. Es waren mindestens zwei, ich bin absolut zielsicher und glaube, einen erwischt zu haben, zumal ich in dem Getöse der Detonation mit ziemlicher Sicherheit auch so etwas wie ein Stöhnen gehört habe. Anfangs war ich es zufrieden, den Ball eingelocht zu haben, wie man so schön sagt, dann dachte ich, als braver Steuerzahler kann ich Sie auch informieren. Außerdem hat mir meine Signora den ganzen Tag in den Ohren gelegen, weil sie meinte, ich solle Personenschutz anfordern. Und so bin ich nun hier und erstatte ganz offiziell Anzeige mit, bedaure, das sagen zu müssen, wenig Hoffnung auf Genugtuung.«

Santomauro warf dem selig in seinem Stuhl vor sich hin grienenden Gnarra einen Blick zu. »Sagen Sie mir, Colonnello, ist die Waffe ordnungsgemäß gemeldet?«

Der Mann hüstelte würdevoll: »Sehen Sie, es ist nur ein altes Schießeisen, das Geschenk eines Onkels, der in Afrika gekämpft hat, ein Sammlerstück, wenn Sie so wollen.«

»Dann ist das Gewehr, besser gesagt, dann sind die Gewehre also nicht gemeldet. Und einen Waffenschein? Den haben Sie doch, nehme ich an?«

Erneutes Hüsteln, der Colonnello rückte mit geschwellter Brust auf der Stuhlkante vor.

»Ich habe ihn gerade erneuern lassen. Wissen Sie, ich gehe nicht mehr auf die Jagd, das Alter, die Prostata …«

»Wann genau?«, fragte Santomauro ungerührt.

»Vor vielleicht zehn Jahren?«

»Ich fasse zusammen: Sie haben in Ihrem Haus auf jemanden geschossen, ihn vielleicht verletzt, wissen aber nicht, um wen es sich handelt. Ihnen ist klar, dass Sie ein Kind verletzt haben könnten?«

»Aber es war Notwehr …«

»Nein, denn Sie wurden nicht angegriffen, wir sind hier

137

nicht in Amerika, wo jeder ungestraft auf Eindringlinge schießen darf. Andererseits, wenn es eine alte Waffe war, wie Sie
sagen, haben Sie vielleicht gar nicht getroffen.«

»Mir ist die Vorstellung meiner Zielsicherheit lieber. Ich
halte mich absolut für fähig, einen Menschen aus fünf Meter
Entfernung zu treffen. Ich hätte nur gerne die Bestätigung dafür, mehr nicht. Haben Sie irgendwelche Hinweise aus den
Krankenhäusern bekommen?«

»Leider darf ich Ihnen darüber keine Auskunft erteilen, Colonnello. Ich möchte Sie auch bitten, in Zukunft vorsich-
tiger zu sein, wenn Sie mit einem Ihrer Gewehre auf etwas
zielen. Darüber hinaus müssen Sie sie anmelden und einen
neuen Waffenschein beantragen. Dieses Mal mag ja alles noch
mal gutgegangen sein, aber das nächste Mal erschießen Sie
vielleicht wirklich jemanden. Ich lasse Sie jetzt mit Brigadiere
Gnarra allein, er wird Ihre Aussage und Ihre Anzeige gegen
Unbekannt zu Protokoll nehmen und Ihnen alle Unterlagen
bereitstellen, damit Sie Ihren Waffenbesitz legalisieren können.«

Santomauro stand auf, sein Gegenüber ebenfalls, sie drückten einander die Hand, Parmesi schlug die Hacken zusammen
– dieses Mal unüberhörbar –, und im Hinausgehen schoss der
Maresciallo noch einen kleinen Pfeil auf Gnarra ab.

»Damit das klar ist, Brigadiere, Sie nehmen Aussage und Anzeige persönlich auf.«

Die Grimasse auf Pedros Gesicht war eine nette kleine Ent-
schädigung für eine verschwendete kostbare halbe Stunde.
Obwohl sie jetzt immerhin eine Erklärung für den Mann mit
der Schusswunde hatten, der aus dem Krankenhaus geflohen
war.

Und die Bestätigung, dass jemand die Nobelquartiere in den
Wohnanlagen Sigmalea und Krishnamurti zu seinem Jagdre-
vier erklärt hatte. Es war nicht das erste Mal, dass die einsamen
Villen etwas außerhalb von Pioppica ins Visier von Dieben
gerieten, doch dieses Mal hatte Santomauro so eine Ahnung,
dass es um mehr ging.

Außerdem war da etwas, das ihm keine Ruhe ließ, ein verschwommenes Bild, das er nicht richtig zu fassen bekam, ein Auto, vielleicht eine bekannte Gestalt, aber nicht mehr.

*

»Maria Pia? Darf ich dich um einen Gefallen bitten?«

»Betrifft es uns zwei Turteltäubchen oder die Arbeit?«

»Mach keine Witze, wenn Totò dich hört, kriegen wir Ärger.«

»Keine Sorge, Simone, er ist nicht zu Hause. Hat es mit den Ermittlungen zu tun?«

»Ich weiß, er ist hier in der Kaserne, deshalb rufe ich dich an. Ich möchte, dass du dich ein wenig unterhältst, und zwar mit …«

»Was ist los, was gibt's denn da zu flüstern, mit wem telefonierst du?«

»Oh, hallo, Totò, wenn du dich noch mal so anschleichst, setzt es was. Entschuldige, Mario, ich muss Schluss machen. Ich ruf dich zurück.«

»Himmel, mein Gatte! Ruf mich wieder an, Supermann, und lass mich wissen, wen ich umgarnen soll. Ich bin deine Mata Hari!«

»Darf man mal wissen, mit wem du geredet hast? Du guckst so schuldbewusst.«

*

Die Farben im September sind wirklich etwas anderes. Carolina Folchi lag rücklings mit ausgebreiteten Armen und Beinen im Wasser, ganz entspannt und gedanklich weit weg. Gesicht, Busen, Finger- und Zehenspitzen sowie Bauchnabel und Knie schauten aus dem Wasser heraus. Sie war so lange geschwommen, bis alle Sorge und Nervosität von ihr abgeglitten waren, und nun schaukelte sie fast gedankenlos auf den leichten Wellen.

Fast, denn ein kleiner Teil ihres Gehirns wanderte träge zu dem Streit mit dem Vater am Vorabend zurück, ohne aber noch einmal ihre Gefühle beim Anblick seines zornroten und

139

doch ernsten Gesichts zu durchleben, als er mit tränengefüllten Augen wegsah und um Fassung rang.

Was ihm letztlich viel besser gelungen war als ihr. Sie stellte sich vor, wie sie ausgesehen haben musste: eine Furie mit zerzausten Haaren, eine Harpyie mit ausgefahrenen Krallen.

Sofort war die Scham wieder da und fegte die wohltuende Wirkung des einstündigen Schwimmens mit einem Schlag hinweg. Wie immer hatte ihr Vater es geschafft, ihr Schuldgefühle zu machen, auch ohne ihr ihre absurden, irrationalen Ansprüche vorzuhalten, die ihr in der Situation gar nicht so absurd und irrational vorgekommen waren.

Zwei Tränen rollten ihr aus den Augenwinkeln und vermischten sich mit dem Salzwasser um sie herum.

Wenn ihre Mutter aus dem Krankenhaus zurückkehrte, kamen die Dinge vielleicht von alleine wieder in Ordnung, vielleicht würden sie dann wieder die heile Familie werden, die sie von früher kannte. Sie würde Mamas Rückkehr akzeptieren, sicher.

Doch es entsprach nicht ihrem Wesen, sich selbst zu bemitleiden. Carolina handelte lieber, zumindest wollte sie sich so sehen. Heute noch, so beschloss sie, würde sie ihren Vater erneut zur Rede stellen und ihn davon überzeugen, ihr Leben nicht komplett in Unordnung zu bringen.

*

Warum war immer Pedro derjenige, der die Neuigkeiten sammelte, der die Ermittlungen in kleinen Sprüngen voranbrachte?

Simone war der Denker, derjenige, der alle Details zu einem sinnvollen Ganzen zusammensetzte, Pietro die Spürnase, und er? Er war der Schreiberling, der Stempel und Unterschriften unter sinnlose Berichte setzte, der Schichten schob, ein Bürokrat, Herr der Akten. Kein Wunder, dass Maria Pia ihn ansah, als sei er eine ihrer zahlreichen Nippesfiguren!

Totò Manfredi hatte es satt, immer im Hintergrund zu stehen, in Wirklichkeit war er ein Mann der Tat, doch immer, wenn er etwas vorbrachte, nicht zuletzt als es um Genny Morace oder Gabrielli ging, verhallten seine Vorschläge ungehört. Er würde es ihnen schon beweisen, Simone, Pedro, Maria Pia, den Journalisten, allen, dass auch er gute Ermittlungsarbeit leisten konnte.

Entschlossen griff er nach dem Telefon, er wusste schon, wo er anfangen musste.

*

Ihr Vater saß bereits am gedeckten Tisch. Wegen dieser dummen kleinen Kuh würde sie sich nun wieder Vorwürfe anhören müssen, wie immer. Aber wenn sie versuchen würde, ihm zu erklären, dass sie diese kleine Pest von Kopf bis Fuß hatte waschen müssen, würde es alles nur noch schlimmer machen, denn ihr Vater ließ keine Kritik an seiner geliebten Enkelin gelten, nicht einmal von ihr. Von ihr schon gar nicht.

Sie dachte oft über die Ironie und Ungerechtigkeit des Schicksals nach, die aus einem strengen, abweisenden und autoritären Vater einen nachsichtigen und liebevollen Opa gemacht hatten. Aber nur für Preziosa. Alle Liebe, Nachsicht und Wärme galten Preziosa. Und für sie blieb nichts übrig. Für sie war nie etwas übriggeblieben.

Sie betrat das Esszimmer, und ihre Halsmuskeln versteiften sich unwillkürlich. Der Magen tat ihr weh, wie üblich hatte sie keinen Hunger.

Preziosa flitzte an ihr vorbei zum Tisch, auf den ihr Vater schon nervös mit der Gabel trommelte. Sein düsterer Blick wurde augenblicklich sanfter, als er an seiner Enkelin hängenblieb.

Evelina schlich mit gesenkten Augen auf ihren Platz zu seiner Linken. Genny war ebenfalls noch nicht erschienen, und so käme sie vielleicht um die Zurechtweisung herum. Doch sie irrte sich.

»Estera!«, bellte ihr Vater, »du kannst servieren! Die Signora hat sich gnädigerweise zu Tisch bequemt.«

Estera kam dienstbeflissen mit den Suppentellern angelaufen, Evelinas Kehle war wie zugeschnürt, doch sie zwang sich, ein paar Löffel zu schlucken.

»Iss! Siehst du denn nicht, wie ekelhaft dünn du bist? Was für ein Vorbild willst du sein? Willst du, dass deine Tochter auch so eine verrückte Magersüchtige wird?«

Aus Erfahrung wusste sie, dass es besser war zu schweigen, also hielt sie den Kopf gesenkt und klapperte weiter mit dem Besteck. Und die ganze Zeit über plapperte das dumme verzogene Kind ohne Punkt und Komma, erzählte sinnlose Albernheiten, die sich ihr Vater glückselig anhörte. Als sie selbst klein gewesen war, hatte sie nicht einmal mit dem Vater an einem Tisch essen dürfen, geschweige denn reden. Das Leben war so ungerecht.

*

Minuccio hatte schon lange nichts mehr gegessen, vielleicht seit zwei Tagen, vielleicht länger, doch er merkte es kaum.

Als Gina noch da war, hatte er immer dafür gesorgt, dass sie etwas zu essen bekam, und hatte dann selbst mitgegessen. Aber welchen Sinn hatte es jetzt noch, Feigen oder Pfirsiche von den Bäumen zu stehlen, sich ein Stück Brot oder Käse zu erbetteln von irgendeiner freundlichen Seele, oder einfach ein paar süße Wurzeln aus dem Boden auszugraben? Sie war nicht da, war nicht mehr da, nirgendwo war sie zu finden, nicht im Wald und nicht bei Mamma Signoras Haus, und ohne Gina spürte Minuccio nicht einmal mehr seinen Hunger, diesen quälenden Hunger, der immer da gewesen war, vielleicht schon seit seiner Geburt.

Sie war für immer weggegangen, ein unfassbarer Gedanke, denn Minuccio war überzeugt gewesen, dass sie beide ihr ganzes Leben zusammenbleiben würden, draußen im Wald oder auch im Holzschuppen von Mamma Signora, wenn es zu kalt war und sie gerade keine Lust hatte, mit dem Knüppel hinter ihnen herzujagen. So war es immer gewesen, und Minuccio verstand einfach nicht, warum es jetzt anders war. Seit er denken konnte, waren sie immer zusammen gewesen, er und Gina,

Verbündete gegen all die Widrigkeiten, die es in ihrem Leben gegeben hatte. Und Unglücke waren genug geschehen, aber er erinnerte sich jetzt nicht daran, einzig konzentriert auf das Schlimmste, was ihm passieren konnte: seine Schwester zu verlieren, den einzigen Menschen, der ihn liebte und den er liebte.

Der Gang zu den Kastanien war der letzte, der verzweifelte Versuch gewesen. Er war noch nie so weit gegangen, hatte nie die Grenzen ihrer Welt verlassen, doch er wusste, dass Gina manchmal dort hinging, denn der Rand des Kastanienwäldchens war ein guter Ort, um die Eisenbahnschienen in der Ferne zu sehen und die Züge zu beobachten, die woandershin fuhren. Minuccio kämpfte sich in der drückenden Mittagshitze hinauf, ein langer, schmerzhafter Aufstieg, bei dem er sich einmal sogar in einen Graben hatte flüchten müssen, weil er das Schwein in der Ferne beim Pilzesammeln gesehen hatte.

Schon seit langem interessierte sich das Schwein nicht mehr für ihn, aber Minuccio fürchtete ihn immer noch, vielleicht weil Gina bei seinem Anblick immer so verängstigt gewirkt hatte. Komisch, denn Gina war doch immer die Schnellere von ihnen gewesen beim Weglaufen, doch über diese Sachen redeten sie lieber nicht.

Das Schwein bemerkte ihn nicht, doch Minuccio blieb trotzdem so lange reglos in der Hocke sitzen, bis eine ganze Ameisenkompanie über ihn zu klettern begann und die Hitze allmählich unerträglich wurde. Als der Mann außer Sichtweite war und er weiter den Hang hinaufstieg, merkte er, wie durstig er war, schrecklich durstig, und er dachte, wenn er erst einmal da war, würde er alles finden: Abkühlung, Ruhe, Wasser und Gina, endlich.

*

»Hallo? Scheiße noch mal, muss man denn eine Empfehlung vom Papst mitbringen, um hier mal einen Verantwortlichen an die Strippe zu bekommen? Wie, wer spricht da? Hat Ihr Gefreiter Ihnen das nicht ausgerichtet? Hier spricht Giacomo Jack Manzi, Maresciallo, und ich rufe Sie an, um Sie zu warnen: Sollten Sie noch einmal meinen Mandanten in meiner Abwesenheit befragen, werde ich Ihnen die Eier abschneiden und Ihnen damit das Maul stopfen. Wie, wovon ich rede? Wollen Sie mich verarschen? Mein Mandant ist Dottor Sergio Gabrielli, der von Ihnen mindestens einmal brutal in die Mangel genommen wurde. Das macht man mit einem Giacomo Jack Manzi nicht, merken Sie sich das, und bevor Sie meinen Klienten weiterhin haltlos beschuldigen, überlegen Sie sich das lieber zweimal, *cazzo*!«

Santomauro legte den Hörer auf, dann rief er Manfredi.

»Hast du jemals von einem Anwalt Giacomo Jack Manzi gehört? Versuch mal herauszufinden, warum er sich so für Gabrielli ins Zeug legte.«

*

Pietro Gnarra war herumgelaufen und hatte das getan, was er am besten konnte, mit Leuten reden. Wenn es irgendetwas zu erfahren gab – ein Detail, Gerücht, Geheimnis, eine winzige Information oder Indiskretion –, konnte man sicher sein, dass Gnarra der richtige Mann war, um es aufzuspüren und ans Licht zu zerren. Die Leute redeten gern mit ihm, vertrauten sich ihm vorbehaltlos an, vielleicht wegen seines freundlichen, offenen Gesichts, des ansteckenden Lächelns, dieser harmlosen, laut Manfredi manchmal idiotischen Unschuldsmiene, die dazu führte, dass die Uniform an ihm charmant wirkte, statt Furcht oder Misstrauen einzuflößen. Er würde einen großartigen Politiker abgeben, da waren sich in der Kaserne alle einig, die Frage lautete nur, *wann* er den Heeresdienst gegen einen Bürgermeisterposten tauschen würde, später gegen einen Abgeordnetensessel und wer weiß was noch.

Was alle geflissentlich übersahen, war, dass Pietro seine Arbeit mochte. Es machte ihm Spaß, unter Menschen zu sein als Vertreter des Gesetzes, auf Anhieb als einer der Guten erkannt zu werden. Und er mochte die Teamarbeit, seine Kollegen. Sie taten ihm insofern unrecht, als ihn Geld und Macht überhaupt nicht interessierten. Er hatte alles, was er brauchte, vor allem

Frauen, Mädchen, Damen, jüngere und reifere, soviel sein Herz begehrte, und er war fest entschlossen, sich nicht von hier fortzubewegen.

Dank seiner unermüdlichen und verkannten, von Manfredi gar bei jeder Gelegenheit mit übelster Kritik beworfenen Arbeit – »Da kommt ja unser Kleiner von der Arbeit. Na, Pedro, müde? Zu viel Kaffee, zu viele Cremeteilchen?« –, was ihm aber herzlich gleichgültig war, hatten sie schon einige Kandidaten aus dem Kreis der Verdächtigen ausschließen können.

Sbangiulieddu Tarviso war ganz sicher nicht die Bestie, die sie suchten. Der Hilfsarbeiter der Folchis hatte nie im Fokus der Ermittlungen gestanden, dennoch gehörte er zu denen, die zur entsprechenden Zeit am entsprechenden Ort hätten sein können, auch wenn er laut der Zeugenaussage seiner Frau die Nacht, als das Mädchen ermordet wurde, neben ihr im Bett verbracht hatte. Gnarra aber hatte nun ein Gerücht hier und eine Andeutung da aufgespürt, war dem Raunen wie ein Spürhund gefolgt und drangeblieben, bis er des Rätsels Lösung gefunden hatte.

»Sbangiulieddu ist ein Schwein. Aber ein allgemein bekanntes, eines von der fiesen Sorte. Trotz seines Namens, der im lokalen Dialekt kleiner Engel bedeutet, falls du deine Sprachkenntnisse erweitern möchtest, Simone. Er tatscht den Frauen an den Po, sogar beim Rausgehen aus der Kirche, oder streift in der Menschenmenge mit dem Arm ihre Brüste, er packt sich an den Hosenlatz, sobald er ein hübsches Mädchen sieht, und stiert sie lüstern an, so Sachen halt.«

»Ja und? Das machst du doch auch alles, wenn ich mich nicht irre.« Manfredis Augen sprühten vor Häme.

»Ach, ich bitte dich! Simone, warum schickst du ihn nicht raus auf die Straße, damit er Betrunkene ins Röhrchen pusten lässt? Das täte ihm sicher gut.«

Santomauro grunzte, er war heute nicht in der Stimmung zum Schlichten. Mit einer Handbewegung bedeutete er ihm, weiterzuerzählen. Gnarra rückte seine Pobacke auf der Schreibtischkante zurecht und fuhr fort: »So weit alles normal, jeder weiß, dass Sbangiulieddu ein Grabscher ist, auch weil seine Frau sich darüber beschwert. Assunta Minervini, verheiratete Tarviso, die Köchin und Haushälterin der Masseria. Erinnerst du dich an sie, Simone?«

Der Maresciallo nickte. Eine kleine drahtige Frau, lebhaft wie ein Vögelchen, reumütig, hell gekleidet, sie hatten in den ersten Tagen der Ermittlung ganz kurz mit ihr geredet, weil sie gerade auf dem Sprung in die Kirche war. Wie jeden Tag.

»Also, ich habe ein wenig herumgefragt, meine Quellen waren da nicht ganz eindeutig …« Manfredi schnaufte demonstrativ. »Na ja, Sbangiulieddus Alibi ist sicher, sogar bombensicher.« Gnarra grinste triumphierend, sein gesammeltes Gold am Hals und an den Handgelenken glitzerte. »In den fraglichen Nächten war er mit seiner Frau im Bett.«

Manfredi sprang von seinem Stuhl auf. »Nun vergeude hier nicht unsere Zeit, das wussten wir doch schon längst!«

»Genau, er war mit seiner Frau im Bett, aber auch mit Mankel und Inga, den Holländern, die auf dem Gelände der Masseria campen. Sie haben es mir schriftlich gegeben, und Assunta hat es bestätigt«, schloss Gnarra freudestrahlend, dann erging er sich in sämtlichen Einzelheiten seiner langen und komplexen Recherche. Ergebnis war, dass Sbangiulieddu ein Schwein war, was seine Frau ertrug, die aber, da sie nicht blöd war, auch ihren Spaß wollte, und die zwei frequentierten eifrig Swingerclubs, zum Vergnügen des halben Dorfes und der lokalen Gerüchteküche. Die beiden Holländer waren voll kompatibel, und so verbrachten sie frohe Stunden im Zelt, das weit genug entfernt vom Haus stand, damit kein Stöhnen oder Seufzen hinüberschallte.

»Und damit haben wir mit einem Schlag zwei Verdächtige weniger! Ach, wie ich die Laufarbeit liebe, das einzig wahre Fitnessstudio von uns Ermittlern!«

Pedro hätte noch eine Weile weitergeschwärmt, doch die anderen zwei kümmerten sich nach einem halbherzigen Schulterklopfen seitens Santomauros und einem sarkastischen Grinsen seitens Manfredis nicht weiter um ihn. Verärgert und enttäuscht holte er sich bei Panguro einen Kaffee und dachte dabei darüber nach, ob er vielleicht doch lieber in die Politik wechseln sollte.

*

Traurig sah sie sich in der chaotischen Küche um; zurzeit lief aber auch alles schief, Assunta tat nichts anderes, als in die Kirche zu rennen, ihr Vater war immer abwesend, auch wenn er da war. Wie jetzt: im Weidensessel unter der Pergola versunken, in der Hand eine alte Zeitschrift, starrte er gedankenverloren ins Leere.

Einmal hatte er sie sogar nach Chiara gefragt. Dabei sprach er sonst nie von Chiara. Er hatte gefragt, ob sie sich an die tote Schwester erinnern könne, was Carolina leicht pikiert bejaht hatte, natürlich erinnere sie sich an Chiara, wie sollte sie sie je vergessen? Ihr Vater hatte zufrieden gewirkt, als beruhige ihn die Antwort, und dann hatte er sich wieder in sein Kreuzworträtsel vertieft, an dem er nun schon seit zwei Tagen knobelte.

Dabei dachte Carolina eigentlich nie an Chiara, aber das hatte sie ihm nicht auf die Nase binden wollen. Jetzt allerdings schon, jetzt fiel sie ihr ein, fast gegen ihren Willen, weshalb sie gleich wieder Gewissensbisse bekam. Chiara kam ihr in den Sinn, während sie aus der verdreckten, chaotischen Küche floh, weil sie keine Lust hatte aufzuräumen. Sie ging an ihrem Vater und seiner albernen Zeitschrift vorbei, lief durch den Garten zwischen Obstbäumen hindurch. Da war es passiert, vielleicht ein Stück weiter.

Bei einem Fleckchen Sonne blieb sie stehen. Die Insekten summten, ein feiner Geruch nach gemähtem Gras und Humus stieg ihr in die Nase, und auch der Geruch nach Fallobst.

Vielleicht rührte er von einem Häuflein Annurca-Äpfeln, die in einen Graben gerollt waren. Chiara war ohne einen Laut gestürzt. Ihr Blut hatte die Erde getränkt, die Zikaden hatten aufgehört zu zirpen. Damals war die Welt stehengeblieben.

*

Selbst in der Hochsaison war der frühe Nachmittag in Pioppica ein Moment der absoluten Ruhe. Nichts regte sich, abgesehen von dem einen oder anderen unbedachten Wanderer, der die Straße auf der Suche nach Wasser, belegten Brötchen, einer Rätselzeitschrift oder anderen überlebensnotwendigen Gütern entlangging und regelmäßig enttäuscht wurde, weil um eins, allerspätestens aber um halb zwei alle Geschäfte ihre Türen zur verdienten Mittagsruhe schlossen, um sie erst abends wieder zu öffnen.

Jetzt, da die Saison weitgehend vorbei war, wirkte die Hauptstraße des Dorfes wie das Filmset für einen Science-Fiction-Streifen Typ Nuklearkatastrophe, wo ein letzter Überlebender durch die Mittagshitze wankt. Selbst die Straßenköter mieden um diese Zeit jede Bewegung, und der Maresciallo wunderte sich über das kleine Hündchen, das am Rinnstein entlangtrottete. Er selbst wollte um diese Stunde Genny Morace zu Hause abfangen, und sein Plan ging auf. Die Tür wurde ihm von der Haushälterin Estera Scarano geöffnet. Sie musterte ihn misstrauisch und sagte abwehrend: »Tonino ist nicht da. Was wollt ihr von meinem Mann?«

»Ehrlich gesagt suche ich Genny Morace, aber wenn Sie meinen, Ihr Mann habe etwas Hilfreiches zu sagen, werde ich baldmöglichst auch mit ihm reden.«

Sie sah ihn mit versteinerter Miene an. Sie war eine dicke Frau mit blondgefärbten, wie in Marmor gehauenen Haaren und einem kräftigen Körperbau, der wie für die Arbeit gemacht schien. Um den Hals hing ihr ein kleines, goldenes Kreuz, und die langen Ohrringe, auch aus Gold, zeugten davon, dass sie sich noch um ihr Äußeres sorgte. Sie presste die Lippen zusammen, schüttelte den Kopf und wandte sich ab. Die Ohrringe klimperten zornig, Santomauro wartete, mittlerweile konnte ihn die mangelnde Gastfreundschaft im Hause Morace nicht mehr schrecken.

»Suchst du immer noch den Mörder? Hast du eine Pistole? Darf ich mal sehen?«

Das Mädchen war aus der Dunkelheit aufgetaucht, ein

lächelnder Kobold mit lustig funkelnden Augen. Ihr spezieller Name fiel ihm wieder ein.

»Hallo, Preziosa. Wir suchen ihn und werden ihn finden, sei ganz beruhigt.«

»Und bis dahin müssen wir aufpassen, wir Mädchen, weil er ein verrückter Vergewaltiger und Mörder ist, und wenn er uns kriegt ... Außerdem muss man sich sowieso vor den Männern in Acht nehmen, weil die immer nur das eine wollen. Wahrscheinlich dürfte ich auch mit dir gar nicht reden.«

»Man kann tatsächlich nicht vorsichtig genug sein, aber wer hat dir das denn gesagt?«

»Das höre ich, wenn Mama und Estera miteinander reden und nicht merken, dass ich da bin.«

»Weil du die schlimme Angewohnheit hast, zu lauschen, kleine Spionin!«

Genny Morace tauchte aus den Tiefen des Hauses auf, ein gutaussehender Mann Anfang dreißig, der Santomauro auf Anhieb unsympathisch war. Seiner Nichte schien es nicht anders zu gehen, denn sie streckte ihm die Zunge raus, zwinkerte dem Maresciallo zu und rannte hinaus in den Garten.

»Gehen wir hinein? Es ist zu warm hier«, stellte Genny fest und führte ihn in eine makellos saubere, geräumige Küche mit heruntergelassenen Rollläden. Klobige Möbel, ein alter, schwerer Tisch, ein kleiner Kamin mit aufgeschichtetem Holz, ein Korb frische Eier auf der Anrichte: keine schöne Küche, aber funktional, der Spiegel eines Haushaltes, dem es nicht an Geld, aber an einer lenkenden Frauenhand mangelte; einer Frau, die die Farbe der Vorhänge oder der Fliesen auswählte, die Form des Obstkorbes mit Mandarinen auf dem Kühlschrank oder das Modell der Uhr über dem Kamin. Ein ungewohnter Anblick in einem Landstrich, wo die Küche normalerweise das Herz des Hauses darstellt.

Und es gab keine Pflanzen. Santomauros Gedanken wanderten zu den Pflanzen auf dem Kamin der Architektessa, zu den Blumen, die in allen Zimmern der chaotischen Kasernen-Wohnung Maria Pia Manfredis blühten, zu vielen anderen

149

Küchen voller Leben und Düfte. Hier nichts von alldem, nur der Geruch nach Putzmitteln in der Luft.

»Einladend, was?« Genny schien seine Gedanken zu erraten. »Machen Sie es sich bequem, Maresciallo, soweit das geht, ich stehe zu Ihrer Verfügung.«

Morace war ein dunkler Typ mit schönen Gesichtszügen, einer leichten Stupsnase und Lockenschopf. Er hatte das gesunde Aussehen eines Sportlers und zugleich die geschwollenen Augen eines Mannes, der zu wenig schläft. Santomauro wusste von Gnarra, dass der junge Mann die Nächte lieber in Bars und Diskotheken verbrachte als über den Büchern. Nun sah Morace ihn aufmerksam an, breitbeinig und einen Fuß über das Knie gelegt in einer scheinbar gelassenen und unverfrorenen Haltung, die aber überdeutlich seine Anspannung verriet.

Santomauro befragte ihn freundlich zu dem Abend im Zirkus, und Genny entspannte sich merklich. Was auch immer er zu verbergen hatte, es betraf nicht sein Verhalten an jenem Abend. Er sagte, er habe ein paar Freunde getroffen, ein bisschen geredet, nein, Leute vom Zirkus kenne er nicht, und das war der einzige Moment, in dem er wieder sichtlich unruhig wurde. Ihm war nichts Besonderes aufgefallen, er hatte die ganze Nacht in seinem Bett geschlafen, aber es gäbe natürlich niemanden, der das bezeugen könne.

»Unvorstellbar! Eine Frau im Haus meines Vaters, er würde mich auf der Stelle umbringen! Für solche Sachen ziehe ich das Auto vor, Sie verstehen, Maresciallo.«

Wirklich unsympathisch, dieses Macho-Gehabe. Santomauro versuchte seinen Widerwillen zu verbergen, und nach ein paar weiteren, kaum aufschlussreicheren Antworten stand er wieder draußen auf der Straße.

Der letzte Überlebende, eine tödliche Krankheit hatte alle Bewohner des Planeten dahingerafft. Er bestieg sein Auto auf der Suche nach anderen Lebensformen, die der Vernichtung entgangen waren. Selbst das Hündchen hatten die Außerirdischen mitgenommen.

*

Jeder Besuch bei Cecilia war zum Heulen. Dieser Krankenhausgeruch, die kotzgrüne Farbe an den Wänden, die sinnlose, aufgesetzte Fröhlichkeit der Krankenschwestern, die stille Verzweiflung der Angehörigen, die Atmosphäre des permanenten Notfalls und gleichzeitig das Gefühl der Vergeblichkeit, des lauernden Todes.

All dies hasste Marco Folchi aus ganzer Seele. Er war immer schon allergisch gegen Krankenhäuser gewesen, doch noch schlimmer war der Schlag in die Magengrube, den er verspürte, wenn er ihr Zimmer betrat und sie dort liegen sah, mit erloschenem Blick und gequältem Lächeln, während ihr gesamter Körper ihm entgegenzuschreien schien: Hau ab!

Doch er konnte nicht abhauen, erst nach einem vernünftigen Maß an verlogener Unterhaltung, über den Zustand der Masseria Chiaraluce, über Carolinas Kapriolen und solche Sachen. Jedes Mal verließ er sie unzufrieden, doch er würde immer wiederkommen, denn er liebte sie, liebte seine Frau unverändert trotz allem, was die Zeit ihr angetan hatte. Cecilia war ein wunderschönes Mädchen gewesen, und er hatte sie gehütet wie eine Porzellanpuppe, hatte ihr durch die Schwangerschaften geholfen, durch den Horror, den eigenen Körper so deformiert zu sehen, hatte sie vor Widrigkeiten beschützt, ihre zarte Seele gepflegt, dieses Etwas in ihr, das sie traurige Gedichte schreiben ließ, die ihn zu Tränen rührten, wenn er sie in der Abgeschiedenheit seines Büros las.

Die Cecilia von heute war eine verhärmte Frau mit kleinen Falten der Unzufriedenheit zwischen den nutzlosen Augen, die blonden, immer noch wunderschönen Haare stets zu einem festen Knoten gesteckt, der zierliche, schlanke Körper starr im Sessel. Von hinten konnte man sie noch für ein junges Mädchen halten, doch aus ihrem Gesicht und vor allem ihrem Geist sprachen eine Bitterkeit und ein Schmerz über ihren Zustand, den sie zutiefst ungerecht fand. Und verflucht, es war auch ungerecht, dass eine Frau wie sie so leben musste!

Folchi hätte mit ihrer Blindheit leben können, es rührte ihn, sie so hilflos zu sehen, er hätte sie trotzdem glücklich gemacht,

151

doch sie ließ es nicht zu. Der einzige Funken, den er in ihren Augen noch erkennen konnte, war der Zorn, ein lodernder Zorn, der alles verschlungen hatte, auch Cecilias Liebe zu ihm.

Mit Chiara hatte es angefangen, dachte Folchi manchmal. Chiaras Tod hatte alles verändert, für ihn.

*

Am Nachmittag beobachtete Santomauro in Pioppica Sopra, wie die beiden miteinander redeten, Evelina mit höflicher, wächserner Miene, den Blick auf einen Punkt hinter Maria Pia gerichtet, die ihrerseits gewohnt beschwingt plauderte.

Totòs Frau erzählte, lächelte, fragte, ein lebhaftes Zusammenspiel aus Augen, Stimme und Körper. Ihr Gegenüber nickte, antwortete einsilbig, scharrte mit dem Fuß über den Boden und bohrte den Daumennagel der linken Hand in die Handfläche der rechten.

Schließlich befreite sich die Signora Morace aus der Unterhaltung und ging eilig davon, mit nach vorne geneigten Schultern, als ducke sie sich unter einem drohenden Schlag weg. Maria Pia wandte sich in seine Richtung, der etwas abseits auf einem Mäuerchen im Schatten einer Rosskastanie am Rande der kleinen Piazza saß und wartete.

»Puuh, war das anstrengend!«, sagte sie lachend und wischte sich den eingebildeten Schweiß von der Stirn. »Das habe ich nur für dich getan, Simone, diese Frau ist so was von unangenehm.«

»Hast du etwas herausgefunden? Aber komm, setzen wir uns doch in die Bar, was nimmst du?«

»Eine Granita wäre schön, aber ich kann nur hoffen, dass Totò uns nicht sieht, sonst kriegt er gleich wieder eine akute Othello-Krise. Vielleicht muss ich mir wirklich mal einen Liebhaber nehmen.«

»Dann denk bitte an mich«, gab er spaßend zurück, während sie sich vor die Bar auf dem höher gelegenen Platz des Örtchens setzten. Pioppica Sopra lag komplett am Hang, ein hübsches Gewirr aus aufsteigenden Gässchen, Treppen und kleinen Plätzen, die alle auf das spektakuläre Schauspiel der sich kilometerlang zwischen den Bäumen bis zum tief unten glitzernden Meer hinabschlängelnden Serpentinen blickten. Ein idealer Ort für Künstler, Schriftsteller, Dichter und Rentner.

»Also? Du musst meine Bitte entschuldigen, aber diese Frau ist schwerer zu knacken als ein Tresor, vom Vater ganz zu schweigen, und der Rest der Familie ist auch keinen Deut besser.«

»Wie gesagt, ich habe es für dich getan, außerdem bin ich eine Klatschbase.« Sie sog an dem Strohhalm in ihrer Maulbeer-Granita, die gerade serviert worden war, und lächelte. Das Schöne an Maria Pia war diese Mischung aus Unschuld und Verschmitztheit. Manfredi konnte sich wirklich glücklich schätzen, Santomauro würde niemals so eine Frau finden.

»Dabei würde die arme Evelina gern mit der Welt kommunizieren, sie weiß nur nicht, wie. Sie hat mir wenig gesagt. Das Verbrechen hat sie alle sehr mitgenommen. Viel mehr habe ich nicht erwartet. Aber Lucrezia ist mit ihr zur Schule gegangen. Lucrezia, meine blonde Freundin, ich wollte euch letztes Jahr mal verkuppeln, weißt du noch?«

Das Neunzig-Kilo-Ungetüm mit einer Leidenschaft für Hip-Hop, Santomauro erinnerte sich genau.

»Die Familie Morace ist generell sehr verschlossen, alter Reichtum, alles bleibt in der Familie. Er, Don Carmelo, scheint ein ziemlich herrschsüchtiger Vater zu sein. Schon als junges Mädchen ging Evelina wenig aus und hatte kaum Sozialkontakte. Laut Lucrezia ist es ein wahres Wunder, dass sie es schaffte, zu heiraten und schwanger zu werden. Ihr Mann ist dann auch quasi sofort abgehauen, sie ist chronisch depressiv, funktioniert nur mit Valium und Co. Das besorgt sie sich in Vallo in Lucrezias Apotheke, meine Freundin sitzt also sozusagen direkt an der Quelle.«

Arme Evelina, dachte der Maresciallo. Er fächelte sich mit der Kappe Wind zu. Die Luft stand still. In einer halbwegs schattigen Ecke des Platzes kickten ein paar Jugendliche lustlos einen Fußball hin und her.

»Ihr Bruder ist ein nichtsnutziger Faulpelz, seit ewigen Zeiten an der Uni eingeschrieben, für den alten Morace die absolute Nemesis. Evelina hasst ihn und er sie auch. Laut Lucrezia kloppen sie sich schon jetzt um das väterliche Erbe, von dem sie aber keinen Pfennig sehen werden, weil Don Carmelo alles tun wird, um möglichst viel der Enkelin zuzuschustern, der einzigen Person, die er mag und die ihn noch nicht enttäuscht hat. Sie hat so einen kuriosen Vornamen, er liegt mir auf der Zunge …«

»Ich habe sie kennengelernt, sie heißt Preziosa. Was weißt du über sie?«

»Willst du deine Granita nicht mehr? Sie ist ein hübsches, verständiges Mädchen, vielleicht sogar zu verständig für ihr Alter. In der Schule ist sie auch gut, doch wenn der Großvater nicht wäre, sagt Lucrezia, würde sie nur in Lumpen rumlaufen, denn Evelina ist nicht nur äußerst geizig, sondern auch wenig liebevoll mit ihrer Tochter, sie behandelt sie wie eine unerwünschte Fremde.«

»Das ist mir schon beim ersten Mal aufgefallen, als ich die beiden zusammen erlebt habe. Du sagst, sie ist geizig?«

»Was glaubst du, warum ich mich hier oben auf die Lauer gelegt habe? In Pioppica Sopra gibt es den billigsten Supermarkt der Gegend. Sie werfen dir das Zeug geradezu nach, alles mieseste Qualität.«

»Don Carmelo wirkte auf mich eher anspruchsvoll, wie jemand, der nicht leicht zufriedenzustellen ist.« Santomauro dachte an die Schachtel hochwertiger Zigarren, an die alten Ledersessel im Büro, die Weste aus feinstem Kaschmir des alten Herrn.

»Ja, aber er kontrolliert natürlich nicht die Qualität der Putzmittel oder anderer Haushaltswaren. Um Himmels willen, was das Essen betrifft, natürlich nur vom Feinsten, außerdem sind viele Bauern hier herum ja seine Patienten. Aber sonst … Evelinas Geiz ist legendär, und Estera und Tonino lästern gerne darüber, sie vor allem.«

»Kennst du sie? Was ist sie für ein Typ? Ich kann sie noch nicht so recht einordnen.«

»Eine tüchtige Frau, gottesfürchtig, gewissenhaft, seit Urzeiten im Dienst der Moraces, sie mag den Alten und die Kleine und lehnt Genny und Evelina ab. Er hat ihr mehrmals Geld aus der Handtasche geklaut, sie kontrolliert jeden Centesimo vom Einkaufsgeld.«

»Was für eine Familie!«

»Ja, für das Kind nicht gerade eine heimelige Atmosphäre. Einmal habe ich Estera völlig in Tränen aufgelöst auf der Straße getroffen: Sie hatte das Bügeleisen kaputtgemacht und Angst, es ihrer Signora zu sagen. Das Bügeleisen war zehn Jahre alt!«

Ein Ball prallte an ihren Tisch. Die Jugendlichen, die geschossen hatten, musterten sie finster, ganz so, als seien Santomauro und Maria Pia schuld, dass der Tisch sich ihnen in den Weg gestellt hatte. Einer kam mit schlaksigen Schritten heran, befreite den Ball mit einer schnellen Beinbewegung und machte sich davon, ohne sie eines Blickes zu würdigen.

»Die Armen, das muss so öde sein, hier oben festzusitzen und nicht ans Meer zu können.«

»Darin will ich dir nicht widersprechen, aber du kannst sicher sein, wenn sie könnten, würden sie uns allesamt auslöschen.«

Sie lachte aus vollem Hals und warf den Kopf in den Nacken. Santomauro sah sie an und musste plötzlich daran denken, warum auch immer, wie lange er schon keine Frau mehr gehabt hatte. Unwillig schüttelte er den Kopf und spürte eine unangenehme Röte in sich aufsteigen.

Er räusperte sich, schimpfte sich innerlich einen Idioten und lächelte sie herzlich an.

»Ich sollte dir einen Monat lang Granitas spendieren. Du hast mir sehr geholfen. Du bist die geborene Klatschbase, fast wie Pedro.«

»Undank ist der Welten Lohn«, schnaufte sie empört, während in ihren Augen der Schalk blitzte. »Kann ich dir sonst noch irgendwie behilflich sein?«

»Sag mir deine ganz persönliche Meinung: Hältst du einen von den dreien, den alten Morace, Genny oder Tonino, für fähig, ein kleines Mädchen zu missbrauchen und umzubringen?«

Maria Pia biss sich stirnrunzelnd auf die Lippe: »O Gott, das kann man sich bei Leuten, die man kennt, doch eh nicht vorstellen ...«

»Ich will nur deine spontane Meinung hören. Los, trau dich, es bleibt ja unter uns.«

»Tonino würde für seinen Herrn töten, das ist mal sicher. Genny ist ein bisschen schleimig, pädophil könnte noch hinhauen, aber ein Mörder?«

»Und der Don?«

»Der Don wäre der perfekte Mörder. Nüchtern, gnadenlos, intelligent, hält sich selbst für den Allmächtigen, aber kleine Mädchen ... ich weiß nicht. Er ist ein so liebevoller Großvater.«

Santomauro wusste, dass es viele Leute gab, die nichts Menschliches an sich hatten und der Welt trotzdem ein normales, respektables Gesicht zeigten, doch er schwieg. Er wollte Maria Pia nicht traurig stimmen. Gutgelaunt, dank des Gespräches mit ihr, hakte er sie unter, als sie die Bar verließen. Heiter, schön, lebensfroh. Eigentlich hatte Totò sie gar nicht verdient, dachte Santomauro liebevoll.

»Maresciallo. Signora. Meine Empfehlung.«

Da, nun war es passiert.

Barbarella Pilerci, geschminkt wie zum Karnevalsumzug, mit schiefem Lächeln und einem tückischen Glimmen in den Augen, und sie beide untergehakt, Maria Pia lächelnd und sprühend vor Sinnlichkeit, er verdattert und mit schuldbewusster Miene.

*

Im Circo delle Maraviglie geht alles seinen gewohnten Gang. Alle müssen funktionieren wie immer.

Die Show darf nicht aussetzen, die Tiere müssen versorgt werden, die Artisten müssen trainieren, die Seiltänzer üben, die Clowns ihre Witze und Possen reißen, die Bonbontütchen müssen gefüllt, die Sitzreihen gewischt werden, die Reiter striegeln die Pferde, die Dompteure üben sich mit der Peitsche, die Kinder streunen herum.

Die Kinder, seine Kinder.

Feuerschlucker beobachtet, wie sie umherflitzen, seine Kinder, die niemandem etwas bedeuten, seine Leute, die von ihm abhängig sind, nur von ihm, die essen müssen, jeden Tag, immer weiter, die Vorstellung abliefern und dann die Zelte abbauen, in das nächste Dorf ziehen für die nächste Vorstellung, und immer weiter und weiter. Seine Leute müssen essen, *the show must go on*, doch im Innern spürt er den Tod.

*

Santomauro hatte Folchi in den aufgewühlten Momenten nach der Entdeckung der Kinderleiche kennengelernt; bis dahin war er nur eines der vertrauten Gesichter gewesen, denen man in Pioppica Sopra und Sotto des Öfteren begegnete, ohne je mit ihnen zu sprechen. Nun würde er durch die laufenden Ermittlungen mehr über ihn erfahren, ebenso wie über Gabrielli und Morace und die anderen, viel mehr, als ihnen oder ihm selbst lieb war. So fuhr er einigermaßen gespannt zur Masseria Chiaraluce und ging innerlich noch einmal die Informationen durch, welche die nie versiegende Gerüchtequelle Gnarra ihm zuvor noch bei einem Espresso in der Bar durchgegeben hatte, bevor sie sich ihren jeweiligen Aufgaben zugewandt hatten.

Marco Folchi war nicht von hier, das hieß, seine Familie konnte nicht auf drei Generationen Cilento-Vergangenheit zurückblicken, seine Frau Cecilia hingegen schon. Geld hatten beide. Er war Mitte fünfzig, sie war mit Anfang vierzig deutlich jünger, und vor Jahren hatten sie beschlossen, einen Teil des großen Anwesens, das sie bewohnten, zu hübschen und komfortablen Gästezimmern für reiche Touristen umzubauen und dabei die staatlichen Subventionen zu nutzen, mit denen schon lange jede Art von Quartier, sei es Bruchbude oder Ritz, in einen Agriturismo verwandelt werden konnte. Sie führten die Pension nicht selbst, sondern arbeiteten nur mit, und dies, wie Santomauro nicht ganz zu Unrecht fand, auf recht snobistische Art und Weise.

Zuvor war sie Lehrerin an einem Privatgymnasium gewesen, und er hatte erfolgreich eine kleine Baufirma geleitet. Gebildet und von freundlichen Umgangsformen, lebten sie von jeher in Pioppica, wurden allgemein geschätzt, wenngleich Cecilia als eine Frau verschrien war, die sich niemandem anvertraute. Ihre Tochter Carolina, dreiundzwanzig Jahre alt und mit abgebrochenem Biologiestudium, wohnte zurzeit bei ihnen.

Santomauro fand die Masseria still und verlassen. Als er um das Haus in den Garten gehen wollte, um nachzusehen, ob dort jemand sei, hörte er das Schluchzen, konnte es aber zunächst nicht einordnen: merkwürdige raue Laute, von einer gequälten, aber ergebenen Seele. Es klang matt, als sei der Weinende schon von der Sinnlosigkeit seines Kummers und der Tränen überzeugt, da kein Mitleid zu erwarten war.

Statt um die Hausecke zu biegen, blieb er stehen. Vielleicht war es die Polizistenseele, der Spürsinn des Schnüfflers. Oder einfach seine gute Erziehung und der Unwille, einem leidenden Menschen ohne triftigen Grund auf den Leib zu rücken.

Es war der Moment am frühen Abend, wenn alles in ein diffuses Licht getaucht ist und der Himmel so klar, dass man denkt, er würde ewig so bleiben, und dann schaut man einen Moment lang weg, und plötzlich ist es Nacht. Santomauro überlegte gerade, ob er unverrichteter Dinge umkehren sollte, als er Marco Folchis Stimme hörte: »Nicht weinen, Mädchen. Deine Mutter und ich wollen doch nur dein Bestes, das weißt du. Aber du musst jetzt an deine Zukunft denken, an einen jungen Mann, der sich um dich kümmert, an ein eigenes Leben, an Kinder, an ein Haus. Es wäre nicht richtig, dich für unser Alter an uns zu binden. Das sage ich jetzt, aber ich bin mir ganz sicher, dass deine Mutter es genauso sieht.«

Dann die raue Stimme des Mädchens, das schon eine Weile geweint zu haben schien: »Du weißt, dass es für mich außerhalb dieses Hauses nichts gibt. Du kannst nicht wirklich wollen, dass ich gehe. Und Mama auch nicht ... Das ist nicht fair! Ich war immer bei ihr, als sie blind wurde, ohne mich zu beklagen, habe sie auf Schritt und Tritt begleitet, habe ihr die Augen ersetzt, damit sie es so spät wie möglich merkt, und nun? Werde ich durch eine Pflegekraft ersetzt? Und wie ist das für dich? Ist es, weil ich euch zu alt werde, ist es das?«, und ihr Lachen kippte in ein erneutes Schluchzen.

»Carolina, Carolina, was redest du da bloß? Wie kannst du diesen Unsinn überhaupt nur denken?« Der Vater schien genervt. Unter dem liebevollen Tonfall erkannte der Maresciallo einen Hauch von Stahl.

Manchmal ist es leichter, im vertrauten Nest zu bleiben, als sich den unendlichen Möglichkeiten zu stellen. Ein echter Kummerkasten-Gedanke, der sich gegen seinen Willen in Santomauros Kopf formte und den er ärgerlich beiseiteschob, während er neugierig, aber diskret hinter der Ecke ausharrte. Er hatte Carolina Folchi noch nicht kennengelernt, und dies wäre wohl kaum der geeignete Zeitpunkt dafür.

»Erstens habe ich mit keinem Wort gesagt und auch nicht gedacht, dass du weggehen sollst. Ich habe dir nur vorgeschlagen, über ein eigenes Leben nachzudenken. Mama und ich werden auch nicht ewig leben, das weißt du. Die Krankheit deiner Mutter hat mir die Augen geöffnet.«

»Gratuliere, Papa, der rechte Satz zur rechten Zeit.« Zwischen den Tränen klang ein wenig Erheiterung durch. Carolina Folchi schien kein Mensch zu sein, der sich lange grämte.

»Früher oder später wärst du ohnehin allein, und das finde ich nicht richtig. Dann ist es vielleicht zu spät für eine eigene Familie. Und ich finde überhaupt nicht, dass du alt wirst, im Gegenteil. Ich will nur nicht, dass du später etwas bereust. Du bist noch jung, recht ansehnlich, und hast viele Qualitäten. Und nun haben wir eben aufgrund dieser verfluchten Einlieferung eine wichtige Entscheidung getroffen, diese ukrainische Pflegekraft wird bei uns wohnen und sich auch um einige häuslichen Dinge kümmern, die bisher an Mama und dir hängengeblieben sind. Also bist du freier. Genieße dein Leben, das ist nur ein Vorschlag!«

Santomauro sah vor sich, wie er in einer theatralischen Geste die Arme hob und unter seinem graumelierten Bart lächelte. Wahrscheinlich lächelte Carolina zurück. Wie bei allen etwas raubeinigen Männern wirkte auch Marco Folchis Lächeln ansteckend. Ihre Stimme klang schon klarer, vielleicht auch nur resigniert: »Ich werde mehr Zeit für mich haben, das würde mir schon gefallen, aber von hier weggehen werde ich trotzdem nicht!«

»Das will ja auch niemand, Mädchen. Du bist doch meine einzige Tochter, wie sollte ich mir da wünschen, dass du woanders wärst? Aber dein Leben braucht Entwicklung, das ist alles. Zu deinem eigenen Besten.«

»Dafür scheint es mir jetzt ein bisschen spät, um an mein Bestes zu denken.« Und schon sprach wieder die Bitterkeit aus der gedämpften Stimme der jungen Frau.

»Du hast recht, ich war egoistisch, doch ich werde es wiedergutmachen. Ich werde mit Mama darüber reden und dir ermöglichen, demnächst frei über deine Zukunft zu entscheiden, auch in ökonomischer Hinsicht. Du bist dreiundzwanzig Jahre alt, und dein Leben hat sich immer nur hierum gedreht. Irgendwann wirst du deinen Abschluss machen, einen Job finden, entscheiden, wo du leben möchtest, da ist es nur fair, von nun an auch finanzielle Freiheit zu haben.«

»Was ist das, ein Plan, um mich loszuwerden? Wollt ihr zwei hier schön allein vor dem Kamin alt werden mit eurer ukrainischen Krankenschwester, die euch die Bettpfanne unterschiebt? Ist es das, was ihr wollt?«

»Du warst immer schon so hart und unvernünftig wie …«

Santomauro sollte nie erfahren, mit wem der Vater das Mädchen vergleichen wollte, denn Carolina Folchi kam wie eine Furie um die Ecke geschossen und prallte direkt mit ihm zusammen. Sie stemmte ihre Hände gegen seine Brust, stieß ihn mit einem wütenden Kopfschütteln von sich und zischte: »Willkommen, Maresciallo, macht es Spaß, heimlich das Unglück anderer Menschen zu belauschen?«, und damit war sie verschwunden.

Er hatte nur einen kurzen Eindruck erhaschen können: zwei wunderschöne violette Katzenaugen, eine kastanien-honigfarbene Lockenmähne, markante Nase und Kinn, und ein dumpfer Schmerz auf den Brustmuskeln, wo sie ihn zornig weggestoßen hatte.

Santomauro trat auf den Herrn des Hauses zu, der genauso verlegen wirkte wie er. Folchi saß mit quasi patriarchalischer Haltung auf einer Bank unter der Laube in der Nähe eines hübschen Zitronenbaums. Neben ihm eine Rätselzeitung, die Seite mit dem schwierigsten Kreuzworträtsel aufgeschlagen, dem letzten, ohne schwarze Kästchen, wie auch der Maresciallo sie gerne löste. Die rechte Hand ruhte geduldig auf Zeitschrift und Stift. Offensichtlich hatte er gehofft, nun seine Beschäftigung von vor dem Streit mit der Tochter wiederaufnehmen zu können, doch er empfing den Gast freundlich und sah ihn über seine Lesebrille hinweg mit halb entschuldigendem Lächeln an.

»Haben Sie Kinder, Maresciallo? Was auch immer man für sie tut, es ist verkehrt.«

Santomauro nickte zustimmend zu dieser Binsenweisheit, wenngleich er keine Sprösslinge hatte und dies auch in näherer Zukunft nicht nachzuholen gedachte. Dann ging er direkt dazu über, das Motiv für seinen Besuch zu erklären, ohne seine Verlegenheit darüber anzusprechen, sich nicht bemerkbar gemacht zu haben und dann auch noch sozusagen in flagranti erwischt worden zu sein.

»Ich wollte mit Ihnen über den Abend vor dem Mord reden, ich weiß, wir haben das schon besprochen, aber mir fehlen noch ein paar Details.«

Folchi legte Zeitschrift und Brille beiseite und beantwortete bereitwillig alle Fragen, mit jener nachsichtigen Haltung, die er wohl auch gegenüber seiner Tochter an den Tag legte. Santomauro konnte den Ärger der jungen Frau gut verstehen, man wurde ja wahnsinnig mit so einem, der nie etwas übelnahm, immer friedfertig, tolerant, vernünftig war. Er versuchte, dieser Fassade der Gutmütigkeit Risse zu versetzen, was ihm erst gelang, als er auf den Fund der Leiche zu sprechen kam. Folchis Blick wurde düster, und Santomauro konnte Schmerz darin erkennen, wahren Schmerz, als er murmelte: »Es ist nicht fair, auf diese Weise und in diesem Alter zu sterben, Maresciallo, nachts träume ich davon, jede Nacht. Es ist nicht fair.«

Santomauro konnte nur zustimmen, nun war er ihm wieder fast sympathisch, aber nur fast.

»Was können Sie mir über Dottor Gabrielli sagen? War er am Vorabend zu Hause?«

»Sie wollen wissen, ob wir uns gegenseitig ein Alibi geben können? Ich fürchte, nein, Maresciallo, ich bin spät nach Hause gekommen, nur Carolina war da, ich habe etwas gegessen und mich gleich schlafen gelegt, ohne noch jemanden zu sehen. Gabrielli hätte auch eine Horde Affen mit nach Hause bringen können, was mich betrifft. Oder weggehen und das Mädchen umbringen. Oder ich hätte es tun können. Aber ich war es nicht.«

Der Mann sah ihm fest in die Augen, und Santomauro beschloss, ihm zu glauben.

»Erzählen Sie mir von ihm. Was tut er um diese Jahreszeit noch hier?«

»Er spült mir ein paar Euro in die Kasse!« Folchi lachte auf, und der Maresciallo musste gegen seinen Willen lächeln.

»Sie müssen entschuldigen, aber er ist ein willkommener Gast, vor allem da er noch den ganzen Monat bleibt, immer hier isst und sich kaum herumtreibt. Was soll ich Ihnen sagen? Ein ruhiger Mensch, gebildet, ich unterhalte mich hin und wieder ganz gern mit ihm, aber er sucht nicht gerade die Gesellschaft. Ich glaube, er hat familiäre Probleme, aber Genaueres weiß ich darüber nicht. Vielleicht kann Carolina, meine Tochter, Ihnen mehr Auskunft geben, sie kümmert sich immer um alle. Kennen Sie sie schon?«

»Ich habe sie eben nur flüchtig gesehen, das schien mir nicht der passende Augenblick …«

»Ach ja, unser kleiner Streit. Sie ist eifersüchtig, meine Carolina, besitzergreifend, aber ich möchte sie nicht anders. Wenn Sie selbst Kinder haben, werden Sie das begreifen, Maresciallo.« Santomauro ließ ihn in der Laube mit seinem Kreuzworträtsel allein, er hatte schon wieder seine Lesebrille aufgesetzt, und einen Moment lang beneidete der Maresciallo ihn um den abendlichen Frieden, das schöne Haus und den Garten, die Ruhe des unbeschäftigten Mannes, um seine Familie, dann fiel ihm die Frau wieder ein, die schöne, blinde und verbitterte Frau, die im Krankenhaus auf wer weiß was wartete.

»Entschuldigen Sie, nur aus Neugierde, wann wird Ihre Frau entlassen?«

Marco Folchis Gesicht war nicht für die Lüge geschaffen, ein trauriger Schatten fiel über seine Augen, und sein Lächeln erlosch.

»Sie könnte sofort heraus, heute noch, sagen die Ärzte. Sie könnte ihre Behandlungen komplett zu Hause weiterführen, Maresciallo. Aber sie will nicht.«

Er senkte den Blick auf die Zeitschrift und begann mit leicht zittriger Hand die Kästchen auszufüllen. Santomauro entfernte sich, hier gab es nichts zu beneiden.

*

Er kam einfach nicht weiter. Ein Kind war vergewaltigt und ermordet worden, und er hatte nichts, wo er ansetzen konnte. Jemand von außerhalb, auf der Durchreise, der sie gesehen und gepackt hatte. Oder jemand aus der Gegend, der seine düsteren Neigungen vor dem Rest der Dorfgemeinschaft bisher erfolgreich verborgen hatte.

Jemand, der schon verhört worden war oder dessen Gesicht sie noch nicht kannten? Hatte er sich die Zirkusvorstellung angeschaut, sie unter den zahlreichen ahnungslosen und wehrlosen Kindern ausgewählt und im Dunkeln auf die passende Gelegenheit gewartet, oder hatte er sie erst danach getroffen, im abendlichen Gewimmel, ein Mädchen ganz allein am Waldrand?

Santomauro grübelte und grübelte, er hatte das Gefühl, verrückt zu werden. Er hatte nichts, und wenn noch mehr Zeit verging, würde dieser Mord einer der Fälle, die keine Gerechtigkeit fanden.

Seine Augen brannten schon, so oft hatte er die Unterlagen vor sich durchgesehen, wieder und wieder: Gespräche, Kontrollen, Notizen von ihm und seinen Leuten, Fotos der Obduktion. Er packte den Stiftehalter aus Keramik, ein schreckliches Ding mit Muscheln obendrauf, und schleuderte ihn wütend zu Boden. Ein lautes Krachen, und die Scherben sprangen in alle Richtungen. Er fühlte sich ein wenig besser.

»Was ist passiert? Was war das für ein Lärm?«

»Nichts, Totò, mir ist versehentlich der Stiftehalter runtergefallen, halb so schlimm.«

»Es ist alles voll mit Scherben, ich schicke dir jemanden zum Aufkehren.«

*

Nur noch wenige Stunden, dann würde die Qual wieder beginnen. Die Vorstellung, die Nummern, das Licht, die Hitze, die Leute, der Gestank nach Schweiß und Zuckerwatte und die Aufregung und Neugierde, die Augen, vor allem die Augen der Kinder, die sie anstarrten, sie musterten und ihre kleinen Münder aufrissen, oooh! Mit den Fingern auf sie zeigten: »Guck mal, Mama, guck mal!« Die Kinder hasste sie besonders, aber auch alles andere am Zirkus. Warum konnte sie nicht wie die anderen sein, warum? Ramina, Anna, Youssefa, Marina, warum durften die gesund und schön sein und sie nicht? Die glitzernden Turnanzüge mit hohem Beinausschnitt, die aufgedrehten Haare, einige auf dem Pferderücken, andere am Trapez oder in der Manege, und sie … Im Dunkeln versteckt, bis zu dem Moment, wo sie sich zeigen musste, das Scheusal, da ist es, schaut sie euch nur gut an im Scheinwerferlicht, bewundert sie, zittert vor Grauen, da ist sie, sie, die Frau mit Bart!

*

Die erloschene Zigarre im Mundwinkel, spazierte Gabrielli über die Landstraße kurz hinter dem Dorf, wo die Dunkelheit sich wie ein Tuch über die Landschaft legte, unterbrochen nur von ein paar Laternen. Santomauros Wagen kam leise heran, der Maresciallo fragte, ob er ihn mitnehmen könne, was er nicht ablehnen wollte, obwohl er gerne die Stille der hereinbrechenden Nacht genossen hätte.

»Schöne Jahreszeit zum Urlaubmachen. Das würde mir auch gefallen, den ganzen September Ferien, aber das ist unmöglich, die Arbeit, wissen Sie …«

»Ja klar, da habe ich Glück.«

Schweigen senkte sich auf die Fahrerkabine nach der knappen Antwort des Dottore. Santomauro wusste aus Erfahrung, dass man Antworten nicht durch Fragen bekam, besser war es, einen Wink zu geben und zu schweigen, die Leute ertrugen die Stille nicht und füllten sie mit Worten, die dem erfahrenen Zuhörer manchmal mehr sagten als eine zurechtgelegte Antwort. Doch sein Beifahrer kaute schweigend auf der Zigarre herum, immerhin war er Psychologe, wenn auch für Kinder, und Tricks wie diesen kannte er sicherlich zuhauf.

»Ihr Anwalt hat mich angerufen, ein gewisser Manzi.«

»Wer, Jack? Das ist mein bester Freund.« Zum ersten Mal lächelte Gabrielli. »Er kann ein echter Großkotz sein, wie man so schön sagt, aber er ist ein wahrer Freund.«

»Ja. Er wirkte sehr besorgt, dass Sie in den Mittelpunkt unserer Ermittlungen geraten könnten.«

»Dann hat er sicherlich eine Flut böser Worte über Sie ausgeschüttet«, fuhr er lächelnd fort. »Seine Zunge hat Jack leider überhaupt nicht unter Kontrolle.«

»Absolut, ich habe einige neue Ausdrücke gelernt. Versichern Sie ihm bitte, dass wir Sie wie alle anderen auch behandeln, das ist Routine in solchen Fällen.«

»Maresciallo, Sie müssen mir nichts erklären, ich stehe voll zu Ihrer Verfügung. Ich lasse mich gerade von meiner Frau scheiden, ich habe keinen Ort, wo ich hinkann, und ich bin gerne hier. Die Trennung ist alles andere als einvernehmlich.

Jack Manzi hat mich unter seine Fittiche genommen, und leider ist er jemand, der zuerst redet und dann denkt, aber er bellt nur und beißt nicht. Ich werde mit ihm sprechen. Hier können Sie anhalten, ich nehme die kleine Querstraße, dann bin ich schon da.«

Santomauro verfolgte durch den Rückspiegel, wie er sich die Zigarre anzündete und mit den Händen auf dem Rücken den leicht ansteigenden Weg in Angriff nahm. Ein Abbild der Ruhe. Der gute Dottore hatte nicht den mindesten Zweifel, dass er genauso verdächtig war wie die anderen, doch allem Anschein nach interessierte ihn das nicht weiter.

*

Sergio Gabrielli genoss endlich seine Zigarre.

Der Maresciallo war gewiss ein tüchtiger Mann, doch er hatte keine Lust, mit tüchtigen Menschen zu reden. Er hatte das Gefühl, sein ganzes Leben damit verbracht zu haben, sinnlose Gespräche zu führen im Versuch, das Beste aus seinen Mitmenschen herauszuholen. Man hielt ihn für jovial, er war gesellig, umgab sich gerne mit Menschen. Das war sicher auch ein Grund für die Schwierigkeiten, in denen er jetzt steckte.

Mit Carla war es aus, und letztlich war das auch besser so, das musste er der Ehrlichkeit halber zugeben, aber die Kinder. Sie fehlten ihm, sie fehlten ihm so sehr, ihr Lachen, Giulios kleine Arme, die sich ganz fest um ihn schlangen, Pippos große Augen, die ihn hinter einem kleinen Lächeln ernst musterten. Wie sollte er nur ohne sie leben? Was konnte wichtiger sein als sie?

Er war dabei, seine Kinder zu verlieren, nur das zählte, und auch wenn es ihm leidtat, natürlich, auch ihm tat dieses tote Mädchen leid, aber er hätte das Leben aller Kinder auf der Welt dafür gegeben, seine eigenen zurückzubekommen.

*

Und dann hat er immer mehr Lust bekommen. Das hatte er nicht gewusst, hätte er niemals erwartet. Niemals gedacht, dass einmal schon reichen würde, ein einziges Mal, um zum Sklaven seiner Obsession zu werden.

Die seidigen Haare, die weiche Haut, die großen Augen und winzigen Hände; wenn er nur daran denkt, bekommt er schon eine Gänsehaut, obwohl das schlechte Gewissen und die Scham noch an ihm nagen.

Es ist eine Krankheit. Er hat keine Schuld, keine Verantwortung, er wollte ja nicht, dass es passiert. Es ist stärker als er. Die Lust verschlingt ihn von innen, seit er den Fehler begangen und die Tür einen Spaltbreit geöffnet hat.

Früher war das anders. Er hat sich nie so gefühlt wie jetzt, hat immer gewusst, wie er das Problem lösen konnte, in den Grenzen der Normalität bleiben konnte. Fast in den Grenzen der Normalität.

Er hat das schon ewig und dachte, er könne diesen schwarzen, schändlichen Hunger beherrschen, der ihm in die Eingeweide fährt. Etwas, das er immer unter Kontrolle hatte, denn er ist nicht pädophil, ist es nie gewesen.

Er ist ganz normal, wie viele andere, mit Sehnsüchten und peinlichen Bedürfnissen, wie sie auch die anderen Männer haben und nur nicht zugeben. Wer mag denn nicht junges, frisches Fleisch? Wer will denn schon schlaffe, faltige Haut, Hängebrüste, Celluliteschenkel und Raucheratem? Er hat eben nur den Mut gehabt, es sich einzugestehen, das ist alles, und sich das zu nehmen, was er wollte, und jetzt sitzt er in der Tinte.

Die Begierde, die er nicht kontrollieren kann, die Lust, die an ihm nagt, der Hunger, der ihn auf der Straße nach Mädchen Ausschau halten lässt, in ihren Augen nach Zeichen suchen lässt, welche von ihnen ihm wohlgesonnen ist, ihm zulächelt.

*

Gilja hatte keine Angst vor der Nacht. Die Nacht war freundlich zu ihr und zu den kleinen und großen Zirkustieren, und den anderen, die frei im Unterholz lebten und nichts von Käfigen und Gitterstäben wussten, von regelmäßigen Fütterungen, von Heu, Wassereimern, Dompteuren und dem Zirkuszelt.

Lange Zeit hatte Gilja gedacht, dass die freien Tiere die unglücklicheren wären, die nicht das aufgeregte Gemurmel der Kinder und Erwachsenen erleben durften, den Duft von Zuckerwatte, die Hocker, die Manege, den Peitschenknall, das alberne Hin und Her der Clowns und den Applaus. Den Applaus, vor allem den Applaus! Wie konnten diese Tiere nur ohne Applaus leben?

Dann hatte sie verstanden, dass die anderen, die die ganze Zeit bis auf die wenigen Minuten ihres Auftritts in Käfigen lebten, deren Leben sich zwischen verschiedenen Umzügen, Parkplätzen, Vorstellungen und dann wieder einem neuen Ort abspielte, die unglücklicheren waren. Sie konnten nicht umherstreunen wie sie, nicht das nachtfeuchte Gras unter den nackten Sohlen spüren, nicht das Gesumm der Insekten im Wald hören, nicht den Wind auf den Wangen spüren und den frischen Harzgeruch riechen. So lief Gilja umher, wenn es auch für die Tiere schon dämmerte, und kehrte dann zu ihnen zurück, kuschelte sich zu der alten Kameldame oder den Affen und erzählte ihnen Geschichten, Geschichten von den anderen Tieren, die frei durch die Gegend streiften und auf die sie manchmal einen Blick erhaschte: Eichhörnchen, Dachse, Hasen und hin und wieder auch einen Fuchs.

An diesem Abend wurde sie von vielen gesehen, als sie am Straßenrand in Richtung Zirkuszelt schlenderte. Und auch Santomauro sah sie, nachdem er Gabrielli abgesetzt hatte, ihre schmächtige Gestalt, die kurz im Scheinwerferlicht auftauchte, auf einem Bein hüpfend und einen Strauß selbstgepflückter Blumen und Kräuter in der Hand. Einen Moment lang überlegte er, ob er anhalten und sie ansprechen sollte: »Mädchen, geh nach Hause, es ist schon spät, deine Mutter macht sich bestimmt Sorgen«, doch dann erkannte er den blonden Schopf und das verblichene Kleid und wusste, dass dieses Kind kein richtiges Zuhause hatte, und vielleicht auch keine Mutter, die auf es wartete.

Er hätte trotzdem anhalten und ihr anbieten können, sie mitzunehmen, er trug seine Uniform, und sie wäre sicher nicht erschrocken, doch er ließ es bleiben und fuhr in der anbrechenden Dunkelheit an ihr vorbei. Der Zirkus lag gleich hinter der nächsten Biegung, und er beobachtete sie noch einen Moment im Rückspiegel, bis sie verschwand.

Am nächsten Tag sollte er an diese Sekunden zurückdenken, in denen er seine Wahl getroffen hatte.

Nacht von Donnerstag auf Freitag – die vierte

*Die Wälder nachtschwarz, ein einziges Dunkel, ein einziges Rascheln,
Zweige peitschen dir ins Gesicht, Steine und Wurzeln legen sich in
deinen Weg. Das Gewicht auf den Schultern wiegt fast so schwer wie
die Last auf deinem Herzen, und du stolperst und fällst öfter, als du
zählen kannst, doch du stehst wieder auf, gehst weiter, denn dein Ziel
und die Ruhe und das Ende des Leidens sind nah. Du trägst eine
kostbare Last, sie ist dir Freude und Verzweiflung zugleich, also läufst
du und stürzt und rappelst dich auf, immer weiter, immer weiter, bis
die blutenden Füße dich endlich dahin bringen, wo du dein Gewicht
zur Ruhe legen kannst.*

*

Im Haus herrschte völlige Stille, durch das angelehnte Fenster
wehte eine nächtliche Brise, das Bett war frisch bezogen, und
so langsam gewöhnte er sich daran, dass er nicht mehr diese
schmerzliche Leere irgendwo in seinem Bauch spürte, wenn
sein Blick auf das unberührte Kopfkissen neben sich fiel. Irgendwie war es sogar angenehm, Beine und Arme ausstrecken
zu können ohne die Sorge, Cecilias empfindlichen Schlaf zu
stören.

Marco Folchi fühlte sich so ausgeglichen und im Frieden
mit sich selbst wie selten in letzter Zeit. Beste Voraussetzung
für eine erholsame Nacht, doch kaum hatte sein Körper den
Kontakt mit der Realität verloren, nahm der Alptraum vor seinen geschlossenen Augen Gestalt an. Das Kind, die kleine
Zina, leblos, wie er und Gabrielli sie gefunden hatten, ihr kleiner steifer Körper, der aufgelöste Zopf, die mitleiderregenden
nackten Beinchen, die unter dem Jeansrock hervorschauten.
Er bewegte sich wie in einem dichten Nebel und versuchte, zu

ihr zu gelangen, während der kleine, auf das Gras gebettete Leichnam in den rauchartigen, dichten Schwaden erschien und verschwand. Er hatte bleischwere Beine, jeder einzelne Schritt erforderte seine ganze Kraft, doch da, er war bei der kleinen Toten, und im selben Moment, als er neben ihr auf die Knie fiel, drehte sie ihren Kopf, das Kind lächelte ihn mit weißen Augen und blutendem Mund an, doch die Augen und der Mund und das Gesicht und alles andere waren nicht mehr die der kleinen Zigeunerin, sondern die von Chiaretta, seiner toten und für immer verlorenen Tochter.

Mit einem Schluchzen wachte er auf und saß zitternd im Bett, die Haut klebrig vor kaltem Schweiß. Ein Traum, nur ein böser Traum. Gern wäre er in die Küche gegangen, um sich einen Kamillentee zu kochen, sich mit der heißen und faden Brühe zu trösten, die durch die Kehle rann, doch er ließ es bleiben. Carolina würde aufwachen, Carolina, die immer mit einem Ohr an seiner Tür klebte, ihn nie aus den Augen ließ, jeden seiner Atemzüge verfolgte, jeden seiner Schritte. Er ertrug ihren besorgten Blick nicht, nein, nicht diese Nacht.

*

Cecilia Folchi stöhnt leise im Schlaf. Ein Alptraum weckt sie, und sie fährt hoch, ihr Herz hämmert. Zum Glück haben sie heute das Badlicht angelassen, sie sieht, dass sie nicht komplett blind ist, doch immer noch spürt sie die widerwärtigen Hände, die ihren Körper hinauffahren.

Doch sie kann sie nicht sehen.

*

Maria Pia Manfredi bewegt sich unruhig unter ihrer Decke, nur ein dünner Schleier trennt sie vom Bewusstsein, sie möchte aufwachen, kann aber nicht. Doch als sie sich im Bett umdreht, findet sie den starken Körper ihres Mannes, umarmt ihn und fällt in den Tiefschlaf zurück.

*

Lillo Lucarello wacht um vier Uhr auf, und da er nicht mehr müde ist, kniet er sich vor das Bett und beginnt zu beten. Er bedauert kurz, dass er keinen Rosenkranz bei sich hat, und nimmt sich vor, morgen Don Giovannino um einen zu bitten.

*

Auch Santomauro träumt, eingewickelt in die Bettlaken wie in eine Falle aus Stoff, der er nicht entfliehen kann.

*

Auch dieses Mädchen hat die Gefahr nicht bemerkt, bis es zu spät war, auch dieses Mädchen ist tief in den Wald gegangen, wo das Licht zur Dunkelheit wird, auch dieses Mädchen hat gebettelt und gehofft, es möge schnell vorbei sein, hat geweint und nach seiner Mama gerufen, und als wirklich alles vorbei war, hat auch dieses Mädchen nicht begriffen, dass rein gar nichts vorbei war.

Auch dieses Mädchen ist gestorben, ohne wirklich zu wissen, warum.

Vierter Tag, Freitag

Die Farben im September sind wirklich etwas anderes. Das dachte Santomauro jedes Jahr zum Ende des Sommers hin, seit er im Cilento lebte. Er wusste nicht, wie es sich anderswo verhielt, doch im Cilento war es so.

Im September bekam das Blau des Meeres etwas Melancholisches, etwas Sehnsuchtsvolles, das er in den anderen Monaten nicht wahrnahm. Und genauso der Himmel, das Grün der Natur, das Blassgold der Sonne zwischen den windbewegten Blättern eines Baumes, das Gelb des sonnenverbrannten Laubes, das Braun des duftenden Erdbodens. Verschiedene Farben, und allen haftete dieser fast unmerkliche Hauch der Endlichkeit an, den Santomauro in den Hochsommermonaten nicht verspürt hatte.

Der Juni war groß, ein Sonnenaufgang der Empfindungen, das Meer kalt und klar, der Himmel eisblau, Land und Bäume wie frisch getauft. Der Juli war Feuer, die Hitze brachte alles zum Sieden, auch das Blau der Meerestiefen, mit kobaltblauen und dunkelgrünen Schichten, die Frische und Wonne versprachen. Die Erde brannte, die Bäume beugten sich im stetig wehenden Wind.

Der August war anders. Der Maresciallo mochte ihn nicht, fand ihn entschieden überschätzt als besten Monat des Jahres, der in Wirklichkeit weniger warm und strahlend war als sein Vorgänger.

Der September hingegen war ein besonderer Monat, Zeit der Nostalgie, der Rückschau auf die nicht getanen Dinge, die Süße der noch nicht ausgekosteten, fast unversehrten Möglichkeiten, die sich allmählich aufzulösen begannen. Der Monat der Verheißungen für das kommende Jahr, den neuen Jahresbeginn, Ende und Anfang zugleich.

Santomauro liebte das Meer Ende September, das warme, reglose Wasser am frühen Morgen, fast hell in seinen Tiefen, dann von einer leichten Brise bewegt, die sich gegen Mittag in einen steifen Wind verwandelte, mit einer Strömung, die denjenigen, der nicht aufpasste, bis nach Casale Marino oder manchmal sogar weiter treiben konnte.

Im September stand er gerne früh auf und schwamm, wenn möglich, bis zur Landzunge oder auch nur bis zu den Anlegern von Sigmalea und Krishnamurti. Er holte kräftig mit den Armen aus, ging bis an seine Grenzen, auf dem Rückweg ließ er sich dafür auf dem Wasser treiben, bis ihm kalt wurde. Zum Schluss ließ er sich kurz auf dem kleinen Kiesstrand nieder, den man von seiner bescheidenen, aber mit einem wunderbaren Meerblick ausgestatteten Terrasse aus über eine Treppe und einen kleinen Pfad erreichte, ehe er nach einer Dusche in die Kaserne hinauffuhr.

Es war nicht gerade bequem, so weit von der Carabinieriwache entfernt zu wohnen, doch da die Einsamkeit für ihn ein Lebenselixier darstellte, waren ihm die fünfzehn bis zwanzig Minuten Autofahrt täglich die Sache wert.

Auch heute absolvierte er sein Morgenprogramm und parkte seinen Wagen um halb acht vor der Kaserne, äußerlich frisch, sauber und ausgeruht, doch innerlich das komplette Gegenteil. Ein nebulöser Traum hatte ihm den Nachtschlaf vergällt, und die vage Erinnerung daran lag ihm schwer auf dem Magen und als fieser Geschmack auf der Zunge.

Das Gesicht der kleinen Zina, nicht wie sie unter der Kastanie gelegen hatte, sondern lebendig, im Schlaf lächelnd. Dann wachte das Mädchen auf, in ihrem Blick der blanke Horror, und hinter ihr erahnte Santomauro etwas, eine Hand, vielleicht einen Arm oder nur die Äste eines Baumes, etwas Dunkles, das nach ihr griff und sie mit sich nahm. Sie streckte hilfesuchend die Hände aus, vielleicht anklagend, und ihr Gesicht verwandelte sich in das der barfüßigen, blonden Zigeunerin, die am Rand der Straße entlanghüpfte.

Zweimal war er in dieser Nacht aufgewacht, zweimal war das

Bild zurückgekehrt, und bei Morgengrauen war er unausgeschlafen, gereizt und deprimiert. Das morgendliche Schwimmen hatte einen Teil der Anspannung von ihm genommen, doch als er jetzt Manfredis düsteren Blick sah, spürte er das ganze Gewicht des Traums auf ihn zurückfallen.

»Was gibt's, Totò? Ist was passiert?«

»Es ist noch eine verschwunden. Ich habe versucht, dich anzurufen, aber dein Handy war ausgestellt.«

»Ich habe vergessen, es aufzuladen«, rechtfertigte er sich mechanisch, dann trafen ihn die Worte wie ein Schlag: »Noch ein Kind verschwunden?«

»Wieder ein Mädchen aus dem Zirkus. Mustafa Parsi und zwei seiner Männer sitzen drüben bei mir.«

*

»Noch eine? Also da frage ich mich aber doch, ob die denn keine Mütter haben, die auf sie aufpassen, diese kleinen Zigeunerinnen? Den Espresso mit wenig Zucker, bitte.«

»Ist das alles, was dir dazu einfällt? Du bist herzlos. Nimm noch mehr Zucker, dann wirst du weniger bitter.«

»Ich sage ja nur, was ich denke. Solche Sachen hat es hier nicht gegeben, bevor die ihre Zelte aufgeschlagen haben.«

»Bist du dir sicher, dass es solche Widerwärtigkeiten hier nicht gibt? Vielleicht gibt es sie, und wir bekommen es nur nicht mit …«

»Ein Kind nehmen und diese Schweinereien mit ihm anstellen und es dann umbringen? Bist du verrückt? Das gibt es doch nur bei Zigeunern, also wirklich, und bei diesen Illegalen und so, aber nicht bei anständigen Leuten!«

»Du willst anständig sein und hast nicht einmal ein Wort des Mitleids für diese armen Dinger?«

»Mitleid ist für die Lebenden. Den Toten bringt es eh nichts mehr. Gib mir bitte ein bisschen Milch in den Kaffee.«

*

Zwischen zwei Patientenbesuchen gönnte sich Don Carmelo hin und wieder einen langen Zug an seiner kubanischen Zigarre. Den kleinen Humidor hütete er wie seinen Augapfel in der obersten, abschließbaren Schreibtischschublade, gut abgeschirmt vor Toninos vorwurfsvollen Blicken, der das für äußerst schädlich hielt und sich auch nicht scheute, ihn daran zu erinnern. Seine Tochter hingegen behauptete, den Geruch selbst zwei Zimmer weiter noch zu riechen, und beschwerte sich, dass ihr davon schlecht würde. Doch Evelina wurde von allem schlecht, daher kümmerte Don Carmelo dies wenig. Preziosa wiederum mochte den Zigarrenduft und sog ihn gierig ein, sie war eben eine echte Morace.

Nicht wie dieser Nichtsnutz Genny. Der Junge war eine stete Enttäuschung für ihn! Don Carmelo betrachtete die ungeöffnete Zigarre zwischen seinen Fingern, dann bettete er sie in die Schublade zurück. Allein beim Gedanken an Genny verging ihm die Lust zu rauchen. So viele Hoffnungen, so viele Pläne, für nichts. Der Taufname seines Vaters, Don Gennaro Morace, an den sich jedermann hier in der Gegend mit Respekt und Bewunderung erinnerte, seines Vaters Namen verschleudert an diesen Faulpelz, der von klein auf zum Scheitern verurteilt war. Nicht dass seine Tochter ihm Bitterkeit und Enttäuschungen erspart hätte, auch schon lange vor ihrer unseligen Hochzeit. Doch etwas Gutes hatte sie immerhin zustande gebracht, etwas wirklich Gutes …

Die Tür sprang auf, und Preziosa kam wie ein Wirbelwind ins Zimmer geweht, wunderhübsch in ihrem samtenen Trägerkleid mit Blumen. Er lächelte und griff wieder nach der Schublade.

»Ein Glück, dass es sie gibt«, dachte er, »meine Zukunft.« Und dann wiederholte er fast überrascht bei sich: »Dieses Kind ist meine Zukunft. Am Ende habe ich doch noch Glück gehabt, zwei Nichtsnutze, und dann sie.«

*

Die Feigen aus Nachbars Garten schmecken hundertmal besser als die vom eigenen Baum. Carolina erinnerte sich noch gut daran, wie ihr Vater ihr diese ewige Weisheit veranschaulicht hatte. Sie war sechs oder sieben Jahre alt, mit Zöpfen und Zahnlücke, und Papa hatte sie sich auf die Schultern gesetzt, damit sie an die saftigen Früchte eines Nachbarn heranreichte, der nicht einmal besonders nett war.

Sie war nervös: Trotz ihres Alters wusste sie, dass sie etwas Verbotenes taten, spürte aber zugleich die freudige Erregung des Vaters und fühlte sich ein bisschen wie ein Pirat aus den Geschichten, die er ihr abends vor dem Schlafengehen vorlas. Andererseits war ihre Mutter immer sehr streng in dem, was erlaubt war und was nicht, deshalb fragte sie den Vater, die Hände gefüllt mit klebrigen Feigen, warum sie denn die von Compare Scaciedda nahmen, wenn doch ihr eigener Garten beim Haus voller Feigenbäume stand.

Er hatte geantwortet, die Feigen aus Nachbars Garten schmeckten hundertmal besser als die eigenen. Damals hatte Carolina das nicht verstanden und eingewandt, dass diese hier etwas mickriger aussahen und manche sogar von Vögeln angepickt waren.

Zu Hause dann hatte sie die Probe gemacht: Vor sich einen Teller mit eigenen Feigen und einen mit denen von Compare Scaciedda, hatte sie ganz unvoreingenommen davon gekostet und festgestellt, dass Papa recht hatte. Wie immer im Übrigen. Viele Jahre später hatte dieser Fakt weiterhin Bestand, und in regelmäßigen Abständen bediente sie sich, wenn möglich, bei den Feigen der Nachbarn.

An diesem Tag hatte sie ein Körbchen mitgebracht und stand unter einem großen Baum, der seinen Schatten und seine hellgrünen Früchte auf einen kleinen Hügel unweit der Straße warf. Sie wusste nicht, wem der Baum und damit die Feigen gehörten, sie wusste nur, dass er sehr weit von ihrem eigenen Grundstück entfernt stand, also müssten die Feigen hier, der Logik folgend, ganz wunderbar schmecken.

Der Korb war fast voll, doch sie zögerte noch. Eigentlich

verbargen Feigenbäume typischerweise ihre Früchte sorgsam unter dem Blattwerk, es war quasi wissenschaftlich bewiesen, dass die Pflanze neue ausbildete, sobald jemand die Zweige aberntete. Anders konnte Carolina es sich nicht erklären, dass sie plötzlich eine saftige, reife Feige genau dort fand, wo vor wenigen Minuten garantiert keine mehr zu finden waren. Jedenfalls war der Korb nun gefüllt, und die Sonne wurde schon warm, sie spürte, wie sie auf die breiten, frischen Blätter stach, die ihr Schatten spendeten, es war Zeit, von hier zu verschwinden.

Noch eine Feige, eine besonders große, mit einer Schale, die aussah, als würde sie gleich aufplatzen. Sie streckte die Hand aus, konnte schon fast danach greifen, als ganz in der Nähe plötzlich Gekreisch und Gezeter ausbrach. Über allem das gequälte Heulen einer Frau, die ihren Schmerz in den Himmel schrie. Dann gedämpfte Männerstimmen, undeutliche Geräusche. Luftlinie war es ganz nah, etwas unterhalb von ihrem Standort und etwas weiter zum Hügel hin.

Carolina wusste mit absoluter Klarheit, dass die Leiche der anderen verschwundenen Zigeunerin gefunden worden war.

*

»Sie haben sie wohl schon gefunden.«

»Tot?«

»Ja, tot, das arme Ding, genau wie die andere.«

»Was für ein Alarm! Martinshörner, Carabinieri, hier geht ja alles drunter und drüber.«

»Halt den Mund! Pater, sprechen Sie eine Messe für diese armen kleinen Mädchen? Ich bezahle sie auch.«

»Ist gut, aber niemand muss bezahlen. Das mache ich gerne.«

»Entschuldigt, Don Giovannino, wisst Ihr denn überhaupt, ob diese Zigeunerinnen Christinnen waren? Woher wollt Ihr das wissen, hm? Am Ende bringt ihnen die Messe gar nichts, wenn sie nicht getauft sind.«

»Willst du endlich den Mund halten? Ich schäme mich, deine Schwester zu sein!«

»Und im Übrigen, meine Tochter, hört der liebe Gott die Gebete all seiner Kinder, egal ob getauft oder nicht.«

»Ihr seid zu gütig, Don Giovannino, ich würde diesen Ungläubigen sagen, sie sollen sich verziehen und ihre Schweinereien bei sich zu Hause machen, das würde ich ihnen sagen!«

*

Santomauro hatte Suchmannschaften losgeschickt, aber nicht verhindern können, dass die ganze Zirkustruppe sich an der Suche beteiligte. Trotzdem war nicht das gefürchtete unwürdige Jagdspektakel dabei herausgekommen, sondern eine stille Suche, wenngleich drängend und trostlos, und leider war unter den Leuten, die den kleinen Leichnam schließlich in einem Gebüsch nahe der Straße fanden – im Gegensatz zum vorigen Fall nun auf der anderen Seite der Fahrbahn –, auch die Mutter des Mädchens.

Als die völlig aufgelöste Frau im Krankenwagen weggebracht wurde, spürte Santomauro erneut seine komplette Machtlosigkeit und Unzulänglichkeit. Das hätte nicht passieren dürfen, nicht noch einmal, und es wäre nicht passiert, wenn er nur seine Arbeit richtig getan hätte.

Manfredi neben ihm fasste seine Gedanken in Worte: »Ich weiß, was du denkst, Simone, aber es ist nicht unsere Schuld. Wir haben nichts, wo wir ansetzen können, die Sache mit der kleinen Zina ist erst vier Tage her, und nun schon wieder so was. Wir tun wirklich alles, was wir können, das weißt du.«

Es stimmte, sie hatten in der gesamten Region alle Personen mit Vorstrafen überprüft, dazu gut ein Dutzend Männer befragt, deren Vergangenheit irgendeine ungute Verbindung mit Kindern aufwies, hatten aber alle wieder gehen lassen müssen, weil sie ein Alibi vorweisen konnten.

Nun fingen sie also wieder von vorne an, denn es war klar, dass die Hand des Mörders dieselbe war. Das neue Opfer war nur wenig jünger als Zina, sah im Tod aber einfach winzig aus, ihre zerrauften Kleider, die aufgelösten Haaren, die ihr teils über das Gesicht hingen, ohne die angstvoll geweiteten Augen und den zu einem letzten stummen Schrei geöffneten Mund zu verbergen. Die Striemen an ihrem Hals und ein großer, erd- und blutverkrusteter Stein erzählten die ganze Geschichte.

Solange die Leiche der Kleinen noch nicht gefunden war, hatte Santomauro sich stets das hellhaarige Mädchen mit den Segelohren vorgestellt, das er am Vorabend am Straßenrand hinter sich gelassen hatte. Bei ihrem Bild spürte er einen Mühlstein auf seiner Brust, der ihn zu ersticken drohte, ihm den Atem nahm und seine Beine schwach und kraftlos machte. Wie in aller Welt hatte er übersehen können, dass die Kleine wie alle Zirkuskinder die ideale Zielscheibe war für jemanden wie den, den sie suchten?

Als er sich den Leuten zugesellte, die die Leiche teils kniend, teils aufrecht umgaben, wusste der Maresciallo, dass er dieses Schuldgefühl nie mehr loswerden würde, und als er dann das verzerrte, halb unter den wirren schwarzen Haaren versteckte Gesichtchen sah, verspürte er einen winzigen Moment lang das Gefühl einer brutalen, irrationalen Erleichterung. Sie war es nicht.

Sie war es nicht, sondern ein anderes, etwa gleichaltriges Mädchen, ärmlich gekleidet, aber mit Schuhen an den Füßen und mit einer Mutter, die sie liebte und die gerade mit wirkungslosen Beruhigungsmitteln versorgt wurde.

Santomauro brauchte de Collis' Erklärungen nicht, blieb aber dabei stehen, als der Arzt eine erste, oberflächliche Untersuchung vornahm, dann entfernten sich beide ein paar Schritte von dem Gebüsch, wo sie gefunden worden war. Sie sprachen unwillkürlich mit leiser Stimme, obwohl niemand da war, den sie hätten stören können.

»Es ist wie bei der anderen, stimmt's?«

»Ganz sicher, aber ich werde sie noch heute obduzieren und Ihnen später Genaueres sagen. Kommen Sie heute Abend im Krankenhaus vorbei, und ich berichte Ihnen, was ich weiß. Wenn Sie inzwischen veranlassen könnten, dass das … dass die Kleine abtransportiert wird, dann bereite ich schon mal die Autopsie vor.«

Mit einem brüsken Kopfnicken entfernte er sich, doch der Maresciallo wusste, dass de Collis tief erschüttert war und dass er Maria Cencu mit der gleichen respektvollen Sorgfalt behandeln würde, die er bei Zina Razini hatte walten lassen. Normalerweise bezeichnete er die Leichname, an denen er seinen Beruf als Pathologe ausübte, als »Material«, was Santomauro geradezu obszön fand, doch dieses Mal hatte er sich das Wort verkniffen.

De Collis war ihm ein Rätsel. Die Honorare für seine Privatsprechstunden waren stets himmelschreiend, dafür hatte er quasi als symbolischen Ausgleich beschlossen, als Rechtsmediziner in der Gegend zu fungieren. Sobald er gerufen wurde, eilte er prompt herbei, selbst wenn er sich gerade in der Stadt aufhielt, stets mit der arroganten Miene dessen, der eigentlich Besseres zu tun hatte, doch er kam und leistete einwandfreie Arbeit. Welche bösen Geister er in seinem Innern verbarg, wollte Santomauro lieber gar nicht wissen, im Verlauf der Ermittlungen ein Jahr zuvor hatte er einen kurzen, völlig ausreichenden Blick darauf erhaschen können. Im Grunde war de Collis ein Zerrspiegel, in dem der Maresciallo immer fürchtete sich selbst einmal zu erblicken, und manchmal sorgte er sich insgeheim, sich diesem liebsten Feind gegenüber am Ende eine widerstrebende Sympathie eingestehen zu müssen.

Er sah dem Arzt hinterher, der alle anderen um gut einen Kopf überragte außer Feuerschlucker, der sich bisher respektvoll auf Abstand gehalten hatte und nun auf ihn zukam. Santomauro seufzte, er wusste nicht, was er diesem Mann und seinen Leuten sagen sollte, die es zum zweiten Mal so hart getroffen hatte.

Er musste sich nicht den Kopf zerbrechen: Die Gaukler sahen ihn schweigend an, der Zirkusdirektor ging mit einer Frage zu de Collis, der, ohne innezuhalten, knapp nickte. Feuerschlucker blieb stehen, blickte kurz in Santomauros Richtung, dann drehte er sich zu seinen Leuten um, und eine undefinierbare Spannung hing einen Moment zwischen ihnen. Santomauro konnte sein Gesicht nicht sehen, empfand die Anspannung aber fast körperlich, dann ließ Feuerschlucker die Schultern sinken und ging fort. Leise redend entfernte sich die Gruppe, während er sich fragte, was er da eben erlebt hatte.

*

»Maresciallo Santomauro? Hier spricht Staatsanwalt Gaudioso. Geht es Ihnen gut? Hier alles so weit in Ordnung, meine Schwiegermutter liegt im Sterben, Sie werden verstehen, dass ich mich nicht näher mit dieser unschönen Episode befassen kann ... Wie, welche Episode? Maresciallo, der Mord an diesem Mädchen, die kleine Zigeunerin vom Zirkus ... Ach, noch eine? Und warum weiß ich nichts davon? ... Ach, wirklich? Ein Fax heute Morgen? Wissen Sie, bei all den Berichten, die ich auf den Tisch bekomme, all die Fälle, um die ich mich kümmern muss ... Dazu noch meine Schwiegermutter, der es wirklich schlechtgeht, wir erwarten jeden Augenblick ihr ... Wie? Nein, zweiundsechzig, aber sie ist wirklich schlecht beieinander ... Danke, danke, hoffen wir auf eine schnelle Lösung. Und was Sie betrifft, lieber Santomauro, lösen Sie schleunigst den Fall, nehmen Sie den Mörder fest, schicken Sie diesen Zirkus fort, der scheint ja nur Unglück zu bringen, und sorgen Sie dafür, dass die ganze Geschichte nicht in den landesweiten Zeitungen auftaucht. Wie ... Na, Sie machen das schon, das klingt nun auch nicht nach etwas, das groß Staub aufwirbeln würde ... Diese Ausländer gibt es doch in Hülle und Fülle, einer mehr, einer weniger ... Santomauro? Ich glaube, da ist eine Störung in der Leitung, ich habe da gerade was Komisches gehörte, als hätte jemand ... Santomauro? Santomauro?«

*

Im Dorf war der Schrecken greifbar. Die Angst hatte Einzug gehalten in alle anständigen Häuser, die der Ansässigen und die der Feriengäste. Kein Kind war mehr allein auf der Straße, und das an einem milden Septemberabend, an dem die Kinder in Pioppica normalerweise frei wie die Eidechsen zwischen Strand und Piazzetta herumstreunten, unter den nachlässigen Blicken ihrer entspannten Eltern. Normalerweise wäre ein ganzes Rudel im Alter zwischen drei und zehn Jahren – danach begannen sie, derlei Kinderspiele zu verachten – ausgeschwärmt, hätte immer neue Spiele erfunden, wie sämtliche Kindergenerationen es liebten.

Sie wären frei gewesen mit nur zwei Auflagen, nicht auf die Straße zu laufen, wo die selten vorbeifahrenden Autos ihr Leben gefährden konnten, und sich nicht auf der dunklen Seite der Promenade in die Büsche zu schlagen, wo allzu leidenschaftliche Pärchen ihre Unschuld gefährdeten. Mehr Gefahren gab es in Pioppica nicht, ob abends oder morgens, sommers wie winters.

Aber jetzt? Wenige versprengte Kinder, am Gängelband ihrer Eltern, die plötzlich sogar am Hinterkopf Augen hatten, Hände, die sich eisern um die kleinen Handgelenke der Rebellen schlossen, zornig zu Boden gewandte Gesichter, ins Ohr geflüsterte Eisversprechen, »aber nur, wenn du brav bei mir bleibst, gleich gehen wir nach Hause«.

Ein trauriger Anblick! Santomauro fühlte sich schuldig, wenn er nur besser seinen Job machen würde, die Zusammenhänge schneller durchschauen würde, vielleicht wären diese Kinder dann nicht in den Angstklauen ihrer Eltern gefangen. Und nicht zu Unrecht, denn auch er konnte nicht abwiegeln, konnte niemandem beruhigend sagen: Entspann dich, in dein Nest wird die Bestie sich nicht vorwagen.

*

Minuccio ging selten ins Dorf hinunter. Er mochte die Leute nicht, die vielen Gesichter, die ihn komisch anguckten oder, schlimmer noch, so taten, als gäbe es ihn gar nicht. Er war schmutzig und in Lumpen gekleidet, das wusste er, und er konnte nicht gut reden, aber auf dem Land bei Mamma Signora oder in den Wäldern bei Gina merkte das niemand. Wenn er aber ins Dorf ging, fühlte er sich fast wie ein wildes Tier. Er strich an den Mauern entlang, ging den Leuten aus dem Weg, selbst die Hunde bellten hinter ihm her, vielleicht witterten sie den Wildgeruch, der ihm anhaftete, an seinen Haaren klebte, unter seinen Nägeln, die immer schwarz waren, egal, wie gut er sie wusch, und an den löchrigen Kleidern, die er trug. Nur eben wegen der Kleider musste er den Wald manchmal verlassen: In der Kirche bekam er saubere Sachen, gebraucht, aber in Ordnung, und der alte Priester war immer freundlich zu ihm.

An diesem Abend war ein neuer Priester da, jung, ebenfalls nett, wenngleich so groß und dunkel, dass er ihm fast Angst einjagte. Doch er hatte gütige Augen und behandelte ihn freundlich. Als er aber die dunklen Flecken an seinen Handgelenken sah, verzog sich sein Gesicht zu einer Fratze, so dass Minuccio am liebsten weggerannt wäre, auch wenn er wusste, dass nicht er, sondern Mamma Signora daran schuld war. Er bekam warme Pullover, Hosen und Socken, er wurde geradezu überhäuft, bis er zu verstehen gab, dass es zu viel sei. Ein Bündel mit seinen schmutzigen Sachen ließ er im Pfarrhaus zurück, unter einem Stuhl versteckt, weil er sich schämte. Dann sagte ihm der junge Priester, er wolle ihm Geld für etwas zu essen geben, dann überlegte er kurz, bat ihn zu warten und kehrte kurz darauf mit einem riesigen, mit Unmengen von Mortadella belegten Brotfladen zurück, wie Minuccio es noch nie im Leben gesehen hatte. Das Brot war frisch, und ihm war es nur recht, denn in die Einkaufsläden würden sie ihn sowieso nicht reinlassen aus Angst, dass er klaute, und das war dem Priester scheinbar auch klar, doch wer hatte ihm gesagt, dass er klaute?

Der Priester ging mit ihm durch das Dorf und legte ihm im Gehen eine Hand auf die Schulter, was Minuccio ein wenig lästig und irgendwie auch komisch fand, denn schon lange hatte ihn niemand mehr berührt, außer um ihn zu schlagen. Nur Gina tat das sonst, aber sie war nicht mehr da.

Dabei war das mit der Hand eigentlich gut, denn die Leute auf der Straße sahen ihn und zeigten mit den Fingern auf ihn, und sie starrten ihn an und tuschelten miteinander, und das gefiel ihm gar nicht, er hörte die zornigen Stimmen und senkte den Kopf und ging schneller, und da fand er die Hand des

Priesters auf seiner Schulter irgendwie tröstlich, wie die Hand eines Vaters. Der Priester machte ein düsteres Gesicht und sah sehr zornig aus, aber Minuccio hatte keine Angst, weil er begriffen hatte, dass sein Zorn sich gegen die richtete, die sich über ihn aufregten.

Außerhalb des Dorfes lag die Straße, die zu Mamma Signoras Haus führte, und der Priester blieb stehen und sah zu, wie er sie hinaufging. Mehrmals drehte er sich noch um, und der Priester stand immer noch da und wachte über ihn wie ein Schutzengel.

*

Pietro Gnarra fuhr nach dem Mittagessen ins Dorf hinunter, um das Terrain zu sondieren und auf seine übliche Weise das Gerede der Leute zu sammeln, auszusieben und zu ordnen. Er spazierte die Hauptstraße und die Gassen hinauf, stieg Treppen und Zufahrten hinab, schlenderte wie zufällig über die Promenade bis dorthin, wo sie in den Kiesstrand überging mit Steinen, die die Flut angeschwemmt hatte.

Niemand wusste etwas, aber alle wollten mächtig reden. Es gab keine Neuankömmlinge, immerhin war es bald Ende September, die Ferien nur noch eine ferne Erinnerung, die Ansässigen waren da und dazu jene, die hier ihre Ferienhäuser hatten und übers Wochenende kamen, plus ein paar Glückliche, die nicht unbedingt im August Urlaub machen mussten, schließlich die Zirkusleute, sonst niemand.

Man hatte auf einen Zugereisten gehofft, den verrückten Sohn der Witwe Zampanelli zum Beispiel, der gerade aus Venezuela kam, aber nein, er war und blieb in Venezuela. Oder den eigenartigen Bruder von Ciccio Mmunnezza, aber er war irgendwo in einer Klinik im Norden und im Dorf nicht gesehen worden. Oder den Schwager von Gilda Pilerci, der einmal fast seine Frau mit wildem Sex umgebracht hätte, nichts, auch von ihm keine Spur, und für den Fall, dass er zurückkehrte, schwor Gilda heilige Eide, ihn eigenhändig zu erwürgen. Was Pietro, der Gilda recht intim kannte, ihr sofort abnahm.

In den Häusern von Pioppica, die sich dort ans Ufer drängten, verbarg sich also kein Verdächtiger, sonst hätte das Gerede
der Leute es ihm zugetragen, da war er sich mehr als sicher.
Mit den Händen in den Taschen und lustlos ein Steinchen vor
sich herkickend, wanderte er ins Dorf zurück. Zum ersten Mal
konnte er rein gar nichts aus seinen Leuten herausholen. Nur
in einem schienen sich alle einig zu sein: Die Bestie war mit
dem Zirkus gekommen und würde mit dem Zirkus auch wieder verschwinden.

Gnarra hätte sich gewünscht, dass es so einfach wäre, doch
im Grunde seines Herzens wusste er, dass das Tier, das sie
suchten, hier seine Höhle hatte, irgendwo zwischen den Häusern, deren Lichter in der Dämmerung eines nach dem anderen angingen. Das Dorf sah aus wie eine Weihnachtskrippe,
ein verzauberter Ort, wo die Zeit stehengeblieben war und im
Dunkeln nichts Böses lauerte.

Er drehte sich um. Hinter sich sah er die Finsternis vom Meer
aufsteigen, und einen Moment lang fühlte er die Kälte, eine
Kälte in den Knochen, die ihn erschauern ließ.

Gnarra hatte nicht viel Phantasie: Er zuckte mit den Schultern, versetzte einem reglosen Stein einen Tritt, zog die Schultern hoch und ging schnellen Schrittes zu der kleinen Treppe,
die zur Promenade hinaufführte. Der Geruch nach Nudeln
und Platterbsen lag in der Luft. Pioppica schien kein Geheimnis zu verschleiern, und dennoch sprang er eilig die Stufen
hinauf und erreichte in dem Moment die Straße, als die ersten
Laternen angingen.

Vor ihm trat Genny Morace aus dem Schatten und entfernte
sich schnell unter schiefem Pfeifen, die Hände in den Taschen.
Eine andere Gestalt blieb verborgen zwischen Baum und Haus
stehen, vielleicht war es aber auch nur der merkwürdige Effekt
der Straßenlaternen.

*

»Wo gehst du hin, Simone? Kommst du heute zum Abendessen? Es gibt Pasta mit Platterbsen. Komm, ich will nicht, dass du den Abend allein verbringst.«

Maria Pias Nudeln mit Platterbsen waren legendär, und Santomauro war versucht nachzugeben, doch er hatte einen Anruf von Mustafa Parsi erhalten, der ihn bat – »ohne jede Eile, Maresciallo, wenn Sie gerade in der Gegend sind, ich müsste Ihnen eben nur etwas sehr Vertrauliches sagen« –, im Laufe des Abends noch bei ihm vorbeizuschauen. Deswegen waren Hülsenfrüchte nicht seine erste Priorität. Außerdem musste er noch bei de Collis vorbei, was seinen Appetit auch nicht gerade steigerte.

»Wenn du kurz wartest, gebe ich dir etwas mit, und zu Hause kochst du dir Nudeln und mischst es zusammen, das ist zwar nicht dasselbe, aber …«

Nein, es war nicht dasselbe, denn um die Essenstafel im Hause Manfredi säßen auch die quirligen Kinder, es wurde gelärmt und gelacht, und vielleicht wäre auch Pietro Gnarra da, ein Gläschen Wein in Gesellschaft, und dies war einer der seltenen Abende, an denen der Maresciallo Gesellschaft gebrauchen konnte.

Es war nicht dasselbe, und trotzdem nahm er lächelnd die Plastikschale mit dem noch dampfenden Gemüse in Empfang, küsste Maria Pia auf die Wange und trat in die Nacht hinaus.

*

»Haben Sie Maresciallo Santomauro gesehen?«

»Er ist gerade gegangen, Brigadiere, rufen Sie ihn doch auf dem Handy an.«

Ja, klar! Simones Mobiltelefon war in der Regel abgeschaltet, oder der Akku war leer. Also musste Manfredi warten. Er hatte eine wichtige Neuigkeit, eine sehr wichtige, die er ihm mitteilen wollte, doch nun musste er sich in Geduld üben, bis sein Chef nach Hause kam. Vielleicht hatten sie einen Verdächtigen. Vielleicht hatten sie den Widerling, der zukünftig keine kleinen wehrlosen Kinder mehr quälen würde. Vielleicht würden sie ihn noch heute Nacht holen, ihn mit Prügeln bearbeiten, bis er die Morde gestand, vielleicht …

»Totò, was machst du denn für ein seliges Gesicht, woran denkst du? Komm nach Hause, gleich gibt's Essen, Pietro sitzt schon.«

Manfredi stellte schleunigst seine Füße auf den Boden, die er auf den Schreibtisch gelegt hatte. Zum Glück konnte Maria Pia noch keine Gedanken lesen. Andererseits, was war schon dabei. Klar, Demokratie, Unschuldsvermutung, das Recht des Beschuldigten auf einen Anwalt, aber was war schon dabei, seiner Phantasie freien Lauf zu lassen? Er würde mit Pietro darüber sprechen, nach dem Essen, bei einem Gläschen Nocillo und ein paar getrockneten Feigen.

*

Er hatte sich irgendwie verrechnet, wahrscheinlich hätte es für die gemeinsame Pasta doch noch gereicht. Die Zirkusvorstellung war noch im Gange, Feuerschlucker stand in voller Montur in der Manege, und Santomauro stellte sich auf längeres Warten ein. Er kaufte sich eine Packung Erdnüsse und setzte sich in die zweite Reihe, wo wunderbarerweise noch ein Eckchen frei war.

Ansonsten war das Zirkuszelt bis auf den letzten Platz gefüllt, es gab in der Umgebung offenbar genug Leute, denen der Sinn nach Blut und makabren Details stand. Dem Maresciallo wurde klar, dass die Show auch in dem zweiten Mordfall weitergehen musste und die Gaukler essen mussten, doch zugleich kam ihm alles allzu absurd und traurig vor.

Zwei erschöpft wirkende Geparden verließen gerade die Bühne durch einen Käfigtunnel, und auf einem Podest im Zentrum der Manege balancierte ein junger Artist auf einer glitzernden Rolle, dann auf zweien, dreien, dann fügte er nach und nach Bretter, weitere kleinere Rollen, sogar einen Basketball hinzu und baute eine äußerst instabile Pyramide, auf der er locker lächelnd tänzelte. Der Maresciallo hatte den Eindruck, der Artist lächle nur für ihn, was ihm komisch vorkam, dann sah er ganz in der Nähe Genny Morace mit verschränkten Armen an einem Stützpfeiler lehnen. Auch er lächelte, und in Santomauros Hirn rückten ein paar Puzzleteile an den richtigen Ort.

Die Musik aus dem Film »Die Stunde des Siegers« verkündete eine neue Nummer, drei zerlumpte Clowns auf einem Motorroller lenkten die Aufmerksamkeit der Zuschauer auf sich, während der Artist mit zwei Helfern die Bühne räumte. Der Käfig wurde in wenigen Sekunden abgebaut, die rote Gummimatte mit dem großen gelben, fünfeckigen Stern in der Mitte sorgfältig zusammengerollt und weggetragen. In der Mitte der Arena war nun kurzes Gras. Auftritt Ponys.

»Die Ponys!« Ein Kinderraunen ging durch das Zelt. Zwei Füchse und zwei Schecken, plump, groß und mit irren Augen. Zwei Ponys auf der Schaukel, peinlich. Selbst Feuerschlucker in seinem Dompteuranzug mit roter Jacke und goldenen Knebelverschlüssen sowie knallender Peitsche schienen sie irgendwie leidzutun.

Danach kam der Elefant, der mit seinem Rüssel an den Damen der vorderen Reihen schnoberte und in ihre Handtaschen zu greifen versuchte. Auf ihm ritt ein Clown mit schwarz-weiß geschminktem Gesicht, vielleicht Jan Parsi, aber Santomauro war sich nicht sicher. Die Damen pressten ihre Täschchen an die Brust und kreischten, vielleicht auch wegen des Gestanks, der von dem verspielten Tierchen ausging, das anschließend noch ergeben einige mitleiderregende Kunststückchen vorführen musste – kniend, liegend und auf den Hinterbeinen stehend. Von nahem sah man seine grindige und staubige Haut von der Farbe getrockneten Schlamms, und das Auge, in das der Maresciallo blickte, war alt und müde.

Er wollte schon aufstehen und in die frische, saubere Nachtluft treten, als drei schwarze Pferde hereingepprescht kamen. Auf dem ersten stand das blonde Mädchen, dem Santomauro überall begegnete. Sie lächelte selbstsicher in ihrem smaragdgrünen Strasskostüm, doch er betrachtete sie angespannt, bis sie sich endlich nach einer Runde mit dem Knie auf der Mähne des keuchenden Pferdes abstützte.

Die ohrenbetäubende Musik wurde noch ein wenig lauter, und durch den Vorhang kam ein Kind hereingelaufen. Sehr klein, ob Junge oder Mädchen, war nicht zu erkennen bei den schwarzen langen Locken und dem himmelblau-rosa gemusterten Strampler am Leib, rannte es hinter den Pferdehufen her. Der Maresciallo sprang auf, doch schneller noch war die dicke, lockenköpfige Kartenverkäuferin in spacken Jeans und ebensolchem Trägerhemd. Obwohl sie blaue Strasssandalen mit hohen Absätzen trug, packte sie erstaunlich behände das Kind, gab ihm eins auf den Hintern, steckte ihm den Schnuller in den Mund und trug es weg, nicht ohne sich schnell vor den Zuschauern verbeugt zu haben. Das Publikum applaudierte.

Anschließend herrschte um das Kassenhäuschen herum Stille, wo der kleine Ausreißer in den schützenden Armen seiner Mutter eingeschlafen war, ebenso auf dem von den Zirkuswagen umgrenzten Platz in einiger Entfernung zu den Tiergehegen. Die Nacht duftete, war Balsam in seiner Nase nach der erstickenden Wärme im Zelt, dem Geruch nach Zuckerwatte, Schweiß, Atem und wilden Ausdünstungen der zusammengedrängten Menschen und Tiere.

Santomauro spürte, wie er sofort wieder klar im Kopf wurde, und mit den Händen in den Taschen ging er ein paar Schritte in die Dunkelheit hinein, um nicht nur von den Gerüchen, sondern auch von den Geräuschen des Circo delle Maraviglie Abstand zu bekommen.

Was für ein hochtrabender Name für so ein armseliges Unternehmen wie dieses, auch wenn die Würde und der Stolz, mit denen Mustafa Parsi dem zahlenden Publikum jeden Abend aufs Neue sein Spektakel präsentierte, den Maresciallo erahnen ließen, warum er sein Kind gerade so getauft hatte.

Er befand sich mittlerweile außerhalb des Lichtkegels, und seine Füße liefen über dichtes Gras jenseits des Zeltplatzes, als er ein Geräusch hörte, das von irgendwo aus der Finsternis vor ihm kam. Es klang wie das Weinen eines Kindes, das man in diesen Tagen unmöglich überhören konnte. So leise wie möglich schlich er näher.

Mit dem Rücken an einen verkohlten Baumstumpf gelehnt, saß dort ein Mädchen oder eine junge Frau, die Stirn auf die Knie gestützt, diese von zwei zierlichen braunen Händen fest umschlungen, als wolle sie sich verpuppen. Sie weinte stumm bis auf ein paar lautere Schluchzer hin und wieder, die sie nicht unterdrücken konnte und die ihn herbeigelockt hatten.

Er machte vorsichtig ein paar Schritte, um sie nicht zu erschrecken, dann knackste ein Zweig unter seinem Fuß, das Mädchen merkte, dass jemand da war, und schaute ruckartig auf. So erblickte Santomauro zum ersten Mal von nahem das Gesicht der bärtigen Frau.

Sie war wirklich noch sehr jung, vielleicht um die sechzehn, mit langen schwarzen Haaren, schönen dunklen, langwimprigen Augen, einer hübsch geformten kleinen Nase und einem obszönen schwarzen, lockigen Pelz, der sich ihr über Wangen, Mund, Kinn und Hals zog.

Auch die Arme, sah der Maresciallo bestürzt, waren weitaus behaarter als die eines durchschnittlichen Mannes, dasselbe galt für ihre Beine, soweit er das im Halbdunkel beurteilen konnte.

Sie sah ihn einen Augenblick wütend und ängstlich an, zeigte einen kurzen Fluchtimpuls, dann kauerte sie sich wieder nieder, als wollte sie im Erdboden versinken. Ihr Gesicht lag im Schatten, und nur ihre glänzenden Augen funkelten im Dunkeln, schwärzer als die Nacht.

»Was wollen Sie? Ein Monster von nahem sehen? Bitte, tun Sie sich keinen Zwang an.«

Zu Santomauros Überraschung sprach sie perfekt Italienisch ohne den Hauch eines Akzents, wie er ihn von Feuerschlucker und einigen anderen kannte. Er setzte sich zu ihr.

»Ich habe dich weinen hören. Kann ich dir irgendwie helfen?«

»Keiner kann mir helfen, Sie auch nicht, Maresciallo.«

»Du weißt, wer ich bin?«, fragte er bass erstaunt zurück, denn sie war ihm immer wie ein Fabelwesen vorgekommen, von dem man in der Vorstellung oder zwischen den Zirkuswagen nur ein vages Bild erhaschte, niemals hatte er an sie als eine normale Person gedacht.

»Maresciallo, alle hier wissen, wer Sie sind, selbst ein armes Monster wie ich«, erwiderte das Mädchen müde.

Santomauro war tief beschämt. Ein paar Haare im Gesicht genügten schon, um jemanden aus der menschlichen Gemeinschaft auszuschließen. Sie hatte wirklich allen Grund zu weinen.

»Ich würde gern irgendetwas für dich tun, wenn ich kann. Behandeln sie dich schlecht?«

»Machen Sie Witze? Ich bin die Attraktion der Vorstellung, die einzig wahre, kostbare Attraktion. Für mich zahlen die Leute extra, haben Sie das nicht gesehen? Mein Vater fasst mich mit Samthandschuhen an. Ich bin sein kleiner Schatz.«

»Dein Vater? Willst du damit sagen …?«

»Genau, Maresciallo, der große Mustafa Parsi, der wunderbare Feuerschlucker höchstpersönlich! Mein Vater!«

Die letzten Worte spuckte sie fast aus, dann brach sie wieder in Schluchzen aus, sprang mit einem Satz auf und floh in die Dunkelheit zwischen den Bäumen um die Lichtung. Der Maresciallo erhob sich, unsicher, ob er ihr folgen sollte, doch dann kam eine massige Gestalt heran, in der er unschwer den Zirkusdirektor erkannte.

»Nun haben Sie also Salva kennengelernt, mein entzückendes Töchterlein, hm? Ganz schöner Wildfang, finden Sie nicht? Ganz die Mutter, Gott hab sie selig!«, und er bekreuzigte sich schnell. In der Dunkelheit strahlten sein linker Ohrring, die Ringe mit den Steinen an seinen Fingern und die Pailletten an der Weste beinah genauso hell wie seine Zähne.

»Ist sie tot? Ihre Frau, meine ich.«

»Wer kann das wissen? Sie rannte davon, kaum dass sie einen Blick auf den kleinen Fratz geworfen hatte, den sie zur Welt gebracht hatte. Und im Übrigen waren wir nicht verheiratet.«

»Aber die Kleine war von Ihnen?« Obwohl diese Frage potentiell beleidigend war, stellte Santomauro sie, ohne zu zögern. Irgendetwas an dem Mann flößte ihm tiefes Vertrauen ein.

»Natürlich, da bin ich mir ganz sicher. Niemand hier würde es wagen, Feuerspuckers Frau zu vögeln. Sie hängen an ihren Eiern.« Erneut lächelte er und ließ seine behaarten Bizeps spielen. Die Muskeln schnellten unter der Haut hin und her. Er hatte sehr spitze Eckzähne, wie dem Maresciallo zum ersten Mal auffiel.

»Warum ist sie so unglücklich?«

»Wären Sie das etwa nicht, wenn Sie fast am ganzen Körper behaart wären, fünfzehn Jahre alt und ein Mädchen? Ich finde, das sind Gründe genug.«

»Kann man da denn nichts machen?«

Zum ersten Mal schien er weniger bereitwillig zu antworten.

»Nicht im Moment. Aber Schluss mit dem Teenagergequatsche. Ich wollte etwas Wichtiges mit Ihnen besprechen. Kommen Sie bitte mit in meinen Wagen.«

»Ist die Vorstellung zu Ende?«

»Fast, aber ich habe Erika mit der Verabschiedung beauftragt.«

Schweigend gingen sie zu den Lichtern und dem Zirkuswagen. Drinnen war es geräumig und ordentlich. Mustafa nahm zwei Gläser und eine Flasche und bedeutete ihm, sich an den Tisch zu setzen. Der Wein war gut und kalt, ein weißes, anspruchsloses Tröpfchen aus dem Umland, von dem Santomauro vorsichtig nippte.

Feuerspucker leerte in meditativem Schweigen zwei Gläser, bevor er zu reden anfing.

»Maresciallo, ich war nicht ehrlich zu Ihnen.«

»So?« Santomauro wusste, je stiller er sich verhielt, desto mehr würde sein Gegenüber sprechen, eine einfache, aber unfehlbare Wahrheit, die die Zeit ihn gelehrt hatte. Und die auch dieses Mal zutraf.

»Ich habe Informationen, die Ihnen bei den Ermittlungen helfen können. Leider muss ich Sie dabei auch auf ein Vergehen hinweisen, deshalb habe ich bisher nichts gesagt.«

Santomauro nahm einen Schluck von seinem Wein.

»Ein Vergehen meiner Männer, von dem ich nichts wusste. Aber das macht es nicht besser.«

Feuerspucker sah ihn offen an.

»Ich habe von der Sache nach Zinas Ermordung erfahren. Ich dachte ... keine Ahnung, was ich dachte, vielleicht wollte ich das Monster mit meinen Leuten enttarnen und selbst Gerechtigkeit üben, aber jetzt, wo auch Maria ... jetzt kann ich nicht länger schweigen. Ich erbitte jedoch Straffreiheit für sie, sonst sage ich nichts«, und er verschränkte die Arme vor der Brust.

Santomauro stieß einen ungeduldigen Seufzer aus: Er hatte gewusst, dass der Zirkusdirektor etwas für sich behielt.

»Sie haben eben gesagt, Sie hätten mich angelogen. Das tun viele. Und viele verschweigen mir Informationen. Dieses Verhalten ist normal Carabinieri oder Polizisten gegenüber. Wir sind der Feind. Gründe gibt es viele. Die einen wollen eine nahestehende Person schützen oder niemanden ohne Beweis anschwärzen, andere vertrauen uns einfach nicht oder haben irgendetwas zu verbergen. Und das Ergebnis ist immer dasselbe. Wollen Sie wissen, welches?«

»Welches?«

Feuerspucker schien über die Heftigkeit der Worte überrascht, und auch der Teil Santomauros staunte, der in seinem Kopf saß und von dort aus alles mit einer gewissen Distanz beobachtete. Doch er war derart genervt davon, wie immer wieder, bei jedem Fall, seine Arbeit aus so nebensächlichen Gründen behindert wurde, dass er ganz aufrichtig und rückhaltlos empört war.

»Das Ergebnis ist, dass weitere unschuldige Menschen sterben, weil irgendjemand seine wertvollen Informationen für sich behält, wie Sie jetzt. Und warum das alles? Was gibt es Wichtigeres als ein menschliches Leben?«

»Himmel, Maresciallo! Und ich hatte Sie für einen kalten, unerschütterlichen Bullen gehalten. Das liegt an Ihrem Pokerface, wissen Sie das? Auf der Bühne wären Sie ein toller Falschspieler. Ein Zauberer vielleicht, oder ein Messerwerfer. Denken Sie darüber nach, wenn Sie sich in Ihrem Job langweilen, der Circo delle Maraviglie hat immer eine Stelle für Sie frei.

Sie haben mich jedenfalls überzeugt, ich werde reden. Dennoch hoffe ich auf Ihre Milde, auch weil die Jungs letztlich keinen großen Schaden angerichtet haben.«

Die Geschichte war einfach und mit Hilfe zweier Flaschen Wein schnell erzählt, der wie Wasser durch ihre Kehlen rann. Santomauro sollte es am nächsten Morgen bereuen, als er von dem Wummern eines Presslufthammers hinter dem rechten Schläfenlappen erwachte, doch gerade war es leicht und angenehm, zuzuhören und zu nippen. Mustafa war ein guter Erzähler, denn von Berufs wegen kannte er Zeiten, Rhythmen und Pausen, die eine Darbietung regieren, und wusste sie effektiv einzusetzen.

Seine Jungs, nicht alle natürlich, Gott bewahre, nur zwei oder drei Hitzköpfe, hatten beschlossen, in den Arbeitspausen ein paar Sonderschichten zu schieben. Die Namen? Später, wenn es unbedingt sein musste. Es war das erste Mal, da war er sich sicher, da würde er die Hand für ins Feuer legen, was aus dem Munde eines Mannes, so merkte Santomauro an, dessen Metier das Feuerschlucken war, nicht gerade von großem Wert war.

Jedenfalls war es das erste Mal, und sollten dem Maresciallo im Laufe des Sommers im Cilento ähnliche Fälle zu Ohren gekommen sein, war dies nichts als ein purer und unglücklicher Zufall. Seine Jungs waren anständige Leute, ehrenwert, alle mit Familie im Heimatland und mindestens acht hungrigen Mäulern, die es zu ernähren galt. Für Jobs dieser Art brauchte man im Übrigen einen lokalen Bezugspunkt, und den hatten sie gefunden. Wieso so schnell, kaum in Pioppica angekommen, war ihm ein Rätsel. Doch nicht für alle Rätsel gibt es eine Erklärung, und so breitete Feuerspucker an dieser Stelle in philosophischer Ergebenheit die Arme aus.

Er wiederum, das betonte er mit Nachdruck, hatte bis vor ein paar Tagen nichts von alldem gewusst. So was gehöre nicht zu den Dingen, bei denen er üblicherweise mitmischte, und er hoffe doch sehr, dass der Maresciallo ihm diesbezüglich vertraute. Santomauro war stark versucht, ihm zu glauben, und lächelte gutmütig aus seiner Sphinxmiene, die der andere angeblich so schätzte. Jedenfalls, um auf den Punkt zu kommen oder vielmehr auf den unschönen Tatbestand: In der Nacht, in der Zina gestorben war, hatten die Jungs nach der Vorstellung eine solche Extraschicht geschoben. Details später, versprochen ist versprochen, doch der Maresciallo sollte auch das seine halten. Santomauro konnte sich an kein Versprechen erinnern, schwieg aber.

Drei von ihnen hatten sich sozusagen auf Beutezug begeben, die anderen drei – »Hatte ich gesagt nur zwei, drei meiner Männer waren beteiligt? Da muss ich mich verzählt haben« – hatten auf der Straße zum Zeltplatz Wache gehalten. Die anderen allesamt auf der Hut, in der einen oder anderen Weise. Er selbst, Feuerspucker, ahnungslos schlafend in seinem Wagen.

»Sie haben die Straße überwacht, die Brücke, und auch diesen Schotterweg, wissen Sie, welchen? Sie haben mir erklärt, dass Schnelligkeit das Allerwichtigste sei bei dieser Art von Geschäften: Sie wollten sichergehen, dass ihre Partner zügig und ungesehen zurückkehren konnten. Bitte bedenken Sie, dass ich und die Frauen von nichts wussten, und die Jungs dachten ja, sie kämen vollbepackt mit Beutegut nach Hause. Es war wichtig, den Rückweg frei zu halten, zumal diese Gegend hier voll mit Junkies ist, Liebespärchen, Voyeuren und sonst allerlei neugierigem Volk. In jener Nacht sorgten sie dafür, dass keiner da war. Und trotzdem hat die kleine Zina sich entfernt, ohne dass sie jemand beobachtet hat. Das heißt …«

»Das heißt?« Santomauro war fasziniert, der Wein rann kühl durch seine Kehle, die Geschichte war glaubhaft, das beschriebene Szenario ebenfalls, und obwohl er das Ende bereits kannte, hätte er doch jeden Eintrittspreis gezahlt, um Feuerspucker weiter zuzuhören.

»Das heißt, sie muss sich auf der Seite des Waldes entfernt haben, wo sie ja dann auch gefunden wurde, das ist noch nicht außergewöhnlich, ich weiß, doch das Entscheidende ist, dass auch der, der sie gepackt hat, von jener Seite gekommen sein muss. Glauben Sie mir, an diesem Abend hätte nicht einmal eine Maus die Straßen um den Zirkus passiert. Die Waldseite haben meine Männer nicht überwacht, weil das Privatgelände ist. Die Grundstücke gehören allesamt entweder Folchi oder Morace, ich habe mich informiert. Der einzige Durchgang ist auf dieser Seite, alles Übrige ist eingezäunt oder von Tieren, größer als ein Fuchs, nicht passierbar. Der direkte Weg zu ihren Häusern befindet sich weiter vorn, wie Sie sicher wissen, nachts sind alle Tore verschlossen. Der, der Zina gepackt hat, kam aus einem der beiden Häuser, und dorthin ist er nach vollbrachter Tat wieder zurückgekehrt. Und wenn ich ihn in die Finger bekomme, drehe ich ihm den Hals um und quetsche ihm das Herz aus der Brust, das schwöre ich Ihnen, Maresciallo!«

Feuerspuckers Hände waren riesig und schlossen sich mühelos um den berstenden Becher. Das Glas zersprang mit einem trockenen Ploppen, die Scherben fielen zu Boden, doch der Gaukler bemerkte das Blut gar nicht, das ihm aus der Handfläche troff. Sein Zorn war ehrlich, sein Gesicht rot und die Halsadern so dick geschwollen wie Kordeln. Santomauro wäre fast unwillkürlich auf dem Stuhl zurückgezuckt.

»Entschuldigen Sie. Sie waren noch so klein. Zina war seit vielen Jahren bei mir, sie hat quasi ihr ganzes Leben hier verbracht, ohne Mutter. So geht es vielen von ihnen. Sie werden Waisen, und irgendein Verwandter vertraut sie uns an, damit sie sich ihren Lebensunterhalt verdienen. Keiner interessiert sich für diese Kinder, außer mir. Doch ich habe geschwiegen, und nun ist auch noch Maria gestorben, die arme, die sogar eine Mutter hatte, eine Mutter, die nie mehr aufhören wird, zu weinen.«

Eine Träne rann die Furche entlang, die sich von der Nase des Mannes hinunter in den Schnurrbart zog. Eine einzige Träne, die er sich zornig aus dem Gesicht wischte.

»Deswegen erzähle ich Ihnen das alles, weil ich kapiert habe, dass wir nichts tun können. Aber Sie können etwas tun, jetzt wo Sie alles wissen, Sie können ermitteln, Fragen stellen, Verdächtige verhaften, auch Gewalt anwenden, wenn Sie wollen. Der Schuldige versteckt sich in einem der beiden Häuser. Finden Sie heraus, wer es ist, Maresciallo, und stoppen Sie dieses Tier, bevor es noch einer anderen unschuldigen Seele Schaden zufügt. Denn Sie wissen, nicht wahr, dass er nicht aufhören wird?«

Santomauro nickte. Im Geiste stellte er schon die Liste der Personen zusammen, die in der Masseria Chiaraluce und im Hause Morace wohnten. Einer von ihnen war vielleicht die Bestie, wenn er Mustafa glauben konnte. Mustafa, dem Einzigen, der kein Alibi hatte. Er erhob sich, um zu gehen.

Sein Gegenüber blieb sitzen, breitbeinig, wie überwältigt von den Gefühlen, denen er freien Lauf gelassen hatte.

»Da ist noch etwas, Maresciallo.«

»Was denn?«

»Ich bitte um Ihre Erlaubnis, mit meinen Leuten weiterzureisen.«

»Sie wissen, dass ich Ihnen die nicht erteilen kann. Wir stecken mitten in den Ermittlungen.«

»Und Sie wissen, dass meine Zirkusmädchen in Gefahr schweben. Sie sind ein bevorzugtes Ziel, gewohnt, unbewacht herumzulaufen, keiner passt auf sie auf …«

»Das weiß ich. Aber wo wollen Sie denn hin? Ein paar Kilometer weiter, in ein anderes Dorf? Was lässt Sie glauben, dass dieser Mörder dem Zirkus nicht folgen würde? Ihre Mädchen sind ein leichtes Ziel, das haben Sie selbst gesagt. Und dann müssten die Ermittlungen wieder von vorne losgehen, andere Carabinieri, alles auf null. Wäre Ihnen das lieber? Versuchen Sie, Ihre Leute unter Kontrolle zu halten, ich werde mein Möglichstes tun, um sie zu schützen, ich werde ein paar Wachposten in der Gegend aufstellen lassen.«

Feuerspucker grinste verächtlich: »Klar, als ob das was bringt! Diese Kinder sind Zirkusvagabunden. Ich sage Ihnen was, Maresciallo. Beeilen Sie sich mit Ihren Ermittlungen. Und seien Sie auf der Hut. Es könnte ja auch sein, dass die Bestie sich beim nächsten Mal nicht mit einem Zigeunermädchen zufriedengibt. Könnte sein, dass er sich das nächste Mal eines von Ihren Kindern aussucht.«

Er leerte das volle Glas des Maresciallo in einem Zug und knallte es auf den Tisch, dann blieb er reglos mit gesenktem Blick sitzen, während das Blut ihm unbeachtet aus der linken Hand auf den Boden tropfte. Santomauro schloss so leise wie möglich die Tür des Zirkuswagens hinter sich und ging in die Dunkelheit hinaus.

*

De Collis saß im Dunkeln vor seinem Haus auf der riesigen Terrasse, die sich an die Flanke des Steilhangs klammerte, mit Blick auf das tintenschwarze Meer viele Meter darunter. Ein paar Bäume erhoben sich dunkel vor dem noch dunkleren Himmel, und während er auf Santomauro wartete, goss er sich mit pedantischer Regelmäßigkeit aus einer Flasche nach, die vor ihm auf dem Steintisch stand. Als der Maresciallo kam, bot er auch ihm davon an, obwohl nicht mehr allzu viel übrig war, und jener nahm das klare Getränk gerne an, das sich als ein sehr, sehr lange gereifter Grappa erwies. Der Arzt hatte schon mit dem Trinken begonnen, als der Mond noch nicht aufgegangen war, und doch war seine Hand ruhig und die Stimme gleichmütig, als er die Obduktionsergebnisse referierte.

Auch Maria Cencu war vergewaltigt worden, aber sie hatte sich gewehrt, heftig gewehrt. Der kleine Finger ihrer linken Hand war gebrochen, unter dem linken Auge hatte sie einen Bluterguss, ihr Körper war unter den zerrissenen Kleidern zerkratzt. Auch sie hatte einen Schlag auf den Kopf bekommen, doch das hatte offensichtlich nicht gereicht, sie zu betäuben, sie hatte gekämpft, gekämpft und geweint und geschrien. Doch es hatte nichts genutzt. Das berichtete de Collis, während die Flasche sich bis zum Boden leerte und er sich gemessen eine Zigarette nach der anderen anzündete. Santomauro sah seinen dunklen Schnurrbart und seine fast weiblich vollen Lippen im Dunkel aufscheinen, doch das Flämmchen des Feuerzeugs reichte nie bis an seine Augen hinauf. Hinter ihm stand der Mond am Himmel wie eine riesige verhangene Scheibe, doch sein Licht berührte nicht die Terrasse, wo sie saßen, und auch nicht das Meer, das unten in der Tiefe toste.

»Am Ende dann, als er genauso gut hätte weggehen und sie halb bewusstlos hätte liegenlassen können, hat er sie auf den Bauch gedreht und erdrosselt. Mit einer Kordel, die nicht vor Ort war, er muss sie mitgenommen haben. Wie auch das Präservativ und alles, was Spuren hinterlassen könnte. Nun werden Sie mich fragen, ob man denn keine DNA-Analyse machen kann.«

Santomauro lag die Frage tatsächlich auf der Zunge, obwohl er die Antwort bereits ahnte.

»Selbst wenn wir es versuchen würden, es wäre ein Alptraum. Sie hat im Freien gelegen, unter trockenen Blättern, Erdreich, die Mutter und die anderen, die sie gefunden haben, haben sie angefasst, außerdem gibt es mehr als ein, zwei Verdächtige, die DNA-Analyse ist teuer, und es dauert Wochen, bis man im Bestfall irgendein Ergebnis bekommt, selbst bei einer einfachen Gegenkontrolle, nicht bei dem Durcheinander, wie wir es vorliegen haben. Nein, tut mir leid, es wäre wie die sprichwörtliche Suche nach der Nadel im Heuhaufen, wie übrigens auch im Fall Zina.«

Er leerte seinen Grappa, stand auf und baute sich vor dem Maresciallo auf, der etwas überrumpelt mit dem Glas in der Hand zu ihm aufschaute.

»Und jetzt würde ich mich gerne schlafen legen, wenn es Ihnen nichts ausmacht. Mich erwartet ein langer Tag morgen, ein Haufen liegengebliebener Arbeit. Aber wenn Sie möchten, können Sie noch bleiben, Maresciallo. Es stört mich nicht im Geringsten, obwohl ich Ihnen offen gesagt nicht öfter als nötig begegnen möchte.«

*

Er hörte das Telefonklingeln, noch bevor er die Tür aufgeschlossen hatte. Er tapste durch die Dunkelheit, nahm den Hörer ab und spürte bei Manfredis aufgeregter Stimme sofort einen dicken Kloß am Mageneingang. Bitte nicht noch eins!, flehte er innerlich, doch es ging um etwas anderes.

Dabei war es eine wichtige Neuigkeit, Totò war berechtigterweise aufgeregt, im Hintergrund hörte er, wie Gnarra mit ihm sprach, das Klirren von Gläsern und Besteck, und er wäre gerne bei ihnen gewesen, in Maria Pias heller und heimeliger Küche, mit dem Kamin, der noch nicht entzündet, aber schon mit Holz bestückt war.

Er kam mit Manfredi überein, die betreffende Person am nächsten Tag damit zu konfrontieren, trotzdem dämpfte er seinen Enthusiasmus, obwohl die Sache natürlich schon sehr verdächtig war, und er unterdrückte schließlich ein Lachen, als er aus dem Hintergrund Pietros Stimme durch den Hörer vernahm: »Capitano, dürfen wir ihn foltern?«, und gleich hinterher Totòs lautes »Idiot!«.

Nein, sie durften ihn nicht foltern, dachte er, während er sein verfluchtes Handy, das immer irgendwie leer war, an das Ladegerät anschloss, obwohl es natürlich wesentlich einfacher und schneller wäre, bei dem Verhör auf Rote-Khmer-Methoden zurückzugreifen.

Am nächsten Tag würden sie ihn also einbestellen, oder ihn vielleicht ohne Vorankündigung damit konfrontieren und ihn für all die Lügen und verschwiegenen Wahrheiten zur Rede stellen. Dennoch glaubte Santomauro nicht, dass er die Bestie war, die sie suchten. Ohne allerdings dafür die Hand ins Feuer zu legen, denn immerhin hatte er schon als kleiner Junge gelernt, dass Bestien sehr geschickt darin waren, sich zwischen normalen Leuten zu verbergen.

Nacht von Freitag auf Samstag – die fünfte

Carolina hatte normalerweise einen sehr tiefen Schlaf, wie ein Kind. Ihr schönes breites Bett, ihr Lieblings-Shirt, der rosa Stoffteddy, der schon so lange ihre Nachtruhe hütete. Seit einiger Zeit hingegen konnte sie nicht mehr richtig schlafen. Zuerst wegen ihrer Mutter, aus Sorge, sie könne in der Nacht aufstehen und stolpern, was dann auch regelmäßig geschehen war. Nun war es Papa. Jede Nacht hörte sie, wie er sich im Bett von einer Seite zur anderen wälzte, den Fernseher an- und ausmachte, wieder einzuschlafen versuchte, stöhnend aufgab, aufstand und in die Küche hinunterging. Sie sah ihn vor sich, wie er bei einer Tasse Kamillentee saß, den Kopf in die Hände gestützt und den Blick irgendwo in der Ferne verloren. Sie wusste, was ihn quälte: die toten Mädchen, die Erinnerung an Chiara, die Vergangenheit, die zurückkehrte, und nicht zu wissen, wie er dagegen ankämpfen, sich wehren sollte. Manchmal ging sie nach einer Weile zu ihm, bot ihm ein paar Kekse an, versuchte ihn abzulenken, indem sie über dies und das plauderte. Sie wusste nie, ob ihm das angenehm war, doch er lächelte, und dann gingen sie gemeinsam wieder hoch, der Vater gähnte, vielleicht würde er einschlafen, doch sie lag wach bis zum andern Morgen.

An anderen Abenden sah sie durch das Fenster, wie er hinausging, durch den Garten schlenderte, die Hände in den Taschen und den Blick starr auf den Boden gerichtet, als suche er nach etwas, das es auf Erden nicht mehr gab und auch sonst nirgends. Das waren die schlimmsten Momente, Carolina wusste nicht, ob sie zu ihm gehen und ihm die Hand auf den Arm legen sollte, ihn mit ihrer Anwesenheit trösten sollte oder aber als stiller Schatten am Fenster ihres dunklen Zimmers bleiben und ihn beobachten sollte in der Hoffnung, dass er bald wieder schlafen gehen und auch ihr Ruhe schenken würde.

Es lag in ihrer Natur, sich zu sorgen, sie hatte sich immer verantwortlich für ihre Eltern gefühlt, schon als Kind, vor allem für den Vater, vielleicht weil sie unter seiner jovialen und extrovertierten Art etwas Zerbrechliches gesehen hatte. Allmählich aber machte der Schlafmangel sich deutlich bemerkbar, und Carolina war in der Hoffnung auf eine lange, ruhige Nacht ins Bett gegangen, doch auch diesmal war sie von Geräuschen aus den benachbarten Zimmern geweckt worden. Sie erstarrte unter der Bettdecke: Das kam nicht aus dem Zimmer ihres Vaters, sondern aus einem der Gästezimmer.

Der Wecker zeigte drei Uhr morgens. Neugierig geworden, schlüpfte sie barfuß aus dem Bett. Das T-Shirt reichte ihr bis zu den Knien, ein unförmiges Ding mit Snoopy vorne drauf. Sie öffnete die Tür, im Flur war es dunkel, auf der Treppe auch, doch unten bewegte sich jemand vorsichtig. Durch die Veranda fiel das Mondlicht herein, und der schlaflose Gast fand leicht seinen Weg. Auch sie schlich sich im Halbschatten verborgen hinab.

Dottor Gabrielli hatte eine Terrassentür geöffnet und war hinausgetreten. Seine Umrisse zeichneten sich vor der Finsternis ab. Vornübergebeugt stand er da und stieß Laute aus, die nicht leicht zu identifizieren waren. Einen schrecklichen Moment lang dachte sie, er masturbiere.

Dann begriff sie. Gabrielli weinte, ein raues, heftiges Schluchzen schüttelte seinen Körper, so dass er sich mit beiden Händen umarmen musste, als würde er von einem unkontrollierbaren Lachanfall gepackt.

Sie blieb drinnen auf der Schwelle stehen, versteckt im Dunkeln. Gerne hätte sie ihn geröstet, wusste aber nicht, wie oder weswegen. Also blieb sie schweigend dort stehen, reglos, die stumme Zeugin, die zu Hilfe eilen würde, sobald es nötig war.

Fünfter Tag, Samstag

Mit jedem Tag fühlte er sich älter, und müder. Er konnte es kaum erwarten, dass der Herr ihn zu sich rief. Don Giovannino fürchtete, dass solche Gedanken Sünde seien, doch sein Herrgott fügte und waltete, und er las auch in der Seele eines armen Landpfarrers, der schon zu erschöpft und traurig war, um seine Gedanken zu beherrschen.

Er hatte gehofft, seine Jahre in Frieden in dem kleinen Kirchlein an der Straße oberhalb von Pioppica beschließen zu können, wo man im Gegensatz zu dem Dorftrubel fast in einer anderen Welt war, eingebettet in das Grün und Silber der Eukalyptusbäume, die sich von der Mündung des Flusses hier heraufzogen. Lange Zeit war alles gutgegangen, zumal es diesen jungen und freundlichen Jesuiten gab, der kam und ihm bei den Beichten und anderen mühsamen Pflichten half, doch nun, diese schrecklichen Verbrechen, und er nur ein armer, hilfloser Dorfpfarrer. Das war nicht mehr seine Welt, nein, das nicht.

Er bekreuzigte sich und murmelte mechanisch ein stummes Gebet vor dem Gitter des Beichtstuhls. Auf der anderen Seite ein hektisches, undeutliches Flüstern. Don Giovannino erkannte es und lächelte. Minuccio kam normalerweise mehr, um zu reden als zu beichten, doch dieses Mal hatte er eine Frage, auf die der arme, alte Priester ihm keine Antwort geben konnte.

*

»Simone, ich habe mit Dottor Mazzeo gesprochen!«

»Und wer, bitte, ist Dottor Mazzeo?« Santomauro hatte es eilig, keine besonders gute Laune und nicht die geringste Lust auf Rätselspiele am frühen Morgen.

»Der Augenarzt, der Cecilia Folchi behandelt, hast du den vergessen?«

»Ja, Totò, den habe ich glatt vergessen. Jetzt red schon und spiel nicht den Neunmalklugen. Ein bisschen dalli.«

»Zu Befehl, mein Führer!«

Santomauro lehnte sich an die aufgewärmte Seite des Autos und versuchte sich zu entspannen. Manfredi würde schon erzählen, aber eben auf seine Art.

»Also, Dottor Mazzeo, Chefarzt der Augenheilkunde im San Luca von Vallo della Lucania, hat die feuchte Makula-Degeneration bei Signora Folchi festgestellt, übrigens ein Zufallsbefund. Um genau zu sein, sie kam wegen eines Beinbruchs, und gleich am ersten Tag haben sie gemerkt, dass sie nicht gut sieht, sie wurde einigen Untersuchungen unterzogen, die ich hier nicht ausführen will, da du eh nichts davon verstehst, und dann ist diese Makulopathie dabei herausgekommen. Sehr schwere Form, irreversibel, im fortgeschrittenen Stadium.«

Manfredi hob zufrieden den Blick von dem Notizblock, in dem er geblättert hatte.

»Aber die Signora arbeitet damit.«

»Wie meinst du das?«

»Ich meine, dass sie ganz sicher völlig erblinden wird, und zwar ziemlich bald, etwa im Laufe eines Jahres. Aber sie übertreibt es, sie kämpft nicht, strengt sich nicht an, betont im Gegenteil noch ihr Leiden, das an sich ja schon schwer genug ist.«

»Sie hat sich ergeben.«

»Für Dottor Mazzeo ist es mehr. Sie möchte nicht sehen. Nicht mehr. Von dem Moment an, als sie von der Krankheit erfuhr, war sie verändert.«

»Das scheint mir doch nur verständlich«, brummte der Maresciallo genervt. Er wollte Cecilia Folchi wahrlich nicht verteidigen, aber …

»Verständlich, wenn sie böse wird, wütend auf die Welt, niedergeschlagen, deprimiert oder hyperaktiv. Ich zitiere Dottor Mazzeo, wohlgemerkt. Aber wenn jemand im tiefsten Innern eigentlich zufrieden wirkt, Seelenzustände wie Zorn, Depression und was gerade so kommt dazu nutzt, gegen ihre Angehörigen zu wüten, nicht ansatzweise kooperiert und im Allgemeinen eine Haltung an den Tag legt, die Dottor Mazzeo eben als bösartig zufrieden bezeichnet, dann heißt das, dass sie ihr Kranksein genießt. Sie benutzt ihre Blindheit als Waffe gegen ihre Familie.«

»Vielleicht weil sie es wussten und ihr verheimlicht haben?«

»Sie haben es vermutet. Ihre Mutter und eine Tante sind blind gestorben. Und die Makulopathie ist erblich, man kann nichts dagegen tun. Dottor Mazzeo sagt, es hätte nichts geändert, wenn die Behandlung früher begonnen hätte.«

»Dieser Dottor Mazzeo scheint ja ziemlich gerne über seine Patienten herzuziehen. Und ihr beide seid offensichtlich richtig dicke miteinander.«

»Er ist nicht ganz mein Typ, aber ich vielleicht seiner. Das erklärt auch, warum er sich nicht von dem kleinen Schwindel der zerbrechlichen Dame in Not hat um den Finger wickeln lassen, wie ein gewisser anderer Herr, den ich kenne. Ich denke, damit habe ich dir eine neue Spur aufgetan, über die Verdachtsperson hinaus, die wir heute Vormittag befragen müssen!«

Manfredi war weg, bevor er noch etwas erwidern konnte. In der Sonne an sein sich langsam erhitzendes Fahrzeug gelehnt, fragte Santomauro sich, ob die Sympathie, die er für Cecilia Folchi empfand, ihm die Sicht verstellt und ihn daran gehindert hatte, etwas Wichtiges herauszufinden.

*

»Maresciallo, Gaudioso hier. Irgendwas Neues? Damit eins klar ist, hängen Sie sich rein, aber richtig … Wie? Ach, meine Schwiegermutter, danke, so lala, geht schon. Wissen Sie, bei so vielen Gebrechen, da wäre es auch für sie fast das Beste … Und eins ist klar, Sie lösen den Fall mit diesen Zigeunermädchen, und dann zurück zur Normalität.«

*

Es war zehn Uhr morgens an einem normalen Tag im Spätsommer, Pioppica Sotto sah aus, als hätte eine Bombe eingeschlagen. Eine biologische Bombe oder etwas mit Anthrax oder einer ähnlichen Teufelei, die die Häuser stehen lässt und die gesamte Bevölkerung vernichtet.

Santomauro und Gnarra lenkten den Wagen durch ein ausgestorben wirkendes Dorf und schauten durch die wegen der Klimaanlage geschlossenen Fenster nach draußen, isoliert wie in einer Luftschutzkammer. Ein paar Senioren saßen mit mürrischen Mienen herum und unterhielten sich, während sie misstrauisch die Straße beäugten. Lange Reihen kleiner Häuschen entlang der Hauptstraße, alle in den gedämpften Tönen von Blassrosa, Schmutzigweiß, Gelblichweiß, Blassorange, Altrosa, Rauchgrau und anderen Variationen dieser schier unerschöpflichen Farbpalette zogen an ihnen vorbei mit Fenstern, die wie leere Augenhöhlen hinter ihnen herstarrten. Da flatterte eine Gardine, dort wehte ein Plastikvorhang im nicht vorhandenen Wind. Die Menschheit verschwunden bis auf die Alten, nutzlos und dem Tod überlassen. Von Erwachsenen mittleren Alters keine Spur.

Und von den Kindern erst recht nicht, jede Erinnerung an sie schien vollkommen ausgelöscht. Santomauro fragte sich, ob er in naher Zukunft Kinder in der Grünanlage auf der Piazza würde spielen sehen oder ob es Winter werden würde, bevor sie wieder auftauchten.

*

Bisher waren Marco Folchi und Sergio Gabrielli Gesichter unter vielen gewesen, die im Blickpunkt einer immer noch mühsam nach einer Richtung suchenden Ermittlung standen. Das Gleiche galt für Don Carmelo Morace, Genny Morace und Tonino Scarano. Alles Leute, auf die sie sich nun konzentrieren mussten in der Hoffnung, den Fall schnell zu lösen, bevor der Hunger der Bestie wieder erwachte. Die Bestie.

Dies war Santomauros wenig professionelle Betitelung des Täters, sogar seinen Männern gegenüber. Er wusste, dass man in Amerika den gemeinsten Kriminellen Decknamen gab, und auch die italienischen Zeitungen begannen damit, sich Phantasienamen auszudenken, doch für ihn war er einfach nur eine Bestie, mehr nicht. Sie würden ihn schnappen, sicher würden sie ihn schnappen, möglicherweise durch einen Glückstreffer, möglicherweise durch eine unerwartete Zusatzinformation wie Feuerspuckers wertvollen Hinweis, durch den sich der potentielle Täterkreis vielleicht, aber auch nur vielleicht auf die wenigen Leute begrenzte, die um den Zirkus herum wohnten.

Doch eine erfolgreiche Ermittlung war die Summe aus vielen unwägbaren Elementen und einer dauerhaften, notwendigen Zutat: Teamwork, Laufarbeit, stocklangweiliges Berichteschreiben, Telefonate, Kontrollen, alles, was am Arbeitstag eines Ermittlers so sinnlos und verzichtbar zu sein schien, aus dem sich aber am Ende, Teilchen für Teilchen, das vollständige Puzzle zusammensetzte. Bei anderen Gelegenheiten war es Santomauro schon passiert, dass er dem Bösen gegenübergestanden und es nicht sofort erkannt hatte. Jetzt würde er denen, die zu den Verdächtigen zählten, ins Gesicht sehen und tief in ihrem Blick das Bewusstsein suchen, nicht zu sein wie die anderen.

Verdächtig waren alle, doch die Neuigkeiten über Gabrielli waren sicherlich besonders interessant, und er hatte Manfredis Enthusiasmus nicht wenig bremsen müssen, der sich nur schweren Herzens überzeugen ließ, in der Kaserne zu bleiben. Im Hinausgehen hatten sie noch gehört, wie er Ammaturiello anbrüllte wegen irgendwelcher Akten aus dem Jahre 1987, die noch in den Computer eingegeben werden mussten, und im Auto hatte Pietro sich gefreut: »Besser so, Simone, dieser Hitzkopf hätte leicht ein Wort zu viel gesagt. Er hätte dem guten Dottore ja am liebsten sofort die Handschellen angelegt, und ich schwöre dir, in seiner Tasche habe ich Trichter und Rizinusöl gesehen.«

Santomauro hatte in sein Lachen eingestimmt, um ihm gleich darauf mitzuteilen, dass er ihn beim Zirkus rauslassen würde, damit er noch ein paar Aussagen überprüfte.

»Dann hast du das Vergnügen ja ganz für dich allein! Na gut, ich halte ihn eh für unschuldig. Ich setze auf Folchi oder Morace. Oder weißt du was? Tonino! Dessen Visage gefällt mir ganz und gar nicht!«

Der Maresciallo saß am Steuer, und während sein Freund munter drauflosredete, versuchte sein Gehirn das bisschen, was sie wussten, zu einem Gesamtbild zusammenzusetzen, oder zumindest zu einem ersten Entwurf. Wenn Feuerspucker die Wahrheit sagte. Wenn seine Leute in jener Nacht wirklich so gut aufgepasst hatten. Wenn, wenn, wenn. Und inmitten all dieser Wenns ein Vergewaltiger und Mädchenmörder, der sich vielleicht unter der Handvoll Leute verbarg, mit denen er schon mindestens einmal gesprochen hatte. Dies war nun der Zeitpunkt, an dem er sie näher kennenlernen würde, als alle Beteiligten sich das wünschten.

Diese Leute waren wie einige andere auch längst nicht mehr Komparsen in zweiter Reihe, sondern aufgrund der außerplanmäßigen Initiative von Feuerschlucker und Co. mindestens Akteure in wichtigen Nebenrollen. Santomauro war überzeugt davon, dass keiner von ihnen froh war, in erster Reihe zu stehen. Aber war das überhaupt fair? Er versuchte, Gnarra seine Überlegungen mitzuteilen.

»Was willst du damit sagen, Simone? Sie stehen im Zentrum der Ermittlungen zu einem Mord, natürlich müssen wir alles über sie herausfinden, oder?«

»Über sie alle, sicher. Sogar, wie oft sie in der Nase popeln. Und dann? Am Ende werden wir sämtliche Leichen aus ihren Kellern ans Tageslicht gezogen haben, einverstanden, aber der Schuldige wird trotzdem nur einer sein. Doch auch für die anderen Beteiligten wird nichts mehr so sein wie früher, glaubst du nicht?«

»Ich finde das nicht so schlimm.« Manchmal legte Pedro einen wirklich aufreizenden Stumpfsinn an den Tag.

»Du weißt, wie solche Fälle laufen. Am Ende findest du heraus, wer mit wem schläft, wer Geld aus der Familienkasse klaut, wer heimlich die Kleider der Ehefrau anzieht, wer sich vor zwanzig Jahren vor einem Kindergarten einen runtergeholt hat und all die kleinen Scheußlichkeiten, die die Leute lieber verstecken und vergessen wollen.«

»Ja und? Wenn sie solche Geheimnisse haben, verdienen sie es nicht anders, als dass über sie gelästert wird. Ich zumindest habe noch nie onanierend vor einem Kindergarten gestanden. Wenn du gegen mich ermittelst, wirst du nichts finden.«

Pietro kapierte es einfach nicht, er fand es fast beleidigend, dass Santomauro sich solche Sorgen um die Gefühle von Leuten machte, gegen die ermittelt wurde. Der Maresciallo gab es auf, ließ jedoch eine Anspielung auf die vielen Hörner fallen, die Gnarra schon so manchem Ehemann aufgesetzt hatte, woraufhin dieser wenigstens zugab, dass er so unschuldig dann wohl doch nicht sei. So kamen sie beim Zirkus an und trennten sich.

Im Weiterfahren fragte sich Santomauro, und das nicht zum ersten Mal, ob er derjenige war, der es mit seiner Sensibilität übertrieb, oder ob es seinen Mitarbeitern daran mangelte. Er wusste, dass Totò Manfredi, mit dem er schon einmal bei einer früheren Ermittlung das Thema angeschnitten hatte, genauso darüber dachte wie Pietro, und das war vielleicht eine der wenigen Gemeinsamkeiten der beiden.

Nicht dass Santomauro sonst irgendwelche Zweifel an dem ungeschriebenen Credo aller Polizeikräfte gehegt hätte: Wer in das Fadenkreuz der Ermittlungen gerät, wird automatisch Freiwild. Alles von ihm, Beziehungen, Gefühle, materielle Güter und unaussprechliche Geheimnisse werden den Ermittlern zum Fraß vorgeworfen. Das war richtig so, und er wusste das, Rechtsstaat hin oder her. Es war der einzige Weg zur Wahrheit. Doch für die Betroffenen war es unangenehm, und er fand, auch den Inquisitoren müsse es unangenehm sein, denen die undankbare Aufgabe zufiel, die Leute auf ihren eigenen Lügen festzunageln. Stattdessen zeigten selbst so anständige Kerle wie Manfredi, Gnarra und fast alle Carabinieri und Polizisten, die er kannte, einen Hauch fast sadistischer Befriedigung, wenn sie in anderer Leute Schmutz wühlen durften.

Mit diesen Gedanken erreichte Santomauro die Einfahrt zur Masseria Chiaraluce, sechs Gästezimmer, moderne Cilento-Küche, Internetzugang auf dem Zimmer.

*

»Mein guter Assessore! Darf ich Sie zu einem Kaffee einladen? Gibt es was Neues in dieser unseligen Angelegenheit?«

»Lieber Ingegnere, lieber wäre mir, ich dürfte Sie einladen. Die Carabinieri ermitteln, aber im Moment fischen sie noch im Trüben.«

»Nein, ich habe es zuerst gesagt, ich bestehe darauf! Hoffentlich gibt es nicht noch mehr Opfer.«

»Tja, hoffentlich. Dann nehme ich die Einladung gerne an, aber beim nächsten Mal ist die Reihe an mir.«

»Aber sicher, an Gelegenheiten soll es nicht fehlen. Was meinen Sie, wird der Fall vor Ostern gelöst sein? Denn sonst bekommen wir ein Problem für die Sommersaison.«

»O ja, da haben Sie ganz recht, Ingegnere. Vor allem Sie, Sie haben ja so einige Immobilien.«

»Ich rede nicht nur von mir, sondern auch vom Ansehen unserer kleinen Ortschaft. Pioppica Sotto kann diese Negativwerbung gar nicht gebrauchen. Möchten Sie ein Croissant?«

»Sie haben recht, und morgen werden wir im Rat darüber diskutieren. Lieber kein Croissant, danke schön. Meine Frau hat mich auf Diät gesetzt.«

»Meine mich auch! Ach, die Frauen! Was täten wir nur ohne sie!«

»Und mit ihnen, Ingegnere, was tun wir bloß mit ihnen!«

»Wissen Sie, Assessore, dass meine fest davon überzeugt ist, dass die Bestie ein Nachbar von uns ist?«

»Wirklich? Wer denn?«

»Sie kennen das Sprichwort: Nenne die Sünde, aber nie den Sünder.«

»Ach, kommen Sie schon, mir können Sie es doch sagen, ich platze sonst vor Neugier.«

»Das kann ich wirklich nicht …«

»Sie sagen mir, wen Ihre Frau verdächtigt, und ich verrate Ihnen, wen meine Frau verdächtigt. Einverstanden?«

»Also, sehen Sie, Assessore, aber das muss wirklich unter uns bleiben, Pinuccia hat sich in den Kopf gesetzt, dass Tonino der Täter sein könnte, Don Carmelos Faktotum, der in unserer Nähe wohnt. Und gerade erst gestern hat sie beschlossen, dass auch Don Carmelo ihr in höchstem Maße verdächtig erscheint.«

»Nein! Meint sie das ernst? Don Carmelo?«

»Pscht! Seien Sie bloß still! Pinuccia liest zu viele Krimis. Aber nun sind Sie dran.«

»Ingegnere, ganz unter uns, Marietta hat Marco Folchi im Visier, der das erste Mädchen gefunden hat. Was hatte er da oben zu suchen?«

»Ich kenne Folchi, er ist in Ordnung, außerdem ging er dort mit einem Arzt spazieren, der bei ihm Urlaub macht.«

»Den hat Marietta auch im Verdacht. Sie sagt, er hätte so einen ausweichenden Blick und irgendetwas Verstohlenes an sich. Sie meint, sie haben es vielleicht zusammen getan, à la Monster von Florenz, eine Art Mörderclub.«

»Ein Club! Nun hör sich das einer an!«

»Um Himmels willen, Ingegnere, behalten Sie das bloß für sich, sonst bin ich ruiniert.«

»Sie aber auch, Assessore, damit wir uns verstehen. Wenn man mich fragt, ich würde auf einen wie Genny Morace tippen. Das ist doch ein Typ mit sehr fragwürdigem Umgang.«

»Wenn Don Carmelo von dieser Unterhaltung erfährt, sind wir tot. Was halten Sie dagegen von diesem komischen Kerl? Diesem halbverrückten Jungen, der für Donna Amalia arbeitet? Minuccio, so heißt er. Bei ihm kann ich mir schon vorstellen, dass er solche Abscheulichkeiten begeht.«

»Wissen Sie was, Sie könnten recht haben. Warum bringen Sie das nicht mal im Rat auf den Tisch? Keine Mörderjagd, um Himmels willen, aber mit dem Finger auf ein wirklich zwielichtiges Subjekt zeigen ... Genehmigen wir uns noch einen Magenbitter?«

»Aber auf meine Rechnung. Ja, das werde ich tun. Die Bevölkerung muss doch informiert werden und sich verteidigen können.«

»So betrachtet, kann es sich ja auch gar nicht um eine rechtschaffene Person handeln, um jemanden von uns. Diese widerliche Bestie muss gestoppt werden, um jeden Preis.«

*

Als er sie zum ersten Mal getroffen hatte, war sie aufgebracht, den Tränen nahe, und hatte ihn mit Gewalt weggestoßen. Nun sah Santomauro sie unter normaleren Umständen wieder und erwartete natürlich etwas feinere Umgangsformen, doch mit dieser fröhlichen jungen Frau hatte er nicht gerechnet. Sie stand in der Küche der Masseria Chiaraluce und knetete gerade den Teig für ein paar Kuchen, während durch die offenen Fenster die Sonne und der Duft nach frisch gemähtem Rasen hereindrangen und ein paar Bienen um den offenen Honigtopf auf dem Tisch summten.

»Das ist besser als Zucker, wissen Sie?«, sagte Carolina Folchi lächelnd und schob sich eine Haarsträhne hinter die Ohren. Das Mehl hinterließ einen großen, weißen Fleck auf ihrer Wange, doch sie schien das nicht zu bemerken.

Der Maresciallo setzte sich an den Tisch, nahm dankend einen Kaffee, den sie ihm liebenswürdig anbot, und ließ sich, da Folchi und Gabrielli nicht da waren, gerne auf einen Plausch mit der tatkräftigen jungen Frau ein, die hier Kuchen buk, als hätte sie nie etwas anderes getan. Nebenbei eine gute Gelegenheit, um gleich ein paar Fragen loszuwerden.

Da er nicht genau wusste, wie er anfangen sollte, holte er weit aus: »Kochen Sie für das Restaurant? Ich dachte, es gäbe Personal dafür.«

»Ehrlich gesagt liegt alles in den Händen eines Paares, der Tarvisos, die drüben eine Wohnung haben, auch wenn sie nicht immer dort schlafen. Sie kochen, putzen, kümmern sich um die Grundbedürfnisse der Gäste, aber nach dem Abendessen verschwinden sie häufig. Wir haben nur sechs Zimmer, mehr als ein Dutzend Gäste sind nie da, und es gibt acht Tische, alles in allem bis zu sechzehn Gedecke freitags und samstags, natürlich nur im Sommer. Vor allem ist es eine Laune meines Vaters, und hin und wieder haben wir beide Spaß daran, etwas zu kochen.«

Santomauro wusste genau, dass diese Laune sehr einträglich war, auch weil die Preise mehr als gesalzen waren, was ihm jedoch aufgrund der gebotenen Qualität vertretbar schien.

»Mein Vater hat sein Leben lang davon geträumt, etwas wie das hier aufzubauen, und nun hat er es geschafft. Auch mir bedeutet es viel, aber natürlich gibt es auch noch anderes im Leben. Und meine Mutter …«

»Ihrer Mutter gefällt die Idee des Agriturismo nicht?«

»Meiner Mutter? Nein, meine Mutter ist da anders gestrickt, das geht gar nicht. Sie ist eine Künstlerin, nicht etwa so bäurisch wie ich und mein Vater!«

Ihr Tonfall war scherzhaft, doch man hörte deutlich die Polemik heraus, deren sich Carolina vielleicht nicht ganz bewusst war. Einmal mehr konnte Santomauro erstaunt beobachten, wie manche Menschen einer Uniform gegenüber frei heraus über Privates sprachen, während andere dichtmachten wie ein Seeigel.

Carolina gehörte offenbar zur ersten Kategorie. Sie lächelte ihn entspannt an. Sie war nicht das, was man unbedingt schön nannte oder hübsch: groß, mit breiten Schultern und langen Beinen. Dicke, kastanienfarbene Locken umgaben ihr unregelmäßiges, etwas grobes, aber sympathisches Gesicht, in dem vor allem die außergewöhnlichen Augen auffielen, leicht schräge Katzenaugen von fast violetter Farbe. Wenn sie lächelte, blitzten ihre regelmäßigen, kleinen, strahlend weißen Zähne, und sie lächelte oft und spontan, stellte er fest, und schüttelte dabei ihre Locken wie ein junges Fohlen.

Einen Moment lang beneidete er sie. Er selbst hatte sich heute Morgen so alt gefühlt. Nach einer schrecklichen Nacht, in der er sich in seinem Bett hin und her gewälzt hatte. Im Traum war das barfüßige blonde Mädchen gekommen, hatte ihn vorwurfsvoll angeschaut und mit ihrem dünnen Finger anklagend auf ihn gezeigt. Ihre Augen aber waren dieses Mal nur Löcher, leere Höhlen, die mahnend auf ihn blickten. Hinter ihr hatte er geglaubt, den Mao zu sehen, einen vagen Umriss, der den Arm nach ihr ausstreckte, dann war er zum Glück aufgewacht und hatte nicht mehr einschlafen können.

»Eine Künstlerin? Wieso?«, fragte er, gegen seinen Willen interessiert.

»Ach? Das wissen Sie nicht? Komisch, es ist sonst immer das Erste, was sie von sich erzählt. Meine Mutter schreibt. Das ist ihre wahre Leidenschaft. Und deshalb ist es umso schwerer für sie …« Sie schwieg und biss sich mit gesenkten Augen auf die Lippen, während ihre Hände weiter den Teig kneteten, sie schlug nun fast auf ihn ein und teilte ihn in unzählige weiche Bröckchen. Santomauro verstand ja nicht viel vom Backen, aber das war eindeutig nicht die richtige Art. Dann sah sie ihn wieder an und lächelte.

»Ist es nicht seltsam, Maresciallo? Wenn ein Mensch, den man liebt, aber mit dem man noch einige Rechnungen offen hat, krank wird, fühlt man sich automatisch gezwungen, ihm alles zu verzeihen. Aber das fällt manchmal wahnsinnig schwer …«

Santomauro hatte diese Erfahrung zwar noch nie gemacht, nickte aber zustimmend, weil er neugierig auf das Folgende war.

»Welche Art von Büchern schreibt Ihre Mutter?«

»Nichts, was bisher veröffentlicht wurde, um das vorwegzuschicken. Zurzeit sammelt sie alte cilentanische Märchen für eine Anthologie. Zuerst hat sie Gedichte verfasst, natürlich, und auch ein paar romantische Geschichten. Sie schreibt halt.«

»Verstehe.«

»Nein, hören Sie, das klang jetzt vielleicht etwas kritisch, aber in Wahrheit verehren mein Vater und ich meine Mutter. Nur dass sie eben wirklich wie von einem anderen Stern ist. Sie ist sehr empfindsam, zart, auch körperlich, sie ist eine Träumerin … Wir zwei hingegen sind praktisch veranlagt. Ich muss immer mit meinen Händen arbeiten und Papa genauso. Wir haben sie immer verwöhnt, beschützt. Jetzt ist es für uns alle schwer, zu akzeptieren, dass sie bald komplett blind sein wird.«

Beim Reden vergrub sie wütend ihre Hände in den Teig vor sich. Was daraus wohl werden würde? Der Maresciallo nahm sich insgeheim vor, niemals ein Stück Kuchen der Masseria Chiaraluce zu essen, und schalt sich gleich darauf als unfair.

»Es ist wohl nicht einfach, diese Kuchen zu backen?«

»Im Gegenteil, ich brauche kaum mehr hinzugucken. Aber was wollten Sie fragen? Ich rede und rede und halte Sie von Ihren Pflichten ab.«

»Aber nein, es ist mir eine Freude«, und das war nicht gelogen, »aber eigentlich wollte ich wissen, ob Sie das Alibi Ihres Vaters und Dottor Gabriellis bestätigen können.«

Carolina lachte laut auf.

»Papas Alibi? Haben Sie denn keine Angst, dass ich schamlos lügen würde, um meinen Vater zu schützen?«

»Auch wenn er ein pädophiler Mörder wäre?«, fragte er brutal.

Ihr Lachen irritierte ihn. Er wusste, dass die Bilder der kleinen, geschändeten Leichen ihm noch sehr oft durch den Kopf gehen würden, und in den unerwartetsten Momenten: wenn er einen Kaffee trank und auf das graublaue Meer blickte, das sich an den Felsen brach, oder beim Aufwachen, in diesem seligen Augenblick, wenn alles möglich scheint, abends beim Essen, oder wenn er über einen Witz von Pietro Gnarra lachte. Er würde sie nie wieder loswerden, das wusste er, und diese junge Frau, so sympathisch sie war, durfte darüber nicht einfach Witze machen, als ginge die Sache sie nichts an oder sei nebensächlich.

Sie betrachtete ihn nun ernst, ihr Gesicht zum ersten Mal an diesem sonnigen Vormittag überschattet. Eine Locke fiel ihr über die mehlweiße Wange, und ihre violetten Augen waren hell und wunderschön.

»Ein Mörder? Nein, Maresciallo, mein Vater ist kein Mörder. Jeder andere, aber er nicht, Maresciallo.«

Kurz darauf verabschiedete sich Santomauro. Sie hatte ihn nicht wirklich weitergebracht. An beiden Tagen war sie früh zu Bett gegangen, hatte keine Ahnung, was Folchi oder Dottor Gabrielli getan hatten, und außerdem hatte sie sehr deutlich zum Ausdruck gebracht, dass sie lügen würde, um ihren Vater zu schützen. Zum Dottore hatte sie nicht viel gesagt, ein rechtschaffener Mann, nett, irgendwie traurig, sie hegte ihm gegenüber natürlich nicht dieses blinde Vertrauen wie bei ihrem Vater, aber viel fehlte nicht. Die Atmosphäre in der Küche war sofort ein wenig abgekühlt. Carolina hatte die Kuchen in den Ofen geschoben, ohne ihn zum Bleiben aufzufordern, um noch ein Stück zu probieren.

Der Maresciallo wurde den Verdacht nicht los, dass dieses Gespräch in der sonnendurchfluteten Küche bedeutsamer war, als es ihm im Moment erschien.

*

Mit Sergio Gabrielli spazieren zu gehen war weiterhin ein netter Zeitvertreib, auch wenn Folchi lieber nicht an das letzte Mal denken wollte. An diesem Morgen hatten sie sich an der Abzweigung zur Masseria getroffen und ihre Schritte, Wäldchen, Bäume und Wiesen vermeidend, schweigend Richtung Dorf gelenkt. Den festen Asphalt unter ihren Füßen, um sich die Häuser von Pioppica Sotto, die sich auf beruhigende Art vermehrten, je näher sie dem Ortskern kamen.

Keiner von ihnen verlor auch nur ein Wort über ihren letzten Spaziergang, aber Marco Folchi war sich sicher, dass der andere dasselbe empfand wie er. So gingen sie in freundschaftlichem Schweigen nebeneinanderher, die Zigarren des Dottore schmauchend und nur gelegentlich unterbrochen durch den Gruß eines Bekannten. Sie wollten so weit laufen, bis sich die Häuser wieder lichteten und die Serpentinen begannen, um dann umzukehren und nach Hause zurückzugehen, aber Maresciallo Santomauro unterbrach ihren Weg bereits auf der Piazza. Er hatte sie in der Masseria gesucht, nichts Wichtiges, aber er musste sie beide sprechen, getrennt voneinander.

Während Gabrielli und Santomauro die Stufen zum Strand hinunterstiegen, setzte sich Folchi auf das Mäuerchen der Promenade, um zu warten, bis er dran war, leicht besorgt und genervt davon, besorgt zu sein.

Die Luft war noch warm und trug den salzigen Geschmack der Meeresbrise mit sich, den er so sehr liebte. Das Wasser wirkte einladend, war aber sicherlich kälter, als es ihm angenehm wäre. Auf den Felsen nicht weit entfernt standen reglos ein paar Möwen. Genau an diesem Abschnitt des Strandes hatte man vor einem Jahr unter den Algen den Leichnam einer Frau gefunden. Die Arme war von einem Mörder abgestochen worden, den Maresciallo Santomauro dingfest gemacht hatte. Folchi erinnerte sich nur vage an die Einzelheiten, weil er zu der Zeit nicht da gewesen war. Er hatte sich einen Urlaub mit Cecilia gegönnt, der letzte glückliche Moment, bevor die Dinge zwischen ihnen sich zum Schlechten wandten, bevor die ersten Probleme mit der Sehkraft auftraten und mit ihnen die Anschuldigungen, die Bitterkeit, der Groll, die verbale Gewalt, all das, was sein geliebtes Mädchen in jene bissige Frau verwandelt hatte, die lieber in ihrem Krankenzimmer bleiben sollte.

Erstaunt wurde ihm bewusst, dass er in Gedanken genau das ausgedrückt hatte, was er seit langer Zeit fühlte, ohne sich dessen bewusst zu sein. Woher kam diese ganze Wut? Er liebte Cecilia doch immer noch.

Vor ihm näherten sich Gabrielli und Santomauro wieder diesem Abschnitt des Strandes. Ihre Schuhe sanken schwer im weichen Sand ein, Gabrielli schien noch kleiner als sonst und sehr unglücklich. Während sie an ihm vorbeigingen, warf er ihm einen flüchtigen, irgendwie schuldbewussten Blick zu. Wenn er dran war, entschied Folchi, würde er auf dem festeren feuchten Sand laufen. Er war so groß wie der Maresciallo, und der Anblick, den er den Dorfbewohnern bieten würde, wäre vielleicht weniger würdelos. Der Ort war klein, das Gerede machte schnell seine Runden. Er sah sich schon zusammen mit seinem Pausenfreund durch den Dreck gezogen: zwei gefährliche Mörder, von den Ordnungskräften in die Mangel genommen.

Die Möwen flogen alle gleichzeitig los, zu ihrem unbekannten Ziel. Während er versuchte, einen Funken Zärtlichkeit für Cecilia in sich wiederzufinden, blieb ihm ihr spöttisches Geschrei im Ohr hängen.

*

Der Moment, vor dem er sich seit Tagen gefürchtet hatte, war endlich gekommen. Santomauro hatte ihm – taktvoll, um Himmels willen, wir sind ja Männer von Welt – seine jüngste Vergangenheit ins Gesicht geschleudert, und er hatte sich mit einer Stimme, die in seinen eigenen Ohren ängstlich schrill klang, wie sie es in der Tat auch war, und mit erbärmlich unpassenden Worten bemüht, seine Version der Dinge darzulegen.

Hatte er ihn überzeugt? Darauf hätte er nicht mal eine feuchte Zigarre verwettet, dachte er betrübt, während er auf demselben Mäuerchen saß, auf dem vorher Folchi gewartet hatte, und mit gekünstelter Gelassenheit seine Beine baumeln ließ. Der Gestank der verrottenden Algen unter ihm war widerlich. Im Westen war am Himmel eine graue Wolke aufgetaucht, die näher kam und sich rasch ausbreitete. Um ihn herum herrschte vollkommene Stille. Die anderen beiden spazierten lächelnd am Meeressaum entlang, Folchi gestikulierte, der Maresciallo nickte: eine freundliche Unterhaltung, nicht das kaum verhohlene Kreuzverhör, dem er unterzogen worden war.

Aber klar doch. Pädophile, auch diejenigen, die nur verdächtigt wurden, es zu sein, und noch kein Verfahren am Hals hatten, konnte niemand ausstehen. Er hatte die Verachtung in den Augen des Maresciallos sehr wohl wahrgenommen, und es hatte ihn nicht wenig bekümmert. Er hatte ihm erklärt, dass es Teil der Strategie seiner Ehefrau war, um das alleinige Sorgerecht für die Kinder zu bekommen. Sie hatte ihn im eigenen Ehebett mit ihrer besten Freundin erwischt, und die Drohungen und die brennende Wut der ersten Tage hatten sich in eisigen Hass verwandelt. Sie kommunizierten nur noch über ihre Anwälte miteinander, und die Anklage wegen sexueller Belästigung seiner Söhne Giulio und Pippo hatte ihn wie ein Faustschlag getroffen, aber nicht völlig unerwartet. Jetzt kämpfte er um das Recht, sie wenigstens ab und zu sehen zu dürfen. Von gemeinsamem Sorgerecht war vorerst überhaupt nicht mehr die Rede, vielleicht nie wieder.

Während er gesprochen hatte, waren ihm die Tränen in die Augen gestiegen, und es war ihm, als hätte er eine kleine, aber wahrnehmbare Veränderung in der Haltung des Maresciallos ihm gegenüber bemerkt. Einen Zweifel, immerhin einen Zweifel. Das reichte ihm schon, daran konnte er sich vor dem Richter klammern, der über sein Schicksal entscheiden würde. Ein Zweifel, ein kleiner Zweifel und die Hoffnung, seine Kinder nicht für immer zu verlieren.

*

»Jedenfalls hat er mir leidgetan.«

»Leidgetan? Simone, sag mal, hast du den Verstand verloren? Das ist ein Widerling, ein kriechender Wurm, hör auf mich.«

»Totò, bis jetzt haben wir nichts gegen ihn in der Hand, und es könnte wirklich nur ein dreckiger Kampf ums Sorgerecht für die Kinder sein.«

»Also eine Mutter, die so etwas tut, kann ich mir beim besten Willen nicht vorstellen.«

»Du lebst in einem anderen Jahrhundert. Zum Glück hast du eine Frau, die auf dich aufpasst, nur deswegen überlebst du überhaupt in unserer Zeit, aber ich versichere dir, solche Schweinereien passieren.«

»Na gut, wie auch immer, ich behalte diesen Widerling im Auge, mir macht der nichts vor. Der andere?«

»Folchi hat kein Alibi. Er ist an beiden Abenden allein gewesen, wie Gabrielli übrigens auch. Das Paar, das in der Masseria arbeitet, ist nach dem Abendessen fortgegangen, einziger Gast war Gabrielli. Sie sind unabhängig voneinander rausgegangen, und als er wiederkam, schlief die Tochter schon. Ich konnte nicht einmal herausfinden, wer von den beiden früher nach Hause gekommen ist: Der Dottore hat seine eigenen Schlüssel.«

»Nichts also.«

»Mir sind beide nervös vorgekommen, auch Folchi hat begriffen, dass wir besonders an ihnen interessiert sind. Bald wird es mit dem Gerede im Dorf losgehen.«

»Wenn's das ist, die Gerüchteküche brodelt schon. In der Kaserne sind bereits sieben Anrufe von den üblichen Verdächtigen, Barbarella Pilerci und Konsorten, eingegangen. Apropos, wann kommst du her?«

»Ich will noch ein paar Kleinigkeiten überprüfen, weiß nicht, ob ich noch einmal hochkomme.«

»Ah. Verstehe. Und zum Abendessen? Du weißt doch, Maria Pia findet es schade, dass du immer ablehnst.«

»Gut, ich sag dir noch Bescheid.«

*

Barbarina drückte den dreckigen Wischlappen in ihrem Eimer aus. Bald musste sie das Wasser schon wieder erneuern. Der Flur mit den Türen zu den Krankenzimmern lag vor ihr. Sie drehte sich um. Hinter ihr breitete sich das schon gewischte graublaue Linoleum aus, aber mit neunundfünfzig Jahren kam ihr der Teil, den sie noch vor sich hatte, jeden Tag länger vor.

Nicht mehr lange, und sie würde in Rente gehen, wenn die verfluchte Regierung nicht noch die Gesetze änderte. Und dann? Allein zu Hause vor dem Fernseher oder bei ihrer Schwester, um sich die unaufhörlichen Beschwerden über deren Ehemann und die Kinder anzuhören, die sie wie eine Sklavin behandelten.

»Vielleicht besser der Flur«, murmelte sie nicht zum ersten Mal vor sich hin.

Mit den geschundenen Händen drückte sie erneut den Lappen aus. Sie war bei dem Zimmer für die Privatpatienten angelangt. Wie immer spähte sie hinein und verspürte den vertrauten Stich in der Magengrube. Sie war da. Wo hätte sie auch hingehen sollen? Blind oder fast blind. Die schöne Frau war viel jünger als sie und dabei, blind wie ein Maulwurf zu werden. Sie saß wie immer im Sessel, das Gesicht zum Fenster gewandt, die gepflegten Hände im Schoß, ein paar Strähnen hatten sich aus dem Knoten gelöst. Es gab schlimmere Schicksale, als einen langen Korridor putzen zu müssen, dachte Barbarina wieder.

»Ich habe gehört, dass Sie in ein paar Tagen entlassen werden. Sie sind bestimmt froh, wieder nach Hause zu kommen.«

Die Patientin drehte den Kopf in die Richtung, aus der die Stimme kam.

»Ah, Sie sind es Barbarina. Ich habe Sie nicht kommen hören. Es ist nicht wahr, was man über die Blinden sagt. Ich zumindest habe noch kein hochsensibles Gehör entwickelt.«

Dafür ist es noch zu früh, dachte Barbarina, aber sie biss sich auf die Zunge und sagte nichts. Sie mochte diese Frau. Ein wenig beneidete sie sie vielleicht, und natürlich tat sie ihr leid, aber vor allem mochte sie sie. Sie hatte etwas, das den Beschützerinstinkt weckte. Der Ehemann brachte ihr Blumen, die Tochter machte ihr die Haare und schminkte sie, sie war wie eine kleine, etwas traurige Porzellanpuppe.

»Soll ich Ihnen die Frisur richten? Ich sehe, dass Carolina heute noch nicht da war.«

»Sind sie sehr unordentlich?«, fragte sie mit einem blassen Lächeln und strich sich mit ihrer kleinen rosa Kinderhand über die Schläfe. »Ich möchte Ihnen keine Mühen machen, aber ja, danke.«

Es war schon einmal vorgekommen, und Barbarina erinnerte sich daran, wie die blinde Frau es genossen hatte, frisiert zu werden. Seidig, fein, blond, ihre Hände verweilten in den Haaren. Kein Wunder, dass ihr Mann ihr Blumen brachte. Und dass sie diesen anderen Besucher hatte.

Gerade als sie an ihn dachte, tauchte der Mann auf der Schwelle auf. Schön, groß, dunkel, knapp über vierzig. Manche Frauen bekommen auch alles, dachte sie ärgerlich und steckte die letzte Spange fester als nötig in die Haare. Während sie wieder zu ihrem Schrubber ging, hörte sie ihre sanfte Stimme: »Ich habe nicht so früh mit dir gerechnet, Lillo, langsam fürchte ich, es gehört zu deinen seelsorgerischen Pflichten, eine arme Blinde zu besuchen.«

Die Antwort des Mannes verlor sich im Klappern des Eimers und des Schrubbers. Barbarina machte sich weiter an ihrem Flur zu schaffen. An dessen Ende war das Wasser zu einer schwarzen Brühe geworden, und sie musste es nun wirklich wechseln.

Als sie aus den Waschräumen kam, sah sie noch einen Besucher, einen interessanten Mann mit rasiertem Schädel, der stark einem Schauspieler ähnelte, dem, der den Pfarrer in der Serie gespielt hatte, die letztes Jahr auf Rete 4 gelaufen war. Oder war es RAI gewesen?

Neugierig ging sie zurück. Sie sah ihn vor der offenen Zimmertür zögern. Natürlich, auch er war wegen der Folchi im Krankenhaus. Vielleicht lohnte es sich ja, blind zu werden, dachte sie und dann: Wenn mir das passieren würde, wäre ich allein wie ein verlassener Köter.

Die beiden Männer tauschten auf der Türschwelle ein paar Worte. Der große dunkle schien verlegen und hatte es offensichtlich eilig zu gehen, die Miene des Kahlkopfs war nicht zu durchschauen. Mehr bekam Barbarina nicht mit. Der Eimer war schließlich schwer, und sie konnte ihre Zeit nicht mit solchen Albernheiten verplempern.

*

»Kommen Sie herein, Maresciallo. Schön, Sie zu sehen, wie man so sagt«, und sie lachte silberhell über ihren eigenen Witz.

Einigermaßen sicher, dass der Scherz sich auf ihre Krankheit bezog und nicht auf das Vergnügen, das seine Gegenwart ihr bereitete, lächelte Santomauro. Es war so eine Freude, sie lachen zu sehen, dass es ihm ohnehin egal gewesen wäre, worüber sie Witze machte. Cecilia Folchi war an diesem Tag von einer leuchtenden, heiteren Schönheit, und er hoffte, dass es nicht nur das Echo eines einzelnen guten Vormittags war. Er hoffte, dass sie bald wieder ein normales Leben führen konnte. Gerne hätte er sie unter anderen Umständen kennengelernt, dachte er, und dann schimpfte er sich einen Idioten und verschloss sein Gehirn vor weiteren solchen Hirnrissigkeiten. Ein paar schnelle Fragen zu Gabrielli, und er würde sie wieder in Ruhe lassen. Während er an ihren Sessel trat, suchte er in seinen Taschen sogar nach einem Notizblock, daher traf ihn ihre Bitte völlig unvorbereitet.

»Würde es Ihnen etwas ausmachen, mir weiter vorzulesen, Maresciallo? Lillo war gerade dabei, aber dann ist ihm eingefallen, dass er noch eine dringende Sache zu erledigen hatte, und hat mitten im Märchen aufgehört.«

»Im Märchen?«, fragte Santomauro verwundert, während ihm die Frau ein Buch hinhielt und ihm bedeutete, sich auf einen Stuhl ihr gegenüber zu setzen.

»Ich bin dabei, eine Geschichte über lokale Erzählungen zu schreiben. Eigentlich hatte ich damit angefangen, bevor ich hierhergekommen bin, dann habe ich aufgehört, aber jetzt hat mich Carolina überredet weiterzumachen. Ich diktiere ihr, wenn sie ein wenig Zeit hat, aber ich brauche dieses Märchen, könnten Sie es mir zu Ende vorlesen? Es sind nur ein paar Zeilen.«

Sie lächelte in dem Bewusstsein, dass er ihr diesen kleinen Gefallen nicht ausschlagen würde. Sie war eine Frau, die voller Anmut um etwas bat, überzeugt davon, dass ein jeder sich für sie geviertelt hätte. Der Maresciallo fragte sich, ob sie sich ihrer Ausstrahlung bewusst war, und beschloss, dass es wohl so war, auch wenn er gerne das Gegenteil angenommen hätte.

Er setzte sich und begann zu lesen. Erstaunt und mit leichtem Grauen stellte er fest, dass es die Geschichte von Mao und Gevatterin Perna war.

*

»Der Mao isst Kinder. Der Mao isst die Kinder roh, gekocht und gebraten. Der Mao isst Kinder, weil er keine Zähne hat. Der Mao isst die Kinder und spuckt ihre kleinen Knochen aus.

Wenn du in den Wald gehst, nimm ein Geschenk für den Mao mit, dann isst er dich vielleicht nicht. Gevatterin Perna ist böser als der Mao. Gevatterin Perna zerreißt die Kinder mit ihren bloßen Händen und den krummen Nägeln und bietet sie dem Mao zum Fraß. Gevatterin Perna ist Maos Mutter. Gevatterin Perna ist Maos Schwester. Gevatterin Perna ist Maos Gemahlin. Gevatterin Perna ist Maos Tochter. Gevatterin Perna ist der Mao, nur viel böser. Gevatterin Perna verschlingt die Kinder ganz, denn sie hat Zähne, und sie spuckt nur ihre Haare und Fußknöchel wieder aus. Der Mao und Gevatterin Perna werden alle Kinder der Welt schlachten und auffressen. Wenn du in den Wald gehst, nimm ein Geschenk für den Mao mit. Für Gevatterin Perna nimm nichts mit, denn es ist sinnlos, wenn sie dich schlachten will, wird sie dich so oder so schlachten.«

*

Santomauro brauchte ewig, um aus dem Krankenhaus zu kommen. Lillo gingen schon die Geduld und auch die Erklärungen aus, warum er vor dem Eingang der Notaufnahme herumlungerte. Endlich, da kam er. Mit entspanntem Gesicht, das sich augenblicklich ein wenig verfinsterte, sobald sich ihre Augen trafen. Cecilia hatte also denselben Effekt auch auf ihn, dachte sich Lillo und fühlte einen unsinnigen Stich der Eifersucht. Dann ging er freundschaftlich auf ihn zu, die Hände in den Taschen, während er sich innerlich immer wieder sagte: Ich bin nur der gute Hirte, nicht mehr, nicht weniger, der gute Hirte, der auf grüner Aue …

»Haben Sie auf mich gewartet, Pater?«, fragte Santomauro brüsk. So lange Zeit kannten sie sich schon, und er wusste immer noch nicht, ob er den anderen mögen sollte oder nicht.

»Um ehrlich zu sein, ja. Ich wollte mich nach Dottor Gabrielli erkundigen.«

»Ah, die Gerüchte machen ihre Runden, wie ich sehe.«

Lillo lächelte: »Sie vergessen, dass ich in meiner Rolle als Seelsorger genauso viel wissen sollte wie Sie, lieber Maresciallo.«

»Ihre Aufgabe sind auch Krankenbesuche, lieber Pater«, antwortete Santomauro und versuchte Lillos Niveau der Leutseligkeit zu erreichen, der sich zu seinem Entsetzen bei ihm einhakte. Eine schwarze Locke fiel ihm in die Stirn. Was zum Teufel brachte einen so unbestreitbar schönen Mann dazu, Priester zu werden?

»Stimmt, und manchmal ist es sogar ein Vergnügen. Sie ist eine faszinierende Frau, finden Sie nicht auch?«

Sie lächelten sich breit an, und der Maresciallo hätte fast, aber nur fast, laut losgelacht.

»Um auf Gabrielli zurückzukommen, ich würde gerne ein gutes Wort für ihn einlegen. Ich habe mehrmals mit ihm gesprochen – nicht in der Beichte natürlich, sonst würde ich es Ihnen hier nicht sagen –, und ich bin sicher, dass er ein anständiger Mensch ist.«

»Kein pädophiler Vergewaltiger und Mörder, meinen Sie?«, unter dem Vorwand, die Autoschlüssel zu suchen, hatte er sich losgemacht.

»Und auch keiner, der die eigenen Söhne missbraucht hat, glauben Sie mir. Er ist eine verwirrte Seele, ein Mann, der einen Fehler gemacht hat und leidet, aber er ist kein Tier.«

»Sie glauben also wirklich, dass der Mensch, der diese Sachen tut, eine Art wilde Bestie ist, einer, dem wir es sofort anmerken würden, wenn wir vor ihm stehen? Lillo, Sie müssten besser über die menschliche Seele Bescheid wissen! Das ist ein Mann wie Sie und ich, einer, der abends zu Frau und Kindern nach Hause kommt oder zur alten Mutter, einer, den alle achten und den niemand zu einer solch schrecklichen Tat fähig hält. Gerade so wie Ihren Dottore mit der leidenden Seele!«

Santomauro wendete und fuhr unter Lillos stummen Blicken davon.

»Bin ich es, der ihn so nervös macht, oder ist es der Fall?«, fragte sich der Jesuitenpater nicht zum ersten Mal. Seltsam, wie uns manchmal die Personen, die uns am sympathischsten sind, meiden wie eine lästige Fliege. Er mochte den Maresciallo wirklich, schade, dass es wohl nicht auf Gegenseitigkeit beruhte.

Wer weiß, ob Cecilia sich auch ihm anvertraut hatte. Wer weiß, ob sie ihr schon das Abendessen gebracht hatten, fragte er sich dann, und schließlich ging er, während das Gleichnis des guten Hirten ihn einmal mehr in den verletzbarsten Windungen seines Gehirns verhöhnte.

*

»Also, ich bin für alle Ideen offen, Simone, das weißt du.«

»Sicher weiß ich das, Totò, überaus offen, und?«

Santomauro wusste, dass es ihm Kopfschmerzen bereiten würde. Totò Manfredi hielt sich in allem, was Sex, Familie, Rolle der Frau in der Gesellschaft, Erziehung der Kinder, züchtige Kleidung und gleichgeschlechtliche Beziehungen betraf, getreulich an die Vorgaben des Konzils von Trient. Ein Glück, dass Maria Pia bei ihm zu Hause das Kommando über diese Dinge hatte, aber Totò beharrte trotzdem auf seinen Ideen, auch wenn er sie die meiste Zeit für sich behielt. Jetzt aber, so schien es, hatte er das Bedürfnis, sich mitzuteilen, und der Maresciallo wusste, dass das kleine Fläschchen Novalgin im Medizinschrank der Kaserne höchstwahrscheinlich leer war. Dennoch lächelte er leutselig, faltete ergeben die Hände über dem durch das viele Schwimmen langsam wieder flach werdenden Bauch, und wartete.

»Wir müssen ja nicht gleich übertreiben, aber ich bin aufgeschlossen, ich akzeptiere, dass die Welt vorwärtsschreitet, dass sich die Dinge entwickeln und so weiter und so fort.«

»Und dass der Minirock erfunden wurde, das dritte Ohrloch und das Bauchnabelpiercing.«

»Nein, das Piercing nicht! Das ist einfach geschmacklos! Wie auch immer, ich meinte insbesondere diese sexuelle Vermischung, die überall grassiert. Es ist vielleicht, weil ich heterosexuell bin, aber ich kann nicht verstehen, was daran so toll sein soll.«

»Dass du heterosexuell bist, daran besteht kein Zweifel, bei der Kinderschar, die du hast, aber vielleicht willst du mir sagen, von wem du sprichst, oder mache ich gerade bei einem

Gewinnspiel mit, von dem ich nichts weiß?«, fragte Santomauro und schielte auf die Uhr. Er hatte noch einen Berg Papiere zu durchforsten und Telefonanrufe zu erledigen.

»Ich rede von Genny Morace. Ich habe ihn in einer zweideutigen Situation gesehen, und ich bin mir nicht sicher, ob ich das richtig verstanden habe. Vielleicht sollten wir dem nachgehen.«

»Genny Morace? Aber hat der nicht den Ruf eines Aufreißers?«

»Eben deswegen. Nur dass er gestern versucht hat, einen dieser strammen Burschen vom Zirkus rumzukriegen.«

Santomauro horchte auf. »Erzähl mir Genaueres.«

Manfredi hatte vielleicht keine ultramodernen Ansichten, aber er besaß die Spürnase eines Rassejagdhundes, und wenn ihm etwas nicht koscher vorkam, dann sollten sie dem vielleicht wirklich nachgehen.

»Sofort. Panguro!«

»Brigadiere …?«

»Bring uns mal schnell zwei Kaffee!«

»Nein, für mich nicht, danke«, sagte der Maresciallo einen verhängnisvollen Augenblick zu spät. Panguro war schon verschwunden, um seinen legendär ungenießbaren Kaffee zuzubereiten. Nur Manfredi wusste ihn zu würdigen.

»Komm schon, der hält dich wach. Ich war heute nach dem Essen auf der Straße nach Casale Marino, wegen der Überprüfung von Frongione, dem Beißer …«

»Das ist sinnlos, das weißt du. Frongione ist vielleicht durchgeknallt, aber er hat niemals ein Kind angegriffen, und auch seine Opfer können sich über mehr als einen Biss in die Arschbacke nicht beschweren.«

»Mag sein, aber er ist und bleibt trotzdem ein Wahnsinniger, und hast du überhaupt die Bissmale gesehen? Peppa DelliCalzi hatte noch einen Monat danach so einen großen Bluterguss.«

»Ich vermute, dich hat es sehr gedrängt, das regelmäßig zu überprüfen«. Santomauro lächelte honigsüß.

»Simone! Für wen hältst du mich! Pietro hat es mir gesagt!«

»Ahaha, jetzt erklärt sich alles.«

»Manchmal kannst du einen echt aufregen … Jedenfalls, auf der Straße nach Casale Marino also, wen sehe ich da, an der fünften Haltebucht in meiner Richtung?«

»Spuck's aus, Totò, ich hab noch 'ne Menge zu tun.«

»Schon gut, ums kurz zu machen, da stand ein Auto, ein ziemlich abgewrackter heller Fiesta, und ein Typ vom Zirkus, den Namen weiß ich nicht mehr, springt aus ihm heraus wie eine Furie. Auf der Fahrerseite stürzt unser Genny Morace raus und fängt an, ihn zu beschwichtigen und zu streicheln. Ich habe nicht angehalten, aber die ganze Szene im Rückspiegel verfolgt, und ich schwör dir, das sah aus wie ein Streit zwischen Liebhabern, nicht wie eine Sache unter Männern.«

»Gut, Totò, das ist etwas, das uns zu denken geben sollte. Sehen wir mal, wie es ins Bild passt.«

»Was gibt's da zu überlegen? Der ist schwul und steht auch auf Kinder, passt doch alles. Du weißt doch, dass eine Perversion die andere nach sich zieht.«

»Totò, warum gehst du nicht zu Maria Pia? Sie hat dich, glaube ich, eben gesucht.«

»Und das sagst du mir erst jetzt? Oder willst du mich loswerden? Sag mir die Wahrheit!«

»Totò? Verschwinde.«

Endlich allein, legte der Maresciallo nachdenklich die Hände aneinander. Diese Neuigkeit war interessant. Aber da war eine andere wichtige Sache, die der Freund erwähnt hatte, eine Sache, die kurz in seiner Wahrnehmung aufgeflackert war, zu schnell, um sie aufzugreifen. Also, was hatte er gesagt? Eine Sekunde, und er würde darauf kommen, nur eine Sekunde …

»Bitte sehr, der Kaffee! Ganz heiß, frisch gemacht. Riechen Sie, was für ein Aroma, Marescià!«

Panguro und sein unappetitliches Gebräu bedrängten und verstopften sofort Santomauros sämtliche olfaktorischen, visuellen und auditiven Nervenenden und löschten aus seinem

229

Verstand augenblicklich jegliche Erinnerung oder Einzelheit, die sich an der Oberfläche hatte blicken lassen wollen.

*

»Papa, ich gehe aus, heute Abend bin ich zum Essen nicht da.«

Er hatte gehofft, sich ohne lange Diskussionen wegstehlen zu können, wenigstens das eine Mal, doch sein Vater rief ihn mit einer Stimme zurück, die seine üble Laune verriet. Im Nebenzimmer tat Tonino so, als würde er einen Stuhl reparieren, aber Genny sah genau, dass er hämisch in sich hineinlachte. Sobald er der Herr von allem hier wäre, würde er ihn mit Fußtritten hinausjagen.

Im Moment war es aber noch nicht so weit, und so trat er mit gesenktem Blick in das Arbeitszimmer, in seiner unterwürfigen Haltung für schwierige Situationen. Sein Vater saß am Schreibtisch, einen Stapel Papiere vor sich, tadellos gekleidet wie immer. Er trug sogar Weste und Krawatte über dem bis oben zugeknöpften Hemd. Genny dagegen hatte T-Shirt und knielange Shorts mit Blumenmuster an. Don Carmelo betrachtete ihn angewidert.

»Was heißt, ich gehe aus? Kommst du nicht zum Essen?«

»Ich bin bei Freunden eingeladen, aber ich komme nicht so spät wieder. Wir essen bei ihnen zu Hause, nicht im Restaurant, ich gebe kein Geld aus.«

»Denkst du, das juckt mich? Von mir bekommst du bis Ende des Monats sowieso keinen Pfennig mehr.«

Als ob ich etwas anderes erwartet hätte, dachte er, aber er lächelte milde und unterwürfig weiter.

»Dann macht es dir also nichts aus, wenn ich gehe?«

»Was du machst, interessiert mich einen Scheißdreck, solange du nicht den ehrenhaften Namen dieser Familie in den Schmutz ziehst. Die Moraces sollen nicht wegen dir in der Scheiße enden.«

»Aber Papa …«, setzte er an, während ein Rinnsal kalter Schweiß ihm den Rücken herunterzulaufen begann.

Der Alte stand auf, die Hand auf dem Knauf des Stocks.

Langsam wich er zurück. Er hasste es, Angst zu haben, aber er konnte nichts dagegen tun.

»Mir wurde berichtet, dass du dich immer bei diesem Zirkus herumtreibst, dem mit den umgebrachten Mädchen. Glaub mir, wenn ich herausbekomme, dass du mit dieser entsetzlichen Geschichte irgendetwas zu tun hast, wirst du es nicht mal bis vors Gericht schaffen, dafür werde ich schon sorgen. Ich werde dich mit meinen eigenen Händen erwürgen!«

Er hob die Hände, groß, knotig und stark, mit Haaren auf Handrücken und Fingern. Genny wusste, dass er dazu fähig wäre, seine Knie zitterten, und er machte einen weiteren Schritt in Richtung Tür.

»Papa, ich schwöre dir …« Er versuchte zu sprechen, brachte aber nur ein Stammeln hervor.

»Schwöre nicht!«, brüllte sein Vater fast. »Halt den Ewigen Vater aus dieser Geschichte raus. Ich habe dich gewarnt. Wenn du bei diesem Zirkus herumschleichst, so tust du das auf deine eigene Gefahr.«

Vorsichtig schlüpfte er aus dem Zimmer, der Alte stand noch da und sah ihn mit furchteinflößenden Augen an.

Genny strich sich die Haare aus der Stirn, sie war eiskalt und schweißnass. Im Spiegel neben sich sah er das Bild eines lebenden Toten mit fahler Haut und aufgerissenen Augen. Wenn sein Vater es herausfinden würde, wäre er tot. Ein Geräusch hinter seinem Rücken ließ ihn zusammenfahren. Da stand er, dieser verfluchte Tonino, die schwarze Seele seines Vaters, und grinste ihn unverfroren an.

»Gehst ein kleines Fest feiern, he? Pass mit den Frauen auf, das sind alles Nutten!«

Er haute ab, ohne zu antworten. Auf den Stufen stolperte er fast vor lauter Eile, an die frische Luft zu kommen, weit weg aus dem erdrückenden Mief dieses Hauses.

*

»Ich möchte nicht über mich sprechen, Pater.«

Don Giovannino verdrehte die Augen. Es kamen viele, die

so begannen, und dann fingen sie an, von ihren Ehemännern zu erzählen, die sie betrogen, oder der Schwägerin, die sich die Silberlöffel des Familienbestecks unter den Nagel riss. Was wollten sie von ihm? Don Giovannino war alt, aber manchmal fühlte er sich uralt, angesichts des Schmerzes dieser Menschen, der Wunden der Liebe, die nicht einmal er heilen konnte.

»Mein Kind, erzähl mir von dir, öffne mir dein Herz. In das der anderen kann nur Gott blicken«, flüsterte er.

Die Frau auf der anderen Seite des Gitters fuhr fort, als hätte sie ihn nicht gehört, mit leiser, bitterer Stimme, die er nicht erkannte: »Don Giovannino, es ist wichtig. Meine Tochter schläft im Bett ihres Großvaters. Meines Vaters!« Die Stimme hatte sich zu einem durchdringenden Flüsterton erhoben. »Sie geht zu meinem Vater ins Bett! Sie ist neun und er achtundsechzig. Das ist nicht gut, verstehen Sie? Was sollen die Leute bloß denken?«

Welche Leute?, fragte sich Don Giovannino müde. Du? Er hatte die Stimme wiedererkannt.

»Mein Kind, daran ist nichts Verwerfliches. Wenn ich eine Enkelin hätte, würde es mir auch gefallen, wenn sie manchmal bei mir schlafen würde. Was ist so schlimm daran?«. Aber er wusste sehr wohl, was daran so schlimm war: die blinde Eifersucht, die am Herzen dieser Frau nagte.

»Was ist daran so schlimm?«, wiederholte er matt.

»Sie verstehen nicht, Vater. Bei allem, was hier gerade geschieht ... Wenn die Leute das wüssten, könnten sie anfangen, schlecht zu reden. Wir sind eine bedeutende Familie.«

»Die Sünde ist oft in den Augen desjenigen, der sie sieht, mein Kind. Ego te absolvo ...« Er machte mit seinen arthritischen Händen das Zeichen des Kreuzes in der Luft, dann schloss er, ohne sich um das wütende Geflüster von der anderen Seite zu kümmern, das Türchen.

Er blieb noch eine Weile im Beichtstuhl sitzen, eingemummelt in seinen schweren, schwarzen Talar. Trotzdem war ihm nicht warm, im Gegenteil. Schon seit einiger Zeit spürte er in seinen alten Knochen die Kälte, immer, auch an den heißesten Augusttagen. Vielleicht war seine Zeit endlich gekommen.

»Don Giovannino! Geht es Ihnen nicht gut?« Der Vorhang wurde zur Seite gezogen, und das besorgte Gesicht von Pater Lucarello erschien.

Was für ein tüchtiger junger Mann! Don Giovannino freute sich immer, ihn zu sehen. Ohne seine Hilfe wäre dieses Jahr wirklich schwer gewesen.

»Nein, Pater, danke, es ist alles in Ordnung. Manchmal bin ich es einfach etwas leid, den Menschen ins Herz zu schauen, das ist alles.«

Don Lucarello sah ihn verständnislos an. Er war noch zu jung, aber eines Tages würde auch er es begreifen, dachte Don Giovannino, und die Hand ergreifend, die ihm hingehalten wurde, erhob er sich mühsam aus dem Beichtstuhl.

*

»Simone, dürfte ich dir jemanden vorstellen?«

So ein zögerlicher Tonfall, die fast unterwürfige Haltung, das war nicht Pietro Gnarras Art. Santomauro wurde sofort misstrauisch. Aufgehalten bei Sonnenuntergang auf dem Parkplatz der Kaserne, gerade als er endlich ins Auto steigen wollte, reichte ihm ein Blick auf die Person, die Gnarra im Schlepptau hatte, um den Braten zu riechen: jung, blond, hübsch, etwas verlegen, aber zielstrebig, und dazu Gnarras Gesicht, der bittende Blick, komplizenhaft und lachend, und ein paar weitere Nuancen, die alle ebenso herauszulesen waren. Kurz: der Maresciallo wusste, was die Kleine war, noch bevor sie ihm vorgestellt wurde.

»Das ist …«

»Sandra Belli Santi, Journalistin vom ›Mattino di Napoli‹«, unterbrach sie schnell und streckte ihm die Hand hin. Ein entschlossener und nervöser Händedruck, zwei klare, honigfarbene Augen, die ihn fast herausfordernd ansahen. Gnarra trat einen Schritt zurück, er hatte seinen Teil erfüllt, aber vermutlich hoffte er darauf, sie danach zum Essen auszuführen.

233

»Freut mich. Santomauro«, sagte er. »Es tut mir leid, aber ich habe nicht die Absicht, mich über die laufenden Ermittlungen zu äußern.«

»Maresciallo, ich will keine Informationen von Ihnen, im Gegenteil, ich bin hier, um Ihnen etwas mitzuteilen, das Sie vielleicht noch nicht wissen. Im Gegenzug könnten Sie mir einige Fakten bestätigen, die mir schon bekannt sind und die ich in meinen Artikel einbauen könnte, wenn ich sie als von einem Mitglied des Teams, das im Fall des Zigeunerinnen-jägers ermittelt, bestätigt zitiere.«

»Ah, so habt ihr ihn also genannt?«, fragte er mit einer gewissen Bitterkeit. Er sah sie genauer an. Sie war eigentlich kein junges Häschen mehr, eher über dreißig als Mitte zwanzig. Der erste irreführende Eindruck, den er gehabt hatte, war dem geschickt eingesetzten, dezenten Make-up zu verdanken – rosa Lippenstift, wenig Wimperntusche – und einem perfekten Teint, der keiner weiteren Kunstgriffe bedurfte. Aber die honig-farbenen Augen waren voll unergründlicher Unschuld, ein Honig, in dem man leicht hängenbleiben konnte.

»Sie wissen genau, dass eine furchtbare Geschichte wie diese die Neugier der Leser weckt, Maresciallo.«

»Und Ihre Aufgabe ist es, diese Neugier zu schüren.«

»Ich möchte mich jetzt nicht mit Ihnen auf eine Diskussion über die Ethik des Journalismus einlassen. Sie tun Ihre Arbeit, und ich tue meine. Aber an einem der nächsten Abende wäre ich gewillt, sie mit Ihnen bei einem Glas Wein und einem le-ckeren typischen Gericht der Gegend in Angriff zu nehmen. Natürlich nur, wenn Sie meine Einladung nicht zu frech fin-den«, schloss sie mit einem Lächeln. Pietro Gnarra zog ein finsteres Gesicht. Die erste Fliege war schon im Honig ertrun-ken, und Santomauro wollte nicht die zweite sein.

»Ich bitte Sie, es wäre mir eine Ehre und ein Vergnügen, aber im Moment sind all meine Abende den Ermittlungen gewid-met. Geben Sie mir Ihre Informationen, und dann werden wir sehen, ob ich Ihnen nicht, sagen wir auf vertraulicher Ebene, das, was Sie, wie Sie meinten, bereits wissen, bestätigen kann.«

Belli Santi zog eine kleine Schnute, was sie für einen Augenblick wieder so jung aussehen ließ, wie sie ihm am Anfang erschienen war. Vielleicht beschloss er deswegen, ein wenig freundlicher zu sein.

»Setzen wir uns doch ins Auto, hier blendet die Sonne. Oder noch besser: Sind Sie mit Ihrem Auto hergekommen?«

»Nein, Brigadiere Gnarra hat mich freundlicherweise mitgenommen.«

»Brigadiere Gnarra ist immer sehr freundlich und zuvorkommend«, gab er todernst zurück, aber in dem Blick, den sie ihm zuwarf, las er den Widerschein desselben Lachens, das in seinem Kopf kicherte.

»Pietro, wärst du so nett, uns mit deinem Auto in den Ort hinterherzufahren, so kann ich mit der Signorina sprechen, und du bringst sie dann wieder zu ihrem Wagen? Würde dir das etwas ausmachen? Ich würde dich das nicht fragen, wenn ich nicht wüsste, dass ich auf deine freundliche Hilfsbereitschaft zählen kann.«

Gnarra, die Fliege, verzog keine Miene, aber Santomauro hätte schwören können, dass er ein wütendes Summen vernahm, als er die Tür seines Dienstwagens öffnete. Die junge Frau an seiner Seite hingegen lachte unverhohlen, während sie sich den Sicherheitsgurt anlegte.

»Ich hoffe, dass Sie gute Freunde sind, Maresciallo!«

»Das sind wir«, sagte er und musste gegen seinen Willen lächeln. Vielleicht gerade so dreißig, nicht einen Tag mehr, dachte er und ließ den Motor an.

»Ich raube Ihnen keine Zeit und komme sofort zum Punkt«, begann sie, als sie die ersten Serpentinen nahmen. Und doch schwieg sie einen Augenblick, den Blick aus dem Fenster auf das ganz in Grüntönen und Erdfarben gehaltene Panorama gerichtet, das sich unter ihnen bis hin zum tiefen Blau des Septembermeeres ausbreitete. Santomauro schien es, als wollte sie ihre Gedanken sammeln oder als zögerte sie, vielleicht war sie aber auch einfach von diesem friedlichen Anblick der sanften Hügel unter dem blassblauen Himmel bezaubert. Dann drehte sie sich mit einem Seufzer um und verschränkte die Arme vor der Brust. Sie trug künstlich verschlissene Markenjeans und eine knittrige Seidenbluse in einem Graublau, das ihr sehr schmeichelte. Zweifelsohne teure Kleidung, wie auch die helle Ledertasche, die sie nachlässig neben ihre Füße auf den Boden geschmissen hatte. Eine Luxusfrau, eine gefährliche Frau. Auch wenn der verheiratete und dann wieder geschiedene Santomauro alle Frauen für gefährlich hielt, insbesondere wenn sie schön und kostspielig waren, wie es Iolanda gewesen war.

»Ich vermute, auch Ihnen passiert es manchmal, dass Sie einige ethische Prinzipien, die Ihnen normalerweise teuer sind, über den Haufen werfen müssen, um Ihre Arbeit gut zu machen.«

Mit dieser Eröffnung hatte Santomauro nicht gerechnet. Er sah sie erstaunt an, dann konzentrierte er sich wieder auf die Serpentinen, die all seine Aufmerksamkeit erforderten. Sie sprach weiter, sein Profil betrachtend: »In diesem Fall weiß ich etwas Vertrauliches, und ich tausche es bei Ihnen gegen das ein, was Sie mir sagen können. Also ...«, und sie tat einen tiefen Atemzug, unter dem sich ihr Busen wölbte. »Eine Bekannte von mir aus Neapel ist eine enge Freundin der Ehefrau einer Person, die in die Ermittlungen verwickelt ist. Diese Freundin hat mir vor kurzem bei einem privaten Gespräch etwas anvertraut, das sie von der Ehefrau erfahren hat. Die nämlich verdächtigt den Ehemann, dass er dem jüngsten Sohn nachstellt. Das Kind hatte Alpträume, sprach im Schlaf, die Mutter wurde misstrauisch. Der Kleine ist erst fünf, und im Kindergarten haben sie nichts bemerkt. Es gab ein paar Gespräche mit einer Psychologin, aber die Situation ist noch nicht geklärt. Die Freundin meiner Freundin hat auf jeden Fall erst mal beschlossen, sich scheiden zu lassen, und hat die beiden Söhne mit sich genommen. Ich weiß nicht, ob Sie von dieser Geschichte wissen, aber sie scheint mir von Bedeutung.«

»Der betreffende Mann könnte unschuldig sein.«

»Sicher, aber er könnte auch schuldig sein. Und er ist hier, in Pioppica.«

Santomauro fuhr um eine Kurve, die enger war als die anderen. Er spürte die Augen der Journalistin fest auf sich gerichtet.

»Lassen Sie mich raten, Sie spielen auf Dottore Gabrielli an.« Sandra Belli Santi sah ihn mit einer Mischung aus Bewunderung und Enttäuschung an. »Sie wussten schon davon?«

»Ein wenig«, gestand Santomauro, »aber keine Sorge, unsere Vereinbarung steht noch. Ich bin Ihnen etwas schuldig.«

»Ah, gut«. Sie schien erleichtert. »Mehr weiß ich nicht, und ich verlasse mich auf Sie, ich möchte keinen Unschuldigen in Schwierigkeiten bringen, wenn er denn unschuldig ist. Ich habe das Vertrauen einer Freundin missbraucht, aber meine Arbeit …«

»Wehe, man vertraut sich einer Journalistin an … Welches sind die Informationen, die ich Ihnen anonym bestätigen soll?«

»Also«, sie fischte aus ihrer Tasche ein gelbes Moleskine-Notizbuch, »die zwei kleinen Opfer haben beide sexuelle Gewalt erlitten, bevor sie ermordet wurden. Eine Verwicklung der Leute vom Circo delle Meraviglie, zu dem die beiden Mädchen gehörten, ist absolut auszuschließen, richtig?«

»Mit einer Ausnahme.«

»Welcher?«

»Es heißt Circo delle Maraviglie, mit a.«

Sie schien einen Augenblick verwirrt. »Oh. Gut, danke. Nun.« Sie blätterte in ihrem Notizbuch. Die Dächer von Pioppica begannen rötlich durch das Grün zu schimmern.

»Sie haben die Ermittlungen auf eine relativ kleine Anzahl von Verdächtigen begrenzt. Die bekannten Pädophilen und Verrückten der Gegend haben Sie ausgeschlossen und konzentrieren sich stattdessen auf eine Handvoll Personen, die sich alle zur Tatzeit in der Nähe aufgehalten haben: den besagten Dottor Gabrielli, der das erste Opfer zusammen mit Herrn Marco Folchi gefunden hat, dem Besitzer des Grundstücks, auf dem der Fund getätigt wurde. Angelo Tarviso, der auf dem Anwesen arbeitet. Mankel Enlud, einen Camper. Dottor Carmelo Morace und seinen Sohn Genny. Ihren Angestellten Antonio

Scarano. Einen gewissen Carmine Manzo, genannt Minuccio, den Verrückten des Dorfes, wenn ich nicht irre. Das Monster ist einer von ihnen, habe ich recht?«

»Da sind wir uns nicht wirklich sicher«, gab Santomauro vorsichtig zu. Das Mädchen hatte gute Arbeit geleistet. Und wer war dieser Minuccio? Er musste sich informieren.

»Zumindest, wenn Sie nicht alles falsch gemacht haben.«

»Genau, wenn wir nicht alles falsch gemacht haben.«

Sie waren mittlerweile im Ort angekommen, Santomauro hatte auf der kleinen Piazza am Meer geparkt und den Motor ausgeschaltet. Er drehte sich auf seinem Sitz zu ihr um.

»Sie wissen, dass Sie keinen dieser Namen veröffentlichen dürfen, stimmt's?«

»Keine Sorge, ich werde abwarten, ich will ja keinen neuen Girolimoni* erschaffen. Aber das Monster, das echte Monster, wird das abwarten?«

»Ich weiß es nicht. Nein, *no comment.* Sie verstehen, dass ich Ihnen in dieser Hinsicht nichts weiter sagen kann, oder?«

»Das verstehe ich. Und Sie sind mir was schuldig. Oder vielleicht ich Ihnen.« Sie lächelte. »Wenn Sie also in der Zwischenzeit«, sie öffnete die Tür und streckte schon eines ihrer langen, jeansbedeckten Beine aus dem Auto, »einen Abend frei und Lust auf einen netten, unverbindlichen Plausch haben, die Einladung zum Essen steht noch. Ich wohne in der Pension Mare Blù.«

Und schon war sie draußen, die Tür schlug zu, dann hörte Santomauro das Geräusch einer anderen Autotür, hörte einen Motor aufbrummen wie eine fette Fliege in Feierlaune und sah Gnarras Wagen in seinem Rückspiegel vorbeifahren. Er blieb sitzen und starrte auf die grauen Kiesel, die bis zu den Schaumkronen der Wellen und zu den Booten hinabreichten, die, an ihren Seilen vertäut, auf dem himmelblauen Meer schaukelten.

*

---

* Italienischer Film von 1972 über einen Kindermörder, an dessen Stelle ein Unschuldiger verurteilt wird.

»Es ist nicht so, wie Sie denken, Maresciallo. Die Dinge sind nicht immer schwarz oder weiß.«

Santomauro war ein höflicher Mensch und unterdrückte deswegen ein genervtes Schnauben. Aber er war nicht zwischen zwei ihrer zahlreichen nachmittäglichen Auftritte auf der Zirkusbühne in den Wohnwagen der langbeinigen Erika gekommen, um sich eine Lektion über Moral anzuhören. Er wollte nur ein paar Informationen mehr über Feuerschlucker und seine Tochter Salva, das bärtige Mädchen, dessen Schicksal ihm einfach nicht aus dem Kopf ging, obwohl er viel schwerwiegendere Sorgen hatte.

»Mein Gott, Maresciallo, wie Sie mich ansehen! Habe ich etwas Falsches gesagt?«

»Nein, ganz und gar nicht, wenn Sie mir das näher erklären würden ...«

»Salva Parsi ist nicht das unschuldige Opfer eines schamlosen Profitjägers.«

»Sie sprechen unsere Sprache sehr gut.«

»Auch ich bin nicht das, was ich scheine. Mein Vater ist Italiener, und ich habe einen Abschluss in Ingenieurwissenschaften, den ich hier in Italien gemacht habe. Wie Sie sehen, habe ich lange gebraucht, um herauszufinden, welchen Weg ich gehen wollte.«

»Ich verstehe. Entschuldigen Sie«, antwortet Santomauro, sauer auf sich selbst, dass er sich von Vorurteilen leiten und sich das zu allem Überfluss auch noch hatte anmerken lassen.

»Macht nichts.« Sie zündete sich eine in einer langen, vergoldeten Zigarettenspitze steckende Zigarette an. »Stört es Sie, wenn ich rauche? Nein? Danke. Also was ich sagen wollte: Mustafa hat Salvas Mutter sehr geliebt, und als die Kleine geboren wurde, mit dem bekannten Problem, ist er mit ihr allein geblieben und hat sich um sie gekümmert, und er hat alles für sie getan, glauben Sie mir. Es ist nur schwer, diese Situation zu lösen, und bis Salva nicht ausgewachsen ist, ist es nicht einmal ratsam. Es ist eine Frage des hormonellen Gleichgewichts, verstehen Sie?«

Santomauro verstand und nickte.

Neben ihm drehte sich unsanft der Türgriff, er bemerkte den alarmierten Ausdruck in Erikas Augen und drehte sich ruckartig um.

»Erika, Liebling, schieben wir eine schnelle Nummer, solange der Drache auf der Bühne ist?«

Die Worte waren in einem holprigen Italienisch vorgebracht, aber der Kopf war unbestreitbar der von Jan Parsi, Akrobat und Cousin des »Drachens«, hinter dem Santomauro mit ziemlicher Gewissheit Feuerschlucker vermutete.

»Nein, Jan, jetzt nicht. Siehst du nicht, dass ich beschäftigt bin? Sei lieb, ein anderes Mal vielleicht.«

Der Kopf verschwand, die Tür schloss sich. Sie sah Santomauro tief in die Augen und blies ihm den Zigarettenrauch ins Gesicht.

»Sehen Sie, dass die Dinge nicht immer so sind, wie sie scheinen, Maresciallo? Sie wirken auf mich zum Glück nicht wie ein Spitzel, aber ich könnte mich irren. Wer weiß? Ich werde es bald herausfinden.«

Santomauro ging aus dem Wohnwagen, die Ohren vor Scham so gerötet, wie sie es seit seiner Kindheit nicht mehr gewesen waren, wenn er beim Klauen aus Omas Kleingeldbörse erwischt wurde.

*

»Sie verstehen mich nicht, Maresciallo. Wenn mein Vater wüsste, dass ich schwul bin, würde er mich mit seinen eigenen Händen umbringen.«

»Ach was, Ihr Vater ist ein intelligenter Mann, ein Arzt«, erwiderte Santomauro, aber seine Worte klangen sogar in seinen eigenen Ohren falsch. Er hatte sich auf Schwierigkeiten und absolute Verweigerung eingestellt, als er den jungen Morace in die Kaserne beordert hatte, aber stattdessen hatte ein Anruf genügt, und nun saß er ihm hier gegenüber, mit demselben redseligen Bedürfnis, sich das Gewissen reinzuwaschen, wie eine Kommunikantin bei der ersten Beichte.

»Ich erzähle Ihnen von einem Vorfall. Vor einigen Jahren, ich war vielleicht achtzehn oder neunzehn, bin ich aus dem Urlaub wiedergekommen und habe einen Freund mit nach Hause gebracht. Ich hatte meine Neigung noch nicht akzeptiert, traf mich mit Mädchen, war mit ihnen zusammen, aber dieser Junge stand offen dazu, homosexuell zu sein, ein guter Freund von mir, mehr nicht. Ich nehme ihn also mit nach Hause, beim Abendessen alles bestens, mein Freund studierte Medizin und war darin sogar richtig gut, mein Vater redet mit ihm, zeigt ihm seine Anerkennung, alles läuft glatt. Am nächsten Morgen wacht Peppe, so hieß er, früher auf als wir. Er geht runter in die Küche, und um etwas Nettes zu tun, deckt er den Frühstückstisch, pflückt ein paar Rosen aus dem Garten, drapiert hübsch die Servietten, solche Sachen. Er machte das gerne, er war freundlich, auch in den Ferien hatte er immer für alle den Tisch gedeckt.

Kurz darauf kommen wir beide in die Küche, meinem Vater genügt ein Blick, dann dreht er sich um und sagt zu mir, ziemlich laut: ›Du und diese Schwuchtel, ihr verschwindet jetzt von hier, auf der Stelle.‹ Was sollte ich tun? Wir sind gegangen, und als ich zehn Tage später wiedergekommen bin, haben wir darüber kein Wort verloren. So ist mein Vater. Wenn er erfährt, dass ich schwul bin, bringt er mich um, das versichere ich Ihnen.«

Er schwieg mit verschränkten Armen und sah Santomauro und Gnarra herausfordernd an. Bei der Vorstellung, wie Don Carmelo entsetzt die zu Schwänen oder Schmetterlingen gefalteten Servietten und die frisch gepflückten Rosen erblickte, musste Santomauro fast schmunzeln. Aber Gennys zur Schau gestellte Coolness verhüllte nur schlecht seine Verzweiflung, und selbst Pietro, der auf sexuelle Abweichungen bei Männern notorisch allergisch reagierte, enthielt sich jedes Kommentars. Erst später, als sie allein waren, sagte er: »Armer Kerl! Auch wenn ich Schwuchteln nicht abkann, wie sein Vater. Lesben dagegen … Simone, wenn ich ehrlich bin, die machen mich schon an.«

241

»Daran habe ich nicht gezweifelt«, antwortete der Maresciallo trocken. »Ich dagegen denke, dass jeder in seinem Bett machen darf, worauf er Lust hat.«

»Jedenfalls ist der aus dem Spiel, meinst du nicht? Siehst du, wie tolerant ich bin? Wenn du hingegen mit Totò redest, wird der dir sagen, dass Schwuchteln auch Kinder vernaschen.«

»Homosexuelle.« Die Stimme des Betroffenen von der Türschwelle ließ beide zusammenzucken. »Es heißt Homosexuelle, wohingegen Pädophile diejenigen sind, denen Kinder gefallen. Das sind zwei unterschiedliche Sachen, aber es ist nicht ausgeschlossen, dass jemand beiden Lastern verfallen ist, deswegen ist Genny Morace nicht frei von jedem Verdacht.«

»Danke für die Lektion, Herr Professor.«

»Keine Ursache. Wenn du mal etwas anderes als Micky-Maus-Heftchen lesen würdest, in denen du ja auch nur die Bildchen anguckst, könntest du diese Dinge ebenso wissen wie ich«, entgegnete ihm Manfredi.

»Jungs, Jungs, streitet euch nicht.« Manchmal fühlte sich Santomauro wie die Moderatorin von »Big Brother«.

»Ist doch nicht meine Schuld, wenn ich komme, um euch eine wichtige Neuigkeit zu bringen, und dabei entdecke, dass dieses Individuum schlecht über mich redet.«

»Was für eine wichtige Neuigkeit?«, fragten beide gleichzeitig.

»Eine Journalistin ist im Ort!«, flüsterte Manfredi und warf einen misstrauischen Blick hinter sich in den Flur. »Sie ist auf der Jagd nach Informationen, eine blutrünstige Tigerin, eine von den giftigsten Schreiberlingen des Mattino! Gott halte uns die vom Leib, vermeiden wir, vor ihr den Mund aufzumachen, und wenn es nur zum Niesen ist!«

Entmutigt sah Santomauro Gnarra an, der seinem Blick auswich. »Zu spät«, antwortete er.

*

Preziosa hatte nicht viele Freundinnen, denn ihre Mama ließ sie selten mit ihren Klassenkameradinnen spielen. Sie wären kein passender Umgang für sie. Ausschließlich mit ein paar sorgfältig ausgewählten Mädchen der vornehmsten Familien aus Pioppica, Acciaroli und Vallo durfte sie sich treffen.

Deswegen war dieses Mädchen, mit dem sie gerade spielte, ein wertvolles Geschenk, ein Geschenk des Himmels, das sie sich nicht entgehen lassen durfte. Sie sprach zwar nicht viel, aber sie lächelte, und sie hatten sich auf Anhieb verstanden seit dem Moment, in dem sie am Waldrand hinterm Garten aufgetaucht war.

Diese Grenze durfte Preziosa nicht überschreiten, aber sie missachtete das oft. Ihre Mutter scherte es sowieso nicht, und der Opa, den es interessiert hätte – und wie! –, ging nicht herum und kontrollierte. Heute jedenfalls war ihr das ganz gleich, diese neue Freundin war zu ihr gekommen, und sie hatte nicht die Absicht, sie wieder zu verlieren.

»Du bist vom Zirkus, oder?«

Es war leicht, das zu erraten: Ihr Rock war ausgeblichen und am Saum leicht ausgefranst, die blonden Haare hatten mal eine Wäsche nötig. Niemand im Ort hätte sein Kind in diesem Zustand herumlaufen lassen, nicht einmal ihre Mutter.

Ihre Mutter interessierte sich nicht dafür, was sie anzog, aber sie achtete darauf, was die Leute dachten. Das hatte Preziosa nun schon längst verstanden, und sie richtete sich entsprechend darauf ein. So hatte sie sich ihr kleines Stückchen Freiheit erobern können. Aber auch sie wäre gerne mit ungewaschenem Haar und unordentlich geflochtenen Zöpfen herumgerannt. Und noch mehr hätte ihr eine andere Sache gefallen: »Eines Tages werde ich ausbüxen und mit einem Zirkus fortziehen. Jetzt bin ich noch zu klein, aber in ein paar Jahren werde ich das machen, wirst schon sehen. Vielleicht mit euch, wenn ihr wieder durch Pioppica kommt.«

Das blonde Mädchen nickte und lächelte, wer weiß, ob sie etwas verstanden hatte. Dann spielten sie Verstecken, Fangen und Ochs am Berg. Schon lange hatte sich Preziosa nicht mehr so sehr vergnügt. Es fing langsam an zu dämmern, jeden Augenblick würden sie sie rufen kommen. Sie wollte dieser neuen, kostbaren Freundin eine greifbare Erinnerung dalassen, damit sie sie wieder besuchen würde. Sie schaute sich um. Am Boden lag vergessen neben einem Busch die neue Barbie, die der Opa ihr gekauft hatte, auch wenn ihre Mutter gemeint hatte, dass sie sie nicht verdiente.

Sie nahm sie, die Haare waren noch ganz ordentlich, das rosa Prinzessinnenkleid kaum zerknittert, ein wirklich schönes Geschenk. Sie streckte sie der anderen hin: »Nimm sie, ich brauch sie nicht, sie gehört dir.«

Das Mädchen schaute sehnsüchtig auf die Puppe, dann lächelte es schüchtern. Als Preziosa ihr die Puppe in die Arme legte, zögerte sie nur einen Augenblick, dann begann sie die Puppe zu wiegen. Auf ihrem kleinen Gesicht stand die Freude so deutlich geschrieben, dass Preziosa ein seltsames Jucken in den Augen spürte, wer weiß warum. Ihre Mutter wählte natürlich genau diesen Moment, um aufzutauchen.

»Was machst du noch hier? Es ist Zeit fürs Abendessen, du weißt, dass dein Großvater nicht gerne wartet.«

Sie musterte sie mit verschränkten Armen, ihren zusammengepressten Lippen und den leeren Augen, denen die Tochter gelernt hatte auszuweichen.

»Jetzt sieh dich an: ganz dreckig und verschwitzt. Und das, wer ist das? Eine Zigeunerin vom Zirkus. Na, großartig! Das hat uns gerade noch gefehlt! Eine kleine, dreckige, herumstreunende Diebin!«

Preziosa wollte weinen, aber sie konnte nicht. Sie wollte die Hand ausstrecken und die der Freundin drücken, aber sie traute sich nicht. Mit einem schiefen Lächeln noch halb auf den Lippen und der Barbie fest in den mageren Armen sah das andere Mädchen ihre Mutter an, ohne sie zu verstehen.

Da bemerkte ihre Mutter die Puppe.

»Gib her. Los!«, herrschte sie sie an.

Sie streckte die Hand aus. Das blonde Mädchen wich einen Schritt zurück und drückte seinen Schatz an sich, aber ihre

Mutter war schneller und entriss ihr die Barbie. Dann packte sie Preziosa am Arm und zog sie mit sich fort.

»Gehen wir. Und du, lass dich hier nicht mehr blicken, sonst lasse ich den Hund auf dich los, hast du verstanden?«

Preziosa stolperte beim Laufen, denn sie konnte vor lauter Tränen nichts sehen. Sie schaffte es, sich umzudrehen. Ihre Freundin stand noch da, sie schien kleiner als vorher, so mutterseelenallein. Sie stolperte wieder, ihre Mutter zog sie schnaufend hoch.

»Lauf schon, das werd ich deinem Großvater erzählen, und hoffentlich verpasst er dir eine ordentliche Tracht Prügel.«

Der Großvater schlug sie nie, vor ihm hatte sie keine Angst. Wenn ihre Mutter ihr eine Ohrfeige oder einen Klaps auf den Po gab, passte sie immer auf, dass hinterher nichts zu sehen war, und Preziosa hatte begriffen, dass die Mama Angst vor dem Großvater hatte. Manchmal wünschte sie sich, dass ihre Mama für immer fortgehen würde und sie allein beim Großvater bleiben könnte. Ab und zu sprach sie diesbezüglich ein Gebet, aber offenbar hörte das Jesuskind nicht hin.

*

»Simone? Ich habe eine wichtige Neuigkeit.«

»Bist du es, Totò? Warum flüsterst du?«

»Ich will nicht, dass mein Informant mich hört. Ich bin noch bei ihm zu Hause.«

Im Hintergrund hörte Santomauro die Stimme von Barbarella Pilerci: »Brigadiere? Mit wie viel Zucker trinken Sie Ihren Kaffee?«, und musste grinsen. Manfredi hatte beschlossen, es dem beneideten Gnarra nachzutun.

»Erzähl mir alles, schieß los!«

»Es gibt ein weiteres totes Mädchen, eines, von dem uns nichts erzählt wurde!«

»Was sagst du da?« Santomauro wurde auf einmal todernst.

»Ein Stück Kuchen dürfen Sie nicht ablehnen, den habe ich höchstpersönlich gebacken.« Die Stimme der Pilerci war dem Hörer ganz nah.

»Ist gut, Dottore. Ich werde Sie so bald wie möglich zurückrufen. Auf Wiederhören.«

»Totò? Totò, zum Teufel, leg nicht auf!«

Nichts zu machen, der Sturkopf hatte aufgelegt. Noch ein totes Mädchen, von dem sie nichts wussten? Bei Santomauro machte sich ein Magengeschwür bemerkbar, das er seines Wissens gar nicht besaß.

*

»Vater, vergib mir, denn ich habe gesündigt.«

Lillo zuckte zusammen, als er aus dem angenehmen Dämmerzustand gerissen wurde, in den er in der erholsamen Frische der kleinen Kirche von San Pacuvio gesunken war.

Je mehr er sich an die Aufgabe gewöhnte, am späten Nachmittag gelegentlich dem alten Pfarrer zur Hand zu gehen, desto mehr konnte er ihr abgewinnen. Er fing an, sich auf diese zwei Stunden zu freuen, in denen er still auf die alten Mütterchen wartete, die ihm, fromm aus Gewohnheit, durch das Gitter ihre Sünden zuwisperten. Er hörte ihnen zu und glitt in eine behagliche Trägheit, eine Art reinigende Meditation, die die Ängste und das rastlose und quälende Gemurmel seines unbefriedigten Geistes beruhigte.

Die Alten hatten selten mehr zu beichten als einen Streit mit der Nachbarin, allerhöchstens Gedanken des Hasses für den vertrottelten Ehemann oder eine anmaßende Schwiegertochter. Sanft tröstende Worte murmelnd, gab er ihnen allen die Absolution, sobald ihm das Schweigen auf der anderen Seite anzeigte, dass die Beichte beendet war. Und weiter mit dem nächsten Mütterchen, den nächsten unschuldigen Lappalien, den einfachen Seelen, die mit wenig zu trösten waren.

Aber diese Stimme hier war nicht die einer harmlosen, unschuldigen Alten, ganz und gar nicht. Er hatte sie sofort erkannt und war im Dunkeln des Beichtstuhls erstarrt, geschützt von dessen Gitterchen und dem Vorhang. Er wusste sehr wohl, dass das, was er hörte, nicht für seine Ohren bestimmt war. Es war eine Sache, sein Gewissen bei dem alten, sanftmütigen

Don Giovannino zu erleichtern, der mal ein Wort verstand, das andere wieder nicht, und der noch lange vor sich hinsinnen würde, was er da eigentlich gerade gehört und wofür er die Absolution erteilt hatte, um es nach einer Nacht tiefen Schlafes wieder zu vergessen, eine andere Sache aber war es, bei ihm zu beichten. Wenn die Person auf der anderen Seite begreifen würde, mit wem sie gerade sprach, wäre er seines Lebens nicht mehr sicher. Und doch durfte er sich nicht rühren, nichts sagen oder das heilige Sakrament der Beichte unterbrechen.

Nach und nach stellten sich die Härchen seiner Hand und dann die seiner Arme auf, während die Stimme monoton und nur zu gut erkennbar weiterflüsterte, o Gott, nur zu gut erkennbar, wie es auch seine eigene Stimme bei der nicht vermeidbaren Antwort sein würde.

Die Erzählung spulte sich ab, eine Gräueltat nach der anderen, rückwärts in der Zeit, angefangen beim Bösen von heute, das diesen kleinen, friedlichen Winkel hier heimsuchte, zurückreichend bis in die Vergangenheit, bis zu den Wurzeln allen Übels. Ein bodenloser Abgrund aus Liebe, Verzweiflung, Tod und grenzenloser Perversion.

Diese armen, toten Mädchen, diese armen der Freude und Unschuld entrissenen Seelen. Lillos Augen füllten sich mit Tränen, die Knöchel seiner Hände, die er im Schoß zusammengekrampft hatte, ohne es zu bemerken, traten weiß hervor, eine Eiseskälte hatte sich seines Körpers bemächtigt, eine Kälte, die ihn nie wieder loslassen würde, nie wieder, das wusste er. Und er konnte nichts tun, er war an das Beichtgeheimnis gebunden.

Die Stimme erklärte alles, mit obszöner Präzision, ein Detail nach dem anderen, ohne jegliches Anzeichen von Reue oder Gewissensbissen. Sie hatte das getan, was sie tun musste, das war alles.

»Warum erzählst du mir das alles?«, fragte er heiser mit einer verstellten Stimme, die er gar nicht bemerkte. »Was willst du von mir, Teufel? Du weißt, dass ich dich davon nicht freisprechen kann. Wo ist deine Reue? Wo dein Schmerz? Du hast gerade gesagt, dass du es wieder tun wirst, jedes Mal, wenn es

nötig sein wird!« Jetzt schrie er fast. Die Stimme hingegen er-
klang noch einmal ruhig, gelassen, durchdrungen von einem
unentrinnbaren Bewusstsein.

»Weil ich will, dass es jemand weiß. Ich weiß, dass Sie mich
nicht erlösen können, Don Giovannino, und danach verlange
ich auch gar nicht. Aber wenn mir etwas geschehen sollte, sind
Sie frei zu sprechen. Ich will, dass die Dinge klar sind, wenn
ich sterbe.«

Lillo fühlte aus seinem tiefsten Inneren ein Beben empor-
steigen, die Lust, aus dem Beichtstuhl zu springen und das
Monster am Hals zu packen, es zu würgen, bis all das Gift aus
seinem Körper getrieben war. Aber er war ein Mann Gottes,
und er war dort festgenagelt durch ein Gelöbnis, das über
allem anderen stand.

Von der anderen Seite kam ein Rascheln, dann Stille, eine
gespenstische Stille, die vollkommene Abwesenheit von Geräuschen, eine schwarze Leere, die Lillos Seele aufsaugte und
all das, woran er immer geglaubt hatte, Gott, die allumfassende
Liebe, das Gute im Menschen, die Unantastbarkeit der Sakra-
mente, sein Gewissen, seine unsterbliche Seele.

Der andere, der Fremde, war gegangen, er aber blieb noch
lange, entkräftet und von einem stummen Zittern geschüttelt,
im Beichtstuhl sitzen; schließlich sprang er auf und stürzte
hinaus durch die dunkle Kirche. Die wenigen brennenden
Kerzen flackerten, als er an ihnen vorüberrannte. Er stolperte
auf den Steinplatten, schlug gegen die schwere Tür, stieß sie
auf und trat ins Freie, in das unsichere Licht des Nachmittags.

Es war niemand dort.

Der kleine Vorplatz war menschenleer. Nur ein durch die
Luft segelndes Blatt und ein wenig aufgewirbelter Staub zeugten davon, dass ein Auto da gewesen war.

Die frische Vegetation um ihn herum atmete Frieden, die
Schatten des Abends würden bald herabsinken und die kleinen
Tiere in ihren Verstecken unter den Pflanzen in den Schlaf lul-
len, das Meer war ein entferntes Versprechen, ein graublauer
Widerschein durch das satte Grün, weit unten bei Pioppica.

Doch sein Frieden war für immer verloren.

Er setzte sich auf die Steinstufen, das Gesicht in den Händen vergraben, und versuchte zu beten, aber das Gebet kam nicht. Im Himmel erhörte ihn keiner. Es war niemand dort.

*

Es war ihr lästig, auch nur ihre Hand zu halten. Sie hasste Körperkontakt, das war schon immer so gewesen, solange sie sich erinnern konnte. Umarmungen, Streicheleien oder auch nur das Tätscheln der Schulter hatte sie noch nie gemocht, nicht einmal als kleines Kind, und es wurde immer schlimmer, je älter sie wurde. Nur Gott wusste, wie sie es geschafft hatte, sich zu paaren und schwanger zu werden, aber das war ein dunkler Abschnitt ihres Lebens, den sie so abstoßend fand, dass sie nicht einmal daran denken mochte.

Und trotzdem war sie hungrig nach Liebe, oder zumindest war sie es einige Zeit gewesen. Sie sehnte sich nach Blicken, verschwörerischem Schweigen, subtiler und verdünnter Intimitäten. Und stattdessen war sie hier, an dieses Mädchen gefesselt, bis es erwachsen wäre, gezwungen, es zu versorgen, zu hätscheln, im Arm zu wiegen, zu küssen und so zu tun, als ob alles normal wäre. Der Ewige Vater kannte verschiedene Arten, die Menschen zu bestrafen, und alle waren sie unergründlich und unbarmherzig.

Preziosas Hand in ihrer war warm, schweißig und mit Sicherheit dreckig. Sie konnte es kaum erwarten, sich die Hände zu waschen. Neue Baumwollhandschuhe mussten gekauft werden, und es musste immer ein Vorrat davon im Badezimmer liegen. Sie widerstand dem Verlangen, ihr einen Stoß zu versetzen, um schneller zum Haus zu kommen.

Dann tauchte ihr Vater an der Ecke auf. Das Gesicht der Zimperliese war dreckig und tränengestreift, er runzelte die Stirn. Evelina machte eine kleine Grimasse, die einem Lächeln ähnelte.

»Ich habe sie gefunden, wie sie mit einem Zigeunermädchen gespielt hat. Sag du ihr was, Papa, auf mich hört sie nicht.«

249

»Weil du dumm, langweilig und vorhersehbar bist. Ich habe dir schon tausendmal gesagt, dass du sie nicht zum Weinen bringen sollst. Wehe dir, wenn ich herausfinde, dass du sie geschlagen hast. Was interessiert es dich, wenn sie mit einem anderen Mädchen spielt?«

»Aber es war eine Zigeunerin, Papa, bei all dem, was gerade passiert …«, murmelte sie und gab sich bereits geschlagen, mal wieder.

Er hörte ihr schon nicht mehr zu, nahm Preziosas Hand, und sie gingen verschwörerisch kichernd davon.

*

»Simone, entschuldige wegen vorhin. Aber mein Informant ist sehr zurückhaltend.«

Der Maresciallo biss sich auf die Zunge, um nichts zu erwidern. Manfredi stand vor seinem Schreibtisch, keuchend, schwitzend und mit einem zufriedenen Leuchten in den Augen, das sogar seine Pläte zum Glänzen brachte.

»Komm zum Punkt. Von welchem toten Mädchen hast du gesprochen?«

Manfredi sagte es ihm.

*

Frigide. Kalt wie ein Stück Marmor und genauso hart. Wenn es nicht wegen Preziosa wäre, hätte er sie schon längst aus dem Haus gejagt, so sehr widerstrebte es ihm, sie um sich zu sehen, mit diesen leeren, bösen Augen, die sofort zu Boden blickten, die Lippen zu einem weißen Strich zusammengepresst. Nie ein Lächeln, ein freundliches Wort, wenn schon nicht zu ihm, dann wenigstens zu dem Mädchen. Nur dieses mäuschenhafte Gehusche, die Hände verkrampft und die kleinen, verstohlenen Schritte, der stechende Blick hier und da auf der Suche nach Gefahr.

Was hatte er getan, dass ihn seine Tochter so fürchtete? Darüber zerbrach sich Don Carmelo Morace seit langem den Kopf. Soweit er wusste, hatte er niemals die Hand gegen sie erhoben, etwas, das er stattdessen bei seinem Sohn getan hatte und das er auch jetzt gerne und mit Vergnügen wiederholen würde.

Frauen schlägt man nicht, nicht einmal mit einer Blume, das war ihm beigebracht worden. Was war es also? Ab und zu ein Donnerwetter, natürlich, Strafen, Drohungen, es ist ja nicht leicht, zwei Kinder als Witwer großzuziehen, aber es gab keinen Grund dafür, dass Evelina ihn immer mit diesem klammen, ängstlichen Blick eines erschrockenen Tieres anschaute.

Jedes Mal, wenn er sie sah, überkam ihn die Lust, ihr ein paar Fußtritte zu versetzen, und darüber ärgerte er sich noch mehr. Er musste auf seinen Blutdruck achten. Es war besser, nicht daran zu denken. Preziosas kleine Hand lag warm in seiner und regte sich wie ein winziges Tierchen. Nach dem Abendessen hatte er ein wenig Zeit, er würde ihr ein Märchen vorlesen.

*

Als er an diesem Abend in den Wagen stieg, um zur Architektessa zu fahren, hatte er ein Geschenk bei sich.

Ab und zu brachte er ihr etwas mit, es war die einzige Art, die ihm in den Sinn kam, um ihr zu verstehen zu geben, wie viel ihm ihre Freundschaft bedeutete. Sie nahm es anmutig an, wie immer, den Kopf mit einem kleinen Lächeln neigend, dann öffnete sie das Päckchen: Es war ein Stück Stoff, um ein Kleid daraus zu schneidern, die Verkäuferin hatte ihm versichert, dass er von bester Qualität sei. Santomauro hoffte es, er verstand sich nicht auf Stoffe. Er war schwarz, natürlich. Sie trug ausschließlich Schwarz.

Der Maresciallo wusste nicht, wer ihre Toten waren. Obwohl er sie als so etwas wie seine Familie betrachtete, wusste er fast nichts von ihr: ob sie verheiratet gewesen war, ob sie Kinder hatte oder etwas anderes. Die Architektessa hingegen wusste alles über Santomauro.

Jetzt sah sie ihn mit ihren alten, weisen Augen an, dann bedeutete sie ihm, sich zu setzen. Santomauro hockte sich vor den Kamin auf das vertraute Korbstühlchen, das ihn zwang, die Beine unter sich zu verrenken, und sie begann mit dem Ritual.

Zuerst ein Messer mit einem Griff aus schwarzem Horn, dann eine Schere, am Schluss der Schürhaken. Die Instrumente wechselten von Mal zu Mal, das einzig Wichtige war, dass sie aus Metall waren. Das hatte Santomauro über die Prozedur gelernt, und mehr wollte er nicht wissen. Es zählte nur die Erleichterung, die er verspürte, sobald sie begann, gähnend die unverständliche Litanei vor sich hinzumurmeln. Aber auch dieses Mal war er wieder erstaunt, dass er fast körperlich spürte, wie sich die Last von seinen Schultern löste.

»Ihr habt damit geschlafen«, sagte sie. Es war das, was sie immer sagte, und der Maresciallo fragte sich manchmal, ob es eine Einladung war, sie öfter besuchen zu kommen.

Als sie den bösen Blick von ihm genommen hatte, setzten sie sich an den Tisch und unterhielten sich. Das hieß, er sprach, wie sonst, und wie sonst hörte sie ihm zu. Ihre Augen, die manchmal die Erfahrung Hunderter von Jahren in sich trugen, andere Male die eines jungen Mädchens zu sein schienen, ruhten auf ihm.

Er erzählte ihr alles, von dem Druck, der auf ihm lastete, weil er es immer noch nicht geschafft hatte, die Bestie aufzuhalten, die den Mädchen die Unschuld raubte und sie dann umbrachte, von seiner Angst, dass es bald ein neues Opfer geben würde. Von dem schrecklichen Gefühl der Ohnmacht und Unabwendbarkeit, das er empfand.

Dann schwieg er, abgekämpft. Die Architektessa nahm seine Hand in ihre kleinen, braunen, faltigen Hände, die sie bis zu diesem Moment im Schoß gehalten hatte. Ihre Handflächen waren warm und trocken.

»Dieser Mensch, dieses Monster, wie Ihr sagt, leidet. Ich fühle, dass er sehr leidet, ich fühle seinen Schmerz. Er ist ein Henker, aber er tötet aus Liebe. Ihr werdet ihn finden. Ich fühle, dass er nah ist, sehr nah. Ihr müsst den Mao finden und Gevatterin Perna. Denkt daran: Sie ist jung, aber alt wie die

Nacht, sie ist uralt und noch viel böser als er. Und ich fühle, dass sie nahe sind.«

Dann zog sie sich in sich zurück, stumm und fast abweisend, und wollte nichts mehr sagen. Santomauro ging verstimmt und enttäuscht. Manchmal hatte sie Eingebungen, geheimnisvolle und dunkle Vorahnungen, in denen er jedoch einen Sinn finden konnte. Aber nun hatte sie ihm nichts zu bieten. Ein Henker, der aus Liebe tötete. Wenn Totò Manfredi bei dieser Unterhaltung dabei gewesen wäre, hätte er nie mehr aufgehört, ihn damit aufzuziehen.

Der Ärger über die Architektessa verflog, als er die Serpentinen in den Ort hinunterfuhr. Die Luft strömte duftend und noch warm durch das weit heruntergelassene Fenster. Santomauro fühlte sich gut, verschwunden waren alle Zipperlein und üblichen kleinen Beschwerden. Keine Rückenschmerzen, und auch das Knie knackste nicht mehr, diese Wirkung hatte ihre Magie immer auf ihn, wenigstens für ein paar Tage. Er lief das Treppchen hinunter, aß im Stehen mit Blick aufs Meer Brot mit Mortelle und fiel danach sofort in einen tiefen Schlaf. Zum ersten Mal, seitdem der Körper der kleinen Zina gefunden worden war, schlief er die ganze Nacht lang durch ohne Unterbrechungen.

Nacht von Samstag auf Sonntag – die sechste

In dieser Nacht traf Erika ihre Entscheidung. Es war sinnlos, weiter zu warten, und die Situation wurde langsam gefährlich.

Carolina entschied in dieser Nacht, nicht zum ersten Mal, nach Neapel zurückzugehen.

Estera wusste, dass sie mit Tonino würde reden müssen. Gewisse Dinge mussten den Carabinieri gesagt werden, auch wenn sie möglicherweise gefährlich waren. Sie wälzte sich im Bett hin und her, aber der Schlaf ließ noch lange auf sich warten.

Maria Pia träumte von Lillo im Talar und fuhr aus dem Schlaf hoch. Totò schlief leise schnarchend mit offenem Mund. Sie stieg auf Zehenspitzen aus dem Bett und machte sich einen Kamillentee.

Lillo war sich fast sicher, das Opfer eines schlechten Scherzes geworden zu sein, und verbrachte die ganze Nacht in dem Versuch, sich selbst davon zu überzeugen.

Die Geckos vernichteten in dieser Nacht Dutzende von Insekten auf Santomauros Terrasse, aber niemand wurde Zeuge dieses Gemetzels.

Don Carmelo sah sich drei öde Filme nacheinander an und schlief erst in den Morgenstunden ein.

Marco Folchi ging mit einem unruhigen Gefühl zu Bett, aber am nächsten Morgen erwachte er heiter und entspannt, mit der Gewissheit, dass alles gut werden würde.

So auch Sergio Gabrielli, aber da er ein Psychologe war, fragte er sich lange, warum und weshalb, und zog daraus keinen eigentlichen Nutzen.

Gnarra vögelte lustvoll und ausgiebig, aber es schien ihm, nicht die ganze Aufmerksamkeit zu bekommen, die er verdiente.

Feuerschlucker schlief vor Hitze schwitzend, aber mit einem ruhigen Gewissen: Er hatte allen klargemacht, dass er von Diebstählen nichts mehr hören wollte. Sein Zirkus war ein ehrlicher Zirkus.

Gaudioso schlief, wie immer, den Schlaf des Gerechten.

Cecilia Folchi träumte, sie würde die Zeitung lesen, dann wachte sie verärgert auf und fragte sich zum wiederholten Mal, ob Marco wohl an Chiara gedacht hatte, als er das tote Zigeunermädchen gefunden hatte. Ihre kleine Chiara, gestorben, als sie weit weg waren.

Barbarella Pilerci vögelte lustvoll und ausgiebig und fragte sich, ob es nicht an der Zeit wäre, sich auf eine feste Beziehung einzulassen, aber dann entschied sie sich dagegen.

Sechster Tag, Sonntag

»Santomauro? Hier ist Gaudioso, lieber Maresciallo, und ich wünsche Ihnen einen guten Morgen. Ich sehe mit Freuden, dass die Sache es zu einer gewissen Aufmerksamkeit in den Zeitungen gebracht hat und dass Sie eine gute Kontaktperson haben. Die Presse auf seiner Seite zu haben hilft sehr, das gefällt mir, lieber Freund. Nur betonen Sie das nächste Mal mehr die Erfolge ... Welche Erfolge? Tun Sie nicht so bescheiden, der Fall ist fast gelöst, und außerdem interessiert das niemanden. Was die Leute wissen möchten, ist, ob die Ordnungskräfte leistungsfähig und bereit zu ihren Diensten stehen, genauso wie die Richter. Denken Sie daran, mich das nächste Mal zu zitieren, auch den Vornamen, wenn es Ihnen recht ist. Ich heiße Catello, C-A-T-E-L-L-O, ja, C-A-T-E-L-L-O, genau. Nein! Mit zwei L, zwei L, aufgepasst! C-A-T-E-L-L-O!

*

»Panguro! Die Zeitungen! Den Mattino, sofort!« Zu mehreren stürzten sie herbei. Santomauro wurde selten laut, schon gar nicht am frühen Morgen, wenn er normalerweise in düsterer und schweigsamer Verfassung war. Nur einige Augenblicke später lag die Zeitung aufgeschlagen auf der betreffenden Seite vor ihm. Santomauro las mit wachsendem Entsetzen, während Manfredi und Gnarra bang und mit derselben Gier über seine Schultern mitlasen.

»Sehr gut geschrieben, da lässt sich nichts sagen«, bemerkte Totò unpassend wie immer. »Mir gefällt speziell dieser Teil über dich: ›Der leidende Maresciallo mit der Verzweiflung im Herzen. Er und seine Männer fischen im Trüben‹, na ja, das hätte sie sich auch sparen können, ›doch sie werden bis zum

Äußersten gehen, um dieses Monster, das sich an unseren Kleinen, Töchtern einer multikulturellen Gesellschaft, vergeht, aufzuspüren.‹«

»Blablabla, ihre Schreibe ist doch unerträglich!«, gab Pietro zurück und riss dem Maresciallo die Zeitung fast aus der Hand.

»Das stimmt nicht, hör dir das an: ›Das Team von Maresciallo Santomauro, das mit ihm die Last des Schmerzes teilt und die Scham über die Niederlage‹ und so weiter und so fort. Sehr gut geschrieben, wirklich.« Manfredi schob sich die Brille auf der Nase zurecht. »Die hat was auf dem Kasten. Und man sieht, dass sie einen wertvollen Informanten hat, einen, der in alle Fakten eingeweiht ist, meinst du nicht, Pedro? Mir scheint wirklich, dass sie richtig gut schreibt«, schloss er schmeichlerisch.

Santomauro schnaufte und ließ sich schwer in seinen Stuhl sinken. Gnarra sah aus, als wäre er verprügelt worden, selbst Totò bemerkte es und hörte auf, ihn zu piesacken.

»Was machen wir jetzt, Simone?«

»Was willst du machen? Nichts! Immerhin hat sie Wort gehalten und nicht die Namen der Verdächtigen erwähnt, das ist wenigstens etwas.«

»Sie ist zu schlau, um sich Scherereien einzuhandeln, Simone, aber ihr seid echt zwei Esel, wenn ihr denkt, dass eine Journalistin auch nur ein Minimum an ethischem Gewissen besitzt. Ab jetzt werde ich die Kontakte zur Presse in die Hand nehmen, und ihr werdet schon sehen, die Sache kann ich noch zu unserem Vorteil drehen.«

Als Manfredi endlich gegangen war – es war sein freier Tag –, fand Gnarra die Sprache wieder.

»Es ist nicht meine Schuld«, begann er bockig wie ein auf frischer Tat ertapptes Kind. Der Maresciallo verdrehte die Augen und schnaubte wortlos.

»Was willst du, Simone? Ich hab sie zum Essen ausgeführt, wir haben ein bisschen geplaudert, ich hab ihr gesagt, dass es dich mitnimmt, dass es uns alle mitnimmt, ja Scheiße noch mal, es sind zwei kleine Mädchen gestorben, Manfredi hat Familie, du und ich, wir sind ja auch nicht aus Stein, und diese blöde Kuh hat eine Glosse daraus gemacht. Sie wird sie auf dem Klo im Restaurant geschrieben haben, diese Schlampe! Aber Totò hat ja so recht, sie schreibt doch toll, oder? Geradezu herzerweichend!«

Gnarra war erniedrigt worden, und Santomauro ließ Gnade walten.

»Schon gut, ich hätte dich warnen sollen, mit der konntest du es nicht aufnehmen.« Ein Schauer des Stolzes durchfuhr Pedro, richtete ihn kerzengerade auf und ließ seine Augen vor ungestümer Männlichkeit aufblitzen: »Mich hat noch keine Frau zum Affen gemacht und wird es auch nie tun!«

»Klar, hab ich gesehen, und wie«, antwortete sein Chef, aber dann hatte er Takt genug, um nicht weiter in der Wunde zu bohren.

*

Jedes Mal wurde es mühsamer. Die Straße zum Friedhof war kurz, aber sie führte steil bergauf, ihre Beine waren müde und blau von den geschwollenen Adern, und die Blumen schienen von Woche zu Woche schwerer zu werden. Aber sie hatte es der Mutter auf dem Totenbett geschworen, und sie würde ihr Wort nicht brechen.

Dennoch hätte sie es schön gefunden, wenigstens einen Sonntag mal nach der Messe im Dorf zu bleiben, um mit irgendeiner Freundin auf der Piazza einen Kaffee zu trinken, das Meer zu betrachten, wie es sich mit den Kieseln am Strand vermischte, und die vorüberspazierenden Menschen, »die wahren Menschen, die Kinder, die jungen Pärchen«, die scherzten und lachten, bevor sie zum Mittagessen gingen. Zu dieser Jahreszeit war Pioppica sonntags herrlich, voller Leben mit all den Leuten aus Vallo, Salerno und Neapel.

Marta Casuella gierte nach Leben, ihres hatte sie am Bett ihres Vaters und später ihrer Mutter zugebracht. Und nun war es spät, sie hätte es aber trotzdem schön gefunden, dazusitzen, zu plaudern, die anderen zu beobachten und einen Kaffee in netter Gesellschaft zu trinken.

Doch sie hatte es versprochen. Frische Blumen jeden Sonntag und die Gräber gepflegt, das Unkraut gezupft, die Lichter immer an, achte ja darauf, meines ist egal, aber deinem Vater war es sehr wichtig, schwör es, schwör es, und lass mich in Frieden von dieser Welt gehen, schwör es.

Die Stimme ihrer Mutter, endlos, gestorben mit zweiundneunzig Jahren und nur einem einzigen Gedanken im Kopf. Und sie hatte es versprochen.

Der Friedhof lag nicht weit außerhalb von Pioppica, aber dennoch abgeschieden. Klein und weiß, alle Gräber wie winzige Häuser um den tiefgrünen Rasen aufgereiht, tauchte er unvermittelt hinter einer Kurve zwischen den Kastanien auf. Auch sie würde einst neben ihren Eltern und den Großeltern hier liegen, aber niemand würde Blumen zu ihrem Grab bringen.

Um diese Uhrzeit waren normalerweise noch Leute da, die draußen vor den Familiengruften herumhantierten oder an den Gräbern knieten. Das ihrer Familie war wie immer ordentlich, aber der Eimer, um Wasser für die Blumen zu holen, fehlte.

Einen Eimer von einem Grab stehlen! Auch das jetzt noch. Was war so schwer daran, eine Sache zu nehmen und sie dann wieder an ihren Platz zurückzubringen?

Der Friedhofswärter war nirgends zu sehen, und neben dem Brunnen standen nur ein paar zu kleine Plastikvasen. Seufzend trat sie auf den Vorplatz, wo einige Bänke im Schatten der Bäume Erholung versprachen. Um die Ecke gab es eine Art Abstellplatz, von dem sie wusste, dass der Friedhofswärter dort einige Reserveeimer lagerte. Unter ihren Füßen war das Gras schon von den ersten Blättern, den Boten des bevorstehenden Herbstes, bedeckt.

Ein Haufen schwarzer Säcke zog ihre Aufmerksamkeit auf sich. Jetzt laden sie auch noch den Müll vor dem Friedhof ab, die haben auch keinerlei Gottesfurcht …, dachte sie.

Dann sah sie die Hand. Sie ragte aus dem schwarzen Plastik heraus, eine Hand mit zerbrochenen Fingernägeln und dreckigen Fingern. Eine Frauenhand. Ein schmaler Ring.

259

Der Moment, in dem sie all dies wahrnahm, war wie eingefroren, glasklar, dann fiel sie auf die Knie und begann zu schreien.

*

»Warum haben Sie mir nichts von Ihrer Schwester erzählt?«

»Warum hätte ich das tun sollen? Chiara ist jetzt schon seit vielen Jahren tot, tot und begraben, buchstäblich, sie wieder auszugraben würde niemandem helfen.«

»Denken Sie?«, antwortete Santomauro hart. Er stand vor Carolina Folchi in ihrer hellen Küche, aber sie saß untätig mit den Händen im Schoß da, kein Mehl, keine Marmeladengläser, Eier, Butter oder sonst etwas, das eine Beschäftigung vermuten ließ, waren zu sehen. Die alte, verbrauchte Holzarbeitsplatte mit der von jahrelanger Benutzung gefurchten Oberfläche glänzte sauber und vollkommen leer. Sie hatte ihm nicht einmal einen Kaffee angeboten, sondern sah ihn mit gerunzelten Brauen und verschränkten Armen an, aber der Maresciallo fand sie, wer weiß warum, weiterhin attraktiv.

»Meinem Vater und meiner Mutter würde es mit Sicherheit nichts bringen. Die haben wegen dieser Sache schon genug gelitten.«

»Denken Sie nicht, dass es für uns hilfreich gewesen wäre?«

»Ich wüsste nicht, warum«, antwortete sie und blickte ihm fest in die Augen. »Meine Schwester war sieben Jahre alt, als sie starb, und ich neun. Sie ist von einem Baum gefallen und hat sich das Genick gebrochen. Sie wollte Kirschen pflücken. Wir haben jahrelang getrauert, was gibt es da noch zu sagen, wozu sollte diese Geschichte jetzt dienen? Warum haben Sie sie hervorgekramt, Maresciallo?«

»Ich habe erst kürzlich davon erfahren. Es gab nie ein wirkliches Ermittlungsverfahren.«

»Der alte Maresciallo hat uns damals verhört, als ob alles andere nicht schon schlimm genug gewesen wäre.«

Santomauro wusste davon, er hatte mit dem mittlerweile pensionierten Maresciallo Feliseo, der die Angelegenheit damals, vor etwa fünfzehn Jahren, verfolgt hatte, telefoniert. Der Vater war zum Todeszeitpunkt der Kleinen in Salerno gewesen, die Mutter im Ort. Chiara Folchi war für ihr Alter klein, aber behände gewesen. Sie war oft vom Baum gefallen, wie alle Kinder, aber dieser Sturz war ihr zum Verhängnis geworden. Der alte Fedele Feliseo konnte sich gut daran erinnern, sie war das jüngste Opfer seiner langen Amtszeit gewesen. Sie hatte etwas Rotes getragen, vielleicht eine Latzhose, die Augen waren weit aufgerissen gewesen, und in der Faust hatte sie eine Handvoll Kirschen gehabt. Auf einen Schlag tot mit gebrochenem Genick, und es wäre nichts groß weiter zu sagen gewesen, wenn nicht …

»Wenn Chiara der Lehrerin in der Schule nicht einmal erzählt hätte, dass sie einen schwarzen Mann im Wald gesehen hatte.«

Carolina sah ihn fassungslos an.

»Und deswegen kommen Sie her? Maresciallo, wir waren Kinder! Den schwarzen Mann im Wald sahen wir einen Tag, den anderen nicht. Das war ein Spiel von uns! Was fällt Ihnen eigentlich ein? Ich habe sie fallen sehen, ich habe vor dem halbvollen Korb gesessen und Kirschen gegessen, als sie heruntergefallen ist. Seitdem esse ich keine mehr, ich ekle mich davor.«

Ihre Augen hatten sich mit Tränen gefüllt, sie strich sich mit einer unwirschen Geste eine Strähne aus der Stirn, und für einen Augenblick schien sie wieder das Mädchen zu sein, das die kleine Schwester hatte sterben sehen und deswegen keine Kirschen mehr aß.

Santomauro fühlte sich sehr alt und sehr dumm. Er entschuldigte sich und wartete nicht auf Folchi, den er aber trotzdem traf, als er gerade ins Auto steigen wollte, und der ihm die ganze Geschichte bestätigte. Es war offensichtlich, dass die Erinnerung an Chiara für ihn weniger präsent war als für seine Tochter. Es war viel Zeit vergangen, sagte er fast entschuldigend.

»Trotzdem geht sie mir immer wieder durch den Kopf, gerade jetzt, wo diese Mädchen gestorben sind. Ich denke im Moment öfter an sie, als ich es in den ganzen letzten Jahren getan habe.« Sein Blick war traurig, verloren in der Erinnerung an ein vor langer Zeit gestorbenes kleines Mädchen.

*

»Wenn Sie so weitermachen, Pater, werden Ihre Hände ganz *spunzate*. Ihre Haut ist schon *azzerpuliata*!«

»Wie bitte?«, Lillo drehte ihm mit einem schiefen Lächeln sein gebräuntes Gesicht zu.

Für einen Moment wirkte der Pfarrer auf Santomauro scheu, zerstreut, irgendwie eingefallen. Selbst als er ihn nun anlächelte, streifte sein Blick ihn nur kurz, suchte dann aber einen unbestimmten Punkt hinter seinem Rücken. Eine Haarsträhne fiel ihm vor die Augen, während er, zwischen den Felsen kauernd, mit den Händen und einem Schraubenzieher im flachen Wasser herumwühlte. Er trug ein lila Poloshirt und weiße Shorts, immer noch mehr Pater Ralph als Don Camillo.

»Ich habe gesagt, dass Ihre Hände auf diesem Weg *spunzate* werden, schrumplig vom Meerwasser!« Der Maresciallo musste die Stimme anheben, um sich vom Ufer aus verständlich zu machen, wo ihm kleine Wellen schon fast an den Schuhen leckten. Der Jesuitenpater hatte sich auf die Felsen im Süden des Ortes gewagt, wo der Strand nach und nach einer Steilküste und immer größeren Felsblöcken wich. Santomauro wusste, was er da machte, denn auch er hatte es viele Male getan.

»Sie lernen Cilentanisch, Maresciallo? Und *azzerpuliata*, was soll das heißen? Lassen Sie mich raten, Gänsehaut?«

»Ich hatte gehofft, Sie mit meinen Sprachkenntnissen zu beeindrucken, aber ich merke, Sie sind stets ein ausgezeichneter Gegner.«

»Was soll das, Simone, wollen Sie mir schmeicheln? Sie wissen doch, dass Sie vor einem Jesuiten nicht den Jesuiten spielen können«, lächelte er und ließ seine weißen Haizähne im gebräunten Gesicht aufblitzen, für einen Moment war er genau der übliche Lillo, den Santomauro hasste.

»Gewähren Sie mir die Ehre, Sie zum Mittagessen einzuladen, Maresciallo? Ich habe genug Seeigel für zwei gesammelt.«

»Warum nicht, das nehme ich sehr gerne an.« Eigentlich hatte er den Jesuiten nicht absichtlich gesucht, aber jetzt, da er ihn vor sich sah, hatte er hinter dem seichten Geplapper verborgen etwas wahrgenommen. Santomauro war gut darin, Geheimnisse zu wittern. Lillo hütete eines, das ihn langsam von innen heraus auffraß.

Nicht viel später saßen sie sich gegenüber auf einer Terrasse mit Meerblick. Einer von Lillos Freunden, oder besser, Freundinnen, hatte ihm das Haus nach dem Ende der Sommersaison zur Verfügung gestellt, da er noch nicht entschieden hatte, wie er nach den Ermittlungen zum Fall der Frau unter den Algen, die viele seiner Gewissheiten erschüttert hatten, weitermachen sollte. Vielleicht würde er nach Südamerika gehen, vielleicht nach Rumänien, wer weiß, er wartete noch auf einen Ruf, aber er wusste, dass er nicht in die reichen Pfarrbezirke Neapels zurückkehren wollte. Das erklärte Lillo Santomauro, während er mit gekonnter Hand die Seeigel einen nach dem anderen in zwei Hälften teilte. Er hatte ein eigens dafür vorgesehenes Werkzeug, eine Art flache, scharfe Zange, zweifellos eine Leihgabe, zusammen mit der Villa in Sigmalea, der mit Terrakottakacheln gefliesten Terrasse, dem Panorama und der perfekt ausgestatteten Küche, wo das Wasser schon auf einem funkelnden Herd kochte. Das Meer war eine kompakte Ebene von fast kitschigem Hellblau am Fuße eines in Hunderten verschiedener Grüntöne überwucherten Steilhangs, um sie herum die Stille, die allenfalls vom Gezwitscher eines Vögleins gekräuselt wurde. Lillo hatte immer sehr großherzige Freundinnen.

»Also, Maresciallo. Wie laufen die Ermittlungen?« Der Ton war gleichgültig, aber nicht der Blick.

Santomauro nahm den ranzigen Geruch des unter dem Meeresduft versteckten Geheimnisses wahr. Auf welche Weise konnte ein Priester wohl etwas Unenthüllbares herausfinden? Eine Ahnung hatte der Maresciallo.

Mit einem trockenen Schlag zerteilte Lillo einen weiteren rosa Seeigel, dann schabte er mit einem winzigen Löffelchen das köstliche orange Fleisch heraus und legte es in einen tiefen

Teller zu dem restlichen. Santomauros niedere, wenn auch ein gewisses Fingerspitzengefühl erfordernde Aufgabe bestand darin, den Seeigel vorher mit einem hauchdünnen Wasserstrahl aus der Pumpe auszuspülen, damit der Darm des Tieres »oder das, was wie der Darm aussieht«, gesäubert und vom Sand befreit wurde. Oder dem, was wie Sand aussah. Santomauro war sich nicht sicher, ob er alles so genau wissen wollte, aber er liebte Spaghetti mit Seeigelfleisch, vor allem, wenn er sie nicht selbst gesammelt hatte.

»Ich weiß nicht mehr weiter«, antwortete er ehrlich. Er hätte gerne gebeichtet. Lillo zerteilte einen weiteren Seeigel.

»Wir haben zwei tote Mädchen und nicht den Hauch einer Spur.« Ein weiterer Schlag, ein Strahl Wasser, Löffel. Die Stille um sie herum war vollkommen, selbst die Vögel zogen es vor, zu schweigen.

»Einen Haufen Verdächtiger, die Bewohner von Casa Morace und Casa Folchi, plus ein paar Angestellte vom Zirkus, aber niemand, den man wirklich beschuldigen könnte. Ich brauche jede Hilfe, die ich kriegen kann. Wenn irgendjemand etwas weiß oder vermutet ...«

Zwei schnell aufeinanderfolgende Hiebe. Löffel. Ohrenbetäubende Stille.

»Manchmal erfährt man in der Beichte die absurdesten Sachen ...« Der Maresciallo hatte die Stimme fast zu einem Flüstern gesenkt, vielleicht war es so leichter.

Ein weiterer Schlag. Der Priester musterte unwillig den mittlerweile gefüllten Teller. Eine Biene summte durch die nach Blumen und Meer duftende Luft.

»Ich glaube, das Wasser kocht. Decken Sie den Tisch, während ich die Spaghetti hineinwerfe.«

Der Augenblick war vorüber. Auf dem Tisch blieb ein offener Seeigel zurück, dort zerquetscht, wo die Hand beim Schlag gezittert hatte, das orange Fleisch umsonst freigelegt. Die Biene nahm all ihren Mut zusammen.

Die Spaghetti waren perfekt, al dente, benetzt vom frischen Fleisch des Seeigels, mit einem leichten Hauch Parmesan. Lillo sah ihm das ganze Mittagessen über nicht in die Augen, während sie sich über brasilianische Rinderfarmen und die in der Kanalisation lebenden Straßenkinder Rumäniens unterhielten, über alles, außer über das, was er wissen musste. Santomauro saß gegen die Sonne, ihre Strahlen blendeten ihn und ließen seine Augen tränen, aber wenn er den Kopf beugte, konnte er das Gesicht des anderen gut erkennen, und in der Tiefe seines Blickes sah er den Schatten einer gepeinigten Seele. Bevor er ging, wollte er noch einen letzten entschiedenen Anlauf versuchen.

»Pater, wenn Sie etwas wissen …«

»Ich kann nicht, verstehen Sie denn nicht, dass ich nicht kann?« Es war mehr ein Schrei als eine Frage, die Augen die eines Wahnsinnigen. Der Maresciallo senkte den Kopf und ging.

Er stieg gerade ins Auto, als er sich daran erinnerte, dass er das Handy ausgeschaltet hatte. Als er es anmachte, fand er die Nachrichten.

*

»Der Körper liegt schon seit einiger Zeit da, vielleicht eine Woche, schwierig, es genau zu sagen.« Totò Manfredis Gesicht war müde, angespannt und unrasiert. Er hatte seinen freien Tag und war höchstwahrscheinlich vom Mittagessen mit der Familie weggerissen worden.

Santomauro packte das schlechte Gewissen: Ihn selbst hatten sie nicht erreichen können, Gnarra war unterwegs, und so hatte Manfredi gezwungenermaßen auf seine hochheilige Ruhe verzichten müssen.

»Geh wieder nach Hause, Totò, jetzt bin ich ja da.«

»Bist du verrückt? Alle drei Kinder am Tisch plus meine Schwiegereltern und meine Schwägerin mit Familie, und Maria Pia hat ihren Nudelauflauf mit Bechamelsoße gemacht, der mir immer den ganzen Nachmittag im Magen liegt! Da werde ich doch jetzt nicht zurückgehen. Für mich ist es erholsamer, wenn ich hierbleibe!«

265

»Bist du sicher? Das wird garantiert kein schöner Anblick werden.«

Totò stimmte ihm zu, während sie gemeinsam zur Friedhofsmauer gingen, wo halb verborgen in einer Art Bretterverschlag die noch zu identifizierende Leiche lag. Ihre Männer standen in respektvollem Abstand, während Professor de Collis, der sonntags offenbar nicht zu Mittag aß, schon mit der Untersuchung begann.

Der Gestank war fast unerträglich, und Totò Manfred machte einen Schritt zurück, obwohl er die Reste schon von nahem begutachtet hatte, vermutlich trauerte er dem Lärm und den ganz anderen Gerüchen bei sich zu Hause nun doch nach.

Santomauro hielt stoisch stand. Er hatte die Erfahrung gemacht, dass der Geruchssinn nach einer gewissen Zeitspanne, die leider variierte, sich selbst bei den ekelerregendsten Gerüchen anpasste, oder vielleicht aufgab, vermutlich sogar zusammenbrach und nur eine unangenehme unterschwellige Note blieb, die er ertragen konnte, indem er sich auf andere Einzelheiten konzentrierte.

Einzelheiten, die in diesem Fall ebenso fürchterlich waren. Die Leiche war die einer vermutlich jungen Frau. Aus den Plastiksäcken hatte nur die Hand samt einem traurigen Ring mit einer rosa Metallblume herausgeschaut, aber jetzt, da de Collis sie nach und nach mit behandschuhten Fingerspitzen aus ihrer provisorischen Grabhülle herausschälte, kam ein schmächtiger, obgleich von Verwesungsgasen aufgeblähter Körper hervor. Lange, braune, mit Blut und Dreck verklebte Haare. Das Gesicht war entstellt, das geblümte Baumwollkleid zu dünn für diese Jahreszeit, die Beine dreckig und voller Kratzer und Blutergüsse, die auch unter dem Zerfall, der durch den beginnenden Verwesungsprozess eingesetzt hatte, noch deutlich zu sehen waren.

»Gab es sexuelle Gewalt?«, fragte er und musste sich räuspern, um die Frage stellen zu können.

Ohne sich umzudrehen, schüttelte de Collis barsch den Kopf.

»Auf den ersten Blick kann ich das nicht sagen, Maresciallo: Die Unterwäsche trägt sie noch, aber ich erkenne hier und auch hier Spuren von alten Blutergüssen an der Innenseite der Oberschenkel, sehen Sie?«

Santomauro hätte gerne darauf verzichtet, aber er sah hin.

»Der Schlag, der sie getötet hat, oder eher die Schläge, es war mehr als einer, haben ihr die gesamte linke Gesichtshälfte zertrümmert, Schläfenknochen, Wangenknochen, Kiefer, ich würde sagen, sie ist von vorne mit einem Stock oder etwas Ähnlichem getroffen worden. Der Angreifer hat die rechte oder, nach der Wucht der Gewalteinwirkung zu urteilen, sogar beide Hände benutzt. Genaueres werde ich Ihnen nach der Obduktion sagen können, die in, mal sehen …«, er schaute auf die vergoldete Rolex, die unter dem tadellosen Bündchen seines Hemdes hervorlugte, »in genau zwei Stunden beginnen wird. Versuchen Sie dabei zu sein, oder schicken Sie einen Ihrer Männer, Sie werden sofort alles wissen, was Sie brauchen.«

Dann stand der Professor auf, streifte sich mit einer eleganten und beiläufigen Geste die Handschuhe ab – Amaturiello stürzte herbei, um sie ihm abzunehmen, bevor er sie auf die Erde fallen ließ –, nickte ihm zu und ging.

Santomauro sah Manfredi an: Das kam näher an ein kooperatives und hilfsbereites Verhalten heran, als de Collis in all diesen Jahren jemals bei einem erwachsenen Körper an den Tag gelegt hatte.

»Scheinbar hat auch seine Majestät ein Herz, was, Simone? Wenn dieses Verbrechen auch ein Arschloch wie de Collis nicht kaltlässt, heißt das, dass wir tiefer nicht mehr sinken können.«

»Ich hätte mich nicht bildlicher ausdrücken können, aber du hast recht. Hoffen wir, dass die Obduktion uns ein paar Hinweise für ihre Identifikation liefert. Anzeigen von vermissten Frauen haben wir in letzter Zeit nicht gehabt. Wer hat den Körper gefunden?«

»Eine arme Frau, die immer noch unter Schock steht. Ihr Name ist Marta Casuella, sie kommt jeden Sonntag hierher.«

Zusammen betraten sie den Friedhof und wandten sich zu der entferntesten Bank, auf der, von Schauern geschüttelt und von ein paar frommen Weiblein getröstet, eine graue Frau wartete. Das war die einzige Beschreibung, die dem Maresciallo für sie in den Sinn kam: grau der leichte Sommermantel, grau die dicken Strumpfhosen, die die traurigen Krampfadern nicht verbergen konnten, grau vom Staub die schwarzen Schuhe. Grau die Haare und grau das Gesicht, aus dem der Schock und die Tränen jegliche Spur von Schminke gelöscht hatten, falls es sie gegeben hatte.

An ihre Brust drückte sie eine hochwertige schwarze Tasche. Ihre Augen, mit denen sie ihn durch die Brillengläser ansah, waren überraschend schön, grün und leuchtend, intelligent.

»Sie kommen jeden Sonntag her, richtig?«

»Ja, das ist mir lieber so. Mir liegt viel daran, dass das Grab meiner Eltern immer in Ordnung ist. Sie würden es so wollen …« Die Stimme verebbte in einem Flüstern.

»Uns ist es nicht gelungen, den Friedhofswärter ausfindig zu machen. Wissen Sie, ob er den Schuppen, in dem der Körper versteckt war, oft benutzt?«

»Wer, der? Der ist ein Faulpelz, er ist nie da. Wie auch immer, es ist eine Art Lagerplatz für Abfallmaterial, Eimer und Vasen müssten auf dem Friedhof an der Pumpe stehen.«

Während sie sprach, schien sich die Casuella wieder zu erholen, ihre Antworten waren genau, eine gute Zeugin, die alles sagen würde, was sie konnte.

»Also meinen Sie, es ist möglich, dass dort mehrere Tage niemand gewesen ist?«

»Maresciallo, dieser Friedhof wird vor allem von uns Angehörigen in Ordnung gehalten.« Die frommen Frauen, die neben ihr saßen, nickten würdevoll. »Der Wärter hat eine andere Arbeit, er kommt nur hierher, wann es ihm passt. Dieses arme Mädchen könnte da auch schon seit einem Monat liegen, wenn Sie mich fragen.«

»Mädchen? Woher wissen Sie, dass es ein Mädchen ist?«

Aus der Hülle hatte nur die Hand geschaut.

»Haben Sie sie etwa angefasst oder bewegt?«, mischte sich Manfredi eilig ein. Santomauro ärgerte sich darüber, er wollte sie nicht erschrecken. Sie sah den Brigadiere an, als ob er verrückt wäre. »Sie anfassen? Um Himmels willen, die arme Seele, das hätte ich mich nie getraut, aber ich habe den Ring wiedererkannt. Sehen Sie, Maresciallo«, murmelte sie an Santomauro gewandt, »den hatte ich ihr geschenkt, der armen Kreatur, und ich glaube, sie hatte in ihrem Leben noch nie irgendetwas geschenkt bekommen.«

*

Er hat sich lange Zeit zufriedengegeben.

Er hat sich angestrengt, wirklich, hat probiert, ein normales Leben zu führen.

Er hat sich zufriedengegeben, ist Kompromisse eingegangen, hat versucht, so wenig Unannehmlichkeiten wie möglich zu machen.

Er hat sich zufriedengegeben, hat sich auf vielerlei Arten bemüht, hat Mittelchen benutzt, hat manches riskiert, um nichts zu tun, dessen er hätte beschuldigt werden können.

Viele laufen herum, die eigentlich zur Verfügung ständen, die nicht sprechen, die nicht wüssten, wem sie es sagen sollten, und es nach allem vielleicht nicht einmal sagen wollten, Wildfänge, denen er vermutlich einen Gefallen täte.

Er hat die Augen geschlossen und sich damit abgegeben, zu lange Zeit. Solange er gekonnt hat, und dann ist es irgendwann nicht mehr möglich gewesen, sich zufriedenzugeben.

Und er hat sich dieses Mädchen nehmen müssen. Das Mädchen vom Zirkus. Und dann das andere, er konnte nicht mehr aufhören, und jetzt hat er Hunger, einen gierigen Hunger, den er viele Jahre, all diese unendlich langen letzten Jahre, unterdrückt hat, einen quälenden Hunger, den er nicht begründen und nicht herauslassen konnte.

Er hat immer gedacht, dass das, was er fühlte, Liebe sei. Er hat seine Liebe gegeben, und jetzt ist sie in dieser schrecklichen Art ausgeufert, und er weiß nicht, was er machen soll. Er weiß wirklich nicht, was er machen soll, und trotzdem will er sich nicht mehr zufriedengeben.

Er hat aufgehört, sich zufriedenzugeben.
Er ist nicht mehr fähig, sich zufriedenzugeben.

*

Es brauchte viel Mut, um Donna Amalia Morace bei sich zu
Hause zu stören, ohne eingeladen zu sein, aber Carolina spürte,
dass es ein Versuch war, der unternommen werden musste.

Die Alte empfing sie auf der Türschwelle, groß, grimmig,
unangenehm wie immer.

»Entschuldigen Sie vielmals, wenn ich Sie störe, Donna
Amalia, aber Sie haben nicht zufälligerweise Gina in letzter
Zeit gesehen? Ich habe sie seit längerem nicht mehr getroffen
und hätte ein paar T-Shirts, Hosen und Pullis für sie, die ich
nicht mehr brauche.«

»Zeigen Sie her. Aber das sind ja alles gute Sachen, nichts für
diese Herumtreiberin. Ich weiß nicht, wo sie ist, vielleicht hat
sie sich mit irgendeinem Tier ihresgleichen zusammengetan.
Dieser Schwachsinnige von ihrem Bruder antwortet mir nicht
einmal, wenn ich ihn danach frage.«

»Vielleicht ist sie ausgerissen, und vielleicht ist er ja auch ein
wenig ängstlich …«, wagte sie zu sagen, während sie dachte:
Alte Hexe, er hat Angst vor dir, das ganze Dorf weiß es, aber
niemanden interessiert es. Sie paarte die Worte mit einem
schüchternen Lächeln, aber die Alte ließ sich nicht täuschen.
Sie richtete sich noch weiter auf und begann mit den von einem schwarzen Wolltuch bedeckten Armen zu fuchteln wie
eine wild gewordene Krähe.

»Was erlaubst du dir? Hast du jemals gesehen, dass ich die
Hand gegen jemanden erhoben hätte? Glaubst du etwa den
Blödsinn, den die Leute erzählen? Ich habe sie aus dem Dreck
gezogen, ich habe sie ernährt, aufgepäppelt, und diese beiden
undankbaren Taugenichtse streunen herum, ohne überhaupt
um Erlaubnis zu fragen! Was weiß ich, wo Gina hin ist? Sie ist
seit mehr als einer Woche verschwunden. Eine schöne Tracht
Prügel würde ihr guttun, schade, dass ich zu alt bin und keine
Kraft mehr in den Armen habe!«

Ja, klar, dachte Carolina, wich zurück und machte sich schnellen Schrittes, aber, wie sie hoffte, würdevoll davon. Diese Alte verursachte ihr Schüttelfrost. Die Kleider waren in ihren gekrümmten Hexenhänden zurückgeblieben. Sie war sich sicher, dass Gina sie nicht einmal zu Gesicht bekommen würde, aber immerhin hatte sie eine Bestätigung für das, was sie vermutet hatte. Gina war weg, vielleicht endgültig, und wo immer sie jetzt auch war, ging es ihr mit Sicherheit besser als unter diesem Dach.

*

In das Haus einzusteigen war genauso leicht, wie Jan Parsi angenommen hatte. Manchmal sind es gerade die bedeutendsten Leute, die keine Vorsichtsmaßnahmen treffen, die sich für unverletzlich und unbesiegbar halten und über alles menschliche Übel erhaben. Jan betrachtete sich als einen Philosophen, der sich dem Zirkus und den Diebstählen nur leihweise verschrieben hatte. Er arbeitete in beiden Bereichen, aber seine wahre Leidenschaft war die Philosophie. Über das Thema las er alles, was er finden konnte, und dachte nach, dachte die ganze Zeit nach, um das, was er tat, und die Welt um sich herum zu verstehen. Aber er musste ja auch von irgendetwas leben, und deswegen arbeitete er im Zirkus, und gelegentlich raubte er in den Häusern der Reichen, um den Armen zu geben, also sich selbst. Dieses Mal war er allein: schnell hinein und wieder heraus, ohne viel Aufhebens und ohne Helfer, die Beute allein seine. Er beobachtete das Haus und seinen Besitzer schon seit einiger Zeit, seitdem er ihn das erste Mal gesehen hatte. Das zweite Mal war er ihm gefolgt, dann hatte er Informationen über ihn eingeholt, er wusste, dass er alleine lebte, mit sehr viel mehr Geld als nötig, und oft ganze Tage außer Haus war.

Eine Alarmanlage gab es, und sie war wie üblich nicht eingeschaltet. Wenn du für zwei Stunden rausgehst, denkst du ja nicht dran. Du aktivierst sie nur, wenn du ein oder zwei Nächte wegbleibst. Die Gedanken der reichen Leute sind leicht zu durchschauen, wenn du ein Philosoph bist.

Das Tor war verschlossen, aber darüberzuklettern war eine lächerliche Kleinigkeit. Niemand sonst war unterwegs. In dieser Wohngegend schliefen die reichen Leute um diese nachmittägliche Stunde, oder sie waren noch am Meer, um die letzten Sonnenstrahlen abzubekommen, bevor der Herbst begann. Der Großteil war sogar schon in die Stadt zurückgefahren und hatte leere Häuser zurückgelassen, in denen vielleicht auch noch etwas abzugreifen wäre. Dieser Mann jedoch war noch hier, und so auch seine Güter, einige von besonderem Interesse.

Die Terrasse war sehr hübsch, mit einer spektakulären Aussicht. Eines Tages würde auch er ein solches Haus besitzen und eine Frau und Kinder, um es mit ihnen zu genießen. Dieser Mann aber lebte allein, dumm wie alle Reichen. Wie viel verschwendeter Platz.

Die Tür war leicht aufzubrechen, er kam in ein helles Wohnzimmer. Schnapp zu und lauf weg, das war Jans Motto. Er hatte keinerlei Absicht, tiefer in das Haus vorzudringen. Den Besitzer hatte er herausgehen sehen und wusste, dass er das, was er haben wollte, nicht bei sich trug.

Da war sie, achtlos auf einen Stuhl geschmissen, die Tasche, auf die er von Anfang an einen Blick geworfen hatte, in der er vielleicht etwas noch Besseres als Geld finden würde, etwas, das er zu einem hohen Preis verkaufen könnte. Vielleicht würde er davon etwas für Erika zurückbehalten, und sieh da, auch ein unerwartetes Geschenk, eine vergoldete Rolex, die auf einer Kredenz lag.

Er steckte sie ein, ergriff die Tasche, ging zur Tür zurück. Da bemerkte er einen Sack, kleiner als die Tasche, blau, von vielversprechendem Aussehen. Er nahm auch den, man konnte nie wissen. Das, was er in dem Haus suchte, die Drogen, konnte überall sein.

Innerhalb weniger Sekunden wieder draußen, Tür zu, keine augenfälligen Einbruchsspuren, übers Tor geklettert, eine saubere Arbeit. Vor dem Wohnpark holte er tief Luft. Das Auto stand ein bisschen weiter vorne in einer Haltebucht. Erst als er den Motor anließ und sich in Richtung Zirkus aufmachte, fühlte er sich wirklich in Sicherheit. Die Straße des wahren Philosophen ist voller Emotionen. Mit der Hand betastete er den blauen Sack und zuckte zusammen.

Den Fuß aufs Bremspedal gegen seinen Willen. Er wurde langsamer, die Augen wanderten wild nach links und rechts, verzweifelt auf der Suche nach einer Haltemöglichkeit. Ein Feldweg führte zu seiner Linken den Berg hinauf, er bog blind ab. Sobald es möglich war, hielt er in der Nachmittagshitze an. Schwitzend wandte er sich zu dem Sack, sah ihn an, als wäre er ein Tier, das ihn anfallen wollte. Mit ausgestrecktem Finger befühlte er von außen erneut den Inhalt: weich, aber fest, massig, etwas, das er sich nicht einmal vorstellen konnte. Und kalt, eiskalt. Mit zitternden Händen löste er die Schnur, ein bekannter und dennoch unüblicher Geruch fiel ihn an. Der Brechreiz ließ ihm die Galle im Mund aufsteigen, er hatte noch nichts gegessen, vor einem Coup nahm er nie etwas zu sich.

Der Sack lag auf dem Sitz neben ihm, offen, obszön. In ihm das Herz, eine dunkelrote Muskelmasse, durchzogen von rosafarbenem Fett, noch blutverschmiert und groß, größer, als er es sich vorgestellt hatte.

*

Santomauro hatte Signorina Casuella bis nach Hause begleitet. Sie hatte darauf bestanden, zu Fuß zu gehen, es tat ihrem Kreislauf gut, bergab zu laufen, und so waren sie schweigend im frischen Schatten der Eukalyptusbäume spaziert, die den Weg hinunter bis zu den ersten Häusern des Dorfes säumten.

Das Haus der Signorina war eines der ersten, ein kleines, gepflegtes Häuschen mit frisch gestrichener karamellfarbener Fassade, Tür und Fensterläden aus schönem, blankpoliertem Massivholz. Im Haus war es angenehm kühl und aufgeräumt, der Maresciallo nahm gerne einen Kaffee an, und sie setzten sich an den Küchentisch, auf dessen von der Zeit gezeichneter Tischplatte die Spuren der vielen Hände, die darauf Zutaten aller Art gehackt, geknetet, geschnitten, gehauen, gemischt und eingeprägt hatten, zu sehen waren.

»Ihr Name war Gina, der Nachname, wenn diese arme Kreatur jemals einen gehabt hat, müsste Manzo sein«, begann sie, nachdem sie gedankenverloren den frisch zubereiteten Kaffee geschlürft hatte. Santomauro richtete sich auf seinem Stuhl auf, aber er unterbrach sie nicht.

»Genau, Maresciallo, der Nachname ist derselbe wie von Donna Amalia Morace Manzo, sie legt Wert darauf, dass man sie so nennt, damit ja niemand vergisst, dass sie der Familie Morace angehört, diese Hexe.«

»Die Cousine von Don Carmelo Morace?« Er hatte sie im Ort gesehen, eine herrische, unsympathisch wirkende Frau. »Dann war sie eine Verwandte?«

»Sie müsste die Nichte ihres Mannes gewesen sein. Die Tochter seiner jüngsten Schwester. Sie kam mich ab und zu besuchen, ich kenne sie, seitdem sie hierhergekommen ist, als Waisenkind mit drei Jahren. Ein niedliches Mädchen und auch intelligent, aber wie ein kleiner Wildfang. Donna Amalia hat sie nie in die Schule gehen lassen, sondern sie zum Arbeiten auf die Felder geschickt. Niemand hier hat ihr jemals geglaubt, dass sie sie aus einem Akt der Nächstenliebe zu sich genommen hat: Sie hat einfach ihre Rechnung gemacht, und dann gab es auch noch den Unterhalt, es lohnte sich für sie in jeder Hinsicht, diese armen Kinder haben ihre Unterbringung und ihre Verpflegung reichlich bezahlt.«

»Kinder, waren es mehr als eines?«

»Entschuldigen Sie, Maresciallo, ich dachte, ich hätte es Ihnen gesagt. Gina und Minuccio, Zwillinge, sie waren unzertrennlich. Ich bin immer noch bestürzt und ganz durcheinander. Es war ein schwerer Schlag für mich.«

Santomauro stimmte ihr ernst zu, sie fuhr fort, die Augen blickten ins Leere, während sie mit dem Löffel in der Tasse rührte. Das Klirren des Metalls am Porzellan wurde zur Hintergrundmusik für ihre Worte, eine kleine traurige Melodie ohne Sinn, wie die Geschichte, die sie erzählte.

»Im Dorf gab es Gerede, als die Mutter, Franceschina Manzo, schwanger von zu Hause weglief, um nach Neapel zu gehen. Sie war kaum mehr als ein Mädchen, war nie aus dem Haus gegangen, es gab Gerede.«

»Erklären Sie mir das bitte genauer, Signorina, was für Gerede?« Santomauro fühlte sich wohl in ihrer Gesellschaft und mochte die verschlafene Atmosphäre des Häuschens der Casuella, aber er wollte zum Kern der Sache kommen.

»Sie lebte nur im Haus, ihr Bruder war fast zwanzig Jahre älter als sie, er ließ sie nicht ausgehen. Die Schwägerin, Donna Amalia, überwachte sie auf Schritt und Tritt. Wo hätte sie schwanger werden sollen, dieses arme Mädchen?«

»Wollen Sie damit sagen …?«

»Alle hier in der Gegend denken, dass Gina und Minuccio das Ergebnis von Inzest sind, aber es gab keine Beweise, Franceschina war davongelaufen und dann gestorben, dieses Schwein von ihrem Bruder, Gott habe Erbarmen mit ihm, wurde kurze Zeit später von einem Herzinfarkt dahingerafft, und dann hat Amalia sie aus dem Waisenhaus zu sich genommen, es schien, als würde alles in Ordnung kommen, wie eine Wiedergutmachung. Aber stattdessen …«

»Stattdessen nutzte sie sie aus«, vervollständigte Santomauro den Satz.

»Sie hat sie wie Sklaven behandelt, hat sie von morgens bis abends arbeiten lassen, bei Wind und Wetter, sonntags und an Feiertagen, mit dreckigen und stinkigen Lumpen an und Tüchern auf dem Kopf, um die Läuse zu verstecken. Warten Sie, ich zeige Ihnen etwas.«

Aus dem Regal über dem Kühlschrank nahm sie ein Fotoalbum mit zwei Katzen vor einem pfirsichfarbenen Hintergrund auf dem Deckel, sie öffnete es, durchblätterte es mit gerunzelten Augenbrauen, dann hielt sie es ihm hin.

»Hier, sehen Sie, beim Fest der heiligen Atenaide vor ein paar Jahren. Das ist Minuccio mit sieben oder acht. Sehen Sie, wie hübsch er war.«

Tatsächlich stach der kleine Junge in der Mitte des Fotos

selbst unter den festlich gekleideten Leuten heraus. Ein wunderschöner kleiner Betteljunge mit wachen Augen, der glücklich lächelte. An seiner Seite schaute seine Schwester ernst in das Objektiv, niedlich, aber nicht hübsch, mit dem abgeklärten Gesichtsausdruck einer Erwachsenen, die wusste, dass es keinen Grund zum Lächeln gab.

Marta Casuella seufzte und schlug das Album wieder zu. »Es ist Jahre her, Maresciallo, von der Schönheit ist bei Minuccio nichts geblieben. Seine Nase ist an mindestens zwei Stellen gebrochen, er ist abgemagert und immer dreckig, fast ein Tier. Intelligent ist er sowieso nie gewesen, nicht wie seine Schwester. Aber sie ist jetzt tot, und auch er wird bald sterben, sie waren unzertrennlich.«

»Aber ich verstehe nicht, warum keiner im Ort die Situation, in der sich diese Kinder befanden, jemals gemeldet hat.«

»Ich habe es einmal versucht, als sie eines verregneten Abends im Februar zu mir kamen, ganz durchnässt, durchgefroren und hungrig. Es ist mindestens fünf Jahre her, Maresciallo, Sie waren noch nicht da, und in der Kaserne sagte man mir, dass man nichts tun könne. Donna Amalia war ihr gesetzlicher Vormund, sie hat immer wieder geschworen, dass sie nur von zu Hause ausgebüxt seien, und, na ja, der Maresciallo, der damals hier war, wollte keinen Ärger mit den Moraces. Seitdem grüßt mich Donna Amalia nicht mehr, man hat mir mit Steinen zwei Fenster eingeworfen, und ich habe gelernt, mich um meine eigenen Angelegenheiten zu kümmern. Aber es tat mir leid.«

Santomauro hatte keine Fragen mehr, außer einer.

»Nein, ich habe keine Ahnung, wo Minuccio sein könnte. Wenn Sie die Hexe fragen, wird sie sagen, dass er ein unberechenbarer Wilder ist, aber das ist nicht wahr. Er ist ein lieber, nicht sehr heller Junge, der sich verteidigt, wie er kann. Maresciallo, er hat seine Schwester nicht umgebracht, darauf würde ich meine Seele verwetten.«

Der Maresciallo stieg den Berghang zurück zum Friedhof und seinem Auto hoch. Als er schon unter den Bäumen war, hörte er noch einmal die Stimme der Signorina.

»Maresciallo!«

Er drehte sich um und ging ein paar Schritte zurück.

»Sie werden sie obduzieren, nicht wahr?«

»Das ist so üblich, es tut mir leid.«

»Das weiß ich, aber ich habe an danach gedacht ... Die Hexe wird nicht einen Euro für sie ausgeben wollen, was wird dann mit ihr?«

»Wenn sich niemand meldet, wird sich die Gemeinde um alles kümmern, denke ich.«

»Maresciallo, bitte seien Sie so freundlich, ich würde mich gerne darum kümmern. Ich habe für Gina nichts getan, außer ihr einen Ring zu schenken, als sie noch lebte, jetzt werde ich sie wenigstens in einem vernünftigen Grab zur Ruhe betten können. Neben meiner Familie, ich gehe sowieso schon jeden Sonntag hinauf.«

*

Maria Pia winkte Lillo von weitem und deutete auf ihren Lieblingstisch im Eucalipto. Ein Aperitif und ein paar Nüsschen wären um diese Zeit genau das Richtige.

Lillo aber verstand nicht und bog mit gesenktem Kopf, die Hände in den Taschen vergraben, um die Straßenecke. Maria Pia überlegte einen Moment, ob sie rufen oder ihm hinterherlaufen sollte, aber irgendetwas in der starren Haltung seiner Schultern und des Halses hielt sie davon ab.

*

»Maresciallo, hier ist Staatsanwalt Gaudioso. Ich muss Ihnen sagen, dass es mir scheint, die Situation spitzt sich zu! Ich habe beim besten Willen nicht das Gefühl, dass Sie in dieser schwerwiegenden Sache alles in Ihrer Macht Stehende tun! Rechtschaffene Menschen sind darin verwickelt! Menschen, die wichtige Freunde in hohen Positionen haben. Wie? Aber ich rede doch nicht von den Zigeunern, wo denken Sie hin! Diese Sache mit den Diebstählen in den Villen und dem Betäubungsgas! Tun Sie etwas, und zwar schnell, bevor jemand auf die Idee kommt,

Nachbarschaftswachen einzuführen, was allerdings, unter uns gesagt, gar keine schlechte Idee wäre, oder, Maresciallo? Santomauro? Was ist bloß mit dieser Telefonleitung los!«

*

Jeden Morgen fuhr Santomauro die Straße entlang, die von Pioppica Sotto, wo er wohnte, nach Pioppica Sopra führte, wo die Station der Carabinieri lag. Dabei hatte er generell düstere Laune, es sei denn, er hatte den Tag mit Schwimmen begonnen – etwas, das, bei allem guten Willen, nicht immer machbar war. Er schlief grundsätzlich schlecht, träumte Sachen, an die er sich kaum erinnerte, jeder Tagesanbruch war für ihn wie ein Schlag in den Nacken. Im Auto kurbelte er als Erstes das Fenster ganz herunter, auch im Winter, und nach und nach versöhnte ihn die frische Luft mit der Welt.

Ihm gefielen die Serpentinen, die sich die Berge hinaufwanden, ihm gefielen die Fetzen Meer, die er über die Leitplanke hinter Feldern und Gestrüpp ausmachen konnte, er liebte den Duft nach Gras und Vegetation, der in seine Nase drang, frisch im Frühling, morsch im Herbst. Er liebte die Farben des ganzen Jahres, aber besonders den Mix aus Braun- und Grüntönen, der in dieser wunderbaren Jahreszeit das Nahen des Winters ankündigte, obwohl die Natur noch ihre volle Pracht zeigte. Wenn er an der Station ankam, war er normalerweise bereit, sich dem Arbeitstag und Panguros ungenießbarem Kaffee zu stellen, der treuen Seele, deren einziger Makel die unverrückbare Entschlossenheit war, mit der er darauf bestand, sein schlammiges Getränk zuzubereiten.

Am Abend fuhr Santomauro die Serpentinen fast dankbar zurück: Der Tag war vollbracht, und das Band der Straße entrollte sich mühelos hinter ihm, während die Scheinwerfer seines Wagens die Dunkelheit durchbrachen. Ab und zu starrten ihn kleine ängstliche Tiere mit hypnotisierten roten Augen vom Straßenrand an, der sich jetzt vor einen dunklen Abgrund spannte. Das Meer war nicht zu sehen, und auch die Felder nicht, nur manch starker Stamm richtete seine geisterhaften

Zweige auf die Fahrbahn. Die Häuser lagen etwas abseits, und nachts schien es, als ob an dieser Straße niemand wohnte und keine menschliche Seele jemals vorbeikäme, niemand außer ihm und den Tieren der Nacht, die gelegentlichen Besucher des Unterholzes.

Manchmal summte Santomauro eine Melodie aus dem Radio mit, die selbst er dabei nicht wiedererkannte. Meistens schwieg er aber, in Gedanken noch einmal bei den Ereignissen der vergangenen Stunden. Es war ein friedlicher Moment des Resümierens, der Zufriedenheit und der Vorfreude auf das Ende des Tages: ein gutes Buch, ein guter Wein, ein einfaches, aber köstliches Abendbrot, in dieser Reihenfolge, und wenn es nicht zu kalt war, eine halbe Stunde des Innehaltens draußen auf der Terrasse, begleitet vom Rauschen des Meeres.

Das, wenn es keine offenen Fälle gab, die seine Kraft und seine Aufmerksamkeit raubten. Oder die seine Seele verschlangen, wie es jetzt bei diesem Monster, das die Mädchen umbrachte, der Fall war.

In diesen Tagen raste er nachts wie ein Verdammter nach Hause, die Scheinwerfer zerschnitten wütend die Dunkelheit, die Reifen fraßen die Straße, und er fuhr mit dem unbändigen Verlangen, stattdessen wieder umzukehren, sich an seinen Schreibtisch zu setzen, noch einmal alle Papiere durchzugehen, die Aufzeichnungen, die Vernehmungsprotokolle, um zu prüfen, ob sich nicht irgendwo etwas versteckte, der kleine verborgene und scheinbar unwichtige Hinweis, der zur Lösung führen würde. Er wusste, dass er Erholung nötig hatte, um den nächsten Tag zu überstehen, die Routine der kleinen, normalen Verbrechen, Ruhestörung, Diebstähle, häusliche Gewalt, Verhaftung von Drogenabhängigen und all das andere, das man sich von vierundzwanzig Stunden gewöhnlicher Kriminalität erwartete, aber das Verlangen, wieder zur Kaserne zurückzufahren, Manfredi und Gnarra aus dem wohlverdienten Schlaf zu reißen und noch einmal alles von vorn durchzugehen, war stark, fast unwiderstehlich.

In dieser Nacht tat er es.

Er wendete das Auto auf einem freien Platz vor einem Bauernhof, und noch bevor er sich dessen bewusst wurde und sich umentscheiden konnte, fuhr er schon wieder die kurvige Landstraße hoch.

Manfredi war gerade dabei, sich zu Tisch zu setzen. Doch er folgte ihm ohne ein Wort, nachdem er einen Blick auf sein verdrießliches Gesicht geworfen hatte. Maria Pia erschien fünf Minuten später mit einem Teller voller mit Caciocavallo und Wurst belegter Brötchen und einer Flasche Wein. Mit einem Lächeln stellte sie die Sachen auf den papierüberhäuften Tisch und verschwand. Santomauro dachte oft, dass es außer ihr keine andere Frau auf der Welt gab, die es wert gewesen wäre, sie zu heiraten, aber er hütete sich davor, es Totò zu sagen, um nicht dessen rasende und unbegründete Eifersucht zu wecken. An der Tür stieß Maria Pia fast mit Pietro Gnarra zusammen, den er hatte rufen lassen. Mit halbaufgeknöpftem Hemd, Jeans und zerzausten Haaren war Pedro vermutlich gerade dabei, sich auf einen Jagdabend in Bars und Diskotheken vorzubereiten. Um nicht zusammenzustoßen, lieferten sich er und Maria Pia auf der Schwelle ein seltsames Ballett und erröteten beide. Manfredi sah sie finster an, Santomauro schnaufte: In Totòs Gegenwart bekamen selbst die harmlosesten Dinge einen schuldbeladenen Anschein.

»Da bin ich, Simone. Ich wollte gerade eine Runde drehen, um ein paar Informationen zu sammeln.«

Das entsprach natürlich nicht der Wahrheit, oder teilweise vielleicht doch, da Pietro im Grunde, wo er ging und stand, »Informationen sammelte«.

Totò Manfredi hingegen war ein Arbeitstier, ein zäher Hund, eine Bank.

»Was ist, Simone, warum guckst du mich so an, als ob du mich fressen wolltest?«

»Ich hab die Panini von deiner Gattin angeschaut, Dummkopf. Sie ist eine großartige Frau. Und ihr, meine Freunde, seid die besten Männer der Armee. Ich hätte es nicht besser treffen können, als mit euch zusammenzuarbeiten.«

Es kam nur selten vor, dass Santomauro das Herz so offen auf der Zunge lag. Die beiden anderen sahen erst einander, dann ihren Vorgesetzten misstrauisch an.

»Simone, die Flasche ist noch zu, was hast du genommen?«

»Nein, entschuldigt, ich wollte euch meine Dankbarkeit ausdrücken. Ich weiß, dass ihr das Recht habt, euch zu erholen, es ist nur, dass ich mich einfach nicht danach gefühlt habe, nach Hause zu fahren und zu essen und zu schlafen, als ob nichts wäre.«

»Los, schauen wir uns alles noch einmal an, rekapitulieren wir die Berichte, vielleicht kommt dabei etwas raus«, schlug Pedro frisch wie eine Rose vor. Drei Stunden lang lasen und kommentierten sie alles, was sie in der Hand hatten, den Berg an Materialien, der sich aus Tagen voller Indizien, Untersuchungen, Überprüfungen und Befunde angesammelt hatte.

Am Ende waren sie nicht viel weiter als zuvor, aber sie hatten immerhin Ordnung in den Papierkram gebracht. Der Mörder, die Bestie, der Pädophile, der Vergewaltiger der Mädchen war ziemlich sicher in einem engen Umkreis zu suchen. Gabrielli, der bereits verdächtigt wurde, sich an seinen Söhnen vergriffen zu haben. Marco Folchi, einer der wenigen, der die Möglichkeit gehabt hatte. Außerdem passiert es oft, dass der, der die Leiche entdeckte, auch der Mörder war. Genny Morace, homosexuell, in verdächtige Geschichten verwickelt und sowieso unsympathisch. Don Carmelo Morace hätte den Charakter und die Kraft, um zu töten. Tonino Scarano, auch er wie sein Herr alt, aber zäh. Feuerschlucker? Weiterhin möglich, niemand seiner Leute hatte seine Schritte in den Mordnächten überwacht.

In den Händen hatten sie nur Personen, die den Mord begangen haben konnten, aber das Profil der Bestie, das fehlte ihnen noch. Ein Mann, der fähig war, derartige Dinge zu tun und dann nach Hause zu seinem normalen Leben zurückzukehren. Würden sie einen so durchtriebenen Menschen jemals ausfindig machen?

Sie mussten weiter reden, die Frauen dieser Männer befragen, es war nicht möglich, dass sie nichts wussten, nicht irgendetwas gesehen hatten. Evelina Morace, Estera Scarano. Signora Gabrielli hatte das Ihre schon gesagt, aber das war mit Vorsicht zu genießen. Cecilia und Carolina Folchi, Erika konnte vielleicht etwas Hilfreiches sagen, die Bärtige?

Und jetzt gab es auch noch dieses andere Verbrechen, ein armes totes Mädchen, um das sich niemand scherte. Hatten die Taten etwas miteinander zu tun, auch wenn Gina sicher lange vorher umgebracht worden war? Oder war es ein Mord, der nur zufälligerweise mit ihren Ermittlungen zusammenfiel und sie so erschwerte und behinderte? Sie mussten Minuccio suchen, mit ihm sprechen. Und verstehen, ob Gina, die arme Gina, deren Körper nach der Obduktion auf einem kalten Marmortisch wartete, ob und was Gina mit dieser Sache zu tun hatte. War es dieselbe Hand, die sie mit einem Stock zu Tode geprügelt hatte, denn so war sie umgebracht worden, wie aus den ersten Befunden von de Collis hervorging? Hatte auch sie sexuelle Gewalt erlitten? Sie war nur wenig älter als die anderen Opfer, aber ihr Tod passte nicht ins Gesamtbild. Santomauro starrte verzweifelt auf den Papierberg, die Servietten, die Gläser, die Zeugenaussagen und unleserlich gekritzelten Notizen, die sich auf dem Tisch ausbreiteten.

Irgendwo dazwischen war alles. Sie mussten es nur herausziehen und eine einleuchtende Ordnung hineinbringen. Es sei denn, sie hatten alles falsch gemacht.

Spät in der Nacht gingen sie schlafen, erschöpft und frustriert, mit nur einem konkreten Vorschlag, den Manfredi vorgebracht hatte: eine enge Überwachung wenigstens der Hauptverdächtigen zu organisieren. Keiner von ihnen wollte die Qual einer weiteren kleinen geschändeten und massakrierten Kinderleiche ertragen müssen, und es gab einfach nichts anderes, was sie hätten tun können, solange sie noch im Dunkeln tappten.

Nacht von Sonntag auf Montag – die siebte

Geckos waren prähistorische Kreaturen, da war sich Santomauro sicher. Sie gingen aus Hunderttausenden von Jahren Evolution und Paarung hervor. Über ihm, an der rissigen Decke seiner Terrasse, spielten sich oft tödliche Territorienkämpfe ab.

Während er die Schwänze betrachtete, die sich wie Schlangen ringelten, die blitzartigen Angriffe, die scheinbar regungslosen, fetten Beinchen, die aber kaum wahrnehmbar bebten, hielt Santomauro still, ohne sich auch nur an der juckenden Nase zu kratzen. In dieser Nacht wohnte er dem Paarungstanz eines marmorierten Geckos mit einem größeren, noch urzeitlicheren bei.

Wenn er lange genug still und reglos dasaß, liefen die Geckos unbeirrt auf der Mauer herum, kamen sogar ganz nah an ihn heran, als ob er gar nicht da wäre. Er konnte ihre Herzen unter der grauen staubigen Haut schlagen sehen.

Er war sich nicht sicher, ob ihm diese Vertrautheit und das, was sie beinhaltete, gefiel; es war nicht so, als ob sie seine Haustiere wären. Manchmal dachte er, dass er mit ihnen nichts zu tun haben wollte, aber als Manfredi einmal versucht hatte, einen von ihnen zu zertreten, war er ziemlich sauer geworden.

Diese Nacht jagten sich die Geckos in seinen Träumen mit ihren gierig aufgerissenen Mäulern und verknäulten sich zu einem pulsierenden Knoten aus grauem Fleisch. Als er sie anfassen wollte, verwandelten sie sich in zwei Hände, die knotigen blutverschmierten Hände von Gevatterin Perna.

*

Im Schlaf wird Minuccio von Geschichten besucht, und nicht immer gefällt ihm das. Manchmal sind es fröhliche Geschichten, die Gina ihm erzählt, und sie spricht davon, wie ihre Mutter sie umarmte und ihnen die Haare wusch. Minuccio erinnert sich überhaupt nicht daran, aber Gina ist so überzeugend und die Einzelheiten sind so lebendig, und Minuccio fühlt die Hände der Mama in den Haaren, auf dem Körper, er sieht ihr Lächeln und spürt ihre Küsse.

Dann sind da die anderen Geschichten, die schlimmen, und sie kommen nicht von Gina, nein, sondern von irgendwo aus seinem Kopf, und Minuccio weiß nicht, ob sie wahr sind oder ob er diese Sachen erfunden hat. Da ist Mamma Signora, die nach ihm tritt. Da ist die Angst, versteckt im Dunkeln zu sitzen, aneinandergeklammert, während sie ihre Schritte und das Klopfen ihres Stockes hören. Da ist der schlimmste Moment, wenn er das Schwein sieht, das den Hügel hochkommt, und er weiß, dass Gina versuchen wird zu fliehen. In diesen Momenten fühlt er sich klein und hilflos. Das sind immer schlimme Geschichten, und die, die er seit ein paar Nächten träumt, ist noch schlimmer. Da ist ein Mädchen, aber es ist nicht Gina, die zum Glück mittlerweile groß geworden und weggelaufen ist. Schade, dass sie ihn allein gelassen hat, aber es ist besser so. Das Schwein hat jetzt dieses Mädchen mit den schwarzen Haaren gepackt, und Minuccio weiß, was passieren wird, aber er kann nichts tun, er bleibt vor Angst gelähmt im Dunkeln. Er würde ihr gerne sagen: Bleib ruhig, sei still, tu so, als wärst du tot, aber lächel, und früher oder später wird es wieder gehen.

Gina machte das immer so, und es ging danach immer weg, nachdem es gegrunzt hatte, gesabbert und gekeucht wie das Schwein, das es ist. Aber das Mädchen kann die Worte, die ihr Minuccio in seinem Kopf zuruft, nicht hören, und so schreit sie und weint vor Angst, denn sie denkt, dass es nie aufhören wird.

Also läuft Minuccio weg, weil er das nicht hören will, und während er wegläuft, bemerkt er, dass die Augen des Waldes auf ihn gerichtet sind, dass in der Finsternis der Bäume etwas ist, etwas, das atmet, das weint und mit den Zähnen klappert.

Minuccio weiß, dass das Mädchen mit den schwarzen Haaren verloren ist, so wie Gina, und er fährt aus dem Schlaf hoch, verschwitzt, mit offenem Mund und weit aufgerissenen Augen, aber er darf nicht schreien, nein, er darf nicht.

*

In dieser Nacht schlief Lillo nicht. Von der Terrasse aus starrte er auf das schwarze Meer.

Genny Morace blickte aus einem anderen Haus auf dasselbe dunkle Meer, mit dem gleichen Gefühl eines erloschenen Herzens und der Leere in seinem Gehirn.

Cecilia Folchi ruhte im Dunkeln in ihrem Krankenhauszimmer und blickte derselben Ohnmacht ins Auge.

Siebter Tag, Montag

»Sind Sie verrückt geworden, Santomauro? Die Überwachung von wie vielen, sechs verdächtigen, nein, aufgrund von Indizien, die als schwach zu bezeichnen mir noch optimistisch erscheint, vielleicht verdächtigen Personen zu organisieren und nötigenfalls die Polizei um Hilfe zu bitten? Ich bitte Sie! Wenn Sie nicht fähig sind, Ihre Arbeit zu machen, kommen Sie doch nicht zu mir und stören Sie mich bei der Erledigung der meinen. Und mich dann auch noch zu Hause um eine, offen gesagt, unverschämte Zeit anzurufen und meine ganze Familie zu stören. Krempeln Sie sich die Hemdsärmel auf, Maresciallo, führen Sie ein paar straffe Verhöre durch, sperren Sie für eine Weile zwei oder drei dieser Zigeuner ein, kurbeln Sie das Tempo ein bisschen an, und Sie werden sehen, der Fall löst sich von selbst! Muss ich Ihnen etwa Ihren Beruf beibringen? Rufen Sie mich an, wenn Sie Neuigkeiten haben, wenn es nötig ist, können Sie immer auf meine Erfahrung zählen. Zu Bürozeiten aber, ich hoffe, es ist nicht notwendig, das noch weiter zu betonen. Apropos, kennen Sie jemanden, der sich mit Immobilienverkäufen auskennt? Das Haus meiner Schwiegermutter, wissen Sie … Was? Nein, nein, noch schlägt sie sich wacker, aber es ist besser, vorausschauend zu sein. Wie heißt es so schön: Vorsorge ist besser als Nachsorge.«

Um der Versuchung zu widerstehen, den Hörer auf den Tisch zu knallen, legte Santomauro extra behutsam auf. Diese toten Mädigen konnten Gaudioso nicht gleichgültiger sein.

*

Pünktlich um neun Uhr morgens zog Ciccinella das Rollgitter ihres Ladens auf der Hauptstraße von Pioppica hoch. Vorher war es nicht notwendig, denn ihr Kundenstamm bestand aus Urlaubern, die bis um diese Uhrzeit nicht aus ihren Häusern krochen und daran dachten, dass sie dringend eine Zeitung, Klopapier, Parmaschinken, Glühbirnen, Bancha-Tee oder Zimt brauchten. Bei Ciccinella gab es all dies und noch viel, viel mehr, ihr Laden war wie ein Basar, auf den ersten Blick klein und eng, aber in Wirklichkeit grenzenlos, mit einem Gewirr aus Gängen, die sich in der dunklen Frische des Hinterzimmers verliefen, und wer herkam, wusste, dass er hier alles und nichts finden konnte. Sie war uralt, eine runzlige Fee, die zusammengekauert auf ihrem Hocker hinter der Ladentheke saß oder sich, wenn im Laden eines ihrer zahllosen Enkelkinder aushalf, in einem Korbsesselchen niederließ und mit der Ausstattung ihres Ladens verschmolz.

An diesem Tag war sie allein und bückte sich, über die Arthritis fluchend, zum Rollgitter hinunter, als sie ein großes, in Plastik eingewickeltes und an die Mauer gelehntes Bündel bemerkte. Aus der Tüte tropfte eine rötliche Flüssigkeit. Ciccinella war eine praktisch veranlagte Frau und zog es vor, zunächst einen Blick hineinzuwerfen, bevor sie ein unnötiges Chaos auslösen würde.

*

Santomauro hatte sich gedacht, dass die Frühstückszeit nicht die allerbeste war, um in diesem Haus Fragen zu stellen, aber er war spät dran und hoffte außerdem, die Familie versammelt zu finden. Darüber hinaus wusste er aus Erfahrung, dass Menschen mehr von sich preisgaben, als ihnen lieb war, wenn sie sich gestört oder unbehaglich fühlten. Zudem hatte er nichts Besseres zu tun, keine Idee, um aus dem Sumpf, in dem alle seine Hypothesen feststeckten, herauszukommen. Und er hatte Lust, jemandem auf die Nerven zu gehen.

Das Klappern des Geschirrs bestätigte seine Vermutung, und ein verärgerter Tonino führte ihn in das Esszimmer, wo die Familie Morace bei seinem Eintritt erstarrte, als ob sie Teil einer verblassten sepiafarbenen Fotografie wäre. Sie saß um den mit einem blitzweißen Leinentischtuch bedeckten Tisch, Don Carmelo kerzengerade und tadellos gekleidet wie immer, Evelina blass in einer ockerfarbenen Bluse, Genny Morace in Hemdsärmeln. Auf dem Tisch standen ein in Scheiben geschnittenes Bauernbrot, Keramikkrüge und große und kleine Tassen aus weißem Porzellan, eine Auswahl an hausgemachter Marmelade und Kekse, die ebenfalls selbstgemacht schienen. Nur Preziosa lächelte ihn an, während sie sich ein Stück Brot mit Marmelade in den Mund steckte. Sie trug ein rotes Kleidchen.

»Hallo! Bist du hier, um endlich Genny zu verhaften?«

»Preziosa!«

Die Hand der Mutter flog durch die Luft und landete mitten in ihrem Gesicht. Der Großvater fuhr vom Stuhl hoch, der gegen die Kredenz hinter seinem Rücken knallte.

»Fass meine Enkelin noch einmal an, und ich bringe dich um.«

Die Stimme war leise, aber Santomauro zweifelte nicht einen Augenblick an der Ernsthaftigkeit der Verheißung, und auch nicht Don Moraces Tochter, denn sie stand mit eingezogenem Kopf vom Tisch auf und huschte, ohne irgendwen anzusehen, davon. Erst nachdem sich die Tür hinter ihrem Rücken geschlossen hatte, stieß Genny einen Seufzer aus und ließ ein nervöses Lachen erklingen, das in der allgemeinen Stille sofort erlosch.

»Mama hat mir nicht weh getan, Opa, wirklich …«

Preziosas Stimme klang flehend, die Tränen, die sie wegen der Ohrfeige nicht geweint hatte, quollen jetzt hervor. Diese Familie war wirklich eine einzige Ansammlung von Spannungen, dachte der Maresciallo, der ideale Ort, um einen Mord auszubrüten. Morace blieb noch einen Augenblick stehen, dann setzte er sich und bedeutete Santomauro, es ihm gleichzutun. Sein Sohn tauchte die Nase wieder in die Kaffeetasse. Eine Fliege vollführte einen kurzen verzweifelten Flug durch die Stille, dann zog sie es vor, sich zu entfernen.

»Also, Maresciallo, jetzt, da Sie mir das Frühstück verdorben haben, gibt es etwas Bestimmtes, das Sie wissen wollen?«, fragte der Dottore. Seine knotigen Hände strichen über die weiße Tischdecke.

»Nur, ob Sie mir ein paar Informationen über Gina und Minuccio Morace geben können, die Pflegekinder Ihrer Cousine Amalia Morace.«

»Pflegekinder! Sie meinen wohl, die Opfer meiner Cousine.« Der Tonfall des alten Herrn war voller Abscheu, aber auch völlig desinteressiert.

»Vielleicht wissen Sie, dass man Gina Manzo …?«

»Jetzt nicht«, kam ihm der Dottore mit einem Blick auf Preziosa zuvor, die ihre Füße baumelnd an das Tischbein schlagen ließ und vor sich hinsummte.

»Genny, bring das Kind weg«, befahl er seinem Sohn, der sich mit der Tasse in der Hand langsam erhob.

»Gehen wir, Genny, da bist du wohl mal wieder davongekommen«, sagte sie, und Gennys breites Grinsen zu seinem Vater amüsierte Santomauro sehr, der die Dynamiken in diesem Haus bestens verstanden hatte.

Die Unterhaltung mit Dottor Morace brachte nichts, nicht einmal einen Kaffee für Santomauro, nur das Gefühl, dass Don Carmelo seine Cousine nicht sonderlich mochte.

»Fragen Sie mal meine Tochter. Sie und Amalia haben zweifellos vieles gemeinsam.« Er sagte es, als der Maresciallo schon an der Tür war. Der drehte sich um: Der Alte hatte mit sicherer Hand den Milchkrug gegriffen und goss sich eine Tasse ein. Er blickte nicht auf, aber Santomauro wusste, dass er ihm zugezwinkert hätte, wenn er die Angelegenheit nicht schon für erledigt erachtet hätte.

Santomauro fühlte sich berechtigt, in die Küche zu gehen. Estera mischte etwas in einem großen Behälter auf dem Tisch, das einen einigermaßen widerlichen Geruch ausströmte.

»Das ist ein *cantarato*«, erklärte sie ihm unerwartet redselig und zeigte ihm den Inhalt des Gefäßes: eine enorme Menge Fleisch und Salz, die sie mit einem großen Stein einstampfte.

»Schweineohren, Stücke vom Schweinefuß, Speckschwarte,

Schweinskopf und Zunge«, rezitierte sie. »Vom Schwein schmeißt man nichts weg! Und Sie werden sehen, Maresciallo, was wir da im Winter für eine Brühe draus zaubern, auch mit Wirsing, Kohl und Endivien. Eine Delikatesse.«

Im Moment sah es nicht so aus, aber das sagte Santomauro nicht, und Estera bot ihm endlich einen Kaffee an.

Santomauro wusste eine redelustige Frau zu erkennen und entschloss sich, davon zu profitieren, aber Estera konnte ihm nicht viel über die Manzo-Zwillinge erzählen, nur den Klatsch aus dem Dorf, über den er schon unterrichtet war. Sie wollte stattdessen über die eigene Herrin herziehen.

»Sie könnte Donna Amalias Tochter sein, Donna Evelina!«, sagte sie und setzte sich breitbeinig hin, die Hände lose in der Schürze hängend, das dickliche und verschwitzte Gesicht durch ein Lächeln verschönert.

»Derselbe Geiz, sogar dieselben Macken, wie die geschlossenen Türen oder das Zählen der trockenen Brotreste. Aber Donna Amalia ist wirklich böse. Donna Evelina nicht, vielleicht weil sie feige ist. Sie hat Angst vor ihrem Vater.« Die letzten Worte flüsterte sie, als würde sie ein Geheimnis von unschätzbarem Wert preisgeben. Der Maresciallo lächelte, und die Genannte wählte genau diesen Moment, um hereinzukommen.

»Estera, der Dottore ist im Studierzimmer, räum den Tisch ab, stell die Milch in den Kühlschrank, sammel das ganze Brot ein, pass auf, Genny hat zwei Löffel Marmelade auf seinem Teller gelassen, tu sie wieder ins Glas zurück, und gieß nicht den Milchkaffee aus den Tassen weg, ich trinke ihn heute Abend«, sagte sie in einem Atemzug, dann sah sie Santomauro, und auf ihren blassen Wangen zeigte sich ein wenig Farbe.

»Sie sind noch hier, Maresciallo.«

»Ich habe auf Sie gewartet.«

»Ja?«

»Können Sie mir etwas über die Nichte und den Neffen Ihrer Tante Amalia sagen? Wissen Sie, dass wir Gina ermordet aufgefunden haben?«

290

Der Ausdruck auf Evelinas Gesicht, ein flüchtiges Aufblitzen von Befriedigung, erwischte ihn völlig unerwartet. Es war nur ein Moment, dann fragte sie ebenso unbeteiligt wie immer nach Neuigkeiten von Minuccio. Sie schien nicht traurig, dass es keine gab.

Santomauro ging, begleitet von Estera, während Evelina hinter ihnen die Küchentür schloss.

»Sie sagt, sie macht das, damit keine Wärme verlorengeht«, wisperte die Haushälterin, »aber in Wirklichkeit ist sie paranoid. Auch im August schließt sie alles.«

Im Hof sah er Tonino, der eilig durch einen Nebeneingang im Haus verschwand, ohne Zweifel, um dem alten Morace zu berichten, dass er endlich ging.

Die Ehefrau schien ihn sympathisch zu finden; sie nahm ihn am Arm und flüsterte ihm immer noch mit leiser Stimme ins Ohr: »Haben Sie das Gesicht von Donna Evelina gesehen? Ich wette, wenn Sie die Nachricht bringen, dass auch Minuccio gestorben ist, werden Sie sie endlich einmal lächeln sehen.«

*

Kräuter und Kartoffeln: um Kräuter und Kartoffeln zu machen, unter die gestampften, mit Knoblauch und Öl gebratenen Kartoffeln in der Pfanne eine Mischung aus Mangold, Rübensprossen, Borretsch, Löwenzahn, Endivien, Wegwarte, wildem Fenchel, zarten Kürbisblättern und Kartoffelsprösslingen geben.

Estera Scarano summte die Zutaten wie einen Kinderreim vor sich hin und lächelte ab und zu. Dieser geizhalsigen Ziege würde sie es zeigen. Sie dachte darüber nach, ob sie nicht in den Brei aus Kartoffeln und Kräutern spucken sollte, aber Preziosa und der Dottore würden vielleicht auch von dem Gericht kosten, also besser nicht. Sie hatte sich den Rücken verrenkt, um die Kräuter in den Feldern zu sammeln, dann sollten sie es auch genießen.

*

»Verstehst du, Totò? Ich habe ihr Gesicht gesehen, eine abscheuliche Mischung aus Berechnung und Habgier, aber ich habe es nicht kapiert. Erst die spitze Zunge von Estera Scarano hat mich darauf gebracht: Minuccio ist jetzt der einzige gesetzliche Erbe der alten Morace. Wenn er nicht wäre, würde das Vermögen von Amalia bei ihrem Tod an Don Carmelo und seine Kinder gehen.«

»Simone, du musst dich entscheiden: Dieser Minuccio, soll er das nächste Opfer sein oder das Monster? Oder beides? Und Gina könnte also wegen des Geldes umgebracht worden sein?«

»Ich weiß es nicht. Ich weiß gar nichts mehr«, seufzte Santomauro, »außer, dass dieses letzte Verbrechen anders ist. Es ist grober, es scheint nicht von derselben Hand ausgeführt worden zu sein. Wer sich an den Mädchen vergangen hat, ist triebhaft, aber auch methodisch. Hier sehe ich nur Wut. Ich werde diesen Minuccio suchen, ich glaube, das ist notwendig. Gibt es Neuigkeiten in der Kaserne?«

»Nichts, was ich nicht allein lösen könnte«, antwortete Totò Manfredi und stellte seine mangelnde Voraussicht unter Beweis.

*

Die drei alten Männlein auf der Bank grüßten ihn seit Jahren, und seit Jahren erinnerte er sich nicht, wer von ihnen Peppino, welcher Gennaro und welcher 'O Compare war. Er setzte sich ein wenig abseits und betrachtete das Meer. Es war schwierig gewesen, einen Parkplatz zu finden, weil die Carabinieri da waren und irgendetwas suchten, aber er hatte nicht herausfinden können, was. Jetzt gönnte sich Marco Folchi einige Minuten Erholung, bevor er die Runde in den Läden machte, um einzukaufen. Carolina hatte ihm drei höchst genaue Einkaufslisten geschrieben, eine für den Gemüseladen, die andere für den Metzger und die letzte für den Fischhändler, aber er hatte keine Lust, die Geschäfte abzuklappern, noch nicht zumindest. Carolina laugte ihn aus. Er würde alle Dinge auf der Liste erledigen, um Himmels willen, was müsste er sich sonst von ihr anhören? Er bedauerte den Armen, der sie einmal heiraten würde, und fühlte sich deswegen wie ein Verräter.

In wenigen Tagen würde Cecilia nach Hause kommen, und Carolina würde keine Ausrede mehr haben, um zu bleiben. Sie würden sehr gut ohne sie zurechtkommen. Nein, sogar bestens.

Die Dinge hatten angefangen schiefzulaufen, seitdem sie wieder da war. Sie wollte alles wissen, war fast besessen von ihrem Bedürfnis, sich um ihn zu kümmern, ihn zu umsorgen und ständig an seiner Seite zu sein. Schlimmer als eine Ehefrau, schlimmer als eine Mutter, schlimmer noch als eine Schwiegermutter. Und er, der sich immer für einen freien Mann gehalten hatte. Wenn Chiara nicht gestorben wäre, wenn sie mit einer Schwester aufgewachsen wäre, vielleicht …

Seine Gedanken wurden von der Ankunft eines Grüppchens von Leuten unterbrochen, die sich auf die Bank neben ihm setzten. Sie machten einen Heidenlärm, sprachen laut, gestikulierten, dass er Kopfschmerzen bekam. Die linke Hand mit den zerknüllten Einkaufszetteln in der Hosentasche, stand er auf und ging die Promenade entlang. Er musste einmal durchatmen.

*

»Stehen Sie an?«

»Ja, Signora, natürlich stehe ich an. Wir stehen alle in der Schlange.«

»Oh, das habe ich nicht gesehen! Hoffen wir, dass es nicht zu lange dauert.«

»So Gott will.«

Was im buchstäblichen Sinne zu verstehen war, denn die betreffende Warteschlange war die zur Beichte, und die kleine Kirche von San Pacuvio füllte sich mit gedämpftem Schwatzen.

Innen Frische, Kleiderrascheln, das glänzende Holz der Kniebänke, der beißende Rauch einer Kerze, die durch einen Windzug erloschen war.

Draußen kletterte der Efeu das Gemäuer hoch, der Kirchplatz war leer und lag teilweise im Schatten, auf dem Boden Eicheln und Kies, zwitschernde Vögel, versteckt in den Kronen des Baumes, unterhielten sich ohne Unterlass, und eine Reihe von Ameisen zeichnete einen komplizierten und lebendig wimmelnden Schnörkel auf einen morschen Baumstamm, da, wo der Wald ganz nah der Kirche war. Und jemand im Schatten wartete.

*

»Wissen Sie, was ein *sana porcedde* ist, Maresciallo?«

»Nein, und ich kann mir auch nichts darunter vorstellen. Sagen Sie es mir.«

Draußen vor der Bar Centrale schien Marco Folchi erholt und sorgenfrei. Zwei Einkaufstüten belegten, dass er seine Aufgaben erledigt hatte. Santomauro hatte seine Einladung auf einen Kaffee gern angenommen, und Folchi revanchierte sich bei ihm mit dieser Kuriosität.

»Der Sana Porcedde ist eine mittlerweile fast verschwundene Figur aus unserer Gegend, aber bis vor einem Jahrzehnt konnte man noch den ein oder anderen treffen, der durch die Dörfer zog. Er bot seine Dienste auf der Straße an, und die Leute kamen zu ihm gelaufen. Wissen Sie, dass eine Sau nicht geschlachtet werden darf, wenn sie brünstig ist?«

»Ehrlich gesagt, war mir das nicht bekannt, und auch über die Brunst ist mein Wissen begrenzt«, musste Santomauro zugeben.

Der andere speiste seine Unkenntnis mit einem Lächeln ab.

»Außer natürlich bei der Frau, ist die Brunst der Moment, in dem ein weibliches Säugetier fruchtbar ist. Ich werde Sie nicht mit Einzelheiten langweilen, aber unter diesen Umständen darf es nicht getötet werden, das Fleisch wäre ungenießbar, vermutlich wegen des Übermaßes an Östrogenen.«

»Das trifft sich gut für die Schweine. Ein Hintertürchen.«

»Mittlerweile hat sich das erledigt. Wir haben Experten, die fähig sind, den Geschlechtsbereich des Tieres zu überprüfen und zu sehen, ob er stärker durchblutet, also rot und geschwollen ist und das Tier somit einen Eisprung hat, aber in der Vergangenheit stellte es ein wirkliches Problem dar, und der Schweineheiler, der Sana Porcedde, war die Lösung.«

Auf der Promenade waren nicht viele Leute unterwegs, überwiegend Kinder und ihre Eltern, Kinder und ihre Großeltern, Kinder und Tanten, aber keine Kinder mit Kindern. Pioppica hatte Angst.

Marco Folchi lächelte, nicht ahnend, dass Santomauro für einen Augenblick abgelenkt war.

»Er machte seine Runde durch die Dörfer, die Leute liefen auf der Straße herbei und brachten ihm die kleinen Säue, Ferkel von wenigen Kilo. Ein oder zwei Jungen übernahmen die Aufgabe, das Tier festzuhalten, und er führte mit dem Messer, dem *corteddro per porcedde,* einen Schnitt auf der Seite aus und heilte es.«

»Heilte es? Ich weiß nicht, ob ich die Fortsetzung hören möchte«, sagte Santomauro, aber der andere fuhr unbeirrt fort, mit einem absolut ungerechtfertigten fröhlichen Blitzen in den Augen, dachte der Maresciallo, der sich auf die Seite des Schweinchens schlug.

»Er heilte es, bedeutet, er steckte die Hand hinein und zog, nachdem er gut im Inneren herumgekramt hatte, mit einem Griff die Eierstöcke heraus, alle beide zur selben Seite. Währenddessen schrie das Schwein natürlich, als ob man ihm den Bauch aufgeschlitzt hätte.«

»Eben«, lag Santomauro daran, zu betonen.

»Ich war manchmal dabei, eine ganze Straße war in Aufruhr. Das Geschrei, die Kinder, das protestierende Schweinchen, ein unbeschreibliches Durcheinander. Der Schweineheiler war äußerst professionell, aber kein Neurochirurg. Er nähte es mit Schnur und einem einzigen großen Kreuzstich zu, desinfizierte es mit einem Spritzer Wein, und los! Es wurde wieder zum Wühlen im Schlamm geschickt, und weiter mit dem nächsten.«

»Wunderschön, sehr lehrreich, danke.«

Folchi zwinkerte ihm zu, seine weißen Zähne blitzten in dem dichten, graumelierten Bart auf.

Carolina Folchi hupte von der anderen Seite des Parkplatzes. Sie standen beide auf, die kleine Pause war vorbei.

»Ich bin mir nicht sicher, ob ich mit Ihnen einverstanden bin. Das Schweinchen hätte seine Eierstöcke vermutlich lieber behalten, und die Brunst, und das Fleisch mit dem schlechten Geschmack.«

»Vielleicht haben Sie recht, aus der Sicht des Schweinchens.«

»Es ist immer eine Frage des Blickwinkels.«

»Das nächste Mal erzähle ich Ihnen, wie man Hasen kastriert hat, mit den Fingern, ein ganz einfacher Kniff«, lässig führte er eine schnelle Bewegung mit den Fingern aus, begleitet von einem winzigen Schnalzen und einem vergnügten Grinsen. »Erinnern Sie mich dran, dass ich es Ihnen am lebenden Exemplar zeige. Das kann Ihnen noch nützlich sein.«

»Sicher doch«, dachte Santomauro.

*

Minuccio zu finden war nicht einfach, auch weil Santomauro beschlossen hatte, mit ihm alleine zu sprechen, auf seinem Territorium. Alles, was er über ihn wusste, den zerlumpten und geschlagenen Jungen, ließ keinen Zweifel aufkommen, dass es eine mühselige und leidvolle Sache werden würde.

Zu Donna Amalia Morace Manzo schickte er Pietro Gnarra, ungeachtet seiner Proteste: Er war vielleicht der Einzige, der überhaupt etwas aus ihr herausbekommen konnte. Er erhielt seinen entmutigten Anruf, während er noch im Dorf nach Minuccio herumfragte.

Gnarra tat es wahnsinnig leid, ihm eine Enttäuschung bereiten zu müssen, aber die Alte, so seine genauen Worte, hatte ihm nicht einmal einen Platz angeboten und sofort klargestellt, dass sie von den beiden Drückebergern nichts wissen wollte. Sie hatte sich geweigert, Gina offiziell zu identifizieren: »Ich bin alt, ihr könnt mich nicht zwingen«, und hatte betont, die beiden seit vielen Tagen nicht mehr gesehen zu haben. Laut Gnarra verbarg sie etwas, denn als sie erfahren hatte, dass Gina tot war, hatte sie betroffen gewirkt und einen Haufen Fragen über das Wie und Wann gestellt, aber als sie dann gehört hatte, dass ihr Körper beim Friedhof gefunden worden war, hatte sie einen Seufzer ausgestoßen, der laut Gnarras Meinung erleichtert geklungen hatte. Sie musste in die Mangel genommen werden, in die Kaserne gebracht und in Anwesenheit ihres Anwalts schonungslos verhört werden, und wenn es nur wegen Misshandlung und Ausbeutung Minderjähriger war, aber das war eine Sache, der sie sich dann in Ruhe widmen würden.

Don Giovannino war der Erste, der dem Maresciallo eine nützliche Auskunft gab. Der alte Pfarrer trat zögerlich bei den letzten Häusern des Dorfes an ihn heran.

»Maresciallo, man sagte mir, dass Sie Minuccio suchen«, sagte er und schirmte seine Augen mit der dünnen, faltigen Hand vor der Sonne ab.

»Ja, Pater, können Sie mir einen Hinweis geben, wo ich ihn finden könnte?«

»Ist es wahr, dass Gina tot auf dem Friedhof gefunden wurde?«

Santomauro erinnerte sich an die Eigenart des Alten, immer eine Menge Fragen zu stellen.

»Ja, leider, gestern. Ich will mit ihm sprechen, ihn darüber informieren, immerhin ist er ja ihr Bruder.«

»Also wollen Sie ihn nicht verhaften?«

»Nein, warum sollte ich? Pater, wissen Sie vielleicht etwas Wichtiges?«

Don Giovannino senkte befangen die Augen. Santomauro wusste nicht, wie alt er war, aber er sah mindestens aus wie hundert, wie er so dastand in seiner schwarzen, staubigen Kutte, die selbst unter der Septembersonne zu warm sein musste, und unsicher die Hände rang. Er schien aus einem nur von der Kordel zusammengehaltenen Häufchen Knochen zu bestehen.

»Wenn ich etwas wüsste und an das Beichtgeheimnis gebunden wäre, was würden Sie mir sagen?«

»Was könnte ich Ihnen schon sagen, Vater? Versuchen Sie,

es mir irgendwie anders verständlich zu machen. Wissen Sie, wer Gina umgebracht hat?«

Don Giovannino schüttelte betrübt den Kopf.

»Wissen Sie etwas über das Monster und die toten Mädchen?«

Don Giovannino kniff die Augen zusammen und schüttelte so heftig den Kopf, dass Santomauro befürchtete, er könnte abfallen und in den Staub neben der Straße rollen.

»Wissen Sie, wo Minuccio ist?«

Don Giovannino erstarrte und sah ihn unschlüssig an.

»Sehr gut, Pater. Ist er vielleicht in der Kirche? In Ihrer Kirche?«

Don Giovannino lächelte und machte ein kleines Zeichen der Zustimmung, dann faltete er die Hände und fragte: »Aber wenn Minuccio etwas getan hat, etwas Böses, sicher, aber in guter Absicht, dann bestraft Ihr ihn doch nicht, oder?«

*

Minuccio wusste, dass er nicht sehr klug war, aber eine Sache glaubte er verstanden zu haben, und zwar, dass er in den letzten Tagen gute Menschen getroffen hatte, oder Menschen, die nur so taten, aber dann taten sie es wirklich gut. Dieser Carabiniere zum Beispiel, der mit ihm auf dem Mäuerchen neben der Kirche saß, schien ihm wirklich eine anständige Person zu sein, oder er täuschte es anständig vor. Er lächelte ihn sogar freundschaftlich an, mit seinen schmalen, hellen Augen in dem gebräunten Gesicht, und Minuccio wusste nicht warum, aber er war gerührt, so wie es ihm bei dem uralten Pater und auch bei dem jungen Pater, der so wenig wie einer aussah, ergangen war.

Auf dem Mäuerchen im Schatten des großen Nussbaums, der seine Äste über sie ausbreitete, konnte man es gut aushalten, und Minuccio wollte fast einschlafen, weil es warm war und er sich in Sicherheit fühlte und die Stimme des Carabiniere ihn angenehm einlullte. Er fragte ihn Sachen, auf die er keine Antworten wusste. Gina hätte sie gewusst, aber Gina war nicht mehr da. Er versuchte, es ihm zu sagen, aber das war ein Fehler, denn der Carabiniere fing an, ausgerechnet von Gina zu sprechen, ihm Sachen zu sagen, die er nicht hören wollte. Also hielt er sich mit den Händen die Ohren zu und musste wirklich weinen.

Der Carabiniere legte ihm eine Hand auf den Kopf, er zuckte zusammen, aber dann bemerkte er, dass es keinen Grund gab, Angst zu haben, die Hand war groß und warm, und es gefiel ihm, dass jemand ihn berührte. Er fand den Mut, über Gina zu sprechen, wie er sie umsonst gesucht hatte und wie er, als er sie gefunden hatte, beschlossen hatte, dass er sie an einen Ort bringen musste, der für sie angemessen war, einen Ort wie er allen Christen zukam.

Daraufhin stellte der andere ihm viele Fragen, aber sie waren zu kompliziert, er wollte wissen, wo Gina versteckt gewesen war, als sie mit dem ganzen Blut im Gesicht im Gras geschlafen hatte, und wie viele Tage, aber er wusste es nicht. Dann fragte er ihn nach seiner Mama, nach dem Haus, in dem er lebte, nach Mamma Signora, noch mehr schwierige Fragen, und er wollte sich entschuldigen, weil er die Antworten einfach nicht wusste. Er versuchte, ihm zu sagen, was für eine große Angst er vor Mamma Signora hatte und auch vor dem Schwein, aber es waren schlimme Gedanken, und sein Verstand rannte lieber davon. Er wurde einen Augenblick abgelenkt, als ein strahlend grüner Rüsselkäfer brummend an ihnen vorbeiflog. Der Carabiniere fuhr zusammen, ihm hingegen waren die Rüsselkäfer sympathisch und auch das Geräusch, das sie machten. Er versuchte ihn einzufangen, aber er flog davon, und er wusste immer noch keine Antworten.

Aber da es dieser freundliche Mann mochte, Fragen zu stellen, dachte Minuccio, dass es ihm vielleicht auch gefallen würde, eine gestellt zu bekommen, und so fragte er ihn das, worüber er jetzt schon seit einigen Tagen nachdachte, seitdem er hatte aufhören können, sich zu fragen, wo Gina steckte: Schlafen die Bäume eigentlich im Dunkeln? Stehen sie nachts still und tanzen am Tag im Wind? Das wollte Minuccio wissen, denn es gab Nächte, in denen er wach geblieben war und den Wald beobachtet hatte, und es war ihm so vorgekommen, als ob sie auch in der Dunkelheit tanzten, und wann schliefen sie denn dann?

Der Carabiniere wusste darauf keine Antwort, das war offensichtlich, aber er dachte ernsthaft darüber nach, und als Minuccio schon glaubte, dass sie sich nun endlich in angenehmem Schweigen einfach gegenseitig Gesellschaft leisten könnten, erhielt der Carabiniere einen Anruf und zog ein seltsames Gesicht, als ob er ängstlich und besorgt und auch wütend wäre, alles zusammen, und er sagte ihm, dass er schnell wegmüsse, aber dass er ein anderes Mal wiederkommen würde und dass sie dann noch einmal darüber sprechen würden.

Über was, fragte sich Minuccio danach lange Zeit. Über was würden sie sprechen? Über die tanzenden Bäume oder über Gina?

*

Vom Rest des Körpers fehlte jede Spur, sie hatten die Umgebung von Ciccinellas Laden gründlich abgesucht, eine Mannschaft aus drei Carabinieri in kurzärmligen, schweißnassen Hemden, die unter Manfredis Kommando auf allen vieren in jeden Winkel, jedes Gässchen, unter Treppchen, Durchgänge und Torbögen gekrochen waren. Santomauro traf ein, als sie sich gerade mit ein paar eisgekühlten Flaschen Wasser aus der Bar erfrischten. Wenn überhaupt möglich, war Manfredi noch verschwitzter als die anderen und sichtlich genervt.

»Nichts, Simone. Da ist nur das Herz. Ich habe de Collis für eine Untersuchung einbestellt, wir treffen uns im Leichenschauhaus in Vallo. Er hat einen Riesenaufstand gemacht, er ist wohl beim Zahnarzt in Salerno, aber als ich ihm erklärt habe, was wir in den Händen haben, hat er gesagt, dass er in einem Stündchen bei uns sein würde.«

»Mit dem Auto, das er hat, dürfte das kein Problem sein. Ich fahre hin und nehme Cozzone mit. Geh du auf die Wache zurück, finde heraus, ob irgendjemand vermisst wird.«

»Denkst du, ein anderes Mädchen? Gott behüte …«

»Nein, es ist das Herz eines Erwachsenen, hast du nicht gesehen, wie groß es ist? Ich sag dir Bescheid, sobald ich mehr weiß.«

»Bist du sicher, dass ich nicht mit dir mitkommen soll?« Aber Santomauro hatte sich schon auf den Weg gemacht, gefolgt von Cozzone mit seltsam schwankendem Gang, der den Arm mit der Plastiktüte samt ihrem scheußlichen Inhalt weit vom Körper wegstreckte.

Manfredi blieb in der immer brennenderen Sonne stehen, die nicht mitbekommen zu haben schien, dass bereits September war. Das Hemd klebte unter seinen Achseln. Die undankbaren und langweiligen Aufgaben musste immer er erledigen. Aber er würde es ihnen allen schon noch zeigen.

*

Das Halbdunkel vermittelt ein Gefühl von Frische. Da ist auch ein ganz leichter Duft nach Weihrauch, oder vielleicht ist es nur Einbildung. Es war notwendig hierherzukommen, auch wenn es schöner gewesen wäre, es zu vermeiden. Aber mittlerweile sind schon so viele böse Sachen geschehen, dass eine weitere keinen Unterschied mehr macht. Und der Pater ist sowieso alt, uralt, wie lange würde er überhaupt noch leben?

Don Giovannino kniet vor der Statue einer Heiligen mit blauen und roten Kleidern. Der zarte Schädel ist rosig und von lichten weißen Haarbüscheln überzogen, beim Aufprall des schweren Kerzenleuchters zerspringt er wie ein rohes Ei.

Don Giovannino stirbt, ohne zu begreifen, warum, aber er stirbt betend, wie er es sich immer erträumt hatte, und während er stirbt, hat er die Zeit, sich zu fragen, ob er wohl direkt zum Herrn auffahren wird.

*

»Hier, Professore. Ich möchte, dass Sie es mit der höchsten Dringlichkeit untersuchen. Cozzone?«

Der Gefreite trat vor, öffnete mit wenigen geübten Griffen,

die jedoch das Zittern seiner behandschuhten Hände nicht verbergen konnten, den Asservatenbeutel und zog einen blauen Sack hervor. Santomauro musterte de Collis, der reglos wie ein Stein neben ihm stand, keinerlei Anzeichen von Neugier zeigend. Cozzone öffnete den Sack, nahm den Inhalt heraus und legte ihn in die Metallwanne auf dem Untersuchungstisch. Das erbarmungslose Licht des Seziersaals bildete grünliche Reflexe auf dem Dunkelrot des Herzens. Der Geruch war schon stärker als beim ersten Mal, als Santomauro es gesehen hatte, ein grauenhaftes bluttriefendes Ding, das einmal in einer menschlichen Brust geschlagen hatte, für einige der Sitz der Träume, der Liebe und des Hasses und wie auch immer die hydraulische Pumpe, von deren Funktionieren alles abhing. De Collis drehte es fast angewidert mit der handschuhbedeckten Spitze seines Zeigefingers um, und sah den Maresciallo mit einem gereizten Schnaufen an.

»Ist das alles?«

»Reicht Ihnen das noch nicht? Wir müssen herausfinden, wem es gehört hat, wir müssen den Rest des Körpers finden, das Opfer identifizieren …«

»Ich kann Ihnen sofort sagen, ohne es überhaupt zu untersuchen, dass der Besitzer dieses Herzes ein Individuum weiblichen Geschlechts war, jung, ungefähr neunzig Kilo schwer, ohne augenscheinliche Krankheiten, gestorben vor sieben Monaten. Das Herz wurde dem Körper entnommen und sofort eingefroren. Als der Thorax geöffnet wurde, hat die Klinge hier leider einen kleinen Schnitt verursacht, an der Herzspitze, sehen Sie, Maresciallo? Aber das war es nicht, was den Tod provoziert hat, der wurde durch einen Messerstich in die Halsschlagader mit daraus folgendem Schock und Ausbluten herbeigeführt, Todeseintritt nach wenigen Minuten.«

»Donnerwetter!«, rief Cozzone. »Das ist ja besser als CSI!«

Santomauro sah den Arzt argwöhnisch an, und ein schrecklicher Verdacht drängte sich ihm auf: »Das alles wissen Sie, weil …«

»Weil«, komplettierte de Collis verächtlich, »das betreffende weibliche Schwein meines war. Ich habe es schlachten lassen, als es noch sehr jung war, weil das Fleisch dann zarter ist. Das Herz habe ich sofort eingefroren und gestern aufgetaut, um es meinen Studenten zu einer Anatomiestunde mitzubringen, danach ist es mir unglücklicherweise gestohlen worden, und jetzt reißen Sie beiden Volltrottel mich aus dem Zahnarztsessel und rufen mich her, um es zu obduzieren!«

*

Den gestreckten Arm nach vorne, das Handgelenk gedreht, ein Armschlag, noch einer, und die Füße, die ihrem Rhythmus folgen. Luftholen jeden fünften Schlag, und so weiter, schwimmen, bis wohin ihn die Kräfte trugen. Lillo war ein guter Schwimmer, in seiner Jugend hatte er auch an ein paar Wettkämpfen teilgenommen, gar nicht mal mit schlechten Ergebnissen, bis eine größere Leidenschaft alle anderen überwältigt hatte. Er betrachtete das Schwimmen als eine Art Meditation oder Gebet, wie man es auch nennen mochte, und wenn er schwamm, fühlte er für gewöhnlich jeden Kummer, jede Sorge von sich abgleiten, fortgespült von den Wellen, die er zerschnitt.

Dieses Mal nicht.

Er schwamm bis zur völligen Erschöpfung, bis ihm seine Arme weh taten und er schmerzhafte Krämpfe in den Beinen spürte, die ihn befürchten ließen, es nicht mehr zurückzuschaffen, aber der quälende Gedanke verließ ihn nicht. Das, was er wusste, das schreckliche Geheimnis, das ihn in der Beichte anvertraut worden war, lastete ihm wie ein Marmorblock auf dem Gewissen. Doch er war nur der Vermittler zwischen dem Sünder und seinem eigenen Gott. Er durfte nicht reden.

*

»Wo er recht hat, hat er recht, meinst du nicht, Pasquale?«

Cozzone nickte. Er saß so weit vorne auf dem Fahrersitz, wie es ging, vollkommen darauf konzentriert, das Lenkrad zu halten und gleichzeitig nach rechts, links, vorne und hinten zu schauen, als ob sie auf der Rennstrecke von Le Mans wären. Nur Pietro Gnarra fuhr noch schlechter als er. Santomauro seufzte. Das Herz hatten sie bei de Collis gelassen, der im Gegenzug versprochen hatte, ihnen noch am Abend die endgültigen Ergebnisse von Ginas Obduktion zu liefern.

»Nicht, dass ich zu dem, was ich Ihnen schon im Vorhinein gesagt habe, viel hinzuzufügen hätte«, hatte er ihm kundgetan, während sie das Krankenhaus verließen. Santomauro hatte bemerkt, dass der Arzt eine leicht geschwollene Wange hatte. »Das Gewebe ist durch den Verwesungsprozess schon ziemlich zersetzt, aber der Körper zeigt Spuren von alten Narben und wiederholter Gewalteinwirkung. Auch sexueller, die sich vermutlich über viele Jahre hingezogen hat.«

Sie war doch fast noch ein Kind, dachte der Maresciallo, ein junges Mädchen mit zierlichem Knochenbau und langen ungebändigten Haaren. Eine weitere verlassene Kreatur, die in den Wäldern einem Monster begegnet war. War es gerechtfertigt zu vermuten, dass es sich um dasselbe Monster handelte?

»Und wenn er auch noch so recht hat, dieser Gerichtsmediziner ist mir trotzdem echt unsympathisch. Ich mochte den von vorher lieber«, sagte Cozzone, der sich auf gerader Strecke entspannte.

Santomauro hatte ihn nicht kennengelernt, aber er wusste, dass der alte Dottore Zaccagna fähig gewesen wäre, einen armen unglückseligen Schlafenden für eine Autopsie aufzuschneiden, also war es vielleicht nicht angebracht, sich zu beschweren. Er machte es sich so gut wie möglich auf dem Sitz gemütlich, folgte mit den Augen den Bäumen, die zu seiner Rechten vorbeiglitten, und versuchte zu sortieren, was Minuccio ihm gesagt hatte.

*

Die Mama war böse und hatte sie nicht lieb. Die Mama war depressiv. Die Mama war unglücklich, weil der Papa weggegangen war und sie mit dem Opa und ihr zu Hause gelassen hatte.

Die Mama hasste sie, weil der Papa wegen ihr weggegangen war, weil sie nicht gut genug gewesen war, als sie geboren wurde. All diese Informationen trug Preziosa in sich, in ihrem Herzen und ihrem Kopf, und nicht einmal sie wusste, wie sie dort hingelangt waren. Niemand hatte ihr sie gesagt, diese schlimmen Dinge, die sie leiden ließen, wenn sie abends versuchte einzuschlafen, aber sie wusste sie trotzdem. Ein paar Sätze, denen sie hier und da gelauscht hatte, das arglose Geplapper von Estera und Tonino, ein wütender Streit zwischen der Mama und dem Großvater letztes Jahr, die Anspielungen der Frauen, die manchmal zur Visite kamen, mit den lippenstiftroten Mündern, aus denen giftiger Honig tropfte, und den Händen, die ihr über den Kopf oder die Arme streichelten, dass sich ihr alle Härchen aufrichteten. Und die Augen ihrer Mutter, damals und in vielen anderen Momenten, mit diesem eiskalten Ausdruck des Vorwurfs und der Abscheu, den sie sich nur für sie aufsparte.

Auch Preziosa hatte ihre Mama nicht lieb, und obwohl sie sich deswegen ein bisschen schlecht fühlte, hatte sie entschieden, dass es sie nicht zu kümmern brauchte. Wenn sie groß war, würde sie weggehen, oder noch besser, sie würde den Großvater überzeugen, die Mama wegzujagen, und sie zwei alleine würden endlich ihre Ruhe haben. Das Problem war aber, dass Preziosa nicht noch so viele Jahre – »mindestens neun!« – warten konnte, um das zu tun, was sie wollte. Denn was sie wollte, war, ihre Zigeuner-Freundin treffen. Sie dachte immerzu an sie, seitdem die Mama sie getrennt hatte. Das war nicht gerecht, warum sollte sie immer alleine bleiben, warum durfte sie nicht mit einem Mädchen wie diesem spielen, einem, mit dem sie sich auf Anhieb verstanden hatte? Seit Stunden schlich sie bekümmert am Ende des Gartens herum, und als Gilja am Waldrand auftauchte, bedurfte es keiner Worte. Preziosa rannte ihr entgegen, und sie liefen Hand in Hand zu den Bäumen, als ob sie sich schon von jeher kennen würden. Ein wenig weiter vorne fanden sie eine Lichtung, weit genug von zu Hause entfernt, um nicht gesehen und gehört zu werden, und sie liefen und lachten und schrien so lange, bis sie müde und erhitzt und ganz rot im Gesicht waren und Kopf und Hände so heiß, die Haare verschwitzt und die Kleider so unordentlich, dass sie sich auf das frische Gras warfen und herumkugelten, um sich abzukühlen. Dann erzählten sie sich Geschichten, jede in ihrer eigenen Sprache, ohne sich zu verstehen, und sie verstanden sich trotzdem. Preziosa war noch nie so glücklich gewesen.

Aus dem Schatten der Kastanien, nicht weit weg, beobachtete sie jemand den ganzen Nachmittag, jemand, dem ein unersättlicher und quälender Hunger unaufhörlich die Eingeweide zerriss, von morgens bis in die Nacht.

*

Corrado, der Teufelskerl, war eine dem Kommando der Carabinieri von Pioppica bestens bekannte Person. Noch als kleiner Junge war er mit seiner Familie, die mehr Kinder als Geld hatte, aus seinem Heimatland nach Venezuela gegangen. Sein Vater war ein Arbeitstier gewesen, ebenso seine Mutter, und auch Corrado, dessen Nachname Dogosto war, hatte hart im Familienunternehmen geschuftet, einer Rinderfarm, in die die Dogostos all ihre Kraft und Energie gesteckt hatten. Angefangen mit vier Stück Vieh, hatten Fatimo Dogosto und nach ihm seine Kinder ein kleines Imperium aufgebaut.

Mit fünfundvierzig hatte Corrado beschlossen, dass er sich genug angestrengt hatte. Er hatte sich von den Brüdern auszahlen lassen und war, entschlossen, sich für den Rest seines Lebens zu vergnügen, ins Cilento zurückgekehrt. Der Spitzname Teufelskerl war ihm sofort verpasst worden, als er wieder in den Ort gekommen war und die Freunde aus der Schule in diesem stämmigen, gebräunten Erwachsenen mit dem schwarzen Schnurrbart, der immer ein dickes Portemonnaie und ein Lachen im Gesicht hatte, das Kind von damals wiedererkannt hatten.

Corrado, der Teufelskerl, hatte Geld, und es gefiel ihm, es in Gesellschaft, beim Trinken, beim Kartenspielen oder für

Frauen auszugeben. Folglich war er für die Carabinieri eine Problemquelle.

Wenn es in der Bar eine Schlägerei um die falsch verteilten Punkte beim Kartenspiel *scopa* gab, war Corrado, der Teufelskerl, darin verwickelt. Wenn sich zwei junge Mädchen beschwerten, auf der Straße angemacht worden zu sein, war unter den Gockeln, die ihre Komplimente loswerden wollten, mit Sicherheit auch Corrado, der Teufelskerl, gewesen. Wenn ein Chor von fröhlichen Betrunkenen ein bisschen zu spät in der Nacht unter den Fenstern der braven Leute sang, wer war dabei? Corrado, der Teufelskerl.

Deswegen waren die ersten Carabinieri, die angeführt von Gnarra vor Ort eintrafen, unsicher, als sie ihn zusammengekauert auf den Stufen des alten Kirchleins von San Pacuvio wie ein Kind weinen sahen. Mit gleichem Erstaunen erfuhr man später, dass er regelmäßig zur Beichte ging und oft das Abendmahl empfing. Es war ein Thema von großem Interesse, von dem man auf der Strandpromenade in Pioppica Sotto und an den Tischchen in Pioppica Sopra noch lange Zeit zehrte, als die ganze Geschichte vom Circo delle Maraviglie schon längst zu Ende war.

An diesem Tag aber, als das erste Staunen vorüber war und Ammaturiello versuchte, Corrados große Hände von dessen breitem, rotem und verweintem Gesicht zu zerren, um etwas zu verstehen, betrat Gnarra ahnungslos die kleine dunkle Kirche. Der Körper kam ihm im ersten Augenblick wie der eines unter etwas Schwarzem zusammengekauerten Jungen vor, aber die fleckige, faltige Hand war die eines alten Mannes. Der Kopf war bedeckt worden, er hob das mit Blut vollgesogene bestickte Stück Stoff an und erkannte fassungslos unter dem verunstalteten Schädel das heitere Gesicht Don Giovanninos.

Wer brachte einen Gottesmann um? Einen armen, harmlosen alten Mann, der in seinem Leben nie etwas Böses getan hatte? Pedro kannte den Pfarrer nur vom Sehen, zur Beichte oder zum Abendmahl zu gehen zählte nicht zu seinen Prioritäten, aber er war sich sicher, dass das Motiv für diesen traurigen und sinnlosen Tod in demselben finsteren Herzen verborgen lag, das sie seit Tagen suchten.

*

Die Blonde oder die Brünette? Du willst sie beide, kannst dich nicht entscheiden, den ganzen Nachmittag, während du sie sabbernd anschaust und deine Hände bei dem Gedanken, diese zarten Glieder zu berühren, lüstern über deinen Körper streicheln, den ganzen Nachmittag quälst du dich mit diesem Zweifel. In einem Moment rasenden Wahnsinns wolltest du dich auf sie werfen, während sie sich im Gras rollten, und beide nehmen, einfach so, eine nach der anderen, aber es sind flinke Mädchen, und eines der beiden hätte entkommen können, weglaufen und um Hilfe rufen und dir das Fest verderben. Wie hättest du erklärt, dass du nichts Schlimmes machen wolltest, wenn sie dich mit heruntergezogenen Unterhosen über einem der beiden gefunden hätten?

Besser warten und eins alleine einfangen. Die Mädchen weinen zu Beginn, das weißt du, aber du wüsstest es schon zu trösten, es glücklich zu machen, und es würde dir dann versprechen, nichts zu verraten. Besser die kleine Blonde, die kleine Blonde, die fast nie spricht und die keiner versteht, wenn sie spricht. Besser sie, eine kleine Fremde, um die sich niemand schert. Du wirst das schon machen, und dieses Mal wird es nicht wie bei den anderen werden, dieses Mal wird sie lächeln, danach, und dich voller Liebe anschauen. Du bist kein Monster, du weißt, dass es möglich ist, dass dich ein kleines Mädchen liebt, du weißt, dass dieses Mal alles gut wird.

Die Kleine mit den braunen Haaren lässt du wohl besser in Ruhe. Zu gefährlich, auch wenn die rasende Gier, die du in den Eingeweiden fühlst, dir wild zuflüstert, dass du eines Tages auch sie haben wirst, und zum Teufel mit allem anderen.

*

»Hier ist niemand mehr in Sicherheit«, sagte Manfredi, das Gesicht verschlossen wie eine Faust. Er kannte Don Giovannino gut, der fast alle seine Kinder getauft hatte. Neben ihm stand Santomauro und untersuchte den Schädel. Die mannsgroßen Heiligenstatuen blickten aus sechs blassgelb getünchten Nischen auf das Kirchenschiff mit seinen ordentlichen Bankreihen aus dunklem Holz und den beiden schwarzen Beichtstühlen. Im Licht der Sonne, das durch die halbgeöffnete Tür drang, tanzte goldener Staub.

»Hast du ihn so gefunden?«, fragte der Maresciallo, ohne sich umzudrehen. Gnarra trat einen Schritt vor.

»Nein, das Gesicht war von einem bestickten Tuch bedeckt. Ich habe es weggenommen, um zu sehen, um wen es sich handelte. Hier«, er zeigte eine Beweismitteltüte, die ein blutgetränktes Stück Stoff enthielt. Manfredi nahm sie ihm behutsam aus der Hand.

»Frag den Teufelskerl, ob er es war, der ihn damit bedeckt hat.«

Pedro machte sich eilig davon, um kurz darauf zurückzukommen.

»Er sagt, er sei es nicht gewesen. Er hat ihn so gefunden, er hat nur eine Ecke hochgehoben und den Puls gefühlt, aber mehr hat er nicht gemacht.«

Sie sahen sich in die Augen. Santomauro sprach das aus, was sie alle dachten.

»Es ist der Mörder gewesen.«

»Er hat ihn bedeckt, weil er ihn kannte.«

»Im Dorf kannte ihn jeder. Nein, Pedro, er hat es getan, um ihm nicht ins Gesicht zu blicken. Aus Gewissensbissen.«

»Bei ihm ja und bei den Mädchen nicht? Ihnen hat er nicht das Gesicht bedeckt, Simone, das ergibt keinen Sinn.«

»Wegen der Mädchen verspürt er vielleicht keine Reue.«

Manfredis Stimme unterbrach sie: »Er hat ihn mit einer Kasel bedeckt. Stimmt es, Pater? Das ist doch eine Kasel? Das, was früher einmal Planeta genannt wurde?«

Hinter ihm tauchte in T-Shirt und schwarzen Hosen Pater Lillo Lucarello auf. Er schien trotz der Bräune grau im Gesicht geworden zu sein. Seine Augen waren vor Schock geweitet. Zögernd machte er einen Schritt vorwärts und blickte auf den zusammengesunkenen Körper des alten Mannes, dessen Hand

mit der durchscheinenden Haut aussah wie aus Transparent-
papier. Er schwankte, Santomauro dachte, dass er auf die Knie
fallen würde, und streckte eine Hand aus, um ihm zu helfen,
aber der Jesuitenpater drehte sich abrupt um und rannte aus
der Kirche. Manfredi machte eine Bewegung, als wolle er ihm
nachlaufen, doch der Maresciallo hielt ihn auf: »Nein, warte
Totò. Siehst du nicht, wie erschüttert er ist?«

»Umso besser, vielleicht kann er uns etwas sagen, was uns
weiterbringt.«

»Totò, es reicht!« Er war als Erster von der Härte seiner
Stimme überrascht. Manfredi blieb unschlüssig mit der Beweismitteltüte in der Hand stehen.

»Wie du willst. Du bist der Chef«, sagte er, ohne ihm ins
Gesicht zu blicken.

*

Sich an den Strand zu setzen und auf das aschefarbene Meer
zu blicken war ihm als das Einzige erschienen, das er tun
konnte. Der Strand war trostlos und verlassen, der kalte
Schaum leckte an den glatten, dunklen Steinen nicht weit von
seinen Füßen, bald würde er sich umsetzen müssen, wenn
seine Mokassins nicht nass werden sollten. Die kühle Luft des
Spätnachmittags wirbelte um ihn herum und trug ein trockenes Blatt von den Pappeln der Promenade mit sich. Er zitterte,
aber nicht, weil ihm kalt war.

Er schlief seit Tagen nicht, seit dem schrecklichen Moment,
an dem die Stimme, eine bekannte Stimme, ihm ihre entsetz-
liche Beichte ins Ohr geflüstert hatte. Anfänglich hatte er versucht, sich davon zu überzeugen, dass es sich um einen Scherz
gehandelt hatte, wenn auch um einen boshaften und hässlichen Scherz, und es war ihm fast gelungen. Bis zu Don Giovanninos Tod.

Er wusste, dass dieser Tod ihm galt, dass er es war, der mit
zerschlagenem Schädel auf dem Boden der Kirche liegen sollte,
die Steinplatten und das Holz der Kniebänke mit Gehirn und
Blut besudelnd. Er war es, den das Monster umbringen wollte,

seine Ohren waren es gewesen, die die wirren Rechtfertigungen einer giftigen und verdorbenen Seele gehört hatten.

Gott hat auch diese Wesen erschaffen, Gott erlaubt es auch ihnen, zu leben und sich zu ernähren und sich zu freuen, dachte er zum wiederholten Mal, und er versuchte immer weiter, seine Zweifel zu unterdrücken, indem er sich sagte, dass er der Letzte war, der es sich erlauben konnte, die Pläne des Herrn zu hinterfragen.

Außerdem war dies nicht der Moment, um seinen schwankenden Glauben herauszufordern, ein viel drängenderes Problem peinigte sein Herz, hielt seine Brust wie in einem Klammergriff und raubte ihm den Atem.

Pater Lillo war ein Priester, auch wenn die Jesuiten zu Recht oder Unrecht als die vorurteilslose, moderne Seele des Kirchenkörpers, kühn und doppelgesichtig, betrachtet wurden. Aber auch für sie wie für alle Priester, denen das heilige Amt der Beichte übertragen wurde, galt das Beichtgeheimnis: Der Sünder enthüllt dir seine Sünden, aber er spricht nicht mit dir, du bist nur der Mittler zu Gott, und du darfst diese privilegierte Verbindung nicht verraten.

Das wiederholte sich Lillo mit dem Gesicht zwischen den Händen ein ums andere Mal, während er auf dem Sand sitzend vor und zurück schaukelte, die Schultern von stummen Schluchzern geschüttelt, die Nägel in der Haut seiner Wangen vergraben, während sein ganzes Ich seine Ohnmacht und seine Abscheu herausschrie.

*

Gilja lief schnell, um aus dem Wald herauszukommen, und als ihre nackten Füße endlich den trotz des hereinbrechenden Abends noch warmen Asphalt berührten, holte sie erleichtert Luft. Ihr gefielen die Bäume heute nicht.

Aber ihr hatte es gefallen, mit ihrer neuen Freundin zusammen zu sein, dem Mädchen, dessen Namen sie nicht kannte. Aber der Name war nicht wichtig, sie würden noch oft spielen und lachen, bis dass der Zirkus seine Vorstellungen beendet hätte und sie abreisen würden, wieder einmal. Wenn sie an die Vergangenheit dachte, und das tat Gilja nicht oft, weil sie es sinnlos fand, kamen ihr die Gesichter vieler Freundinnen in den Kopf, in vielen Orten wie diesem, winters wie sommers, Mädchen, mit denen sie gespielt hatte, ohne ihre Namen zu kennen, und die geweint hatten, als sie für immer fortgegangen war. Gilja hingegen weinte nie, sie bewahrte die Erinnerung an das Gesicht der neuen, gerade verlorenen Freundin in einem Winkel ihres Herzens auf und ging weiter, einem neuen Ort, einer weiteren Vorstellung, einer anderen Freundin entgegen, mit der sie eine Weile spielen konnte.

Der Straßenrand war unwegsam, ihre Füße stolperten über Steine und Papierabfälle, und einmal musste sie sogar einen Sprung machen, um einem armen überfahrenen Tier auszuweichen, vielleicht einer großen Feldratte, in der hereinbrechenden Dunkelheit mittlerweile nicht mehr zu erkennen. Autos fuhren selten vorbei, aber sie wusste, dass sie klein war und ein Auto sie überfahren konnte, ohne es überhaupt zu bemerken. Und da sie nicht wie die arme Ratte enden wollte, hielt sie sich weiter auf dem steinigen Rand zwischen Asphalt und Gebüsch. Vor ihr raste ein weiteres Paar Scheinwerfer heran, Gilja drückte sich gegen die Zweige, die ihr die Arme zerstachen, und das Auto fuhr vorbei.

Noch ein paar Kurven, dann würde sie auf die Straße kommen, die zum Zirkus führte, dort waren noch Jan, Tino oder irgendein anderer der Männer, um Wache zu halten, und sie würde sich in Sicherheit fühlen. Sie beschleunigte ihre Schritte, aber nur ein bisschen, denn sie mochte es nicht, Angst zu haben, und sie würde sicher nicht jetzt damit anfangen, wo sie fast groß war. Sie warf einen Blick über ihre Schultern, alles war dunkel, schwarz wie eine schwarze Mauer, und sie bereute es, das getan zu haben. Dann sah sie hinter der Kurve, um die sie gerade gebogen war, Licht aufleuchten. Die Scheinwerfer eines anderen Autos, das aber nicht auftauchte. Sie zuckte mit den Schultern und drehte sich nach vorn: lieber auf die Erde gucken und nicht stolpern. Aber sie fühlte eine

seltsame Spannung im Nacken und zwischen den Schulter-
blättern, als ob ein Auge sie anschaute, und es war ein unange-
nehmes Gefühl, das sie schon kannte. Sie hatte es an diesem
Nachmittag auf der Lichtung gespürt und auch andere Male,
im Ort oder im Wald.

Wie alle wilden Tiere war Gilja es gewohnt, nicht lange mit
ihren Gefühlen zu hadern. Während der große Wagen mit den
hellen Scheinwerfern um die Kurve kam und sich hinter sie
schob, warf sie sich mit einer einzigen geschmeidigen Bewegung in das Dunkel des Waldes, zwischen die Brombeersträucher und die Wurzeln, die Geräusche und das Schweigen der
Nachttiere.

*

Groß war das Durcheinander nach der Entdeckung des letzten
Mordes, den sie gezwungenermaßen mit den anderen in Verbindung setzen mussten. Selbst Staatsanwalt Gaudioso war
von alleine darauf gekommen und tat dies mit einem unver-
züglichen Anruf kund: »Habt ihr den Schwachsinnigen schon
eingesperrt? Welchen Schwachsinnigen? Muss ich Ihnen das
etwa von hier aus Vallo sagen? Diesen halbverblödeten Jungen,
Minuccio was weiß ich, der, der kurz vor der schrecklichen Tat
in der Kirche gesehen wurde! Er ist der mordende Vergewaltiger, fasst ihn, bevor er den nächsten umbringt! Muss ich euch
denn die Probleme von hier aus lösen, mit dem ganzen Ärger,
den ich schon am Hals habe?«

Das Gespräch nahm zum Glück Gnarra entgegen, der sich
am besten zu kontrollieren wusste, und mit diesem noch weitere sieben Anrufe von gut informierten Bürgern, die eilig die
Carabinieri informieren wollten, dass sie Minuccio in den Tagen vor dem Verbrechen bei der Kirche gesehen hatten.

Unter ihnen war mit Sicherheit der Informant von Gaudioso, aber das eigentlich Besorgniserregende war die Atmosphäre, die im Ort zu herrschen begann. In Pioppica Sopra
und Sotto verlangte man nach einem Sündenbock, und Santomauro wusste, dass es besser war, Minuccio so schnell wie

möglich zu finden. Aber der Junge war und blieb trotz all ihrer Bemühungen verschwunden.

Immerhin nahm de Collis noch am selben Abend die Obduktion vor. Das Neonlicht des Seziersaals hob mit erbarmungsloser Unparteilichkeit die Falten auf dem abgezehrten Gesicht des Alten und die Risse auf dem blassgrünen Linoleumfußboden hervor. De Collis Äußeres war in hellblauen Markenjeans und blauem Polohemd untadelig wie immer. Nur ein lästiger Schweißtropfen rann ihm über den Nasenrücken.

Santomauro und Gnarra leisteten schweigend Beistand, Manfredi hingegen löcherte den Professor mit Fragen und erhielt höfliche, aber knappe Antworten. Todesursache, offensichtliche Fraktur des Schädelknochens, mit massiver Gehirnblutung. Tot innerhalb weniger Sekunden, zwei oder drei gut platzierte Schläge, aber der erste hätte bereits gereicht. Die Waffe, der vor Ort gefundene silberne Kerzenleuchter. Don Giovannino war alt, aber bei bester Gesundheit, bis hundert hätte er vielleicht noch durchgehalten, wenn es ihm vergönnt gewesen wäre.

»Sollte nicht jemand den Leichnam segnen?«, war die unerwartete Frage des Arztes, während er sich den verschmierten Kittel auszog und ihn zusammengeknüllt in eine Ecke warf. »Jemand sollte ihn segnen«, beharrte er, während er sich die Hände unter einem Wasserstrahl wusch, der trostlos in das fleckige Becken lief. »Ich habe Lillo angerufen, aber er geht nicht an sein Handy. Ich wunder mich, dass er nicht schon hier ist.«

Santomauro teilte seine Verwunderung. Seitdem er den Jesuitenpater kannte, war er ihm bei fast allen Autopsien zwischen den Füßen herumgelaufen, aber Manfredi war in der Nähe, und er wollte kein Benzin in das Feuer seiner lächerlichen Eifersucht gießen.

»Wir haben jetzt keine Zeit, um nach ihm zu suchen, aber Sie werden sehen, dass er bald hier auftaucht.«

»Das denke ich auch, es ist nicht Lillos Art, sich in einem solchen Moment zu entziehen«, sagte der andere, während er den Leichnam mit einem Tuch bedeckte.

Unter dem weißen Stoff schien Don Giovannino wie durch Magie zu verschwinden. Der Maresciallo war sich sicher, dass er nur ein paar kleine Knöchelchen gefunden hätte, wenn er darunter gespäht hätte. Sie ließen de Collis in seine Gedanken versunken stehen. Es schien nicht, als ob er es eilig hätte, dort wegzukommen, vielleicht wollte er auf Lillo warten, und in dem Fall, glaubte Santomauro entgegen dem, was er eben Totò zuliebe behauptet hatte, würde er umsonst warten.

*

»Es schmerzt mich, das zu sagen, aber dieses eine Mal hat Gaudioso, glaube ich, recht. Minuccio Manzo hatte die Mittel, die Gelegenheit und auch das Motiv, wenn ihm vor dem Pfarrer zu viel herausgerutscht ist«, sagte Pietro, während sie in den Wagen stiegen. Totò Manfredi sagte nichts, aber er kaute in Gedanken auf etwas herum. Santomauro schnallte sich an und startete den Motor: Er zog es vor, selbst zu fahren, der Tag war lang gewesen, und er konnte es kaum erwarten, nach Hause zu kommen.

»Ich weiß nicht, ich habe mit ihm gesprochen, und er scheint mir alles zu sein, außer die Art von Mörder, die wir suchen.«

»Aber was für eine Art von Mörder suchen wir denn eigentlich?«, fragte Manfredi, ohne seinen provokanten Ton zu verhehlen. »Wir haben hier doch jemanden, der kaltblütig kalkuliert, der einen harmlosen alten Mann in einer ziemlich gut besuchten Kirche umbringt. Er hat die Klarheit abzuwarten, bis gerade niemand da ist, mir scheint, es ist jemand, der eins und eins zusammenzählen kann. Es ist derselbe Mann, der die Mädchen nach der Vergewaltigung beseitigt, weil sie ihn wiedererkennen könnten, er ermordet sie ja nicht während des sexuellen Gewaltakts. Aber er nimmt sie sich in fast zwanghafter Art, zwei innerhalb weniger Tage, in der Gegend, in der er lebt, er scheint außer Kontrolle geraten zu sein. Und Gina? Sie trägt die Zeichen eines brutalen Angriffs, auch das ein Gewaltakt, aber die damit einhergehende sexuelle Gewalt gab es nicht, auch wenn wir keinen Missbrauch in der Vergangenheit ausschließen können.«

»Wir wissen nicht, ob Gina von derselben Person ermordet wurde. Was den Rest angeht, hast du recht, es ist jemand, der einen normalen Anschein zu wahren weiß, bis die Spannung steigt und er wieder die Jagd aufnimmt. Er ist fähig, seine Spuren zu verwischen und sich eine Verteidigungsstrategie aufzubauen. Früher oder später wird die Fassade aber anfangen zu bröckeln.«

»Wann?«, fragte Gnarra düster, der bis dahin still gewesen war. Santomauro hatte darauf keine Antwort, und sie fuhren schweigend zur Kaserne zurück.

*

Satt, satt, er hatte es alles satt. Er war nicht verantwortlich für die Fehler der anderen, und er war es leid, sich immer die Schuld für alles aufhalsen zu müssen. Zum Beispiel Cecilia, mit einer Mutter und einer Tante, die, wenn auch im fortgeschrittenen Alter, Symptome der Makulopathie gezeigt hatten: Wäre es da nicht logisch gewesen, von seiner Frau zu erwarten, dass sie sich darum kümmerte, regelmäßig zur Kontrolle ging, die Situation beobachtete, kurz: alles in ihrer Macht Stehende tat, um eine mögliche Erkrankung aufzuhalten? Nein! Sie hatte es vorgezogen, den Kopf in den Sand zu stecken, die ganze Sache zu vertuschen und zu hoffen, dass nichts passieren würde.

Wenn es auch nur eine Chance gegeben hätte, wäre es doch für jeden Versuch bereits zu spät gewesen, als Marco Folchi begonnen hatte zu begreifen, dass mit den Augen seiner Frau etwas nicht in Ordnung war. Jetzt wartete er und versuchte die Rückkehr einer innig geliebten, fast blinden, mittlerweile cholerischen und auf die ganze Welt wütenden Frau aus dem Krankenhaus hinauszuzögern, die ihm vorwarf, sie nicht gerettet zu haben.

Assunta, noch so eine Schererei: Also wirklich, mit diesem Partnertausch. All das zu akzeptieren, was der Ehemann ihr aufzwang, ihre Scham und Würde mit den Füßen getreten. Wohin hatte es diese arme Frau nur geführt! Sie hatte gehofft, dass sie ihn bei sich halten konnte, wenn sie nur mitmachte, und jetzt hatte er ihr einfach so die Entscheidung ins Gesicht geschleudert, mit Inga Enlud, die ihm den Kopf verdreht hatte, nach Oslo zu gehen. Was der Mann von Inga von alldem hielt, wusste er nicht, aber er hatte noch das Bild von Assuntinas verwirrtem und vom Weinen geschwollenem Gesicht vor Augen, die verzweifelt und händeringend zu ihm gekommen war, um sich bei ihm auszuheulen, als er gerade in aller Ruhe eine Geschichte über den cilentanischen Aufstand von 1828 las. Ein kostbares Bändchen, das er seit langem gesucht und endlich direkt beim Verleger Galzerano erstanden hatte.

Nichts hatte er sich in diesem Moment mehr gewünscht, als sich wieder in die Lektüre der Schicksalsschläge der drei Brüder Capozzoli und des Kanonikers De Luca oder die Aufzeichnungen des Inquisitionsprozesses der unglückseligen Serafina Apicella, Frau von Antonio Galotti, zu vertiefen. Stattdessen hatte er das Buch mit der Brille als Lesezeichen zugeklappt, hatte sich erhoben, einen Seufzer des Bedauerns unterdrückt, hatte Assuntina in den Arm genommen, ihr liebevoll die Schulter getätschelt, ihr ein Glas Wasser angeboten, das sie nicht wollte, und ein stärkenderes Gläschen Grappa, das ihr ein bisschen Farbe auf die üblicherweise blassen Wangen gezaubert und die Tränen, vielleicht wegen des Schocks, schlagartig getrocknet hatte.

Er hatte seine Pflicht als Arbeitgeber und älterer, also lebenserfahrener Freund erfüllt und sie schließlich, wenn nicht getröstet, dann doch wenigstens beruhigt nach Hause geschickt: Der Arbeitsplatz würde ihr erhalten bleiben, das stand gar nicht zur Diskussion, und sie würde in allem die Unterstützung der Familie Folchi haben. Sie würden sie in die Kirche begleiten oder ins Kino oder zum Einkaufen, ihr einen guten Anwalt besorgen und ihr die Hand in den Momenten des Kummers halten. Assuntina hatte sich dankbar unter seinen schützenden Flügel begeben, und er hatte sich dementsprechend verhalten, aber er war es satt, sich um die anderen kümmern zu müssen.

Carolina war mit demselben Virus infiziert, aber sie froh-lockte jedes Mal, wenn jemand ihre Hilfe brauchte, sie sich um jemanden sorgen, die Fehler der anderen ausbaden oder sich irgendjemandes Probleme aufhalsen konnte. Er nicht.

Er mochte es nicht, und noch weniger ertrug er die Tatsache, dass er gezwungen war, sich um sie Sorgen zu machen, weil sie sich plagte und überall einmischte und dachte, so die Pro-bleme des Vaters, der Mutter und des ganzen Universums zu lösen. Jetzt hatte sie sich in den Kopf gesetzt herauszufinden, wer ein oder zwei kleine Mischlingshunde, die in der Gegend herumgestreunt waren, umgebracht hatte. Das Problem mit den Zigeunermädchen stand ganz oben auf der Liste in ihrem Kopf. Die Blindheit der Mutter. Santomauro, der Chiara und ihren Tod aus der Vergangenheit wieder ausgraben wollte. Ca-rolinas Sorge um seine Reaktion als trauernder Vater. Gabrielli unter Verdacht. Gabrielli niedergeschmettert durch den Ver-lust der Familie. Jetzt würde sie noch versuchen, Assuntina zu helfen. Und sie würde auch ihn darin verwickeln.

Es reichte! Er hatte es satt, in ihre absurden Initiativen ver-wickelt zu werden, die sie unternahm, ohne ihn vorher zu Rate zu ziehen. Wann durfte ein Vater endlich aufhören, sich für die Handlungen seiner Kinder verantwortlich zu fühlen, wann konnte er sie gehen lassen, frei, ohne einen schmerzhaften Stich in der Brust, wenn er sie leiden oder einen Fehler bege-hen sah, so wie wenn sie als kleine Kinder hinfielen und sich ein Knie aufschürften. Wann?

Folchi wusste keine Antwort. Der gewohnte erbärmliche und gemeine Gedanke fuhr ihm durch den Kopf, und er schämte sich wie sonst, nicht die Kraft zu haben, ihn sofort zu unterdrücken: Chiaretta wäre nicht so gewesen. Wenn sie am Leben geblieben wäre, wäre sie nicht so wie Carolina gewor-den, in jeglicher Hinsicht. Vor allem war sie anmutig und zart wie ihre Mutter gewesen, und dann hatte sie auch einen an-deren Charakter gehabt. Es war furchtbar für einen Vater, zu denken, dass er es vorgezogen hätte, wenn statt der einen Tochter die andere Tochter am Leben geblieben wäre. Caro-

lina las dieses stete Bedauern in seinem Herzen, und umso
mehr klammerte sie sich an ihn und verlangte etwas Unmög-
liches und für immer Verlorenes, das ihr niemals gegeben war,
sondern Chiaretta: die perfekte Tochter zu sein.

Das Buch über den cilentanischen Aufstand lag auf dem Boden neben der Liege. Die Lust zu lesen war ihm vergangen und
auch der Appetit auf den Teller mit Oliven, Wurst und Zie-
genkäse, den er sich vor mehr als einer Stunde zubereitet hatte.

*

Während des Tages hatte das trügerische Blau des Himmels
und des Meeres ihn fast vergessen lassen, dass der Herbst mittlerweile alleiniger Herrscher über die Gegend war. Santomauro
hatte mit den Kollegen beim Abendessen auf seiner Terrasse
sitzen wollen, um über den Fall zu sprechen. Jetzt aber, mit
dem Hereinbrechen der Nacht, sank auch die Feuchtigkeit
wie eine leichte, vom Meer herüberziehende Decke herab. Es
wurde sofort empfindlich kalt. Die Temperaturschwankung
war extrem, wie übrigens immer zu dieser Jahreszeit, aber in
den letzten Tagen war er zu wenig zu Hause gewesen, um es zu
bemerken. Er hatte also draußen gedeckt, mit weiß-grün karier-
ter Tischdecke, nicht zusammenpassenden, aber schönen
Korbstühlen, schönen schlichten Tellern und Gläsern, dem im
Holzofen gebackenen Brot, das er bei Ciccinella gekauft hatte,
Myrten-Mozzarella und frischer Schweinswurst.

Auf dem Herd erwärmte er einen Topf mit *cicci maritati,* die
ihm Signora Scorpoletta auf Bestellung zubereitet hatte. Die
Cicci Maritati waren eine Mischung aus Hartweizen, Mais,
Saubohnen, Erbsen, weißen Bohnen, bräunlichen Bohnen,
die typisch für die Region waren, Linsen, Kichererbsen, getrockneten Kastanien, Knoblauch, Öl, Peperoncino, Dosen-
tomaten und Salz. Von gekonnter Hand zu einer einfachen
Suppe zusammengefügt und langsam und geduldig gegart,
kam dabei ein bescheidenes, aber gleichzeitig köstliches Gericht heraus, das der Maresciallo liebte. Wie der Auberginen-
auflauf schmeckten die Cicci Maritati am nächsten Tag noch

besser. Er hatte auch drei Flaschen eines echten cilentanischen Rotweins aus Castel San Lorenzo besorgt. Und nun war es zu kalt.

Santomauro war gerade dabei, den komplett gedeckten Tisch hineinzustellen, als die beiden anderen kamen und ihn überredeten, das zu lassen: So saßen sie an der frischen Luft, Santomauro mit einem Wollpulli, Gnarra und Manfredi in ihren Jacken, je mehr die Cicci und der Wein aber ihre Wirkung entfalteten, desto wärmer wurde ihnen. Auch die Diskussion während des Essens war hitzig.

Santomauro hätte nicht sagen können, wann sie den Brauch, sich zu treffen und beim Essen und einem Glas Wein über einen schwierigen Fall zu reden, eingeführt hatten, ja nicht einmal, wann er die beiden anderen überhaupt zum ersten Mal zum Abendessen eingeladen hatte. Er war ein zurückhaltender Mensch, ein Einzelgänger fast, aber er mochte es, ihnen zuzuschauen, wie sie, an dem kleinen Tisch sitzend, diskutierten und sich stritten. Er fand diesen Austausch sehr produktiv und mischte sich in der Anfangsphase selten ein, sondern zog es vor, dass beide ihm Untergebenen frei heraus sagten, was ihnen durch den Kopf ging, auch wenn sie sich angesichts ihrer unterschiedlichen Charaktere ab und an erbitterte Auseinandersetzungen lieferten. Manfredi war gewissenhaft, manchmal auf nervtötende Art und Weise, methodisch, langsam, genau und obsessiv, Gnarra hingegen war intuitiv, argumentierte ähnlich wie Santomauro aus dem Bauch heraus, aber mit einer Gabe, die Gemütszustände vor allem von Frauen zu verstehen, die der Maresciallo nicht besaß. Dafür war er oberflächlich und zerstreut. Totò hingegen zu versteift.

Sich selbst betrachtete Santomauro als Kleister, derjenige, der ihre Ideen und Gefühle verband. Er gab das Seine dazu, sann darüber nach, kaute darauf herum, schlief nächtelang nicht, bis Gott, die Vorsehung, das Glück, sein Spürsinn oder irgendein Fehler ihn auf die richtige Spur brachte. Er sah sich als ein Arbeitstier, nicht brillant, aber einer, der nicht aufgab, und während er den Beitrag seiner Freunde vielleicht zu hoch einschätzte, neigte er mit Sicherheit dazu, sich selbst zu unterschätzen.

Pedro Gnarra und Totò Manfredi maßen ihrem Freund und Vorgesetzten hingegen den richtigen Wert bei und wussten genau, wer die Fäden bei dieser wie auch bei vielen anderen Ermittlungen in den Händen hielt. Sie mochten Santomauro auch wegen seiner Bescheidenheit und wegen seines ruppigen Charakters, den er nicht immer verstecken wollte.

Sie redeten bis weit nach Mitternacht, bis der Boden der drei Flaschen schon längst trocken war, und als sie beschlossen, dass es Zeit sei, schlafen zu gehen, waren sie in den Ermittlungen keinen Schritt weitergekommen. Das einzige konkrete Ergebnis schien die Feuchtigkeit zu sein, die in ihre Glieder eingedrungen war und sich am nächsten Tag bemerkbar machen würde, aber in Wahrheit begannen einige Dinge im Kopf des Maresciallos eine andere Position einzunehmen als zu Anfang. Es war eine kleines Klicken, das er beinahe hören konnte, als ob sich sein Blickwinkel um den Bruchteil eines Millimeters verschoben hätte und Personen, Bewegungen, Zeiten, Orte und ihre Beziehung zueinander sich in seinem Kopf auf kaum wahrnehmbare, aber doch bedeutsame Weise zurechtgerückt hätten. Von nun an würde er beginnen, etwas zu begreifen, das wusste Santomauro tief in sich drin, auf dieselbe unergründliche Weise, wie er wusste, dass die sibyllinischen Andeutungen der Architektessa einen wahren Hintergrund besaßen. Er schloss die Tür hinter seinen Kollegen und ließ das Dunkel der Nacht mit einem Gefühl der Befriedigung draußen, das er schon lange nicht mehr verspürt hatte.

Es war der letzte Moment, bevor das Chaos ausbrach.

Nacht von Montag auf Dienstag – die achte

Der Alptraum, der ihn in dieser Nacht überkam, war vielleicht sogar schlimmer als die anderen, aber Santomauro wachte mit einem merkwürdigen erregten Gefühl im Magen auf. Die Bilder, die ihn im Schlaf aufgewühlt hatten, verbargen einen Sinn, es galt nur noch herauszufinden, welchen. In Unterhemd und Boxershorts zwischen zerwühlten Bettlaken auf dem Rand der Matratze sitzend, massierte er sich energisch den Kopf, als ob er seine nicht mehr vorhandenen Haare wieder zum Sprießen bringen wollte, und um die Erinnerungen herauszupressen.

Die Hände. Das erste Bild, das ihm vor Augen kam, waren die Hände, die Hände von Gevatterin Perna, blutverschmiert und knotig, wie er sie schon in manchen seiner aufgewühlten Nächte gesehen hatte.

Sie halten ein abscheuliches, wabbeliges rotes Ding zwischen den Fingern, ein Herz, und er weiß, dass es kein Schweineherz ist. Das Blut tropft auf eine raue Oberfläche, dunkles, dickflüssiges Blut, schwarz wie Rübenkraut, aber die Hände sind nicht mehr knotig, es sind die Hände von jemandem, den er kennt, und er erinnert sich, im Traum gewusst zu haben, zu wem sie gehörten, aber sosehr er sich auch anstrengt und fast vor Frustration weint, will ihm jetzt einfach nicht mehr einfallen, zu wem.

Achter Tag, Dienstag

Jack Manzi wählte diesen unglücklichen Morgen, um anzurei-
sen und seinen Klienten zu verteidigen, und er stellte sich mit
einem widerspenstigen Gabrielli in der Kaserne der Carabinieri ein.

Santomauro hätte gerne darauf verzichtet, denn vom Dottore hatte er sich schon ein genaues Bild gemacht und glaubte
nicht, damit falschzuliegen. Er saß in seinem Büro und ging
zum hundertsten Mal die Obduktionsbefunde durch, drückte
sich vor den wütenden Anrufen des Staatsanwalts Gaudioso,
unterzeichnete den neuen Wachplan, kontrollierte die Belege
der Lebensmittellieferung für die Kaserne und versuchte herauszufinden, an welchem Punkt seine Ermittlungen eigentlich
endgültig den Bach hinuntergegangen waren. Als Gnarra mit
den beiden im Gefolge hereinkam, konnte er sich, solcherart
unvorbereitet, dem, was Manzi ein informelles und klärendes
Gespräch nannte, nicht widersetzen. Der Anwalt sprach zu
schnell und mit zu lauter Stimme, wobei er jede seiner Ausfüh-
rungen mit derben Kraftausdrücken spickte. Ein eleganter
Mann mittlerer Statur, mit einem Schnauzbart à la Clark Gable
und schwarzen Haaren, als käme er gerade frisch vom Friseur.
Er trug einen weißen Leinenanzug mit einem blassgrünen
Hemd darunter, im Gegensatz zu Gabrielli, der, noch kleiner
und unglücklicher als sonst, mit verschwitztem Hemd und zerrissenen, augenscheinlich dreckigen Jeans dasaß.

»Maresciallo, ich möchte, dass Sie mir sagen, ob Sie meinen
Klienten wegen irgendetwas beschuldigen oder nicht, Scheißdreck, und ich will es sofort wissen!«

»Jack, das ist nicht notwendig, ich sag es dir noch einmal, ich
bin noch nicht in Schwierigkeiten, nicht so sehr zumindest«,

und während er sprach, warf der Dottore hoffnungsvolle Blicke in die Runde.

»Du Idiot, sei still, sag nichts, was deine Situation verschlimmern könnte! Also? Haben Sie irgendetwas gegen diesen Hurensohn in der Hand? Etwas Richtiges, meine ich aber, denn diese Geschichte mit den Söhnen ist ja wohl völliger Blödsinn, *cazzo*!«

»Avvocato, wir hier auf dem Land sind an einen freundlicheren Umgangston gewöhnt, wenn es Ihnen also nichts ausmacht ...« Santomauro gefiel sich sehr in der Rolle des Honigsüßen.

»Freundlicher als ich, was erwarten Sie, Scheiße?! Ach so, die Schimpfwörter. Das ist nicht meine Schuld, ich bin fast sicher, dass es eine Krankheit ist, das Turkett-Syndrom oder so was in der Art.«

»Tourette. Das Tourette-Syndrom. Und Sie scheinen mir nicht die typischen Charakteristika davon zu zeigen«, Manfredi war leise ins Büro getreten und stand jetzt mit verschränkten Armen an die Tür gelehnt da. Dottor Gabrielli starrte verzweifelt auf die Armeekalender, die hinter Santomauros Schreibtisch hingen, seine große Nase schien noch größer als sonst, vielleicht, weil er abgenommen hatte, und er zeigte klare Anzeichen von Fluchtdrang.

»Ja, was immer es ist, wenn Sie möchten, lasse ich mir ein Attest von meinem anwesenden Freund hier ausstellen. Aber wollen wir jetzt über diesen armen Scheißkerl reden oder nicht? Es gibt keine entsprechenden Beweise, dass er die Söhne je angefasst hat, auch wenn es eine eindeutige Anzeige von Seiten der Mutter gibt, und selbst wenn wir einmal annehmen, natürlich rein hypothetisch, Scheiße, dass er es getan hat, nicht mehr als ein- oder zweimal versteht sich, und ich meine damit nicht, dass wir es zugeben, noch nicht zumindest, aber wie auch immer, es sind zwei Jungs! Ändert er etwa auf einmal seinen Geschmack und steht auf kleine Mädchen? Erscheint Ihnen das logisch, hä? Erscheint Ihnen das logisch, verdammte Scheiße?«

»Giacomo! Jack! Was für einen Mist erzählst du da?« Gabrielli war entsetzt.

324

»Genau. Was erzählen Sie uns da, Avvocato?«, fragte Santomauro und beugte sich vor. Der Dottore sprang auf die Füße.

»Nein, he! Was läuft hier ab!«, schrie er.

»Beruhig dich, Scheiße noch mal, du lenkst mich ab. Rein hypothetisch …«

»Scheiß auf hypothetisch! Bist du verrückt geworden? Hören Sie, Maresciallo, ich verzichte gerne auf die Anwesenheit von diesem Individuum! Fragen Sie mich, was Sie wollen, aber ich schwöre Ihnen, dass ich meine Söhne niemals angefasst habe!«

»Sergio, Sergio, du bist durcheinander, aber wir reden später drüber, du wirst sehen, es ist eine gute Verteidigungsstrategie, dass du mehr auf Jungs stehst …«

Sie trennten sie gerade noch rechtzeitig. Santomauro blieb bei Gabrielli, und die anderen beiden brachten den sich lauthals beschwerenden Manzi fort. Ammaturiello blickte mit verwunderten Augen herein.

»Wer ist denn dieser Verrückte? Haben Sie ihn wegen sittenwidriger Ausdrucksweise festgenommen?«

Als sie allein waren, ließ der Maresciallo sich Zeit. Gabrielli war aufgestanden und ging im Zimmer auf und ab, es sah aus, als wollte er jeden Augenblick seinen Kopf gegen die Wand schlagen. Sein Hemd war an Schultern und Rücken ganz fleckig vor Schweiß.

»Maresciallo!« Er hatte seine Wanderung aufgegeben und sich vor ihn hingesetzt, sein Gesichtsausdruck war der eines Menschen, der nichts mehr zu verlieren hatte.

»Ich höre, Dottore.« Sicher, wenn sogar sein Anwalt ihm riet, den Missbrauch seiner Söhne zu gestehen, war da vielleicht doch etwas dran …

»Maresciallo Santomauro, sehen Sie mir in die Augen« – zwei schwarze Höhlen voller Verzweiflung –, »ich bin nicht das Monster, das ihr sucht, ich habe diese Mädchen nicht umgebracht, wenn Sie mich verhaften wollen, dann tun Sie das. Aber ich habe meine Kinder nie angefasst, das schwöre ich bei Gott. Ich würde wahrscheinlich alles gestehen, was Sie wollen, wenn ich denken würde, dass es mich entlasten könnte. Aber ich bin vollkommen unschuldig, das müssen Sie doch sehen.«

»Ihr Anwalt scheint anders darüber zu denken.«

»Ich verstehe das nicht«, er strich sich mit einer unbewussten Handbewegung über die schlecht rasierten Wangen, »er kommt her, ohne dass ich ihn darum gebeten habe, ich denke, er will mir helfen, und dann lässt er diese, diese … Eigentlich hat er mich doch beschuldigt. Und wenn Sie von dieser schmutzigen Geschichte mit den Anschuldigungen meiner Frau nichts gewusst hätten? Ich würde jetzt noch tiefer in der Scheiße sitzen, als ich es ohnehin schon tue!«

»Ich sehe, dass die Nähe zu Ihrem Freund langsam abfärbt«, sagte Santomauro lächelnd.

»Wie bitte? Oh, entschuldigen Sie, normalerweise halte ich mich mit Schimpfwörtern zurück, aber ich bin nicht mehr ich selbst.«

Der Maresciallo stellte ihm ein paar weitere Fragen und gewann einen Einblick in seine unglückselige Familiengeschichte, dann nahm er sich seinen Aktenstapel und ließ ihn mit einer Ausrede allein. Im Vernehmungszimmer war eine lebhafte und sicher mit »Scheiße« und »Arschlöcher« angereicherte Diskussion in vollem Gang. Santomauro spähte durch das Spiegelfenster und sah Gnarra und Manfredi mit verzagter Miene dasitzen, während Giacomo Jack Manzi auf und ab marschierte und sein Plädoyer hielt.

Er ging in die Küche der Kaserne, wo Capurzo auf dem Herd gerade eine unmögliche Mischung zusammenrührte. Auf rätselhafte Weise würde sie zur Essenszeit zu etwas äußerst Schmackhaftem werden, während der Phase der Zubereitung ging man der Sache aber besser nicht genauer nach. Selbst der Geruch war in diesem Moment mehrdeutig.

Er flüchtete in die Vorratskammer, zwischen die Regale voller Milch, Tomaten, Bohnen und Thunfisch, und begann das Aktenbündel durchzublättern, in dem bestimmt das war, was er suchte.

*

»Ein viertel Brot und ein viertel Liter Milch, vier frische Eier und vier Kilo Mehl. Dieses Dorf ist krank.«

»Ach, liebe Signora, wem sagen Sie das! Vollmilch oder entrahmte Milch?«

»Nach der Sache mit Don Giovannino hab ich beschlossen, nächstes Jahr ein Haus in Acciaroli zu mieten, oder in Pioppi. Vollmilch, danke.«

»Und wie Sie werden eine Menge Leute weggehen, die sonst hier Urlaub machen. Ich habe frische Mortelle. Soll ich sie einpacken?«

»Was wollen Sie, in den Ferien möchte man sich erholen, mit diesen Zigeunern geht das nicht mehr. Sie haben doch diesen Horror hierhergebracht. Solange sie sich noch innerhalb der Familie umgebracht haben, aber jetzt sogar einen Pfarrer ... Ja, geben Sie mir zwei Stück.«

»Aber, die armen kleinen Kreaturen, auch sie hätten es verdient zu leben, was tragen sie denn für eine Schuld? Hier bitte, wenn Sie mich nach vier Mortelle gefragt hätten, hätte ich Ihnen nein sagen müssen. Ich habe sie dem Commendatore Spataro versprochen.«

»Ist der Commendatore Spataro etwa was Besseres als ich? Wie auch immer, wenn ihr es so haben wollt, behaltet doch die Zigeuner und verliert die rechtschaffenen Leute. Auf Wiedersehen.«

»*Mamma mia!* Ist auch besser so, dass die nach Acciaroli geht. Womit kann ich Ihnen dienen, schöne Frau?«

»Zwei Kilo Zucker, zwei Tüten von den *Biscotti del pescatore* und zwei Packungen *cavatielli*-Nudeln. Was sie sagt, stimmt aber. Auch Diebstähle gab es hier. Sie haben die Villa neben meiner ausgeraubt.«

»Da muss ich Ihnen recht geben. Aber man weiß ja, dass sie sich damit über die Runden schlagen. Noch etwas?«

*

Die Kunst der Verfolgung war, wie gesagt, eine Kunst. Totò Manfredi hatte einige Bücher über das Thema gelesen, eben um sich auf den Fall vorzubereiten, einen Verdächtigen verfolgen zu müssen, und er wusste viel darüber, theoretisch.

Er wusste zum Beispiel, dass man für eine anständige Beschattung mindestens drei Mann brauchte, einen hinten, einen vorne, einen auf dem Bürgersteig der gegenüberliegenden Straßenseite, schnell zu wechselnde Wendejacken, mindestens zwei Wagen in Bereitschaft, die sich ablösen konnten für den Fall, dass der Verdächtige über ein Auto verfügte, und diverse weitere Sachen, die er einfach nicht hatte.

Außerdem war Pioppica auch rar bestückt mit Schaufenstern, vor denen man sich scheinbar unbeteiligt aufhalten und den Verfolgten vor sich hin pfeifend durch die Reflexe der Scheiben beobachten konnte: Ein Lebensmittelgeschäft, ein Tabakladen mit Zeitschriftensortiment, eine Boutique, deren Schaufenster mit einem Netz dekoriert war, an dem Badebekleidung für Frauen hing, Ciccinella, ein Krimskramsladen, ein Sandwichladen, der Fischverkäufer, die Bar, das und wenig anderes bot die Hauptstraße. Aber sie lagen vereinzelt zwischen langen Abschnitten alter Wohnhäuser, auf denen man sich schlecht verstecken konnte.

An der Promenade war es noch schlimmer: auf der einen Seite das Meer und der Strand, die Kieselsteine, ein paar Liegen und einige Sonnenschirme, auf der anderen private Gärten und Terrassen. Andererseits lief der Verdächtige unbeirrbar immer weiter, ohne sich auch nur einmal umzudrehen, um zu schauen, ob ihn jemand verfolgte. Manfredi verweilte bei seiner Aufgabe also einen Großteil des Nachmittages. Als er gerade begann, sich zu langweilen, erhielt er einen Anruf auf dem Handy. Maria Pia, die wissen wollte, ob ihm zum Abendessen Fusilli mit frischen Saubohnen recht waren.

Er brauchte nur einen kurzen Moment, um zu antworten, da war Pater Lucarello schon verschwunden. Vom Erdboden verschluckt, als ob er nie da gewesen wäre.

*

Anfänglich war Ada Bayer am Telefon unzugänglich, sie stellte ein paar vorsichtige, misstrauische Fragen, um die Lage zu sondieren. Als sie aber meinte, verstanden zu haben, worauf er hinauswollte, wurde sie unverhohlen feindselig und machte Anstalten, das Gespräch zu beenden. Es brauchte Santomauros ganzes diplomatisches Geschick, dazu eine gewisse Portion Melodramatik, über deren Wirkung er selbst staunte, bis die Frau schließlich einknickte. Sie begann besorgt Fragen zu stellen, ihre Stimme wurde zittrig, und er konzentrierte sich mit Nachdruck auf die ergreifendsten Einzelheiten, malte ihr die Entwicklung des Falls in düstersten Farben aus samt allen, natürlich negativen Folgen für sie und ihre Familie. Am Ende war sie schluchzend und reumütig bereit zu gestehen und beeilte sich, die ganze Verantwortung jemand anderem in die Schuhe zu schieben.

»Es war alles seine Idee. Er hat gemeint, dass ich mit der Scheidung auf diese Weise ganz schnell durch wäre, mehr Geld bekäme und ihn ein für alle Mal vom Hals hätte, dieser Arsch, der mit meiner besten Freundin gevögelt hat!«, ein gewaltiger Schluchzer.

»Das soll heißen?«, hakte Santomauro vorsichtig nach.

»Das heißt, er, Jack. Jack Manzi, der der Anwalt meines Mannes sein sollte!« Nasehochziehen.

»Aber warum?« Eine Ahnung hatte er, aber er wollte die Bestätigung.

»Maresciallo, was denken Sie denn! Weil wir was am Laufen haben!«

»Etwas am Laufen?«

»Ja, etwas am Laufen, eine Beziehung, wie Sie es auch nennen wollen, schon viel länger, als dieser Arsch es mit Brigida getrieben hat, und so hat Jack entschieden, dass wir die Gelegenheit beim Schopf packen sollten.«

»Also haben Sie ihn wegen Belästigung Ihrer Kinder angezeigt.«

»Ja, eine ekelhafte Sache, brauchen Sie mir nicht zu sagen, aber ich hätte die Anzeige danach zurückgezogen. Nur dann …«

»Dann hat der feine Herr Anwalt gedacht, er käme mal her,

um den Deckel über dem Sarg Ihres Mannes endgültig zu schließen.«

Schluchzen, Nasehochziehen. »Armer Sergio, wer weiß, was er durchmachen musste. Jack ist ein Ekel, selbst mir hat er gesagt, dass er hinwollte, um ihm zu helfen. Scheißkerl! Glauben Sie mir, ich hätte dieser Sache nie zugestimmt. Und wenn Sie ihn, wie Sie sagen, einsperren und ihm den Prozess machen, dann werden meine Söhne ihr Leben lang als die Kinder eines Monsters abgestempelt! Nein, ich versichere Ihnen, solche Gedanken hat Sergio in seinem ganzen Leben nicht für Minderjährige gehegt. Für meine Freundinnen schon, das Schwein, aber für ein Kind nie!«

Und so konnte er endgültig einen von der Liste streichen, der unter den ersten Plätzen als potentieller Schuldiger gestanden hatte. Besser so.

Nach den üblichen Verabschiedungsfloskeln legte Santomauro den Hörer auf. Er hatte Ada Bayer nicht persönlich getroffen, aber es reichte ihm ein Telefonat mit ihr, um dem armen Gatten zu wünschen, niemals die Dummheit zu begehen, wieder mit ihr zusammenzukommen.

*

»Du hättest sie nicht umbringen dürfen. Es bringt Unglück, eine Hündin umzubringen, besonders, wenn sie trächtig ist.«

»Du weißt nicht, ob sie trächtig war. Und mich nervt es halt, wenn ein Hund neben mir bellt, während ich vögel.«

»Das hast du also mit mir gemacht? Du hast mich gevögelt und weiter nichts? Damit ich dir Informationen über die Häuser gebe, in die du einsteigen möchtest?« Genny wünschte, seine Stimme klänge nicht so schrill und verzweifelt, aber er konnte nichts dagegen tun. Er würde aber nicht anfangen zu heulen, nicht vor ihm.

»Warum, was dachtest du denn, was du machst? Den feinen Herrn spielen, der mit dem Gesindel umherzieht, mit den Zigeunern! Wir packen bald unsere Zelte, der Zirkus reist ab und ich mit ihm, und du bist wieder frei, um zu deinem gesitteten

Leben zurückzukehren und so zu tun, als würdest du auf Frauen stehen, so zu tun, als würdest du studieren, so zu tun, als wärst du kein Dieb, so zu tun, als ob du deinem Vater gehorchen würdest, obwohl du ihn eigentlich umbringen möchtest!« Auch Zaros Stimme war schrill, und die letzten Worte brachen wie ein Schluchzen aus ihm heraus. Genny sah ihn an. Zwischen jungen Eichen und anderen Pflanzen, die er nicht benennen konnte, saßen sie auf einem Mäuerchen an einem Feldweg, der von der Straße abzweigte. Es war direkt nach dem Mittagessen, und es war warm, in der Nähe musste es Wasser geben, denn die Luft um sie herum schwirrte von Mücken und kleinen Fliegen. Aber das Plätzchen war abgeschieden und deswegen okay so.

»Zaro«, er streckte zögerlich eine Hand aus. »Zaro, du weißt, dass ich wünschte, es wäre nicht so. Du weißt, dass ich wünschte, ich würde den Mut finden, mein Leben zu ändern.«

»Dann mach's auch, bevor es zu spät ist! Mach es!« Und er wehrte ihn mit einer unwilligen Geste ab, die ihn am Handgelenk traf. Es tat weh, aber zum ersten Mal, seitdem sie sich getroffen hatten, musste Genny lächeln.

»Dann liegt dir also etwas an mir. Vielleicht bin ich nicht nur ein reicher Junge, den du vögelst.«

Zaro baumelte auf dem Mäuerchen sitzend mit den Beinen, die Arme vor der Brust verschränkt. Schwarze Locken, hellblaue Augen, die jetzt finster und traurig zugleich dreinblickten, und eine kleine Narbe am Kinn, er war wunderschön. Genny fühlte, dass alles gut werden würde.

»Wir werden schon eine Lösung finden.«

»Glaubst du das wirklich?«

»Ja, ich wünschte mir nur, du hättest diese Hündin nicht umgebracht.«

*

Endlich Nachmittag, Hausaufgaben gemacht. Die Mama verlangte, dass sie den ganzen Stoff noch einmal durchging, bevor die Schule wieder anfing. Das war die einzige Sache, in der sich der Opa und sie einig waren, leider.

Sie klappte die Bücher zu und warf sie zusammen mit den Stiften in eine Schublade, wohl darauf bedacht, den Anschein von Ordnung zu wahren. Endlich würde sie bis hinten zum Garten laufen können und die blauen leuchtenden Augen ihrer kleinen barfüßigen Freundin wiedersehen. Preziosa hatte ein Geschenk für sie vorbereitet: ein paar rosa Turnschuhe, noch gar nicht so alt, aber schon so sehr, dass sie für Regentage ganz hinten in den Schrank verbannt waren. Ihre Mutter würde es nicht merken.

Sie lief schnell die Treppe hinunter und passte auf, nicht zu viel Lärm zu machen. Um diese Uhrzeit, nach dem Mittagessen, war jeder im Haus mit seinen Sachen beschäftigt, Estera bügelte, Tonino war im Keller, Genny schlief, der Opa las, und die Mama saß mit Sicherheit in ihrem Zimmer und starrte ins Leere. Niemand würde auf sie achtgeben, dachte sie, aber sie irrte sich. Die Tür hinter ihrem Rücken ging auf, erleichtert hörte sie die Stimme des Opas: »Preziosa! Wo rennst du so schnell hin?«

»Ich gehe spielen, Opa. Im Garten. Ich habe alle Hausaufgaben gemacht«, antwortete sie mit verständiger Miene, sie wusste, dass ihm das gefiel.

»Auch Mathematik?«

»Auch Mathematik, Opa, ich schwöre es bei meiner Ehre.«

»Brav, Mädchen. Dann lauf, aber spiel da, wo Estera dich sehen kann.«

Das hatte sie ganz und gar nicht vor. Durch den Dienstboteneingang schlich sie sich an der Haushälterin vorbei, von der sie nur den breiten Rücken sah, der zum Rhythmus der Musik aus einem kleinen Radio auf der Halterung unter dem Bügelbrett hin und her schaukelte. Estera erzählte immer, dass sie als kleines Mädchen Tänzerin hatte werden wollen, aber dass ihre Familie kein Geld gehabt hatte. Preziosa kicherte: Tänzerin mit dem dicken Hintern, also wirklich!

Dann war sie draußen in der noch von der Sonne aufgewärmten Luft, in Freiheit.

*

Wieder einmal Nachmittag. Für Gilja, die keine Uhr trug und auch keine genaue Vorstellung von dem Konzept der Uhrzeit hatte, bedeutete das Freiheit. Die Arbeiten rund um den Zirkus waren erledigt, um den Tieren zu fressen zu geben, war es noch zu früh, die Zeit gehörte ganz ihr zum Spielen und Umherstreifen.

Heute aber hatte sie eine Verabredung. Ihre Freundin wartete auf sie, und sie rannte in den Wald. In der Hand hatte sie einen schönen goldenen Ohrring mit roten Steinen, den sie unter dem Zelt gefunden hatte. Sie wusste genau, dass er Erika gehörte, aber die hatte sowieso noch andere, und ihre Freundin würde sich freuen, ein Geschenk zu haben, das sie an sie erinnerte, wenn sie wieder weg wäre.

Die Luft unter den Bäumen war frisch, aber Gilja war sich sicher, dass auf der Lichtung die Sonne schien und es warm war, und sie würden spielen und lachen wie die Verrückten.

Sie wollte als Erste da sein und sich verstecken, um ihrer Freundin einen Streich zu spielen.

*

Endlich Nachmittag! Ein leichtes Lüftchen kam auf. Maria Pia erinnerte sich nicht daran, im Vorjahr so unter der Hitze gelitten zu haben. Das war doch wohl nicht der Beginn der Wechseljahre? Sie wischte sich mit dem Unterarm einen Schweißtropfen von der Stirn. Eine schwarze Locke hatte sich aus ihrem Dutt gelöst und kitzelte jetzt ihre Wange. Sie versuchte, sie mit der Schulter aus dem Gesicht zu streifen, dann steckte sie sie schnaufend mit der Hand hinters Ohr.

So, was brauchte sie noch? Sie hatte das mit Zucker verrührte Eigelb, den Eischnee, eine Prise Salz und die geriebene Zitronenschale hinzugefügt. Was noch? Richtig, die Pinienkerne und die Rosinen, die sie in Rum eingeweicht hatte. Sie rührte sie unter den Teig aus frischen, zerschnittenen Feigen und in Milch zerbröselten Löffelbiskuits.

Laut Rezept musste es eigentlich richtiger Biskuitteig sein, aber egal, es würde auch so gut gelingen. Energisch vermischte sie die Zutaten, dann blickte sie sich nach der eingefetteten Form um. Der Ofen war schon heiß. Das war es, was sie vergessen hatte, sie musste die Form mit Kakaopulver bestäuben. Die Hände waren ganz mit Teig verklebt, das Kakaopulver, mal sehen, mal sehen, wo war es denn? Da, genau hinter dem Kamillentee und den anderen Teebeuteln, schöne Bescherung. Sie hinterließ überall klebrige Fingerabdrücke, aber schließlich war der Kuchen fertig für den Ofen. Mit ausgestreckten Beinen ließ sie sich auf einen Stuhl plumpsen. Obwohl sie nur ein weißes Trägerhemdchen und zitronengelbe Shorts trug, schwitzte sie, als ob sie einen Fellmantel anhätte. Die Wechseljahre, mit Sicherheit, Mädchen, deine Stunde hat geschlagen.

Sie schaute sich um: ihre Küche war ganz in Gelb, Weiß und Orange gehalten, über dem Kamin die Kupfertöpfe, der Sessel und das kleine geblümte Sofa vor dem Fernseher, der Arbeitstisch mit den abgegriffenen Schubladen, nur der Fußboden gefiel ihr nicht, hässliche braune Fliesen, aber das brachte die Kaserne mit sich. Dennoch, die Küche war anheimelnd, das war es. Und der Feigenkuchen würde es für Totò an diesem Abend ebenso sein, und für Pietro und Simone, wenn sie zum Essen blieben. Der Geschmack von früher, etwas Süßes.

Wie konnte sie nur an diese Dummheiten denken, während draußen weiterhin ein mordendes Monster sein Unwesen trieb? Ein Monster, das hier wohnte, in ihrer Nähe, das sie vielleicht kannte. Ihr war zum Heulen zumute, sie hatte das Bedürfnis, etwas Süßes zu essen, wollte Totòs Arme um sich spüren und wissen, dass ihre Kinder sicher zu Hause waren.

Sie wischte eine wütende Träne weg, die unbedingt zwischen ihren Wimpern auftauchen wollte. Die Wechseljahre, ohne Frage.

Sie stand auf, ging zum mit Feigen und Löffelbiskuitteig verklebten Telefon an der Wand und wählte zum zehnten Mal an diesem Nachmittag die Nummer von Lillos Handy.

*

Noch ein Nachmittag voller sinnloser Sorgen. Carolina betrachtete sich im Badezimmerspiegel: Sie hatte abgenommen, etwas, das sie nicht schlimm gefunden hätte, wenn nicht diese Augenringe gewesen wären. Die Mama würde bald wieder nach Hause kommen, der Papa würde eine passende Ausrede finden, um sie wieder nach Neapel zu schicken, das Studium, die Prüfungen, die Freunde, wer weiß, und sie würde nicht wissen, was sie sich ausdenken sollte, um noch zu bleiben. Sie würde fahren müssen, und wie würden sie es dann ohne sie schaffen?

Vor allem ihr Vater, ihre Mutter war ja eisenhart, aber er, wie würde er mit der Zukunft zurechtkommen? Die Pflege, die Betreuung und, mehr als alles andere, die dauernde Abwehrhaltung, hinter der, da war sie sich sicher, die Mama sich verschanzen würde. Er würde zusammenbrechen, erneut.

In diesen Tagen war ihr Vater unzugänglich, er wies sie zurück, sagte, dass er allein sein, seine Ruhe haben wollte. Carolina hatte immer Angst, ihm auf die Nerven zu fallen. Aber er würde es nicht schaffen können, alleine.

Wenn wir zu zweit wären, dachte sie plötzlich. Wenn wir zu zweit wären, wäre es einfacher. Wenn Chiara noch leben würde. Wir würden uns abwechseln. Es wäre einfacher. Wenn Chiara noch leben würde, wäre es nicht nur mein Problem.

*

Die Hühner und die Ferkel scharrten im selben Gehege herum. War das Federvieh von seiner Stange geflohen, oder hatten die Schweinchen gerade Auslauf? Das fragte sich Gabrielli müßiggängerisch, während er sich eine Zigarre anzündete. Die Luft war frisch, ab und zu kam eine Duftwolke vom Gehege der Tiere zu ihm herüber. Der Anruf von Santomauro hatte ihn überrumpelt, aber er hatte ihm einen Frieden wiedergegeben, den er für immer verloren geglaubt hatte. Ada hatte ihn entlastet, Ada, wer weiß, vielleicht war da noch etwas zu retten. An Jack dachte er lieber nicht, er wusste nur, dass er ihm bei erster Gelegenheit eine verpassen würde.

Er spürte die Gegenwart des Jungen nicht, bis dieser ganz

dicht bei ihm war, fast hinter seinem Rücken, und als er sich umdrehte, fuhr er zusammen. Ein dreckiger Junge und trotzdem sehr schön, mit einer Mähne aus schwarzen, wilden Haaren, Augen wie flüssige Tinte, die Nase war an mehreren Stellen gebrochen, er trug ein Hemd und kurze Hosen, die schon einmal bessere Tage gesehen hatten. Er kannte ihn, es war Minuccio, der Dorftrottel.

»Glaubst du, dass die Bäume Augen haben?«

»Was?« Er war sich nicht sicher, die Frage richtig verstanden zu haben, der Junge hatte eine seltsame, raue Stimme, wie jemand, der nicht gewohnt war, sie zu benutzen.

»Glaubst du, dass die Bäume Augen haben?«, wiederholte Minuccio und sah ihm treuherzig ins Gesicht. Er schien bereit, bei der kleinsten verdächtigen Bewegung wegzulaufen. Gabrielli blieb regungslos sitzen und lächelte ihn an.

»Nicht dass ich wüsste. Warum fragst du mich das?«

»Du bist Arzt, oder nicht? Solche Sachen müsstest du wissen. Es ist eine Frage, die ich mir oft stelle.«

»Warum glaubst du, dass sie Augen haben könnten?«

»Sieh!«, und der Junge zeigte auf das grüne Laub vor ihnen. Gabrielli schaute hin, aber er verstand nicht. Es war wilder Wein, der sich um den niedrigen Pfahl einer Gartenlaterne rankte und seine Zweige blind ins Leere ausstreckte. Der ein oder andere hatte es schon geschafft, den Baumstamm einer nahen jungen Eiche zu berühren, und schwankte gierig in der leichten Brise.

»Siehst du? Er schickt seine Zweige aus. Woher weiß er, in welche Richtung, woher weiß er, dass er sich da festhalten kann? Vielleicht sieht er es!«

»Warum ist dir das so wichtig?« Er fühlte sich hilflos angesichts der Besorgnis des Jungen. Und dabei hätte er ein Psychologe sein sollen.

»Weil, wenn die Bäume Augen haben, hat vielleicht einer gesehen, wer Gina wehgetan hat!«, brach es aus dem anderen hervor.

»Gina?«, aber Minuccio war schon weggelaufen.

*

Chip und Chop hatte Minuccio ganz vergessen; in all den Tagen, an denen er Gina gesucht hatte, hatte er nicht ein bisschen an Chip und Chop gedacht, und nachdem er Gina mit dem Gesicht voller Blut und diesem schlimmen Gestank und den Fliegen, die um sie herumsurrten, gefunden hatte, na ja, danach war er ganz lange Zeit wie betäubt gewesen.

Jetzt, wo Gina auf dem Friedhof schlief, hatte ihm der Pfarrer einige Dinge erklärt, aber er begann, sich Fragen zu stellen, so wie: Wer hatte Ginas Gesicht so dreckig gemacht und sie für immer schlafen gelegt? Wer hatte Chip und Chop zu fressen gegeben, da Gina es ja nicht mehr tun konnte? Alles Fragen ohne Antwort, bis er Chop traf. Er fragte es ihn, und Chop antwortete.

*

Du hast beschlossen, es dem Schicksal zu überlassen. Du wirst die Erste nehmen, die kommt. Eine Hand, die ihr den Mund zuhält, die andere, die ihren zarten Körper umfängt. Es wird eine Frage von Sekunden sein, und du wirst mit ihr den Berg hinaufflüchten, da, wo die Bäume dichter sind, an einen Ort, den du schon länger ausgemacht hast, eine ruhige Kluft zwischen den Felsen, wo niemand euch hören kann. Vielleicht wird es notwendig sein, sie zu schlagen, um zu verhindern, dass sie sich windet und nach dir tritt.

Es wird leichter sein, mit ihr zu laufen, wenn sie ohnmächtig ist, und du wirst ihren leblosen Körper tragen wie den kostbarsten Gegenstand, den du besitzt, und aufpassen, dass die Zweige nicht ihr unschuldiges Gesicht zerkratzen oder ihre flinken nackten Beine. Dann wirst du sie auf die Erde betten und warten, bis sie wieder zu sich kommt.

Du willst, dass sie dich ansieht, dass sie dich erkennt, dass sie zittert und weint auch, ja, aber dann wird sie dich anlächeln. Dieses Mal wird sie dich anlächeln, da bist du sicher. Warum sollte sie nicht? In der Vergangenheit kam das schon mal vor, warum dieses Mal nicht?

Du vertreibst den Gedanken an die beiden kleinen Zigeunermädchen, die nicht gelächelt haben, versteckst dich noch mehr im Schatten der dicken Eiche und wartest. Du bist zufrieden, fast heiter, du hast dich jetzt entschieden. Die Blonde, die Braunhaarige, diejenige der zwei, die zuerst kommt, wird deine sein.

*

Preziosa zuckte zusammen. Anstatt sich im Haus zu verkriechen wie sonst, kam ihre Mutter mit einem Arm voller Schnittblumen und einem missmutig verzogenen Mund aus dem Garten. Preziosa versteckte sich hinter dem nächsten Beet. Was machte sie da? Ihre Mutter hasste Blumen, sie hielt sie für unnützes, totes Zeug, das Wasser und Pflege verlangte, ohne etwas zurückzugeben. Sie hatte gehört, wie sie das eines Tages zu Estera gesagt hatte.

Auch jetzt hielt Elvira die Blumen weit von sich weg, wie den Körper eines gerade getöteten Huhns. Vermutlich hatte ihr der Opa aufgetragen, die Vasen zu füllen. Die Mama hatte nicht den Mut, sich ihm zu widersetzen, aber dann wechselte sie nicht das Wasser und ließ die Blumen auf ihren grünen Beinen verwelken und verdursten. Preziosa fand das feige, sehr feige, aber sie mochte es dem Opa nicht sagen, denn der hätte geschimpft, und alles wäre noch viel schlimmer geworden. Vielleicht konnte sie es Genny heute Abend sagen, aber ganz geheim, er würde ihr einen Rat geben, auch wenn er schon tagelang nicht mehr mit ihr sprach.

Ihre Mutter hatte angehalten und betrachtete verdrossen einen Rosenbusch. Preziosa kauerte sich auf der Erde im Beet zusammen. Wenn sie sehr viel Glück hatte, würde sie sie vielleicht nicht entdecken, ansonsten konnte sie die Verabredung vergessen.

Sie schloss die Augen und begann zu zählen, während langsam die Zeit verstrich. Ob ihre Freundin auf sie warten würde?

*

Gilja hielt nur einen kurzen Augenblick an, um mit ernsten Augen ein Vogelnest zu betrachten, das vom Baum gefallen war. Einige der kleinen federlosen Kreaturen lebten noch und sperrten, stumm um Hilfe rufend, die Schnäbel auf. Aber sie wusste, dass nichts mehr zu machen war, die Mama würde sie nie wieder wollen.

Mamas sind schnell darin, ihre Kleinen zu verlassen, das wusste sie aus eigener Erfahrung, und die Vögelchen würden alleine im Wald sterben.

Vielleicht wäre es gnädig, sie zu zerquetschen und ihrem Leiden so ein Ende zu setzen. Sie nahm einen schweren Stein und hielt ihn über das Nest, ein Schlag würde reichen, vielleicht zwei, und die Kleinen würden aufhören zu weinen und zu leiden, nur eine unförmige Masse aus Federn, Blut, trockenem Gras und kleinen Knochen würde übrigbleiben. Ihre Hand zitterte vor Anstrengung, die kleinen Schnäbel unter ihr öffneten und schlossen sich, für einen Moment fühlte sie sich mächtig, dann änderte sie ihre Meinung: Wer weiß, vielleicht würde die Vogelmama trotz allem zurückkommen und sie mit sich nehmen. Vielleicht würde auch ihre Mama eines Tages zurückkommen. Die Vögelchen würden warten, und auch sie, noch eine Weile.

Jetzt hatte sie aber eine Verabredung, und es war absolut nicht richtig, sich zu verspäten. Sie legte das Nest gut sichtbar auf den Stein, damit die Vogelmama es finden würde, falls sie zurückkäme, und lief weiter zu der nahen Lichtung.

*

Die *Sementella*-Alge ist gut gegen Würmer. Daher bekommen Kinder zweimal im Jahr *Sementella*-Pfannkuchen.

Das hatten sie Estera beigebracht, als sie noch klein war, und sie liebte es, diese Tradition fortzusetzen. Die Pfannkuchen waren außerdem köstlich, und Preziosa war verrückt nach ihnen, auch wenn die Kinder heutzutage keine Würmer mehr hatten, oder vielleicht hatten sie sie noch, aber sie wurden mit Antibiotika und anderem Teufelszeug kuriert, weil die Eltern und die Ärzte nicht warten wollten.

Wie die Sache mit dem Prozac für aufgedrehte Kinder, die sie gerade gestern im Fernsehen gesehen hatte. Ein Glück, dass Evelina nicht da war, ansonsten hätte sie versucht, es der Kleinen zu verabreichen.

Das Öl war heiß, sie gab sorgfältig einen Löffel Teig hinein. Einen würde sie ganz warm essen, und dann würde sie Preziosa rufen.

*

Du atmest leise durch den Mund, fast ohne den Brustkorb zu bewegen. Du bist eins mit den Pflanzen und mit dem furchigen Stamm, hinter dem du dich versteckst.

Die kleine Kreatur bewegt sich leichtfüßig auf dem grasigen Platz vor dir. Jede ihrer anmutigen Bewegungen ist ein Dolchstoß in dein keuchendes Herz, das hinter deinen halbgeschlossenen Lidern braust.

Die Handflächen verschwitzt, du trocknest sie an der Hose, du schließt die Finger, ziehst Hals und Leisten zusammen, du spürst dich, du bist ein Raubtier, bereit loszuschnellen.

Noch zwei Schritte, und das Mädchen kommt dir in seinem ahnungslosen Rumgehopse von einem Fleckchen Sonne zum anderen ganz nah.

Ein Schritt, noch einer und noch einer … Jetzt!

*

Warum ist sie nicht gekommen? Nichts schmerzt mehr als der Verrat einer Freundin, und das Mädchen schleicht betrübt auf der Lichtung herum, in der Hand das sinnlose Geschenk, das es so begeistert mitgebracht hat.

Um sie herum herrscht Stille, selbst die Vögel im Wald schweigen, aber vor lauter Kummer bemerkt die Kleine es nicht, sie sieht auch nicht die Stelle zwischen den Bäumen, wo das Dunkel dichter ist.

*

»Siehst du das hier? Weißt du, was es ist?« Und er zeigte ihm ein Fläschchen mit etwas, das aussah wie pechschwarze Tinte.

Santomauro presste die Lippen aufeinander, da er es nicht wusste, und schwieg.

Feuerschlucker schien kurz davor, zu weinen oder jemanden zu erwürgen. Er schaukelte auf dem Stuhl hin und her, die riesigen Hände zwischen die Oberschenkel gedrückt. Aus seinem Schnurrbart schien Elektrizität zu sprühen, und der Wohnwagen wurde von Moment zu Moment enger. Der Maresciallo drückte sich an die Wand. Ihn einfach sprechen zu lassen schien im Zweifel das Beste, was er tun konnte.

»Haarfärbemittel, das ist es, so weit hat sie mich gebracht! Zum Haarfärbemittel, um jünger auszusehen und sie bei mir zu halten. Aber nein …«

Santomauro nickte, er hatte verstanden. Wenn er sich umblickte, konnte er schließlich auch sehen, dass alle Spuren von Erika verschwunden waren: Ein rot-schwarzer Seidenschal war auf einem Stuhl drapiert gewesen, der jetzt leer war. Die Dose mit Pinseln, Stiften und anderen Schminksachen, die vorher zusammen mit Bürsten und einem Stapel Frauenzeitschriften auf einer Ablage gestanden hatte, war nun nicht mehr da. Hinter der halben Trennwand konnte er das ungemachte Bett sehen, die Kleider waren wie Lumpen durcheinandergeworfen.

Erika war ganz offensichtlich über alle Berge, zurückgeblieben waren nur ihr leichter Duft nach Zitrusfrüchten und ein verzweifelter Mann, der seine großen Pranken öffnete und wieder schloss, in dem verzweifelten Versuch, nicht zu weinen. Santomauro hoffte, dass die Frau wirklich weit weg war, sehr weit weg, denn in diesem Moment konnte er beim besten Willen nicht noch mehr Schwierigkeiten gebrauchen.

»Ich war wirklich verliebt, Maresciallo, das erste Mal seit Jahren, und diese Hure ist mit meinem Cousin auf und davon!«

»Mit Jan Parsi?« Wer weiß, warum er davon nicht überrascht war, und etwas musste in seiner Stimme mitschwingen, denn Feuerschlucker sah ihn mit einem halbgeschlossenen Auge misstrauisch an.

»Falls du weißt, wo sie stecken, sag es mir lieber nicht, denn wenn ich sie in die Finger bekomme, wird ihre eigene Mutter sie nicht wiedererkennen. Er, dieser Bastard, hat nicht einmal eine Mutter! Und sie haben auch meine Tochter mitgenommen!«

»Salva?« Dem bärtigen Mädchen war es gelungen, dem Zirkus zu entfliehen? Santomauro freute das beinahe, aber er wagte nicht, es zu äußern.

»Sie haben mir eine Nachricht geschrieben, sie und Erika, die übrigens ihre Tante ist, die Schwester ihrer Mutter. Sie sagt, dass sie ein normales Leben führen möchte, studieren, sich enthaaren und Kinder haben möchte.«

Nach dem Wutausbruch sank er einen Moment in sich zusammen, der Santomauro ewig vorkam, dann streckte er die Hand nach einer Flasche mit einer hellgrünen Flüssigkeit aus und kippte sich einen ordentlichen Schluck davon in den Rachen. Erst danach schien er sich an seine guten Manieren zu erinnern: »Entschuldigen Sie, Maresciallo«, nuschelte er, »darf ich Ihnen etwas davon anbieten?«

»Nein, danke.« Santomauro hatte schon der Geruch genügt, um zu erkennen, dass er dieses Gesöff nicht überleben würde.

»Also, warum sind Sie hier? Sicher nicht, um sich mein Liebesleid anzuhören«, sagte der Schausteller, dem der Alkohol auf magische Weise Kraft und einen klaren Verstand zurückgegeben hatte.

»Ich hätte da tatsächlich einen Grund.«

Mustafa Parsi gehörte nicht zu seinen Verdächtigen, aber für die Zeit, in der Zina ermordet worden war, hatte er kein Alibi, und dies konnte der richtige Moment sein, um ein paar Dinge zu klären. Aber dazu kam er nicht mehr, denn der aufgeregte Anruf von Gnarra änderte den gesamten Verlauf des Tages.

*

Lillo bemerkte ihre Anwesenheit erst, als sich Maria Pia Manfredi neben ihn in den Sand kniete. Unwillig sah er auf; er wollte nicht, dass diese Frau, und außerdem auch niemand anders, sein aufgelöstes und erschöpftes Gesicht sah. Es war nicht nur aus Eitelkeit, obwohl sie ebenfalls eine Rolle spielte, sondern vielmehr wegen des dringenden Bedürfnisses, die Angst, die ihm das Herz zerfraß, geheim zu halten. Er hatte dieses einsame, zwischen Büschen verborgene Stück Strand aufgesucht, wie ein krankes Tier, das wusste, wo es zum Sterben hinging. Der feuchte Sand war in seine Schuhe gedrungen, und Fliegen flogen herum, angezogen von etwas, das etwas abseits zwischen Steinen und kümmerlichen Pflanzen verrottete, aber das war ihm egal. Er hätte sich gerne weiter dort versteckt, auf das Meer starrend, bis die Nacht hereingebrochen wäre, und auch noch länger, aber Maria Pia hatte ihn aufgestöbert.

Sobald er ihr aber ins Gesicht schaute, verflogen all seine egozentrischen Betrachtungen: Sie war ganz aufgelöst vor Anspannung, knetete ihre Hände, die geschwollenen Augen verrieten, dass sie geweint hatte.

»Maria Pia! Was ist passiert?«

»Noch eins! Lillo, es ist noch eins verschwunden! Das Monster hat ein weiteres kleines Mädchen geraubt!«

Das Herz des Pfarrers setzte für einen Schlag aus. Seine Schuld. Es war alles seine Schuld. Seine Schuld und die seines Gottes.

»Bist du sicher?«, fragte er kaum hörbar. Aber er kannte die Antwort schon.

»Sie ist seit dreieinhalb Stunden verschwunden, fast vier mittlerweile. Sie suchen sie, seitdem der Alarm ausgelöst wurde, vor mehr als einer Stunde. Ihre Spuren verlieren sich auf einer Lichtung bei Fossaturo, wo sie etwas gefunden haben, das ihr gehört.«

»Wer ist es? Noch ein Mädchen vom Zirkus?«

»Nein. Es ist Preziosa, die Enkelin des Dottor Morace. Gott vergib mir, aber ich hätte lieber, dass es ein Mädchen vom Zirkus gewesen wäre. Dieses hier kenne ich! Ich kenne es, verstehst du, Lillo? Ich kenne es!«

Wie eine Büßerin im Sand kniend fing sie an zu schluchzen, und Lillo schien, dass es nichts anderes zu tun gab, als sie zu umarmen und an sich zu drücken, um sie zu trösten.

Mit diesem warmen, zitternden Frauenkörper im Arm fühlte er sich für einen Augenblick nicht mehr allein mit seiner Bürde, als ob die bange Beklommenheit, die ihn peinigte, wirklich verschwinden und er, von allen Sünden rein, wiederauferstehen und frei leben könnte, und er schloss die Augen, um ihren frischen Duft einzuatmen.

*

Es gab siebenunddreißig verschiedene Typen von Grün, oder zumindest hatte Minuccio bis jetzt siebenunddreißig davon gezählt. Vielleicht waren es mehr, vielleicht sogar vierzig oder fünfzig. Er hoffte, nicht sehr viel mehr, denn ab fünfzig begann er Schwierigkeiten mit den Zahlen zu haben. Mit Sicherheit waren es nicht weniger als siebenunddreißig, denn wenn du eine Sache siehst, wenigstens ein Mal, bedeutet das, dass es sie gibt, dass sie existiert. Das war eine unleugbare Wahrheit, die Gina ihm beigebracht hatte, und er hatte siebenunddreißig gezählt, mindestens siebenunddreißig mussten es also sein.

Vor ihm bildeten die Bäume eine wogende Schranke, sie tanzten den Tanz, den nur sie kannten, dessen Rhythmus er aber manchmal zu fühlen meinte. Jedes Blatt hatte ein Grün auf einer Seite und ein Grün auf der anderen, und die Triebe noch ein anderes Grün, und das Grün war verschieden, wenn die Sonne sich darauf brach oder wenn es im Schatten blieb, und jeder Baum, jeder Busch, jeder Stiel hatte sein eigenes Grün, mit all diesen möglichen Varianten. Er konnte sich die Namen der Bäume und der Pflanzen einfach nicht merken, nicht wie Gina, die alles über jede Sache, die hier draußen wuchs, wusste, aber er vermochte jedem Baum seine fünf oder sechs Grüntöne zuzuordnen und die kaum wahrnehmbaren Unterschiede zwischen einer Nuance und der anderen auszumachen.

Grün war Ginas Lieblingsfarbe. Manchmal kam es vor, dass er Schwierigkeiten hatte, sich an seine Schwester zu erinnern, und das machte ihm Angst, denn Gina war das Wichtigste in seinem Leben, und er wollte nichts von ihr vergessen, nicht ihr Lächeln, den abgebrochenen Zahn, als Mamma Signora ihr einen Schuh ins Gesicht geschleudert hatte, die braunen Knie voller Schürfwunden, ihre fröhliche Stimme, wenn sie ihn herausforderte, sie von einem Kirschbaum zu holen, ihre verzweifelten Schreie, wenn das Schwein sie im Dunkeln allein im Wald erwischte.

Er wollte nicht einmal vergessen, dass sie nun tot war, nicht einmal das. Minuccio hatte diese schlechte Angewohnheit, die Dinge zu vergessen, auch die wichtigen, deswegen machte er manchmal Gedächtnisübungen.

Da war eine Sache mit Mamma Signora, an die er sich – auch auf Anraten von Chop, der mit ihm in Gedanken redete, obwohl er kein Mensch war – erinnern wollte, eine wichtige Sache, die sie getan hatte. Und da war auch etwas, das die toten Mädchen betraf, eine Sache, die ihm vielleicht besser nicht mehr einfiel, weil sie ihm große Angst machte. Die Bäume vor ihm tanzten und sangen ihr Lied, und unter den letzten spärlichen Sonnenstrahlen wechselten sie ständig ihr Grün, jedes Mal anders, wenn er mit den Augen blinzelte.

Sicher waren es über siebenunddreißig, vielleicht sogar fünfzig. Hoffentlich nicht mehr.

*

Auf einem Stuhl am Küchentisch weinte die stämmige Frau leise vor sich hin. In der Hand hielt sie ein Geschirrtuch, und ab und zu fuhr sie sich damit über das Gesicht. Das Geschirrtuch war nass und vielleicht dreckig, aber sie wiederholte die mechanische Geste, ohne darauf zu achten.

»Ich war bei ihrer Geburt dabei, das arme Ding, ich war bei ihrer Geburt dabei, und jetzt …« Der Rest ging im Geschirrtuch unter.

»Waren Sie es, die sie heute zum letzten Mal gesehen hat?«, fragte Santomauro.

»Nein, Maresciallo, ihr Großvater war es. Ich habe gebügelt und nicht gemerkt, dass sie rausgegangen ist. Die Mutter war im Garten und meint, sie hat sie nicht gesehen, aber die! Heilige Jungfrau Maria, verschließ meine Lippen!«

»Was wollen Sie damit sagen, Estera?« Pietro Gnarra stand neben ihr und legte ihr den Arm um die Schultern. Sie lehnte

345

sich schwer gegen ihn, das Gesicht nass von heißen Tränen. Pedro konnte mit Frauen jeden Alters.

»Ach, Brigadiere, es wissen doch alle, dass die sich um niemanden schert, außer um sich selbst. Diese abnormale Mutter. Sie ist schlafen gegangen, weil ihr der Kopf platzt, diese unverfrorene Person, während ihr Kind vielleicht schon tot ist. Heilige Jungfrau Maria, hilf mir, hilf mir, ich halte es nicht mehr aus!«

Zwischen Klagen, Beleidigungen und unzusammenhängendem Gejammer hatte Santomauro bereits das wenige erfahren, was er aus der verzweifelten Frau herausbekommen konnte. Er ließ sie also in Gnarras Obhut und machte sich auf die Suche nach Don Carmelo.

Er fand ihn in seinem Studierzimmer, einen tief erschütterten alten Mann, das graue Gesicht gezeichnet von Erschöpfung und Schmerz, die Lider schwer, doch mit einem mörderischen Glanz in den getrübten Augen. Die knotigen Hände lagen so fest um den geschnitzten Stock, dass die Knöchel weiß hervortraten.

»Habt ihr sie gefunden?«, fragte er mit leiser Stimme.

»Noch nicht«, murmelte Santomauro.

»Dann kommen Sie zurück, wenn Sie ihren Körper haben. Bis dahin möchte ich niemanden sehen. Danach werde ich mich kümmern.«

»Es ist nicht gesagt, dass sie tot ist. Es ist erst wenig Zeit verstrichen. Vielleicht hat sie sich nur verlaufen.«

»Sie ist bereits tot. Gehen Sie.«

Der Alte war wie aus Marmor, eine reglose Statue mit trockenen, aber wilden Augen, den Stock zwischen den fast zerberstenden Fingerknöcheln.

Santomauro gehorchte.

*

Evelina hatte sich hingelegt, aber sie fand beim besten Willen keinen Schlaf. Preziosa war verschwunden. Typisch für sie, auf jegliche Art zur Last zu fallen. Sie war ihr schon immer lästig gewesen, immer, seit dem Moment ihrer Geburt, eigentlich sogar schon seit dem Moment ihrer Empfängnis.

Und dann dieser lächerliche Name! Der Name einer Urgroßmutter oder vielleicht einer Großtante, der, sie erinnerte sich mit Bitterkeit an die genauen Worte ihres Vaters, »gut zu diesem Wesen passt, das zu uns gekommen ist, um unserem Leben einen Sinn zu geben«. Und sie, Evelina, hatte krampfhaft gelächelt und den Kopf zu dem schreienden roten Bündel in ihren Armen geneigt.

Aber der Sinn ihres Lebens, wo war der? Ihr Mann hatte sie nicht einmal drei Monate nach Preziosas Geburt verlassen. Wie ein Dieb hatte er sich eines Abends davongestohlen, während sie ihn angefleht hatte, sie mitzunehmen. Einmal hatte sie Neuigkeiten über ihn erhalten, als ihr Vater ihr mit kaum verhohlener Befriedigung erzählt hatte, dass er sich mehr schlecht als recht mit einer kleinen Praxis in der Provinz Caltanissetta über Wasser hielt. Evelina hatte keine Ahnung, wie er das in Erfahrung gebracht hatte, aber es interessierte sie auch nicht. Ihr Ehemann hatte für Don Carmelo vieles falsch gemacht, unter anderem sie geschwängert und geheiratet zu haben, während er sein Assistent war, und nur zwei Sachen richtig: Er hatte das Nötige dazu beigetragen, Preziosa zu zeugen, und war dann willkommenerweise verschwunden.

Aber sie konnte nicht verschwinden, auch wenn sie es jeden Tag versuchte. Stattdessen war jetzt Preziosa verschwunden, und alle sorgten sich um sie. Wieder einmal war das einzige Gefühl, das die Tochter in ihr weckte, der Neid.

*

Das Team, das eilig zurückgelaufen kam, war das, das sich in die Berge hochgearbeitet hatte. Ammaturiello, der trotz seiner Körperfülle fast rannte, hielt keuchend vor Santomauro: »Maresciallo, das haben wir nicht weit entfernt auf einer Lichtung gefunden«, und er zeigte ihm einen leicht abgetragenen, rosa Mädchentennisschuh, in dessen Schnürsenkeln sich ein trockenes Blatt verfangen hatte. Er hatte ihn schon eingetütet, um keine Fingerabdrücke darauf zu hinterlassen, und der Maresciallo ergriff ihn finster. Es war eine korrekte Maßnahme, aber sie zeigte noch mehr, dass niemand von ihnen mehr daran glaubte, das Mädchen lebend zu finden.

Aus der Gruppe löste sich ein Mann und trat auf ihn zu. Es war Genny Morace, der sich mit den Ersten, die sich auf die Suche nach ihr gemacht hatten, in die Wälder geschlagen hatte. Mitgenommen oder bestürzt sah er überhaupt nicht aus, eher müde und genervt, aber Santomauro sagte sich, dass er ihn nicht gut genug kannte, um zu erraten, was ihm durch den Kopf ging.

»Also, Maresciallo, meine Nichte ist nirgends zu finden, und sie hat sicher dasselbe Ende wie die anderen genommen. Es ist offensichtlich, dass ich jetzt der Hauptverdächtige bin. Homosexuell, gewiss auch pädophil, und darüber hinaus noch das finanzielle Motiv. Alle wissen, dass mein Vater Preziosa anhimmelt. Sperren Sie mich sofort ein, oder kommen Sie mich heute Nacht abholen, Maresciallo?«

»Was wollen Sie?«, fragte Santomauro und fuhr sich mit der Hand über das Gesicht, in dem der Bart zu kratzen begann. Seine Stimme war gedämpft, aber in seinen Augen versteckte sich ein mörderischer Glanz, der Genny vielleicht entgangen war.

»Mein Vater hat mich von zu Hause rausgeschmissen. Ich wollte ihn nur trösten, und er hat mich rausgeschmissen. Wenn ihr mich einsperrt, habe ich wenigstens ein Dach über dem Kopf.« Der Tonfall war sarkastisch, aber der junge Mann blickte verloren drein.

»Gibt es nichts, was Sie mir zu sagen hätten? Nein? Dann gehen Sie wieder Ihre Nichte suchen, oder verkriechen Sie sich irgendwo, aber rauben Sie mir nicht meine Zeit.«

»Warum schauen Sie sich nicht mal besser um, anstatt es auf mich abgesehen zu haben?«, antwortete Genny wehleidig.

»Was wollen Sie damit sagen? Raus damit, es reicht mit den Spielchen, ich habe die Nase gestrichen voll.« Santomauro war nur ein wenig größer als Genny Morace, aber er war kräftiger und drückte ihn mit aller Wucht gegen die Wand des Hühnerstalls. Der junge Mann musste gemerkt haben, dass der andere sich nur noch mühsam unter Kontrolle hatte, denn er spuckte überstürzt aus: »Tonino. Tonino Scarano. Schauen Sie nach, und Sie werden sehen, dass er eine Minderjährige vergewaltigt hat. Es wundert mich, dass Ihnen das entgangen ist. Es ist schon lange her, er war noch sehr jung, vielleicht ist die Anzeige deswegen zurückgezogen worden, ich kenne die Einzelheiten nicht, aber mein Vater hat das immer gewusst, und er hat ihn trotzdem angestellt, noch bevor ich geboren wurde, und jetzt bekommt er das, was er verdient. Tonino ist es gewesen, da bin ich mir sicher.«

»Und warum haben Sie uns das nicht früher gesagt?«, knurrte der Maresciallo und hielt seinen Drang zurück, ihm die Faust ins Gesicht zu schlagen. »Wenn Sie wussten, dass es nicht in den Akten stand, warum haben Sie uns darüber nicht nach dem ersten Mord informiert?«

»Das war nicht meine Angelegenheit. Und sie ist es meiner Ansicht nach auch jetzt noch nicht«, stammelte Genny mit ausweichendem Blick.

Santomauro wich voller Abscheu zurück. Die Stimme des anderen folgte ihm: »Sehen Sie nach, fragen Sie die Ehefrau, sie hat es mir gesagt, als ich klein war. Er ist ein Vergewaltiger!«

»Und du bist ein Feigling«, antwortete Santomauro. Mit jedem Schritt wurden seine Füße schwerer, als er auf das Haus zuging, wo ein alter Mann darauf wartete, dass man ihm den toten Körper seiner Enkelin brachte.

*

Estera saß da wie betäubt. Der Maresciallo war zurückgekommen, um zu reden, aber sie verstand nicht, was er sagte. Sie fühlte den Kopf voller Tränen und Schreie, die sie nicht verjagen konnte, zumindest nicht die Schreie, denn Don Carmelo durfte sie nicht hören, und ihr unterdrücktes Wimmern reichte nicht aus, um den Schmerz, der ihr den Bauch zerriss, herauszulassen.

Was wollte dieser Maresciallo mit den traurigen Augen und den starken Händen, die die ihren drückten, jetzt? Was wollte er? Verstand er denn nicht, dass sie gar nichts tun konnte, außer vielleicht auf dem Küchenstuhl sitzen zu bleiben und zu sterben, während der Geruch der Sementella-Pfannkuchen, die sie für Preziosa vorbereitet hatte, sich ihr in die Nase grub und ihr die Kehle zuschnürte? Der Maresciallo sprach von Tonino. Von einer Anschuldigung, die sie gemacht hatte, von einer Sache, die sie Genny gesagt hatte. Tonino. Ihr Mann. Ein Vergewaltiger.

»Es ist wahr, Maresciallo. Es ist alles wahr.«

Sie dachte, dass sich der Zangengriff um ihre Brust etwas lockern würde, wenn sie von Tonino spräche, also erzählte sie ihm all das, was sie bisher ausschließlich Don Giovannino in der Beichte zugeflüstert hatte.

*

Sie stand aus dem Bett auf, müder als zuvor. Nicht dass sie davon ausgegangen war, schlafen zu können, mit dem Lärm, den die Carabinieri draußen und im Haus veranstalteten. Sie hatte ein Heer von bösen Zwergen im Kopf, die gegen die Wand ihres Schädels hämmerten. Und alles wegen dieser kleinen dummen Kuh, die trotz ihres ausdrücklichen Verbotes in den Wäldern herumgeschlichen war und sich verlaufen hatte.

Wenn es nach ihr ginge, hätte sie sie die ganze Nacht da draußen gelassen, vor Kälte und Angst schlotternd, nur so hätte Preziosa vielleicht gelernt, wie sie sich zu verhalten hatte.

Aber nein, alle am Herumwühlen auf der Suche nach ihr, wie läufige Hündinnen, ein furchtbares Durcheinander. Nichts war so, wie es sein sollte, und Estera, mein Gott, Estera löste sich in fettige Tränen auf und hatte mit Sicherheit vergessen, den Salat zu waschen und etwas für das Abendessen vorzubereiten. Ganz abgesehen von der Küche, die ein Horror war, dreckig und unordentlich, der Boden vor dem Kamin nicht gefegt und die Spüle voll mit den Kaffeetassen der Carabinieri.

Sie bereitete sich darauf vor, ihr einen absolut gerechtfertigten Anpfiff zu verpassen, vier trockene Worte gut platziert, bevor sie sich wieder ein wenig hinlegen würde, als ein Brigadiere eintrat. Den hatte sie hier noch nicht gesehen. Sie musterte ihn genervt, diese Art von Mann kannte sie: schön, mit Machogehabe und der Überzeugung, Gottes Geschenk auf Erden für alle Frauen zu sein. Sie presste die Lippen zu einem dünnen Strich zusammen, ordnete das Tuch auf den dürren Schultern und ging ihm entschlossen entgegen. Dem würde sie es schon zeigen.

Für Gnarra war es eine absolute Neuigkeit, auf eine Frau zu treffen, die für seinen Charme völlig unempfänglich war. In der grell erleuchtete Küche, in der eine reglose Estera Scarano weiterhin mit tränennassen Wangen um ein Mädchen weinte, das vielleicht noch nicht tot war, versuchte er dessen Mutter aus der Reserve zu locken, auf jegliche Art. Aber er erhielt nichts, weder Informationen noch Schmerzbekundungen.

Santomauro traf ihn an der Haustür, und Gnarra brachte ihn schnell auf den neuesten Stand: »Ein Stück Eis, Simone. So was habe ich noch nie gesehen. Sie hat nicht eine Träne wegen dieses armen Kindes verdrückt. Sie scheint zu denken, dass es das absichtlich gemacht hat, um sie zu ärgern.«

Santomauro seufzte: »Ich weiß, ich habe sie schon kennengelernt. Die ganze Welt ärgert sie. Ich glaube nicht, dass sie uns etwas Nützliches sagen wird, aber …«

Natürlich irrte er sich.

*

Es ist schon schlimm, ein Kind zu suchen in dem Wissen, dass es vermutlich bereits tot ist.

Jetzt, nach dem letzten Telefonat wollte Ammaturiello gar nicht mehr daran denken, er wollte nicht weiter den Abhang des Hügels hochkraxeln, die Brombeersträucher und Büsche mit den Händen zur Seite schieben, in jeden Winkel spähen, den Blick in die Ferne schärfen, auf der Suche nach einem Farbfleck, da, wo nur Grün sein sollte. Ammaturiello wollte

351

einfach nicht mehr zwischen Gräsern und Sträuchern hindurchstapfen, sich einer Gruppe Bäume nähern, zwischen den jungen Eichen nachsehen, versuchen, unter dem Aroma der Gräser und Pinien und den tausend Düften des Waldes den widerwärtigen, süßlichen, ekelerregenden Geruch wahrzunehmen, der den Tod ankündigt. Es war noch früh, die Suche hatte vor wenigen Stunden begonnen, aber der Duft des Todes ist der durchdringendste von allen und bleibt lange in der Nase. Ammaturiello wollte nicht der Erste sein, der ihn roch. Er schleppte sich schnaufend und mit schweißnassem Hemd den Berg hoch, die Nasenflügel bebend wie ein Jagdhund, die Ohren gespitzt, um einen Klagelaut zu hören, einen Seufzer, irgendetwas, irgendein Irgendetwas, das bedeuten könnte, dass es am Ende nicht zu spät war.

Es war schon schlimm genug, ein Mädchen zu suchen in dem Wissen, dass es vermutlich bereits tot war. Aber zwei zu suchen war wirklich zu viel.

*

Die Gruppe vom Zirkus mit Feuerschlucker an der Spitze hatte sich über die Hügel verteilt. Als Zigeuner und Carabinieri sich trafen, brauchte es wenig, um zu begreifen, was los war.

Santomauro sprach gerade mit Evelina Morace. Er wurde sofort von dem Verschwinden des Mädchens informiert, durch die Beschreibung begriff er auch, um welches es sich handelte.

Die Morace bestätigte, dass sie ihre Tochter mehrmals mit einer kleinen Zigeunerin – sie schien das Wort nur widerwillig durch die zusammengepressten Lippen zu spucken – gesehen hatte. Vermutlich hatten sich beide im Wald verabredet, da sie Preziosa verboten hatte, das andere Mädchen zu treffen.

Wieder schien sie genervter von der Tatsache, dass sie ihr nicht gehorcht hatte, als um das Schicksal ihrer Tochter besorgt. Santomauro hingegen kämpfte gegen das beklemmende Gefühl an, dass es mittlerweile zu spät war. Die Dunkelheit brach langsam herein, die Finsternis würde sich wie ein Mantel über die Wälder legen, die beiden Kinder wurden bereits seit Stunden vermisst, und die Chance, sie lebend zu finden, schwand immer mehr.

Er hatte sich immer für einen pflichtbewussten Menschen gehalten, einen ehrlichen Mann, der mit ganzem Herzen bei der Sache war. Deswegen verspürte er ein bitteres Gefühl der Schuld, als er merkte, dass ihm die beiden Opfer nicht dasselbe bedeuteten. Dass ein verschwundenes Mädchen schwerer auf seiner Seele lastete als das andere, das er sogar kennengelernt und mit dem er gesprochen hatte.

*

Tonino strich im Hof herum wie eine gepeinigte Seele. Als er Santomauro und Gnarra sah, schien er sich für einen Augenblick verstecken zu wollen, dann trat er ihnen mit zusammengepressten Lippen und eingezogenem Brustkorb entgegen. Er wollte nicht, dass sie sinnlose Zeit mit ihm verloren, und das sagte er ihnen sofort: »Maresciallo, unter anderen Umständen hätte ich Genny direkt die Fresse poliert, und dann hätte ich meinen Anwalt angerufen, und von mir hättet ihr nichts erfahren. Aber ich will nicht, dass ihr auch nur eine Minute mit mir vergeudet, wenn es nur die geringste Möglichkeit gibt, dieses Scheusal zu erwischen.«

»Wer sagt Ihnen, dass es Genny Morace war, der uns Ihren Namen genannt hat?«, fragte Pietro mit harter Miene, nur um sich ein bisschen aufzuspielen.

»Weil ich weiß, dass er mich seit längerem verdächtigt, ich bin kein Dummkopf. Ungebildet ja, aber nicht dumm. Und ich weiß auch, dass ihr mit meiner Frau, dieser armen Seele, gesprochen habt, aber ihr hättet sie besser in Ruhe lassen sollen, seht ihr nicht, dass sie vollkommen durcheinander ist?«

»Auf jeden Fall ist sie noch klar genug, um Sie von dem Vorwurf der Vergewaltigung zu entlasten«, sagte Santomauro und blickte ihn neugierig an. Manchmal war es ein Trost zu sehen, dass es vertrackte und trotzdem normale Ehen wie diese gab. Eine müde, aber immer noch loyale Frau. Ein wütender, sexbesessener Mann, manchmal nicht gerade respektvoll, aber fürsorglich.

»Wir waren zwei Kinder, Maresciallo, sie fünfzehn Jahre, ich achtzehn, laut Gesetz schon straffähig. Zu der Zeit war es ein Skandal, aber wir waren verliebt, und ihr Vater hat uns in flagranti erwischt. Wir sind zu meinen Eltern gezogen und haben geheiratet, sobald wir das Einverständnis ihrer Eltern hatten. Die Anzeige wurde zurückgezogen, der Vater tat es mit blutunterlaufenen Augen, nachdem er mich grün und blau geprügelt hatte. Dabei hat er mir auch das Schlüsselbein gebrochen, Don Carmelo richtete es mir wieder, und dann gab er uns beiden Arbeit. Nur einem Idioten wie Genny konnte es einfallen, euch das zu erzählen. Verlieren Sie keine Zeit mit mir, Maresciallo.«

Sie redeten noch mit ihm, als aus dem Wald die ersten Stimmen kamen. Estera trat vor die Tür, und ihr Ehemann schloss sie beschützend in seine Arme.

Ammaturiello ging mit finsterem Gesicht auf Santomauro zu. Es waren nicht viele Worte nötig. Zusammen schlugen sie sich ins Gebüsch des Waldes.

Als er schon im Dickicht der Bäume war, drehte sich Santomauro zum Haus um. An einem Fenster zeichnete sich ein Gesicht ab, aber er hätte nicht zu sagen gewusst, ob es der Großvater oder die Mutter des verlorenen Mädchens war.

*

Carabiniere Ammaturiello hatte in einem dunklen und tiefen Winkel seines Herzens von Anfang an gewusst, dass er es sein würde, und so war es.

Zuerst ein kaum wahrnehmbares Flackern. Farbe, wo es keine Farbe gab, und er hoffte, es wäre eine Blume. Dann das Surren von Insekten, eine Spur, ein kaum wahrnehmbarer, aber widerwärtiger Duft, dann die Farbe, die sich ausweitete, während er schon über Steine und Gras stolperte und sich mit dem Handy bewaffnete, um Hilfe zu rufen, und es war keine weiße Blume mit roten Punkten, nein, es war ein Stück Stoff, ein Röckchen, es waren zwei spitze Mädchenknie, es war ein verdrehtes und teilweise mit Erde bedecktes Gesicht, und dann gelang es ihm, das Handy einzuschalten und etwas hineinzuschreien, während er neben dem kleinen Körper in die Hocke ging, um ein Zeichen, eine Bewegung, ein Zittern, ein Zucken des Augenlids wahrzunehmen, irgendetwas, das darauf hoffen ließ, dass es noch lebte.

*

Die Nachricht war auch im Haus angekommen. Die Mund-zu-Mund-Propaganda der Carabinieri hatte die Ohren der freiwilligen Helfer erreicht, und von dort war sie zur Familie gedrungen, die sich geschlossen in der Küche versammelt hatte, als ob sie gemeinsam auf den letzten Akt wartete. Estera hatte aufgehört zu weinen, aber sie schien vollkommen abwesend. »Es ist auch ein Mädchen vom Zirkus verschwunden, Estera. Vielleicht ist sie es, die sie auf dem Hügel gefunden haben. Vielleicht ist es nicht Preziosa.« Tonino hatte das Gefühl, mit einer Wand zu reden.

»Besser so, stimmt's? Wenn es eine kleine Zigeunerin ist, meine ich.«

»Wenn du noch einmal den Mund aufmachst, schlag ich dir alle Zähne aus.« Aber Tonino sagte es mit schwacher Stimme: Auch Genny schien wie verblödet und sprach nur, um seine Angst einzudämmen.

Tonino fühlte einen Krampf im Magen, als ob ein Tier ihn von innen auffräße, bei lebendigem Leib in ihm nagte. Vielleicht fühlte sich auch Genny so. Donna Evelina hantierte mit den Händen im Spülbecken, aber man sah, dass sie mit dem Kopf ganz woanders war. Don Carmelo sprach nicht, er hörte nicht einmal zu, und das war mit Sicherheit ein schlechtes Zeichen. Er saß aufrecht auf einem dicht an die Mauer geschobenen Stuhl, die Knöchel seiner Hände, die den Stock umklammerten, waren kreideweiß. Eine Fliege summte am Fenster, der Rest war Stille.

Vor der Tür das Stimmengewirr vieler Leute, die, wie von unsichtbarer Hand herbeigewunken, gekommen waren, Gesichter, die sich in der Tür blicken ließen und dann wieder verschwanden, als ob in dem Zimmer eine giftige und höchst ansteckende Krankheit war, die man besser nicht einatmete. Tonino hatte eine Menge bekannte Gesichter gesehen.

»Sollten wir nicht hochgehen?«, fragte Genny ihn, und für einen Augenblick schien er wieder der kleine Junge, dem Tonino das Schießen und Fallenstellen beigebracht hatte.

»Nein, Maresciallo Santomauro ist hochgegangen. Es ist besser so.« Es war nicht nötig zu erklären, warum. Der Raum war mit Angst gesättigt, aber solange es die Angst gab, gab es auch Hoffnung. Vielleicht war es am Ende doch nicht Preziosa. Vielleicht war es das andere Mädchen, das tot auf dem Hügel lag.

*

Der Schuh war das ergreifendste Detail. Santomauro wusste, dass er diesen Schuh lange, sehr lange Zeit nicht mehr aus seinem Kopf bekommen würde.

Das Mädchen lag zwischen dem Gras und der aufgelockerten Erde und der kleine Turnschuh neben ihr. Ein rosa Turnschuh mit Schnürbändern. Er war das Gegenstück zu dem anderen, den sie zu Beginn des Nachmittags gefunden hatten, und jetzt, da der Abend mit seinen langen Schatten zwischen den umliegenden Bäumen hereinbrach, stand der Maresciallo neben einem toten Mädchen und fragte sich nach dem Sinn des Ganzen.

Wer war das Monster, das seinen Hunger weiterhin auf so niederträchtige Art und Weise stillen musste? Wie viele andere Mädchen würden sterben, bevor sie es aufhalten konnten? Er fühlte sich schon besiegt, das Gewicht der Verantwortung für all diese zerstörten Leben lastete schwer auf seinen Schultern.

Kleine zerstörte Leben, kleine Leben, die erst vor kurzem begonnen hatten, die noch nicht einmal die Jugend erlebt hatten. Mädchen, die, wenn sie gelebt hätten, junge Frauen geworden wären, vielleicht Mütter, dann Großmütter, Jahre um Jahre voller Leben, Erfahrungen, Jahre des Reifens, der Freude und des Schmerzes waren ihnen feige genommen worden.

356

Und er stand da, in dem seltsam stillen Wald, in dem selbst die Vögel nicht zwitscherten oder die Blätter rauschten, und er wusste nicht einmal, warum dieses tote Mädchen einen Arm nach einem rosa Turnschuh ausstreckte, wenn es doch an den Füßen ein Paar trug.

»Simone?« Gnarras Stimme war ein wenig heiser, vermutlich hatte er sich während der Suche verkühlt. »Simone, Dottor de Collis ist da. Lassen wir ihn seine Arbeit machen.«

»Ja, entschuldigt, ich bin schon weg …« Er hatte nicht gemerkt, dass er eine ganze Weile wie benommen vor dem Körper von Preziosa Morace Santelli stehen geblieben war. Als der Dottore hinzutrat, streifte er Santomauro fast mit der Schulter, sie tauschten ein Zeichen des Grußes, es war das erste Mal, dass sie sich nach der Sache mit dem Herz wiedersahen, und der Maresciallo hätte sich liebend gern nur um die Blamage sorgen müssen, darüber gewitzelt, die sarkastische Erwiderung des anderen hingenommen und die Schmach mit einer Grimasse und einem Lächeln akzeptiert. Aber nein, sie waren zwei versteinerte Wesen, die sich kreuzten, eines hinabsteigend, eines hinauf, um gemeinsam der gleichen abstoßenden Arbeit nachzugehen.

Er ging mit Gnarra zur Lichtung, dem letzten Vorposten, zu dem ihre Autos durchgedrungen waren. Im Gebüsch waren die Stimmen eines anderen Suchtrupps zu vernehmen, der sich zu ihnen gesellte. Sie tauchten aus dem Dickicht der Bäume auf, die blauen Hemden der Carabinieri und die bunten T-Shirts der Freiwilligen, und zwischen ihnen, im Arm des Carabiniere Scamarci, ein kleiner blonder Schopf. Santomauro brannten vor Rührung die Augen, seine Stimme klang heiser, aber vielleicht hatte auch er sich im Wald verkühlt.

»Wo habt ihr sie gefunden?«, fragte er die Gruppe.

»Sie hatte sich in einer Höhle über der Macchiarella versteckt«, antwortete jemand.

Das Mädchen öffnete seine tiefblauen Augen, deutete etwas an, das vielleicht ein Lächeln war, und streckte die Hand nach ihm aus. Santomauro nahm sie aus Scamarcis Armen. Er fühlte, dass er auch als Vater keine stärkere Empfindung hätte haben können als die, die ihm in diesem Moment die Brust zusammenzog. Gnarra öffnete ihm die Autotür, er setzte sich hinein, die Kleine hatte den Kopf an seine Schulter gelehnt und schlief vielleicht schon.

»Ihr Name ist Gilja«, sagte Scamarci, bevor er die Tür schloss. »Wir haben sie durch reinen Zufall gefunden. Sie hat mir gesagt, dass sie eine Verabredung mit ihrer Freundin hatte, die sie aber nicht getroffen hat, aber dann hat sie die Anwesenheit von jemandem hinter den Bäumen gespürt und Angst bekommen. Vielleicht hat sie etwas gesehen, aber ich bin mir nicht sicher, ich verstehe ihren Dialekt nicht so gut. In der Hand hielt sie dies. Sie sagt, es war ein Geschenk.«

Santomauro sah den auffälligen Ohrring an, vergoldet, mit dicken roten Steinen. Sicher nichts für ein kleines Mädchen, eher Flitterkram aus dem Zirkus. Ein Geschenk für eine Freundin, wie es vielleicht auch die rosa Turnschuhe gewesen waren.

Er wiegte Gilja bis zum Gutshof der Moraces. Die Nachricht, dass ein Mädchen tot und das andere lebend gefunden worden war, hatte sich schnell verbreitet, aber ein wesentliches Detail fehlte: der Name. Auf dem kleinen Platz vor dem Haus parkten zu viele Autos, und so hielten sie vor einem gepflügten Feld voller bis zur Hälfte in der dunklen, aufgelockerten Erde steckender Wassermelonen.

Wassermelonen, Wassermelonen, Wassermelonen, Hunderte von Wassermelonen, so weit das Auge reichte, und am Ende ein zerfallenes Häuschen und eine kleine Gruppe Menschen, die warteten. Als sie ihn aus dem Auto steigen sahen, begannen sie ihm entgegenzulaufen, die Beine bis zu den Knöcheln in den schwarzen Erdklumpen versunken. Die schlafende Gilja noch im Arm, erkannte Santomauro Tonino, Estera, Mustafa Parsi und Don Carmelo Morace zusammen mit ein paar anderen unscharfen Gesichtern.

In einem einzigen flüchtigen Augenblick nahm er Feuerschluckers verängstigten und seltsam hilflosen Blick wahr, Esteras zu einem stummen Schrei aufgerissenen Mund und Don

Carmelo, der inmitten der schwarzen Schollen zu Boden ging
wie ein geschlagener Boxer.

*

»Ich hau ab.« Er hoffte, dass seine Stimme fest und bestimmt
klang, aber er war sich nicht sicher.

»Bist du verrückt geworden? Was willst du denn machen?«
Durch das Handy erreichte ihn Zaros schwache, aber schrille
Stimme.

»Hast du nicht gehört, mein Vater hat mich aus dem Haus
gejagt.«

»Er ist durcheinander. Er hat es in einem Moment der Wut
und des Schmerzes gesagt, bald wird er begreifen, dass nur du
ihm geblieben bist. Mach keine Dummheiten!«

Es war nur verständlich, dass Zaro sich jetzt erst mal Sorgen
machte, und er nahm den leichten exotischen Akzent wahr,
der ihn vom ersten Moment an bezaubert hatte. Genny stellte
sich seine blauen, besorgten Augen vor und drückte das
Handy in der verschwitzten Hand.

»Dummheiten? Ich denke, das ist das Beste, was ich tun
kann. Ich hätte niemals alleine den Mut aufgebracht, wegzugehen. Mein Vater hat mir einen Gefallen getan, entweder ich
nutze die Gelegenheit und haue jetzt ab, oder ich werde für
immer in der Falle sitzen.«

»Und das Geld? Das Erbe? Jetzt, wo deine Nichte tot ist ...«

»Soll ich dir was sagen? Preziosa war der einzige Mensch,
mit dem ich es in diesem Haus ausgehalten habe. Sie hatte
mich gern und ich sie auch, armes Ding, auch wenn ich eifersüchtig war. Ich mochte sie. Ich könnte es nicht ertragen, auch
nur einen Moment länger mit diesen toten Gesichtern dort zu
bleiben. Sie war ... ich weiß es nicht, sie war anders.«

»Du bist verrückt. Du bist ein armer verrückter Träumer.
Wovon willst du leben?« Der exotische Einschlag war jetzt
deutlicher zu hören, aber auch eine Sanftheit, die Zaro ihm
bisher nur in ganz wenigen Augenblicken, nachdem sie miteinander geschlafen hatten, erlaubt hatte zu erahnen.

»Ich dachte ...«, er hoffte, dass die Bedenken in seiner Stimme nicht zu offensichtlich waren, »ich dachte, dass ich mich euch, wer weiß, vielleicht anschließen könnte.«

»Du?!« Zaro lachte oder schluchzte oder tat beides zugleich. »Und als was, bitte? Trapezakrobat wie ich? Löwenbändiger? Der, der die Tiere putzt? Clown?«

»Ich werde schon etwas finden, mach dir keine Sorgen. Bring du mich nur zu Feuerschlucker, um den Rest kümmere ich mich.« Und zum ersten Mal in diesem Telefonat fühlte er, dass er den passenden Tonfall und die richtigen Worte gefunden hatte.

Nacht von Dienstag auf Mittwoch – die neunte

Die Nacht kam nicht in dieser Nacht. Alle waren wach im Haus der Moraces. Nach dem Getümmel, dem sinnlosen Gang ins Krankenhaus schien jeder seinen Platz zu finden.

Tonino saß wie ein Hund auf der Erde vor der Tür zu Don Carmelos Zimmer, deren Schlüssel er vorsichtshalber an sich genommen hatte. Ab und zu öffnete er sie, steckte den Kopf hinein oder wagte sogar einen vorsichtigen Schritt ins Zimmer, dann schloss er sie leise wieder und hockte sich erneut auf den Boden. Regelmäßig wie ein Metronom, alle Viertelstunde oder fast darauf wartend, dass ein neuer, weniger schrecklicher Tag als der vergangene anbrechen würde. Auch der Alte hinter der Tür war wach, Tonino wusste es, obwohl er die Augen geschlossen hielt und in der Dunkelheit reglos in seinem Sessel saß. Er musste nur seinen Atem hören, und das gelang ihm selbst durch das massive Holz der Tür.

Evelina Morace schlief nicht, aber sie schlief sowieso nie, und das war das Einzige, was sie ein ums andere Mal den Frauen wiederholte, die mitleidig und fromm all die langen Stunden bis zum Morgengrauen mit ihr im Wohnzimmer wachten. Maria Pia Manfredi erinnerte sich an sie noch lange als die zermürbendsten und deprimierendsten Stunden ihres Lebens. Ab und zu verspürte jemand das Bedürfnis, hinauszugehen, um sich die Beine zu vertreten und eine weniger drückende Luft zu atmen als die, die schwer zwischen den Samtsesseln und den Damastvorhängen hing. In der duftenden Nacht, mit einer Zigarette zwischen den Fingern, kommentierten die frommen Frauen unweigerlich die trockenen Augen und das scheinheilige betroffene Lächeln der Hausherrin, aber Maria Pia war sehr wohl fähig, das kleine terrorisierte und leidende Tierchen wahrzunehmen, das, von Evelina selbst unerkannt, auf dem Grunde ihrer Seele lebte.

Estera Scarano verbrachte, wenn man es so sagen konnte, eine fast behagliche Nacht in der mit Menschen überfüllten Küche, Besucher, Carabinieri, Zigeuner, Verwandte und Unbekannte, während sie Kaffee zubereitete, alte Geschichten von Preziosa und der Familie erzählte und Kekse und Kuchen aß, die fürsorgliche Nachbarn vorbeigebracht hatten. Sie weinte nicht mehr, bei einigen Gelegenheiten lächelte sie auch, und einmal musste sie sogar kichern, als sie sich an einen besonders schlimmen Scherz, den ihr die Kleine gespielt hatte, erinnerte: der Tank des Bügeleisens nicht mit Wasser, sondern mit dem Lieblingsduft der Mama aufgefüllt, die Blusen unwiederbringlich ruiniert, eine epochale Tragödie, vor deren Konsequenzen sie nur das Eingreifen des Großvaters hatte retten können. Sie lachte, lenkte sich ab, tratschte und schwatzte, denn sie wusste nur zu gut, dass die kommenden Tage stumm und einsam werden würden, das Haus von nun an für immer still.

Genny tuschelte im Garten mit fremden Freunden, aber niemand achtete auf ihn. Niemand fühlte das Bedürfnis, ausdrücklich ihm sein Beileid auszusprechen, außer Cozzone und Trevisan, die die Aufgabe hatten, ihn unauffällig zu überwachen.

Sich ihrer Bedeutung bewusst, jetzt, da Tonino und Estera mit anderen Dingen beschäftigt waren, machten sich die warmherzigen Nachbarn überall zu schaffen, gingen herum und boten allen, die danach fragten, Getränke und etwas zu essen an. Im Laufe der Nacht kam beim Haus der Moraces mehr oder weniger das ganze Dorf vorbei, und wer konnte, machte sich nützlich. Alles in allem, so sagte man später, war es wie ein großes Fest.

*

Die Welt der Erwachsenen ist seltsam und gefährlich. Und diese Leute, die in dem schönen Haus wohnen, reden eine fremde Sprache.

Sie hat nicht wirklich verstanden, was passiert ist, aber sie hat etwas gesehen, jemanden im Wald, und diese Person ist jetzt in dem Haus, mit den anderen, und sie weiß, dass er ihrer Freundin vielleicht etwas Böses angetan hat, dass er, wenn sich die Gelegenheit bietet, vielleicht auch ihr etwas Böses antun wird, und sie weiß auch, dass niemand da ist, der ihr helfen kann, nicht einmal ihr Onkel Mustafa, nicht einmal der Carabiniere mit den funkelnden Augen, der immer freundlich zu ihr war.

Und so hat sie beschlossen, wegzugehen, auch wenn es draußen noch dunkel ist. Draußen ist es sicher weniger gefährlich als drinnen.

Neunter Tag, Mittwoch

Dass das Mädchen verschwunden war, bemerkte zuerst keiner. Sie hatten sich so viel Mühe gegeben, sie wiederzufinden, und dann, als sie wie ein kleines ängstliches Tier aus dem Haus huschte, schien es lange Zeit niemanden zu kümmern.

Sie hatten sie in Preziosas Zimmer schlafen gelegt, auf ausdrückliche Anordnung von Don Carmelo und trotz der Beschwerden von Donna Evelina, die sie lieber wieder zu ihren Leuten geschickt hätte. Aber ihre Leute waren da, unruhig, versuchten zu helfen, und das Mädchen musste untersucht werden, und es war besser, dass der Arzt sie sich nicht im Krankenhaus, sondern an einem ruhigen Ort ansah, und das Haus war voller Menschen, die helfen wollten, ihr Beileid aussprechen, herumschnüffeln. Und so bemerkte bis spät in den Tag niemand, dass Gilja Tanjari weggelaufen war.

*

Es gab keine bequeme Position in dem Sessel, es war sinnlos, darauf zu hoffen, und sowieso würde es in einem Moment keine Bedeutung mehr haben. Nichts hatte mehr Bedeutung.

Der Stahl war kalt, aber er erwärmte sich langsam zwischen seinen Händen. Den Händen eines ohnmächtigen alten Mannes, der sich das Kostbarste, was er auf der Welt besaß, aus seinem Herzen hatte reißen lassen. Don Carmelo setzte den Gewehrkolben gut auf die Erde, wenn der Lauf richtig ausgerichtet wäre, im Mund und gegen den Gaumen gedrückt, würde es keine Probleme geben. Oft zittert die Hand im letzten Augenblick, und ein Pechvogel könnte sich mit halbzerfetztem Gesicht und allen herausgeschossenen Zähnen, die auf den Boden rollten, weiterhin unnötig am Leben befinden. Aber er würde

364

keinen Fehler machen. Der Geschmack des Stahls war, gegen seine Erwartungen, nicht unangenehm.

Tonino wählte diesen Moment, um hereinzustürmen, und Don Carmelo hätte vor Überraschung fast abgedrückt.

»Was willst du? Warum klopfst du nicht an? Du weißt, dass du klopfen sollst.«

»Don Carmelo, Heilige Jungfrau Maria, was macht Ihr da?«

»Ich habe das Gewehr poliert, Idiot! Was willst du?«

Sie starrten sich eine Weile herausfordernd an, zwei mürrische Alte, die sich seit zu langer Zeit zu gut kannten. Tonino senkte als Erster den Blick, die Macht langer Gewohnheit.

»Das Mädchen. Die Zigeunerin. Sie ist unauffindbar.«

»Was heißt, sie ist unauffindbar? Sie hat heute Nacht im Zimmer von …«, er würde ihren Namen nie wieder aussprechen können.

»Aber da ist sie nicht! Estera verliert vor Verzweiflung den Verstand! Wir haben sie überall gesucht.« Unbewusst fummelte Tonino mit den Händen am Saum seines schmutzigen Hemdes. »Wir haben den Carabinieri Bescheid gesagt.«

Don Carmelo stand schwerfällig auf. »Hol mir die Jacke, ich muss raus.«

»Was macht Ihr mit dem Gewehr? Lasst es hier.«

»Das Gewehr könnte ich gebrauchen. Sei still und hol mir die Jacke.«

*

»Noch eine? Wer hat dir das gesagt?«

»Meine Frau hat es direkt von Peppe 'o Mbriaco gehört, der es von seiner Schwägerin erfahren hat, die bei den Moraces war.«

»Jetzt reicht es aber! Bei diesem Gemetzel dürfen wir nicht länger untätig zusehen! Wir müssen etwas tun! Wer ist das Mädchen?«

»Ich weiß es nicht, noch eine vom Zirkus, glaube ich.«

»Ach so. Na dann, sollen sie es alleine lösen.«

»Ihr spinnt doch! Was heißt es schon, dass es diesmal eine Zigeunerin ist? Ihr habt doch gesehen, was der Enkelin von

Don Carmelo passiert ist, wollt ihr warten, bis das auch euren Töchtern passiert? Wir müssen sofort handeln!«

»Du hast recht, wir wissen sowieso, wer es ist, dieses abscheuliche Monster.«

»Jawohl. Das wissen wir!«

»Wissen wir es?«

*

»Maresciallo Santomauro? Hier ist Staatsanwalt Gaudioso. Kann man bitte erfahren, was da bei Ihnen los ist? Muss ich etwa kommen und Ihnen zeigen, wie es geht? Was für eine Sache ist das mit diesem Mädchensterben? Zuerst die beiden Zigeunerinnen, Schwamm drüber, aber jetzt niemand Geringeres als die Enkelin von Don Carmelo Morace! Das ist ein schwerwiegender Fall, nicht tolerierbar, inakzeptabel, Sie müssen dieses Monster so schnell wie möglich fassen, ansonsten wende ich mich an Ihre Vorgesetzten. In einem zivilisierten Land dürfen solche Vorfälle nicht passieren, andererseits, wenn wir unsere Grenzen nicht so unglückselig und wahllos geöffnet hätten … Was heißt, was hat das damit zu tun? Der Appetit kommt beim Essen, das wissen Sie doch besser als ich, Maresciallo. Und jetzt haben wir dieses kleine unschuldige Opfer. Sicher, auch die anderen werden wohl unschuldig gewesen sein, aber diese hier ist Italienerin! Die Enkelin von Don Carmelo Morace! Maresciallo? Maresciallo? Was haben Sie gesagt? Ich habe Sie nicht verstanden, die Verbindung ist schlecht. Schon wieder diese Störung …«

An diesem letzten Tag – oder zumindest dem, den er, trotz der Nachwirkungen, die noch folgten, später innerlich immer als den letzten bezeichnete –, an diesem letzten Tag schien sich alles ausweglos und unwiederbringlich zum Schlimmsten zu entwickeln. Jeder Schritt auf den Abgrund zu wurde von einem Telefonanruf eingeleitet, so kam es ihm zumindest im Nachhinein vor, und dieser erste des Staatsanwalts sollte sich noch als der angenehmste herausstellen, auch wenn er sich das in diesem Moment nicht vorstellen konnte.

Der Anruf von Gaudioso war in Wahrheit nichts anderes als die Kirsche auf der schlammigen Torte, die er bereits aß. Die Nacht hatten sie alle mit Befragungen, Durchleuchtung des Tathergangs, Pflichtbesuch im Obduktionssaal des Krankenhauses von Vallo und der Überprüfung der Akten verbracht.

Er hätte es vorgezogen, sich nicht an den trotz tiefster Nacht erbarmungslos taghell erleuchteten Korridor vor dem Leichensaal zu erinnern. Genny Morace, Estera Scarano. Evelina Morace, versteinert, aber endlich menschlich. Falten durchzogen ihr Gesicht und machten dem Bewusstsein und dem Schmerz Platz. Das grausame Licht beleuchtete sie, während sie wie Tatverdächtige in einer Reihe auf den weißen Plastikstühlen saßen und auf wer weiß was warteten. Tonino Scarano und Don Carmelo Morace waren nicht anwesend.

Das Gesicht von de Collis, grau im Licht der Neonröhren, seine Beileidsbekundungen, unnütz, aber passend, dann hatten sie sich zusammen in einem Kabuff eingeschlossen. Santomauro hatte ihn mit ungeduldigen Händen eine Zigarette anzünden sehen, auch wenn er ihn noch nie hatte rauchen sehen, aber vielleicht täuschte ihn sein Gedächtnis. Aus einer Schublade hatte de Collis eine Flasche zweitklassigen Whiskey und zwei Plastikbecher gezogen, nicht das, was er sich von ihm erwartet hätte, und sie hatten zusammen getrunken.

»Ich glaube, dies wird mein letzter Fall sein, Maresciallo. Ich bin zu alt, um vergewaltigte und ermordete Kinder zu obduzieren. Ich lasse mich beurlauben.«

»Das verstehe ich. Ich würde auch gehen.«

»Aber Sie dürfen nicht.« Durch das elegante Brillengestell sah ihn de Collis mit ernstem, festem Blick an. »Sie sind es, der diesen Fall lösen wird, erinnern Sie sich? Wenn Sie es nicht machen, wird er wie so viele andere schlimme Geschichten in Vergessenheit geraten, um jedes Jahr von den Zeitungen und Magazinen wieder hervorgekramt zu werden. Dann macht irgendjemand vielleicht ein erfolgreiches Buch daraus. Das Geheimnis der ermordeten Mädchen von Pioppica. Ist es das, was Sie wollen?«

Sein Stimme war wütend, und Santomauro antwortete mit derselben Wut: »Sie wissen genau, dass ich das nicht will!«

»Dann wachen Sie auf! Denken Sie nach, finden Sie Indizien! Das ist Ihr Beruf, Himmelherrgott! Ich kann nichts weiter tun, als meinen Beitrag dazu zu leisten!«

»Gibt es nicht noch etwas, das Sie mir sagen können, irgendetwas, das mir weiterhelfen könnte?« Der verzweifelte Klang seiner Stimme brachte ihn zur Weißglut, aber er konnte nichts dagegen tun. Außerdem hatte er irgendwann im Laufe der Ermittlungen verstanden, dass sich hinter der Fassade des Dottor de Collis jemand verbarg, den er mochte, vor dem er sich hilflos zeigen konnte.

Der andere schüttelte den Kopf, ebenso hilflos. »Nichts. Nichts, was ich Ihnen nicht schon gesagt hätte. Die Art und Weise der Vergewaltigung ist dieselbe, es gibt eine kontrollierte Gewalt, den Versuch, sie bewegungsunfähig zu machen, Blutergüsse an den Handgelenken, wo er sie festgehalten hat, keine Schrammen, keine Anzeichen von Schlägen, keine überflüssige Brutalität. Dann scheint es, als würde er durchdrehen, wie bei den letzten Malen. Er ändert seine Persönlichkeit, als ob er jemand anders werden würde. Dieses Mädchen hier ist übel zugerichtet worden, er hat ihr Gesicht in die Erde gedrückt und sie so erstickt. Tatsächlich gibt es kaum Blut. Dann aber ist er wild geworden, hat ihr mit einem Stein den Schädel eingeschlagen, und dann noch die Erdrosselung, die Schlinge ist tief in das weiche Fleisch am Hals eingedrungen. Aber sie war bereits tot. Eine sinnlose Gewalt, wütend, entfesselt.«

»Er kontrolliert sich bis zu einem gewissen Punkt, solange er kann, und dann dreht er durch.«

»Und in dem Moment sehen diese armen Mädchen das wirkliche Monster. Maresciallo, ich kann nicht mehr. Ich sage es Ihnen ganz offen. Vor dem nächsten Leichnam eines Mädchens werden wir uns nicht mehr treffen. Ich werde sofort meine Kündigung einreichen. Ich bin nur ein Sachverständiger, ich kann gehen, wann ich will.«

Santomauro wusste das, und er wusste auch, dass de Collis

mit seinen einflussreichen Freundschaften und Kontakten keine Probleme haben würde, sich zu verziehen, aber er sagte nichts. Die Niederlage, die er in den Augen des anderen las, war nur das Spiegelbild derer, die in seinen eigenen stand.

Jetzt, ein paar Stunden später, saß er an seinem mit Fotos und verschiedenen Akten übersäten Schreibtisch. Hier hatte er den Rest der Nacht verbracht, und der Anruf von Gaudioso hatte ihn aus der düsteren Betrachtung der leeren Wand vor sich gerissen.

Die Journalisten waren verrückt geworden, Sandra Belli Santi vorneweg. In der Hoffnung, irgendeine Art von Neuigkeit aus jedem, der vorbeikam, herauszupressen, hatten sie sich seit dem Morgengrauen vor der Kaserne postiert. Insbesondere lauerten dort auch ein paar aufgetakelte, kurzröckige Fernsehjournalistinnen einiger Lokalsender, die hinterhältig und anhänglich wie die Zecken waren. Selbst Gnarra hielt sich bedächtig von ihnen fern. Jeden Augenblick befürchtete Santomauro einen Anruf, der ihn und seine Männer von dem Fall abziehen und Leute aus Rom ankündigen würde. Experten mit Eiern in der Hose und Rangabzeichen auf dem Uniformkragen, unverfroren genug, um sich der Presse zu stellen.

Er wusste nicht mehr, ob er sich davon bedroht oder getröstet fühlen sollte. Vielleicht wäre es ja besser so, vielleicht kämen aus Rom die richtigen Leute, um weitere Morde zu verhindern. Er steckte mittlerweile zu tief im Sumpf fest.

Aber er war kurz davor, das wusste er. Ganz kurz vor einer Eingebung, davor, etwas zu durchschauen, das ihn aus diesem Labyrinth, in dem er seit Tagen umherirrte, herausführte.

Was sollte jetzt noch schlimmer laufen?

Der Anruf von Ammaturiello traf ihn deswegen wie ein Schlag ins Gesicht, aber nicht völlig unerwartet. Unten in Pioppica hatten sie sich das Mädchenmonster geschnappt und waren dabei, es zu lynchen.

*

Manchmal ist schlafen ein wenig wie sterben. Der Architektessa war das sehr wohl bewusst, wie auch die Tatsache, dass ihr mittlerweile nicht mehr viel Lebenszeit blieb, deswegen gab sie sich nur selten dem Schlaf hin, lediglich dann, wenn sie die Notwendigkeit dazu verspürte. Ihr Tagesrhythmus richtete sich nicht nach dem der Sonne und der Sterne, sondern nur nach ihrer eigenen inneren Uhr, die ihr sagte, wann sie sich hinlegen und sich ein bisschen erholen sollte, drei Minuten oder drei Stunden. Feen und Hexen brauchen keinen Schlaf, aber Träume schon, und die gestand sie sich hin und wieder zu.

Aber dieser hier war kein schöner Traum, und die Architektessa versuchte schon eine Weile, aus ihm herauszukommen und wieder in ihren Körper vor dem Kamin und der weißen Häkeldecke, die ihr bis vor kurzem ihre ganze Aufmerksamkeit abverlangt hatte, zurückzukehren.

»Sie ist mein«, es war keine Stimme, gerade mal ein Flüstern im Schatten der Bäume.

»Nein, sie ist mein«, ein unterdrückter Seufzer.

Sie stand da, mit nackten Füßen im feuchten Gras. Die Architektessa konnte sich nicht erinnern, wann sie das letzte Mal barfuß im Wald gelaufen war. Es waren mit Sicherheit hundert Jahre vergangen oder vielleicht mehr, aber jetzt war sie in die tiefe Frische der versteckten Lichtungen zurückgekehrt. Der Himmel war nicht zu sehen, verloren in einem Geflecht aus Ästen, die aneinander emporkletterten, bis sie im Dunkel dort oben verschwanden. Sie hob die Augen, um den Himmel zu suchen, aber der Regen füllte sie ihr mit Tränen.

»Sie ist mein«, »sie ist mein«, »sie ist mein«, wisperten die Blätter um sie herum, und sie nahm die Begierde wahr, ein dreckiges, kriechendes Etwas, das ihre Haut wie mit einer Zunge leckte, und da begriff die Architektessa, dass sie fliehen musste, aber die Seufzer, das Keuchen und das Gemurmel umzingelten sie von allen Seiten, und sie wusste, dass es kein Entkommen mehr gab.

Sie fiel im Gras auf die Knie, schaute ihre Hände an, die nicht mehr knotig und steif von der Arthritis waren, sondern wieder frisch und glatt und weich, und sie ergab sich dem Geflüster.

Da spürte sie es. Eine große Liebe, krank, verzweifelt, wie ein geifernder Hunger, der in ihren Ohren schrie. Ein Kreischen, eine Dissonanz, ein Drang, ein Bedürfnis, schlimmer als alles, was sie bis dahin gespürt hatte.

Und ohne Schuld. Ohne Schuld, das war schlimmer als alles andere. Eine unschuldige Liebe. Die Architektessa wachte endlich auf, schreiend.

*

Du hast schon seit einiger Zeit kapiert, dass der Hunger nicht verschwinden wird. Er wird nie verschwinden. Jetzt hast du Hunger auf die kleine blonde Zigeunerin mit den Segelohren und den traurigen Augen. Ein Hunger, der dich zerreißt und der dir keinen Frieden gönnt.

Sie hat es begriffen, das weißt du aus der Art, wie sie dich angeblickt hat, und du spürst ein seltsames Schaudern in der Lust, die dir den Bauch aushöhlt.

Aber es wird nicht die Letzte sein, mittlerweile weißt du das, du nimmst es hin, es ist dein Schicksal. Du hast auch die Tatsache akzeptiert, dass es nur böse enden kann, wenn du so weitermachst.

Es wird böse enden. Aber das kümmert dich nicht. Deine Welt ist nunmehr zusammengebrochen, gestoßen von deinem Hunger. Du weißt genau, dass es dir nicht gelingen wird, die Dinge wieder zusammenzuflicken, in dein Leben von einst zurückzukehren.

Irgendwo, an irgendeinem Ort, in irgendeinem Moment, den du jetzt nicht genau ausmachen kannst, hat alles angefangen zusammenzubrechen. Du möchtest es jemandem erklären, aber du weißt nicht wie. Für dich war es immer nur Liebe, immer. Eine Frage des Blickwinkels.

*

Das Menschenknäuel vor der Bar Centrale löste sich langsam auf. Ammaturiello und Scamarci taten das Ihre, um die Leute auseinanderzutreiben, die immer noch neugierig gafften. Manfredi überwachte eine kleine Gruppe von Personen, die an den Tischen der Bar saßen, und wirkte sogar bedrohlich, soweit das möglich war. Santomauro sah, wie er die Personalien der drei aufnahm, die jedoch keine unbekannten Gesichter waren. Rechtschaffene Leute aus dem Ort, ein Anwalt, ein Ladenbesitzer, der dritte kam aus Salerno, aber er hatte hier ein Haus.

Im Lokal war es wie immer kühl, das Blitzen der Thekenarmaturen belebte den einladenden Halbschatten. Scorpolettas Vater war über Minuccio gebeugt, der auf einem grünen Plastikstuhl saß, wie man sie mittlerweile nur noch in den Dorfbars fand. Er behandelte ihn mit einem großen in Alkohol getränkten Wattebausch. Minuccio zuckte bei jeder Berührung zusammen, Tränen liefen ihm aus den Augenwinkeln, aber er gab keinen Mucks von sich. Er hatte Abschürfungen an Stirn, Ellbogen und Knien und eine schlimme Platzwunde am rechten Unterarm, die vielleicht ein paar Stiche benötigen würde.

»Darf man erfahren, was hier passiert ist?«

»Was passiert ist? Einige hier anwesende Schlaumeier, plus eine ungenaue Anzahl weiterer Schwachköpfe haben entschieden, den Mörder der Mädchen ausgemacht zu haben. Das ist passiert.« Manfredis Stimme bebte vor unterdrückter Wut. Minuccio kauerte sich auf dem Plastikstuhl zusammen und machte sich merklich kleiner. In seinen Augen war Furcht zu lesen, aber kein Verstehen. Totòs Blick wurde sanfter, er streichelte ihm linkisch über den Kopf. »Mach dir keine Sorgen, jetzt sind wir ja hier, diese Unmenschen können dir nichts mehr anhaben.«

»Also, was erlauben Sie sich, Brigadiere? Ich bin eine Respektsperson, der Commendatore Piccirillo hier ist im ganzen Ort bekannt, Sie haben keine Ahnung was für einen Ärger Sie sich einhandeln! Machen Sie ihm das klar, Maresciallo, Sie, der etwas von diesen Dingen versteht.« Die älteste der Ratten in Anzug und Krawatte hatte sich getraut, Manfredi ins Innere der Bar zu folgen. Die anderen standen hinter ihm, auf den Gesichtern der Zweifel, ob sie empört oder besorgt sein sollten. Santomauros Gebrüll katapultierte sie alle wieder hinaus in die Sonne. Ammaturiello und Scamarci drehten erstaunt die Köpfe: Nur ganz selten erhob er die Stimme.

»Wenn ich einen von Ihnen noch ein Wort sagen höre, enden Sie alle auf der Stelle in Handschellen! Im Moment kommen Sie gerade noch mit einer Anzeige wegen Körperverletzung, Aufforderung zur Lynchjustiz und Störung der öffentlichen Ordnung davon!«

Mehr war nicht nötig, damit sie Ammaturiello folgten, kleinlaut, ohne es auch nur zu wagen, noch einmal den Kopf zu heben. Sie würden feige die Namen ihrer Kumpane nennen, und nachher würde die Zeit für Anwälte, Anrufe und verschiedenen Ärger von Seiten all derer, die sie kannten und die ein gutes Wort für Kanalratten wie sie einlegen wollten, anbrechen.

Mit Hilfe von Manfredi und Scarpoletta rekonstruierte Santomauro das Geschehen, denn Minuccio schien unfähig zu sprechen. Die alten aufgehellten auberginefarbenen Flecken auf seinen mageren Armen und Beinen machten neuen rötlich-violetten Blutergüssen den Platz streitig.

Es hatte schon vor Tagen mit dem Gemunkel auf der Straße und in der Bar angefangen.

»Ich habe sie Blödsinn reden hören, Maresciallo, aber verstehen Sie? Es wird viel erzählt, und ich habe mir keine Sorgen gemacht. Hätte ich aber sollen.«

Scorpoletta rang in ehrlichem Bedauern die dicken weißen Hände. Er versuchte, dem Jungen ein Eis anzubieten, ein Croissant, ein belegtes Brötchen, einen Sanbitter und alles Mögliche, aber Minuccio gelang es nur, den Kopf zu schütteln.

»Und sobald sich also heute Morgen die Nachricht verbreitet hatte«, es war nicht nötig, genauer zu sagen, welche, »haben sie sofort beschlossen, dass der Moment gekommen sei, um das Monster in Stücke zu reißen«, schlussfolgerte Manfredi angewidert. »Sie haben ihn auf der Straße aufgegabelt, zu mehr als zehn, und wenn der Signore hier nicht gewesen wäre, der uns angerufen und sofort eingegriffen hat …«

»Ich habe nichts gemacht, ich hätte vorher begreifen müssen, dass diese Bestien gefährlich sind.«

»Sie sind ein anständiger Mensch«, Santomauro legte eine Hand auf die fleischige, schon verschwitzte Schulter, »und haben das getan, was Sie konnten.«

»Schon, aber das ist nie genug«, antwortete der andere, und der Maresciallo konnte ihm nur recht geben.

Draußen, wieder in der Sonne des kleinen Platzes, nahm sich Manfredi der Aufgabe an, Minuccio zu einem Arzt zu bringen. Santomauro blieb ratlos auf dem warmen Straßenpflaster stehen.

*

Sie ist schon tot. Sie ist schon tot. Sie ist schon tot. Während er seine Männer zwischen den Bäumen verschwinden sah, wiederholte sich Mustafa Parsi immer wieder dieselbe beruhigende Litanei. Das Handy klingelte, er antwortete schnell, wie ein Dieb, der sich nicht bemerkbar machen wollte.

Es war Karl, der mit zwei Männern zur Erkundung der Felsen auf der anderen Seite von Pioppica geschickt worden war. Niemand hatte sie dort gesehen. Feuerschlucker legte auf. Verfluchter Idiot, was rief er ihn dann überhaupt an?

Sie ist sowieso schon tot, sie ist schon tot. Wenn du denkst, dass sie tot ist, kann dich nichts mehr verletzen, nichts kann dir falsche Hoffnungen machen und dich dann zerreißen.

*

Santomauro fuhr beim Zirkus vorbei, aber der war wie ausgestorben, nur zwei Frauen, die ihn verängstigt anschauten und sich weigerten, ihm irgendetwas zu sagen.

Er hatte gehofft, Feuerschlucker zu treffen, obwohl er nicht genau wusste, was er ihm hätte sagen wollen. Er stieg müde wieder ins Auto.

Die Wolken am Horizont türmten sich langsam auf wie giftiges Gas, das ganz Pioppica und das Blau rundherum verschlucken und die Sonne für immer auslöschen würde.

*

Es hätte mich treffen können. Ich hätte es sein können anstelle dieses armen Unschuldigen.

Gabrielli behandelte Minuccios Schürfwunden mit erfahrener und behutsamer Hand. Er hatte Manfredi und den Jungen getroffen, als sie sich auf den Weg ins Krankenhaus gemacht hatten, und weil die Masseria Chiaraluce näher und dort alles Nötige vorhanden war, hatte er sie mit dorthin genommen. Minuccio schwieg, die Augen gesenkt, und baumelte mit den aufgeschürften Knien.

»Hier ist es vielleicht besser, ein paar Klammern zu setzen.«

»Nehmen Sie etwas, das von alleine weggeht, wenn der Riss einmal verheilt ist. Ich möchte nicht, dass er monatelang mit etwas im Wald herumläuft, das ihm Infektionen verursachen könnte.«

Der Arzt nickte.

Carolina steckte den Kopf ins Zimmer: »Brauchen Sie etwas ...?«

Er tupfte mit der Watte, Minuccio zuckte zusammen und erschauerte. Die Wunde war schlimmer, als sie auf den ersten Blick ausgesehen hatte.

»Vielleicht wäre es doch besser, sie wenigstens mit ein paar Stichen zu nähen. Machen Sie mir ein wenig Wasser warm? Danke, Carolina.«

Es war keine einfache Sache. Minuccio benahm sich wie ein wildes Tier und wand sich aus ihren Händen, sobald sie ihm die drei Stiche gesetzt hatten.

Manfredi wischte sich über die nasse Stirn: »Ich will nicht dabei sein, Dottore, wenn Sie sie ihm wieder ziehen müssen!«

»Was habt ihr denn mit dem Jungen gemacht? Er hat mich auf der Türschwelle ja fast umgerannt!« Marco Folchi war in diesem Moment hereingekommen, der scherzhafte Tonfall ließ seine Neugier durchblicken. Als sie es ihm erklärten, wurde er nachdenklich. Carolina stand still hinter ihnen. Sie schien nicht die fröhliche junge Frau von sonst zu sein, dachte der Dottore. Und doch hatte sie schon immer etwas Empfindsames, etwas Feinfühliges an sich gehabt. Er erinnerte sich noch mit leichtem Beschämen an den Moment, als sie ihn in ihren Armen getröstet hatte. Wer weiß, zu einem anderen Zeitpunkt vielleicht … Er fühlte sich in letzter Zeit so einsam.

*

Wieder in der Kaserne, wehrte Santomauro den ungenießbaren Kaffee ab, den Panguro ihm verabreichen wollte. Gaudioso hatte wieder angerufen, informierte ihn der Untergebene eilig. Er hätte gerne den Kopf gegen die Wand geschlagen.

Eine Person wartete auf ihn, fuhr Panguro unwissend fort, und Santomauro sah in seinem Büro Marta Casuella sitzen, die unschlüssig die Kaffeetasse in ihrer Hand betrachtete. Das alte Fräulein hatte ihm etwas mitzuteilen und wusste nicht, wie. Santomauro wappnete sich mit Engelsgeduld, denn etwas sagte ihm, dass diese Information, was auch immer es für eine war, bedeutsam sein würde.

Minuccio war bei ihr vorbeigekommen, früh an diesem Morgen. Er war blutverschmiert gewesen, armer Junge, und hungrig. Sie hatte ihn gewaschen, ihm etwas zu essen gegeben und versucht, ihn zu beruhigen. Er phantasierte.

»Was sagte er?«, fragte Santomauro mit zurückgehaltener Ungeduld.

»Er hat mir eine Geschichte erzählt, ich habe nicht viel verstanden, aber ein Schwein spielte darin eine Rolle und Gevatterin Perna und der Mao und jemand, der in den Wäldern herumschleicht. Er hat gesagt, dass er Gina suchen gehen wollte, in seinem armen verwirrten Kopf erinnert er sich nicht immer daran, dass sie tot ist. Er hat gesagt, dass es hier gefährlich für sie und die anderen Mädchen ist, die nicht schnell laufen. Zum Schluss hat er eine seltsame Sache gesagt, er hat gesagt, dass sie zu Gevatterin Perna werden, wenn sie nicht weglaufen. Er hat gesagt, dass es vielleicht besser ist, dass Gina nicht mehr da ist. Ich habe ihn gebeten, mir das genauer zu erklären, aber er wurde bockig, und ich habe kein Wort mehr aus seinem Mund herausbekommen. Das Blut habe ich von ihm abgewischt, so gut ich konnte, eigentlich hatte er nur ein paar Kratzer. Und er ist kurz nach neun gegangen. Gevatterin Perna und der Mao sind Figuren aus unseren Märchen, eine Art Hexen, glaube ich.«

Die letzten Sätze hatte sie alle in einem Atemzug heruntergehaspelt, und jetzt sah sie Santomauro und Gnarra, der in der Zwischenzeit hereingekommen war, kerzengerade aufgerichtet und herausfordernd an. Eine alte zerbrechliche Frau, aber bereit, ihren Schützling zu verteidigen.

»Sind Sie sich mit der Uhrzeit sicher, Signorina?«

»Natürlich bin ich mir sicher. Später habe ich erfahren, dass sie versucht haben, ihn zu lynchen, den armen Jungen. Das war heute Morgen in der Frühe, nicht wahr?« Ihr Blick war so bang und schuldbewusst, dass Santomauro gerne gelogen hätte, wenn er nur gekonnt hätte. Aber er konnte nicht. Genauso wie sie bis in die Kaserne hatte kommen müssen, um sich das sagen zu lassen, was sie schon wusste.

»Nein, Signorina. Minuccio ist nach elf Uhr angegriffen worden, fast um halb zwölf.«

Sie senkte den Kopf.

»Es war viel Blut, Maresciallo. Viel mehr, als seine Aufschürfungen gerechtfertigt hätten. Nachdem er gegangen war, habe ich viel darüber nachgedacht, ich habe Angst gehabt. Minuccio ist nicht böse, nur verbittert, weil er immer wie ein Tier behandelt wurde. Den Mädchen hätte er nie etwas Böses angetan. Als ich von der Lynchjustiz gehört habe, habe ich gehofft … Ich weiß nicht einmal selbst, was ich gedacht habe.«

Als sie gegangen war, blickte Santomauro Gnarra starr an. Keine Eingebung, kein Geistesblitz, nicht einmal in den Augen des anderen. Nur eine Information, die neue Probleme aufwarf, anstatt alte zu lösen. Sie hatten den Körper von Preziosa Morace gesehen, Blut hatte es nicht viel gegeben, und doch konnten sie Minuccio nicht übergehen. Sie riefen Manfredi auf dem Handy an, nur um zu erfahren, dass der Junge weggelaufen war. Der Carabiniere rechtfertigte sich damit, dass sie ihm nicht aufgetragen hätten, ihn festzuhalten.

Santomauro dachte wieder über die Möglichkeit nach, seinen Kopf gegen die Wand zu schlagen. Etwas regte sich auf dem Grund seines Bewusstseins, aber es war zu formlos und zu weit weg, als dass er es hätte packen können, und er wusste beim besten Willen nicht, welche Richtung er den Ermittlungen geben sollte.

Der auf dem Handy eingehende Anruf wies ihm fast augenblicklich eine auf und bestätigte ihm, dass der Tag nur immer schlimmer laufen würde.

*

Gilja war verschwunden. Cozzone kroch fast ins Telefon, während er versuchte, ihm die wenigen verfügbaren Informationen alle auf einmal zu geben.

Die vom Zirkus hatten gedacht, dass sie sich immer noch im Haus der Moraces ausruhe, wo man stattdessen dachte, sie sei mit irgendeinem Erwachsenen weggegangen. Niemand wusste genau, seit wann sie nicht mehr da war.

Santomauro stürzte hinaus, gefolgt von Gnarra und all denjenigen, die nicht unbedingt in der Kaserne gebraucht wurden. In einem Missklang von aufheulenden Motoren, schlecht gelösten Handbremsen und piependen Rückwärtsgangsignalen fuhren sie unter einem grauen, wolkenverhangenen Himmel los. Santomauro war allein im Auto, im Rückspiegel sah er Maria Pia ausparken, die zur gleichen Zeit mit jemandem am Handy sprach. Er hoffte, dass sie das Telefonat beendet hätte, bevor sie an die Serpentinen und Kurven nach Pioppica gelangte. Sie war noch nie eine gute Fahrerin gewesen.

*

»Endlich gehst du ran! Ich wär bis zu dir nach Hause gekommen, Priester hin oder her!«

»Was willst du, Maria Pia, ich habe zu tun.«

»Seit Tagen hast du einen Scheißdreck zu tun, außer für diese sterbenden Mädchen zu beten! Willst du, dass es noch weitere gibt? Sag uns das, was du uns sagen musst, und setz dem ein Ende!«

»Du weißt, dass ich das nicht kann. Ich bin an das Beichtgeheimnis gebunden. Ich riskiere, exkommuniziert zu werden. Ein Priester ist nichts anderes als der Mittler zwischen Gott und der Person, die beichtet.«

»Gilja lässt sich nicht finden! Sie wird die Nächste sein! Willst du sie auch noch auf dem Gewissen haben? So gern ich dich habe, ich schwöre dir, ich komme zu dir und erwürg dich mit meinen eigenen Händen.«

»Glaubst du etwa, dass es für mich einfach ist? Sie verfolgen mich bis in meine Träume.«

»Lillo, wenn du nicht sofort das sagst, was du weißt, sofort!, werden sie dir für immer auf dem Gewissen liegen. Das ist so ekelhaft egoistisch, um jeden Preis rein und unbefleckt bleiben zu wollen, der brave Pfarrer, der seine Pflicht getan und geschwiegen hat, und es damit einem Monster erlaubt, ungehindert weiterzumorden! Du bist schlimmer als das Monster! Was für ein Mensch bist du, was für ein Priester bist du? Was für eine Figur werdet ihr, du und deine Kirche, abgeben, wenn diese Sache herauskommt? Denn sie wird herauskommen, das schwöre ich dir!«

*

Das Telefon brannte ihm in den Händen. Lillo schmiss es auf sein Bett. Es schien ihm, also ob er auf diesen zerknitterten Laken die ganze letzte Zeit seines Lebens verbracht hätte.

Maria Pia hatte recht. Was für ein Mensch war er? Was für ein Priester war er? Was für eine Religion war die seine, die einem Versprechen mehr Bedeutung zukommen ließ als dem Leben einer unschuldigen Kreatur?

Er zog sich die Schuhe an und nahm die Autoschlüssel. Jetzt wusste er, was er zu tun hatte, das, was er schon längst hätte tun sollen.

Bevor er vor die Tür trat, ging er an der Küche vorbei, ein schneller Blick in die Runde, dann packte er das Brotmesser mit dem Horngriff.

*

Der Regen begann genau in dem Moment zu fallen, als sich die Männer im Wald verteilten. Andere durchkämmten die Umgebung des Zirkus, und auch die Straßen nach Acciaroli und den umliegenden Dörfern wurden von Carabinieri und Freiwilligen abgesucht. Santomauro parkte am Ortseingang. In Pioppica drehten Cozzone und vier Männer die Runde, gingen die kleinen Schotterstraßen ab, die den Hügel hinaufführten, und spähten in jeden Garten, jeden Winkel, unter jede Treppe. Gilja konnte sich überall versteckt haben, oder sie konnte schon entführt worden sein, die Bandbreite der Möglichkeiten war so groß, dass die Suche, so fieberhaft sie auch war, von Anfang an aussichtslos schien. Es gab keine Hoffnung, sie würden dieses Mädchen, wie das andere, zu spät finden.

Pioppica Sotto ist von einem endlosen Netz von Gässchen durchzogen, die sich zwischen den Häusern und überraschenden grünen Höfen und Gärten hindurchschlängeln. Vom Meer aus gesehen, könnte es nur wie eine Handvoll Häuser erscheinen, die sich um eine Straße, eine Promenade und vier Geschäfte drängt, und im Sommer konzentriert sich das Leben wirklich auf dort unten.

Aber wenn man weiter in die steinige Kühle der kleinen schiefen Bögen vordringt, die im Schatten zwischen einem Geschäft und dem nächsten unerwartet auftauchen, entdeckt man ein anderes Pioppica, jenes, das auch im Winter lebt, mit einer Unzahl an Ausblicken und Wegen, die aufs Land hinausgehen. Die Häuser lichten sich nach und nach, je weiter man zum Wald und zu den Plätzen hinaufsteigt, auf denen im Sommer das Feuerwerk gezündet wird. Über allem thront die Rocca, die Spuren des Brandes* noch an den schwarzen Mauern und einigen verkohlten Eichenstämmen. Darüber ist wieder Wald, eine grenzenlose Fläche Grün, einige wenige Häuser und Gutshöfe, und wenn man noch weiter hochsteigt, tauchen schon die ersten Wohnhäuser von Pioppica Sopra auf, einfacher über die viel längere Landstraße zu erreichen, das Band von Serpen-

---

* Siehe Diana Lama, »Eine Leiche zu Ferragosto«

tinen, das im Grün der Landschaft immer wieder auftauchte und verschwand. – Dem Anschein nach ein begrenztes Gebiet, in Wirklichkeit aber unübersehbar, wenn man ein verschwundenes Mädchen darin suchte. Rosa oder zart ockerfarben getünchte Häuschen, Häuser und Palazzi, Gassen, Treppen, die nirgendwohin führten, kleine Tunnel, die in geheime Gärten mündeten, Gittertore, die grundlos im Nichts hingen, kleine Gemüsegärten, große verriegelte Pforten in massiven Mauern: Pioppica war ein lebendiges Wesen, eine Kreatur mit tausend Geheimnissen.

Santomauro hasste es Stein für Stein, Kiesel für Kiesel, während er durch den Regen lief, der wie ein Fluch auf ihn herunterrieselte.

*

Wenn ich mich nicht auch aufmache, sie zu suchen, wird das verdächtig aussehen. Einmal potentieller Pädophiler, immer potentieller Pädophiler. Diese Worte hämmerten in Gabriellis Kopf, während er sich den kleinen Hügel hochschleppte, auf den sich die Suche konzentrierte. Der Regen fehlte gerade noch.

Er bedauerte, dass er den Regenschirm abgelehnt hatte, den Carolina ihm fürsorglich auf der Türschwelle angeboten hatte. Seltsam, wenn er jetzt an sie dachte, fühlte er einen kleinen Stich der Sehnsucht, ihm kamen die Wölbung ihrer vollen Lippen in den Sinn, das Grübchen, das sie in der einen Wange hatte, und der Schatten von Traurigkeit, der stets in den Tiefen ihrer Augen lag, selbst wenn sie lachte. Zu jung für dich, verfluchter Pädophiler!, sagte er sich und entdeckte zufrieden, dass er immer noch Lust hatte, über sein Unglück zu scherzen.

Wie auch immer, jetzt hätte er diesen Regenschirm gerne gehabt. Oder wenigstens eine seiner Zigarren. Oder auch nur Marco Folchi treffen wollen, um eine von seinen zu schnorren.

Aber nichts, durch den trostlosen Nieselregen war nichts und niemand zu sehen. Noch ein bisschen, dann würde er wieder zurückgehen. Die Kleine war sowieso schon tot.

*

Kein Infarkt, nein, dafür bin ich zu jung. Oder vielleicht zu alt, schon außerhalb der Zielgruppe. Marco Folchi war sich nicht sicher, welche seiner Hypothesen zutraf. Er bohrte lieber nicht nach.

Es regnete, der Himmel wurde immer dunkler, und es kühlte merklich ab. Oben auf dem Hügel war niemand zu sehen, die Carabinieri, mit denen er die Lagebesprechung gemacht hatte, bevor sie sich die Zonen untereinander aufteilten, konzentrierten ihre Suche auf die andere Seite des Berges und waren schon seit geraumer Zeit zwischen den Bäumen verschwunden.

Er war komplett allein, der letzte Mensch auf Erden. Oder zumindest auf diesem Berg. Keine Stimme war zu hören, kein Vogelruf, nichts. Nur das Flüstern des Windes in den Bäumen, kurz vor dem Sturm, wenn die Böen mit der Generalprobe beginnen, ehe sie sich in heftige Windstöße verwandeln, die Blätter und Zweige nach allen Seiten fegen.

Das war es, das Gefühl: Der Moment kurz vor dem Sturm, wenn du weißt, dass er ausbrechen wird, von einer Sekunde auf die andere. Er fühlte sich, als befände er sich genau im Auge des Orkans.

*

Tonino suchte nicht Gilja, sondern Don Carmelo. Und je weiter er kletterte und stieg, zwischen Steinen und Pfaden emporklomm, die nur er kannte, desto heftiger fühlte er sein Herz im Hals schlagen, als wollte es unbedingt aus seinem Mund springen. Er war zu alt für diese Dummheiten, aber Don Carmelo musste aufgehalten werden. Das Gewehr hatte einen leichten Abzug, und Tonino wusste, dass unten im Arbeitszimmer des Hauses wirklich nicht viel gefehlt hatte.

Schon zu viel Blut war geflossen, und so kletterte und stieg Tonino, fluchte und stieg, spuckte und stieg. Er hatte eine genaue Vorstellung, was sein Herr vorhatte. Er und Don Carmelo waren Milchbrüder gewesen, und das, was in dem Kopf des einen vorging, zeichnete sich wie gedruckt auch in dem des anderen ab.

Tonino hoffte, noch rechtzeitig anzukommen, und wenn es nur wäre, um ihn mit sich fortzuschleppen.

Das bisschen Blut mehr oder weniger, noch ein Toter machte nichts mehr aus, aber nicht Don Carmelo, es war besser, dass er da wegkam.

*

Das blonde Mädchen ist schon tot und weiß es noch nicht. Es ist schon seit ein paar Tagen tot, auch wenn es noch weiter gelächelt hat, weiter umherspaziert, weiter mit den hellen Haaren, die hinter ihm herflattern, auf den Wiesen herumgerannt ist.

Es ist schon tot, auch wenn es noch für eine Weile das Recht hat, zu existieren, ein kleines Mädchen zu sein, das sorgenfrei spielt, das sich entschließt, in den Wald zu gehen, nachdem es einen schnellen Blick über die Schulter geworfen hat.

Vielleicht hört es etwas. Vielleicht hört es jemanden. Vielleicht weiß es am Ende, dass es schon tot ist.

*

Irgendwann verlor Santomauro jegliches Gefühl für die Zeit. Er war ohnehin kein Mensch, der ständig auf seine Uhr sah, aber am Ende dieses langen Tages erschien es ihm unmöglich, den zeitlichen Ablauf der Ereignisse zu rekonstruieren.

Irgendwann fand er sich im Wald wieder, wo er mit Pietro Gnarra unter einem feinen, aber beharrlichen Nieselregen umherzog.

*

Carolina war in den Wald gegangen, um die kleine Hündin zu suchen, die wieder weggelaufen war. Dornigen Büschen und Pflanzengeflecht ausweichend, glitt sie unter den Kastanienbäumen hindurch, als ob sie bei sich zu Hause wäre, ohne die

383

Tropfen zu beachten, die von den Blättern über ihr perlten. Sie hatte den Wald immer gemocht, sein ganz eigenes leuchtendes Grün heiterte sie viel mehr auf als das knallige Blau des Meeres oder das gleißende Himmelsblau.

Zuerst traf sie auf zwei Personen, dann auf weitere drei und einen Carabiniere, an Orten, an die selten jemand kam, und so erfuhr sie, dass ein weiteres Mädchen verschwunden war. Sie spürte einen flüchtigen Anflug von Mitleid für das kleine Persönchen, das vielleicht in einer fremden Umgebung umherirrte oder in Gesellschaft von Ameisen und anderen Insekten in einem feuchten Loch schlief, dann dachte sie, dass sie beide suchen könnte, die Hündin und das Mädchen, und sie kletterte schweigend weiter zwischen den Bäumen empor, allein.

Viele suchten das kleine Mädchen, sie war die Einzige, die sich um das Tier sorgte. Verlorene Hunde interessieren niemanden.

Carolina machte sich nicht allzu viele Hoffnungen. Auch diese Hündin würde ihren Weg finden, wie die anderen. Es war sinnlos, bei diesen Streunerinnen besitzergreifend zu sein. Genauso sinnlos war es, auf streunende Hündinnen eifersüchtig zu sein, die am Ende immer auf die eine oder andere Weise verschwanden.

*

Das Rascheln zwischen den Büschen hätte auch von einem Wildschwein stammen können. Es war eigentlich noch zu früh für Wildschweine, aber man konnte nie wissen.

Santomauro und Gnarra sahen sich an, ein stilles Zeichen, und sie trennten sich, die Hände an den Pistolenhalftern, als aus dem Geflecht aus Blättern und Zweigen Tonino Scarano auftauchte, der schnaufend vor ihnen zum Stehen kam.

»Haben Sie ihn gesehen? Don Carmelo?« Er stützte sich keuchend an einer Eiche ab.

»Nein. Warum?«

»Sie müssen mir helfen. Er ist alt, letztes Jahr hatte er einen Herzinfarkt, ich weiß nicht, was er anstellen wird!«

»Anstellen, was?«, fragte Gnarra.

»Sie verstehen nicht. Er hat das Gewehr genommen«, antwortete Tonino immer noch keuchend – und dann mit einem mutlosen Flüstern: »Er ist ein alter Mann, ich weiß nicht, wozu er fähig ist.«

Santomauro sah ihn an, auch er war alt, nass, mit dem grauen, schlaffen Fleisch der Wangen und den vor Anstrengung zitternden Beinen, während er sich immer noch an den Baum lehnte. Er stellte sich den anderen Alten vor, wie er sich mit dem Gewehr im Anschlag und nur einem Gedanken im Kopf die Berge hochschleppte. Auf einmal bekam er es mit der Angst zu tun.

*

Der Klang der Stimmen leitete sie. Santomauro vorneweg, dann Gnarra, Tonino ein paar Schritte hinter ihnen, aber wie ein großer, treuer Hund nicht bereit aufzugeben.

Es hatte aufgehört zu regnen, vielleicht nur vorübergehend, durch das dichte Dach des Waldes konnten sie den Himmel nicht sehen, aber alles war in einen grünlichen Dunst gehüllt, und die nassen reglosen Blätter schienen den Atem anzuhalten, als verharre der ganze Wald in banger Erwartung.

Die Stelle, an die sie schließlich gelangten, kam Santomauro bekannt vor: eine ruhige Lichtung mit einem zerfallenen Haus – nur noch zwei Mauern, die unsicher in die Höhe ragten, und ein halber Torbogen in wackligem Gleichgewicht auf vier verwitterten Tuffsteinblöcken – und der Vegetation, die sich nach und nach die moosigen Steine einverleibte. Es hätte ein betörender Ort sein können, eingetaucht in das schwächer werdende grüne Licht, wenn es nicht der Ort gewesen wäre, an dem sie eine der kleinen Leichen gefunden hatten.

Aber es wunderte den Maresciallo nicht allzu sehr, als er begriff, dass sie sich genau dort befanden, wo Zina gestorben war. Im Gegenteil, es schien ihm, als hätte es einen Sinn, auf eine verdrehte Weise zwar, die ihn aber ahnen ließ, dass er genau dort, zu dieser ungewissen Tageszeit und mitten in diesem Wald, alle Antworten finden würde.

Als Erstes sahen sie Don Carmelo. Wie er so dastand mit seiner olivgrünen Jacke und angelegtem, mit sicherer Hand gehaltenem Gewehr, sah er überhaupt nicht wie ein alter Mann aus, eher wie der erfahrene und entschlossene Jäger, der er immer gewesen war.

Der andere saß auf einem verfallenen Vorsprung aus getrockneten Lehmziegeln, den Gewehrlauf an seine gebräunte, schlecht rasierte Wange gedrückt, die Hände auf den Knien hängend. Santomauro konnte ihn nicht gut erkennen, bis er zwei vorsichtige Schritte nach rechts machte. Don Carmelo hatte gemerkt, dass noch jemand anders da war, aber er warf nur einen schnellen Blick in ihre Richtung, ohne den Kopf zu drehen. Das Gewehr blieb dort platziert, wo es war.

»Don Carmelo. Nehmen Sie das Gewehr runter, bevor sich noch jemand verletzt.« Seine Stimme zitterte nicht. Seltsam, Santomauro hatte gedacht, er würde sie nicht kontrollieren können.

»Das bringt nichts, Maresciallo. Es ist eine Sache zwischen uns beiden. Lassen Sie es sein.«

Nicht einmal Pater Lillo Lucarellos Stimme zitterte, obwohl der polierte Stahl des Gewehrs ihm eine Furche zwischen Wangenknochen und Nasenfalte grub.

*

»Noch eine. Was für eine abscheuliche Welt.« Barbarina ließ die Zeitung sinken. Cecilia Folchi hob ruckartig den Kopf, die leeren Augen suchend in den Raum vor sich gerichtet. Die leichte Brise, die von draußen hereinkam, ließ ihr die feinen Haare um das Gesicht tanzen.

»Das war's? Mehr steht da nicht?«

»Was wollen Sie denn, dass da noch steht? Sie werden ihn niemals fassen! Das sind Unfähige, Carabinieri, Polizei, alle! Er wird sich weiter Mädchen nehmen, bis der Teufel ihn zu sich in die Hölle holt!«

»Sie meinen, dass sie ihn niemals entlarven werden?«, murmelte Cecilia – das blasse Licht ließ ihre Haut transparent und milchig erscheinen wie die eines Neugeborenen. Die Reflexe der Regentropfen auf der Scheibe streiften ihr Gesicht mit Tränen.

»Sie werden ihn niemals fassen?«, wiederholte sie die Frage in einem so traurigen und besorgten Ton, dass Barbarina dachte, sie sollte sie vielleicht beruhigen. Es musste furchtbar sein, sich wehrlos zu fühlen, blind vor einer Gefahr, die von allen Seiten kommen konnte. Sie beugte sich vor und nahm ihre weiche Hand zwischen ihre schwieligen Handflächen: »Machen Sie sich keine Sorgen, hier sind Sie in Sicherheit. Auch wenn Sie schön und frisch sind, sind Sie nicht die Art von Beute, die er sucht, und dann bin ich ja noch da, Sie sind in Sicherheit.«

»Das ist wahr«, Cecilia lächelte. »Hier bin ich in Sicherheit. Wissen Sie, Barbarina? Manchmal denke ich, dass ich niemals wieder hier rausmöchte. Draußen sieht man zu viele schlimme Dinge. Lieber blind hier drinnen sein.«

*

Das, was Santomauro in diesem Moment am meisten Angst machte, war der Schweiß.

Die Gegenwart von Schweiß. Die Abwesenheit von Schweiß.

Der Tropfen, der langsam Don Carmelos Stirn herunterlief und sich in der tiefen Furche an der Wurzel seiner fleischigen Nase verlor. Don Carmelo schien nicht der Typ, der in Momenten der Anspannung schwitzte.

Die haarigen Hände mit den dicken Knöcheln, die den Gewehrkolben hielten, zitterten nicht, der Blick flackerte nicht. Und doch, dieser einzige große Schweißtropfen, der sehr langsam zwischen den buschigen Augenbrauen hindurchrann, dieser Tropfen sprach von Anspannung, von einer unerträglichen Anspannung, die sich irgendwann, unausweichlich, in den Zeigefinger, der immer noch still am Abzug lag, entladen würde.

»Rede, Pater. Erleichtere dein Gewissen.« Seine Stimme war leise und bedrohlich, wie Holz, das auf einem Stein schabte.

Lillo seinerseits schwitzte nicht. Jeder andere in dieser unglücklichen Lage, einem verrückt gewordenen Alten ausgeliefert, der bereit war, ihm ein Loch in den Kopf zu schießen, hätte gezittert, gefleht und vor allem geschwitzt, in der nun wieder warmen, stehenden Luft, die ein Gewitter ankündigte. Der Jesuit nicht. Endlich schien er heiter, mit sich im Reinen, ein Mann, der wusste, was er zu tun hatte. Und er schwitzte nicht.

So war Santomauro aufgrund eines Schweißtropfens auf der falschen Seite einigermaßen besorgt und schwitzte selbst.

»Don Carmelo …« Er wagte einen Schritt vorwärts.

»Maresciallo, wenn Sie noch einen Finger rühren, schieße ich ihm einen zweiten Mund ins Gesicht, dann redet er vielleicht.«

»Aber was soll er Ihnen sagen?«

»Alles, was er weiß. Er weiß, wer es gewesen ist.«

Santomauro entspannte sich kaum wahrnehmbar. Hatte er doch richtiggelegen, dass der Pater etwas auf dem Herzen hatte. Er war in diesen letzten Tagen so gequält, so ausweichend gewesen. Im Stillen verfluchte er sich, dann verschob er die Verwünschungen auf später.

»Ist es wahr, dass du es weißt? Ist es wahr, Pfaffe? Als du gestern Abend gekommen bist, um mit mir zu reden, habe ich es in deinen Augen gesehen, du hast irgendeinen Scheiß über eine gequälte Seele gefaselt, die aus Liebe tötet, über die Vergebung, über Gott, der alles in Ordnung bringen würde. Mir! Mir, der ich vor Schmerz so betäubt war, dass ich nichts kapiert habe! Du hast mir etwas von Liebe erzählt! Dass dieses Monster Liebe verspürt!«

»Don Carmelo, bleibt ruhig, denkt an Euren Blutdruck …« Tonino stand wie angewurzelt da, das Gesicht rot gescheckt, von allen schien er der Nächste an einem Herzinfarkt und der Einzige, der genau vorhersehen konnte, was sein Herr machen würde.

Ein Windstoß fegte heftig über ihre Köpfe, die Bäume schwankten, die Äste zeichneten schattige Ornamente auf ihre Gesichter, Don Carmelos Blick war schwarz und tief wie ein Brunnen ohne Wasser. Dahinter war nichts mehr, dachte Santomauro, der sich fast wunderte, noch einmal dessen heisere und barsche Stimme zu vernehmen.

»Dann habe ich heute Nacht von meiner Enkelin geträumt. Sie lächelte und hat mich gerufen. Sie sagte, Opa, komm zu mir.« Ein Lächeln tauchte zwischen seinen Falten auf und verschwand so schnell wieder, dass der Maresciallo nicht sicher war, ob er es wirklich gesehen hatte, aber für einen Moment schien der alte Dottore wieder ein menschliches Wesen zu sein.

»So hatte ich heute entschieden, zu ihr zu gehen, aber dann habe ich erfahren, dass das andere Mädchen verschwunden ist, Preziosas kleine Freundin. Und so weiß ich, dass ich zuerst eine Sache erledigen muss, bevor ich zu meinem Engelchen gehe. Ich will nicht, dass sie mich vorwurfsvoll ansieht. Also Priester, entweder du sagst mir, was du weißt, oder ich reiße dir die Eingeweide mit meinen bloßen Händen raus. Dazu bin ich fähig. Tonino weiß das. Ich will zufrieden zu meiner kleinen Enkelin gehen. Ich will ihr sagen, dass es ihrer Freundin gutgeht.«

»Don Carmelo, das ist keine Sache, die Sie erledigen können. Ich muss sie selbst lösen.« Lillos Stimme war ruhig, ein wenig traurig.

»Und wie? Mit einem Gebet?« Das Lachen des Alten jagte dem Maresciallo einen Schauer über den Rücken. »Oder bist du vielleicht bewaffnet, Pater? Zeig's mir.«

Mit unerwarteter Behändigkeit bückte er sich und fischte aus der Tasche des anderen ein großes Messer mit einem Horngriff. Die Klinge blitzte nur einmal auf, als er es sich in die Tasche seiner unförmigen Jägerjacke steckte.

»Du wüsstest nicht, was du damit anfangen solltest. Ich aber schon. Wer ist es? Rede, ich sage es dir zum letzten Mal. Ist es dieser Arzt, der verhört wurde?«

»Nein! Wirklich nicht! Sie waren auf der falschen Fährte, es ist nur eine Frage der Liebe, es ist nicht Gabrielli!«

»Fluch nicht, Pater, sonst erschieße ich dich doch. Was für eine Liebe? Was für eine Liebe, um Kinder zu vergewaltigen und zu ermorden?«, donnerte der Alte. Santomauro machte

389

einen behutsamen Schritt vorwärts, es schien ihm, als ginge er auf Eierschalen.

Der Wind säuselte wieder, Lillo murmelte noch einmal, dass sie auf der falschen Fährte gewesen waren, ein Lichtstrahl stahl sich durch das Geflecht aus Blättern und Zweigen und zeichnete ein Spinnennetz auf sein Gesicht und das des Alten, das ihre Züge weicher machte und sie in die Antlitze von Elfen verwandelte. Die Stimme der Architektessa flüsterte ihm etwas ins Ohr, und plötzlich rückte mit einem jähen Wechsel der Perspektive jedes Stück an seinen Platz, und Santomauro verstand.

»Lillo!«, schrie er, indem er einen Schritt vorwärts machte, und das Gewehr des Alten drehte sich mit dessen Kopf.

»Bleiben Sie stehen!«, zischte Don Carmelo, aber der Maresciallo achtete nicht mehr auf ihn.

»Lillo«, wiederholte er, »Sie können nicht über das reden, was Sie in der Beichte gehört haben, aber können Sie mir wenigstens etwas bestätigen? Ich werde Ihnen einen einzigen Namen nennen, und Sie werden die Person, die gebeichtet hat, nicht verraten, wenn Sie mir mit ja oder nein antworten.«

Der Jesuit senkte den Kopf, aber nur für einen Augenblick, dann sah er ihm mit einem fiebrigen Blick tief in die Augen.

Santomauro nannte einen Namen. Lillo Lucarello sagte ja, während seine Schultern und sein ganzer Körper erschlafften wie die Teile einer Marionette ohne den Puppenspieler, der sie hielt.

Don Carmelo blieb einen Moment reglos stehen, grau und braun wie eine Statue mitten im Wald. In den Augen des Paters waren alle Antworten, die er suchte. Er drehte sich um und lief laut keuchend davon, Tonino folgte ihm einen Augenblick später. Noch lange hörten sie im Wald ihre Schritte und Toninos klagende Stimme, die Don Carmelo! Don Carmelo! rief.

»Wie sind Sie dahintergekommen?«, fragte Lillo matt und verängstigt, wie er es mit einem Gewehr im Gesicht nicht gewesen war.

»Das weiß ich selbst nicht so genau, aber irgendwann ist plötzlich alles klar gewesen.«

»Und jetzt?«

»Jetzt gehen wir sie suchen. Unsere Priorität ist das Mädchen, bei wem auch immer es ist.«

Er und Gnarra traten den Rückweg an, Lillo machte keine Anstalten, ihnen zu folgen, aber das war im Moment auch ihre kleinste Sorge.

»Simone, für dich ist vielleicht alles klar, aber ich habe nicht das kleinste bisschen verstanden, nur dass Don Carmelo jetzt noch mehr eine wandelnde Tretmine ist. Meinst du, es ist klug, ihn so herumlaufen zu lassen?«

»Wir können uns nicht auch noch um ihn kümmern, und ich bin im Moment außerstande zu sagen, was klug ist und was nicht.« Es stimmte. Er fühlte sich müde und dumm, und er wusste nicht, ob die Müdigkeit oder die Dummheit überwog.

»Wie auch immer, unsere Priorität ist es jetzt, das Mädchen zu finden, bevor es jemand anderes findet.«

An einer Biegung des Pfades drehte sich Santomauro um, Lillo saß noch da, die Hände vor sich gefaltet wie im Gebet.

*

Und Priester, bist du stolz auf dich? Du hast dein Gelübde nicht gebrochen. Dein Gott wird zufrieden sein, immerhin er.

Die Stimme in seinem Kopf erschien ihm fremd, aber sie musste wohl doch ein Teil von ihm sein. Er fühlte sich wie betäubt, abgekämpft, aber zufrieden, ein bisschen wie nach dem Sex, gleichzeitig erleichtert und furchtbar müde. Aber auch angeekelt.

Er hatte seine Gelübde nicht gebrochen, nein, aber was hatte er gemacht? Er wusste es nicht einmal selbst. Die Verachtung bäumte sich jetzt wie eine Flut auf. Jemand anderes hatte die Kastanien für ihn aus dem Feuer geholt.

War es deswegen, dass er in den Orden eingetreten war? Um nie in der ersten Reihe zu stehen, nichts zu entscheiden, nichts zu riskieren, um nicht Herz, Blut und Verstand hinzugeben, wenn es notwendig war? Und jetzt?

*

Der nächste unheilverkündende Anruf ging auf Gnarras Handy ein, als sie gerade wieder bei Santomauros Wagen angekommen waren. Fluchend raste Santomauro los, dem Ort entgegen, noch ehe sein Kollege die Tür richtig geschlossen hatte.

Sein Instinkt drängte ihn in die Wälder, um Gilja und das Monster zu suchen, das, so wusste er, bei ihr war oder bald bei ihr sein würde, aber es blieb ihm nichts anderes übrig. Er musste es notgedrungen überprüfen. Immerhin machten seine Männer, koordiniert von Cozzone, mit der Suche weiter, und das musste für den Moment reichen.

*

Gilja schlief, nichts ahnend von dem Durcheinander, das sie ausgelöst hatte, im hohlen Stamm eines verbrannten Baumes, wo sie Schutz vor dem Regen gefunden hatte.

Sie träumte, dass sie mit vielen anderen Kindern herumrannte, und es war ein fröhlicher Traum, voller Farben und Gelächter.

Sie und die anderen Kinder spielten Fangen und jagten sich auf einem grellgrünen Rasen hinterher, bis ein großer Schatten am Horizont auftauchte und die anderen schreiend wegliefen: »Der Mao! Lauf weg, lauf weg, der Mao fängt dich!«

Aber sie konnte nicht fliehen.

*

Tonino war allein im Wald. In der Ferne hörte er Motorbrüllen und das Knarzen eines falsch eingelegten Gangs.

Er hatte es nicht geschafft, Don Carmelo einzuholen, so gut wie er war er nicht im Spurenlesen.

»Was zum Teufel mache ich jetzt?«, fragte er sich zum hundertsten Mal, während er zwischen den Kastanienbäumen herumkraxelte.

*

In dem Becken stand das Wasser nicht sehr hoch, einen halben Meter oder wenig mehr. Der Körper trieb voll zur Schau gestellt auf dem Rücken. Es war unbegreiflich, warum ihn niemand vorher gesehen hatte. Oder vielleicht hatte ihn jemand bemerkt, aber es vorgezogen, den Kopf einzuziehen und vorbeizugehen, als ob nichts wäre. Der Brunnen war nicht tief, quadratisch, aus rötlichgrauen Backsteinen. Die Wasseroberfläche war mit Moos bedeckt, zwei Pappkartons trieben darin und enthüllten und verbargen mit ihren leichten Bewegungen ein menschliches Gesicht. Der Kopf war schwarz und wimmelte, es schien, als würde er sich bewegen, aber dann merkten sie, dass er von Insekten bedeckt war, grünblauen Schmeißfliegen, die verärgert summend aufflogen, als Gnarra sie wegscheuchte.

Donna Amalia Morace Manzo war in ihrem Leben nicht sehr beliebt gewesen, und jetzt würden nur wenige um sie trauern. Ihr Cousin hatte sicherlich vollkommen andere Dinge im Kopf und ihre Nichte und ihr Neffe ebenfalls.

Ihr ganz mit Wasser vollgesogenes Kleid sah schwarz aus, aber an einem trockenen Zipfel erkannte man, dass es grau war, dunkelgrau. Ein Fuß war nur von einem Nylonstrumpf bedeckt, am anderen steckte noch der Schuh. Sie hatten ihr den Kopf und die Schultern mit Stockschlägen zertrümmert, die Tatwaffe lag in der Nähe, verkrustet mit Blut, Haaren und Gehirnmasse. Ein Auge von Donna Amalia war geschlossen, das andere, halb geöffnet, starrte böse den Maresciallo an.

Kann eine Leiche böse aussehen?, fragte sich Santomauro und beantwortete seine Frage mit ja, manchmal ist es möglich. Dann fühlte er sich schuldig: Das, was er über die Frau wusste, wirkte sich hoffnungslos auf seine Fähigkeit aus, Mitleid zu empfinden, und das war nicht richtig, absolut nicht. Die schillernden Fliegen waren zurückgekommen, um ihr Territorium wieder in Besitz zu nehmen.

»Sie ist noch nicht lange tot, einen Tag oder vielleicht zwei«, bemerkte Gnarra neben ihm. Sie warteten noch auf den Arzt, wer weiß, wer anstelle von de Collis kommen würde, aber es war offensichtlich, dass ihr Ableben schon eine Weile her war. Die Haut an Gesicht und Händen hatte eine Farbe zwischen Wachsbleich und Fahlgelb angenommen und eine teigige, fast schmierige Konsistenz. Die beiden Carabinieri mussten dem Drang widerstehen, sich Mund und Nase mit einem Taschentuch zu bedecken. Alle anderen, der Bauer, der sie gefunden hatte, eingeschlossen, hielten sich in respektvollem Abstand.

Diese Gegend oberhalb von Pioppica schien weit vom Meer entfernt zu sein. Schwaden von Stallgeruch drangen in ihre Nasen, doch sie waren immer noch besser zu ertragen als der Gestank der alten, in eine Handbreit hohem Wasser schlingernden Frau.

»Was meinst du?«, fragte Gnarra ihn, während sie auf dem steilen Weg zu Donna Amalias Haus hinunterstiegen, das nicht weit entfernt lag.

»Nein, dieses Verbrechen hat nichts mit den Mädchen zu tun.«

»Das denke ich auch, aber ich stelle mir schon Gaudioso vor: zuerst Gina, dann die Mädchen, ergo die Alte.«

Das Haus enthüllte keine Überraschungen, außer einer. Donna Amalia hatte gut gelebt, ohne auf irgendwelche Annehmlichkeit zu verzichten. Aber es gab nur ein Schlafzimmer, ein einziges Bett, ein Ehebett, passende Bettwäsche, einen Schrank, der alle ihre Sachen enthielt.

Offiziell lebten Minuccio und Gina bei ihr, sie waren sogar ihre Adoptivkinder, auch wenn die Aktenlage in Vallo diesbezüglich noch nicht geprüft worden war. Von den beiden Kindern gab es im Haus aber keine Spur. Im Stall, neben dem Gehege, in dem ein Schwein wühlte, lag hingegen ein Haufen alter, ziemlich stinkiger Decken im Stroh. Die zwei Carabinieri sahen sich an, beide mit demselben Gedanken im Kopf.

Wenigstens barg dieses Verbrechen keine Geheimnisse, aber keiner von ihnen betrachtete das als einen Erfolg.

*

Ohne es auszusprechen, wussten beide, dass die Entdeckung der Leiche von Donna Amalia vermutlich Giljas Überlebenschancen beeinträchtigte.

Eine frische Leiche zieht unvermeidlich mehr Aufmerksamkeit auf sich als eine Person, die vielleicht verschwunden ist, vielleicht aber auch nicht, die vielleicht in Gefahr ist, vielleicht aber auch nicht, selbst wenn es sich bei dieser Person um ein vermisstes Mädchen von etwa zehn Jahren handelt, in einer Gegend, in der sich ein Vergewaltiger und Mädchenserienmörder herumtreibt, während der Nachmittag voranschreitet und der Abend heranjagt.

Viele Carabinieri waren unvermeidlich in den Rummel um die Leiche der Alten verwickelt, viele Freiwillige unwiderstehlich angezogen von der Aufregung und dem Chaos, viele Menschen, die helfen wollten, die vor allem aber da sein wollten, schwirrten herbei wie die Fliegen. Doch schließlich sah Santomauro erleichtert, wie die sterblichen Überreste der Signora im Krankenwagen abtransportiert wurden, und versuchte rasch, die Gruppen zu koordinieren, die dort mit den Händen in den Taschen herumschlichen.

Bald würde es dunkel werden. Nur Feuerschluckers Männer hatten sich nicht von der Suche nach Gilja abbringen lassen, ab und zu hörte man ihre Stimmen nach ihr rufen, klagend, dort oben im Dickicht der Bäume.

Santomauro und Gnarra begannen einen abgelegenen Pfad entlangzulaufen, der zu einem großen Gebiet führte, das vor wenigen Jahren im Sommer von einem Feuer verwüstet worden war. Dort gab es nicht viele Stellen, an denen man sich zwischen den verbrannten Sträuchern verstecken konnte, und deswegen hatten sie es bisher links liegenlassen.

Als sie aber näher kamen, war nicht zu übersehen, dass sich die Natur den Boden schnell wieder zurückerobert hatte und viele Bäume, die die Verwüstung überlebt hatten, mit neuer Kraft austrieben. Ein feiner Sprühregen setzte ein, der dem Maresciallo von seinem rasierten Schädel in die Ohren und den Kragen rann. Neidisch blickte er auf Pedros dichte Haare, in denen sich das Wasser verfing.

Als hätte er seinen Blick gespürt, drehte der sich um und sagte, unter der Anstrengung des Aufstiegs keuchend: »Er hat jemanden auf dem Berg erkannt.«

Santomauro begriff zuerst nicht, Gnarra fuhr fort: »Er lebte quasi unter freiem Himmel, auf dem Berg. Nachts war er oft unterwegs. Ich glaube, dass er etwas gesehen hat, wenn auch ohne es zu verstehen.«

»Das denke ich auch. Vielleicht einen der Angriffe, und dann hat er sich in seinem Kopf eine Geschichte zurechtgelegt, die er verstehen konnte. Er ist wie ein kleines Kind.«

»Natürlich hat er die Alte umgebracht.«

Sie hatten vor einem großen morschen Stamm angehalten. Es war nicht möglich, sich zu setzen, ohne nass zu werden, aber der Regen war abgeflaut, nur ein paar Tropfen perlten noch von den dichter werdenden Bäumen.

Auf einmal explodierte ganz in ihrer Nähe ein Chor von Zikaden. Santomauro zuckte zusammen. Bis zu diesem Moment waren sie still gewesen, aber jetzt zirpten sie plötzlich auf ohrenbetäubende Art und Weise.

»Aber Gina hat er nicht umgebracht, im Gegenteil, ich glaube, er wollte sie rächen.«

»Denkst du, dass die Alte ...?«

»Das werden wir nie sicher wissen, aber ich glaube, sie war es, die sie niedergeschlagen hat, vielleicht ohne die Absicht, sie zu töten. Das Mädchen, wie übrigens auch Minuccio, hatte Zeichen von alten Verletzungen am Körper. Es ist laut de Collis sein ganzes Leben lang regelmäßig geschlagen worden.«

»Aber es gibt auch Zeichen zahlreicher und über einen langen Zeitraum ausgeübter sexueller Gewalt. Wie viele Vergewaltiger gibt es in dieser Geschichte?«

»Einzig und allein einen. Pietro, ich bin zu der Überzeugung gelangt, dass wir dem schrecklichen Finale einer Geschichte beiwohnen, die schon vor sehr langer Zeit begonnen hat, einer Geschichte, in der, wie Minuccio gesagt hat, ein Mädchen schnell laufen musste, um sich zu retten, oder wie Gevatterin Perna werden.«

»Wenn du in Rätseln sprichst, gehst du mir wirklich auf den Sack, wie auch immer, einen Namen haben wir jetzt, warum hast du den anderen nicht Bescheid gesagt?«

»Weil das Mädchen nicht in seiner Hand sein könnte, und dann wäre sie noch mehr in Gefahr.«

»Du glaubst …?«

»Ich habe sie nicht unter denen gesehen, die um das Haus der Morace Manzo geschlichen sind. Keinen der beiden.«

»Du hast *sie* nicht gesehen? Simone, ich weiß nicht, ob ich das richtig verstanden habe. Bei einem sind wir uns einig, aber der Rest?«

Santomauro erklärte es ihm.

*

Gilja hatte Hunger. Sie konnte sich nicht daran erinnern, wann sie das letzte Mal etwas gegessen hatte. Im Haus hatten sie ihr Brot und Marmelade gegeben, bevor sie sie schlafen gelegt hatten, aber sie hatte zu viel Angst gehabt, die Feinde waren da, und sie hatte nur das Glas Milch getrunken, das ihr die alte, in Tränen aufgelöste Signora gebracht hatte, während sie weiterweinte.

Alle weinten in diesem Haus, aber Feuerschlucker hatte sie zum Schlafen dort gelassen, und das hatte ihr gar nicht gefallen.

Den Morgen über war sie im Wald herumgelaufen und hatte sich von den Häusern und den Stimmen der Leute ferngehalten. Sie wollte lieber ein bisschen für sich sein, um nachzudenken. Etwas Schlimmes war ihrer Freundin passiert, etwas Schlimmes wie Zina und Maria, und sie wusste auch, was.

Sie war oft bei den Tieren, und deswegen hatte sie schon viele Male gesehen, wie sie sich paarten. Jemand hatte mit ihrer Freundin Sex gemacht, und mit Zina und Maria. Dieser Jemand wollte jetzt sie, Gilja hatte es in seinen Augen gesehen, die sich fast rot gefärbt hatten, als sie sie ansahen, und an der rosa Zunge, die einen Augenblick zwischen seinen Lippen aufgetaucht war.

Doch wem sollte sie das erzählen? Alle Erwachsenen, die sie kannte, Feuerschlucker und die anderen vom Zirkus, und sogar der Maresciallo schienen sich bestens mit dieser Person zu verstehen, und sie hätte sich nicht verständlich machen kön-

397

nen. Niemand glaubt Kindern. Sie hatten nicht einmal auf sie gehört, als sie gesagt hatte, dass sie in dem Haus nicht bleiben wollte.

Jetzt aber war sie müde, sie hatte Hunger, und ihr war auch ein bisschen kalt, es hatte wieder angefangen zu regnen, ein Nieselregen, beharrlich und lästig wie ein Flüstern, die Schatten des Nachmittags sanken herab und erzeugten seltsame Muster durch die grauen und silbrigen Blätter der Olivenbäume. Ihr linker Fuß brannte an einer Stelle, wo sie sich mit einem kleinen Ast geschnitten hatte, und es war zu still hier. Deswegen war sie froh, auf der Lichtung, wo sie sich ausgeruht hatte, eine gute Seele zu treffen und eine freundliche Stimme zu hören. Die freundliche Stimme eines Menschen, dem sie trauen konnte.

Gilja wusste genau, wer die Menschen waren, denen sie trauen konnte, deswegen lächelte sie, stand auf und nahm die Hand, die ihr entgegengestreckt wurde.

*

Der Nieselregen hatte auf einmal aufgehört und war einer schweren und drückenden Schwüle gewichen, in der die Bremsen die Herrschaft übernommen hatten. Die Luft war nicht zu atmen, die Bäume schienen in einen Umhang aus schwerer Hitze eingehüllt. Santomauro schwitzte und weinte dem Regen nach. Wie es so sein sollte, waren es die Telefonanrufe, die den Takt für die Schrecken der letzten Stunden dieses langen Tages angaben.

Diesmal der hysterische Anruf von Maria Pia auf Gnarras Handy, weil sie Lillo nirgendwo fand. Alle Versicherungen, dass sie ihn ein paar Stunden zuvor im Wald gelassen hatten und es ihm also gutging, brachten nichts, Maria Pia schien völlig durchgedreht zu sein.

»Sind wir sicher, dass es ihm gutgeht? Der alte Morace könnte zurückgegangen sein, um ihn umzubringen. Falls er denkt, dass er ihn angelogen hat …«, sagte Gnarra, sobald das Gespräch beendet war.

»Wenn er es nicht macht, dann bringt Totò ihn um. Diese Geschichte gefällt mir nicht, mir scheint, Maria Pia interessiert sich zu sehr für diesen elenden Priester.«

Gnarras Gesicht verdüsterte sich: »Neeein! Maria Pia ist so, auch zu mir, sie macht dir falsche Hoffnungen, und dann …«

»Kein Wort mehr, Gnarra. Ich hoffe indes, dass wir uns nicht um das Verschwinden einer weiteren Person sorgen müssen! Diese verfluchten Berge verschlucken die Leute.«

Als ob er es vorausgesehen hätte, betraf der nächste Anruf einen verschwundenen Freiwilligen, einen gewissen Amabile Scacedda, der seit einigen Stunden beim Appell fehlte.

Während sie weiter den Wald durchforsteten, erreichte sie die Nachricht, dass er mit einem gebrochenen Bein ohnmächtig in einem Graben wiedergefunden worden war. Dafür wurde nun Dottor Gabrielli vermisst, der nicht an sein Handy ging. Den Alarm hatte seine am Boden zerstörte Frau ausgelöst, die aus Neapel angerufen hatte.

»Die! Am Boden zerstört! Das ist wirklich ein Zirkus hier!«, knurrte Gnarra, und mehr gab es dazu nicht zu sagen.

Der nächste Anruf, auf Santomauros Handy, war anders. Die Verbindung war schlecht, er hatte Schwierigkeiten, Cozzones Stimme zu erkennen. Zwei Bauern hatten etwas gefunden, seine Anwesenheit war dringend erforderlich. Er fragte, wo, und begriff, dass Cozzone nicht weit weg, nur weiter oben auf der einen Seite des Berges war, fast bei Casalvelino, in einem Gebiet, das Contrada Scacella genannt wurde.

Dann fügte Cozzone hinzu: »Maresciallo, beeilen Sie sich!«, und Santomauro verstand. Sie begannen durch das trockene Stroh zu laufen, das ihnen um die Beine peitschte.

*

Als sie gegen vier Uhr dieses Septembernachmittags, an dem mittlerweile träge die Sonne schien, endlich in der Contrada Scacella eintrafen, erinnerte sich Santomauro augenblicklich an ein Ereignis, dem er bis dahin nur wenig Bedeutung zugemessen hatte.

Gefreiter Pasquale Cozzone war schon vor Ort. Sie gingen ihm durch das Gestrüpp entgegen, Pedros schönes Gesicht war zu einer düsteren Miene verzogen, am Kinn schimmerte ein Bartschatten, und der oberste Knopf der Uniform stand halb offen. Santomauro bemerkte es in diesem Moment und wunderte sich: Von seinen zwei Brigadieri war eigentlich Gnarra derjenige, der weit mehr auf sein Äußeres achtete. Andererseits bot der Verlauf dieses Tages wahrlich Anlass genug für solche Nachlässigkeiten. Dies hier war nichts als ein weiteres der unzähligen Puzzleteilchen, davon war der Maresciallo überzeugt und wusste doch zumindest, dass diesmal nicht der unsägliche Horror einer gemarterten Kinderleiche auf sie wartete.

Die Herbstsonne wärmte die noch regenfeuchte Luft, und einige Fliegen brummten geschäftig umher. Der Maresciallo ging zu den beiden Bauern hinüber, die seelenruhig dasaßen, rauchten und ihm gelassen entgegensahen.

»Sie haben ihn gefunden«, murmelte ihm Cozzone in seiner gewohnt überflüssigen Pedanterie ins Ohr.

Ein Kessel lag umgestürzt neben einem Berg verkohlter Äste. In Santomauro blitzte eine Erinnerung auf, dann sah er die an einen Baum gehängten Eingeweide, eine blutige Masse, die noch nicht lange aufgehört hatte zu tropfen, wie man an der ekelerregenden Pfütze zu Füßen der Kastanie sehen konnte, wo sich eine ganze Ameisenarmee tummelte.

Ein Stück daneben der Eimer mit den Gedärmen. Da der Maresciallo schon ahnte, was darin lag, warf er nur einen kurzen Blick hinein, doch der Gestank nach Fäkalien und geronnenem Blut sprang ihn förmlich an und hatte wenig gemein mit den fast aseptischen Innereien des geschlachteten Schweins von vor einigen Monaten.

Die Leiche war etwas abseits mit zwei Haken kopfüber an einer knotigen Kastanie befestigt. Der Schnitt war präzise gesetzt, und die beiden Hälften hingen reglos, rosa, haarlos, als warteten die Käufer schon darauf, sie abzuholen.

Das Blut war nicht aufgefangen worden, sondern aus der

klaffenden Wunde am Hals auf den Boden geflossen, der jetzt blutgetränkt war. Niemand würde daraus Blutwurst machen, schoss es dem Maresciallo unpassenderweise durch den Kopf, während er schweigend um die rosige Masse aus Fleisch und Muskeln herumging, von der jegliche Körperbehaarung sorgfältig entfernt worden war.

»Maresciallo, sehen Sie nur!«

Cozzone zeigte auf einen kleinen weißen Ballon, der in einem Baum hing. Als Santomauro merkte, dass der Gefreite nichts damit anzufangen wusste, erklärte er: »Das ist die Blase, Pasquale«, und Cozzone wandte sich angewidert ab.

So stand der Maresciallo jetzt neben einem Christenmenschen, der wie ein Schwein abgeschlachtet worden war. Pietro Gnarra sah sich stumm um, er war bisher merkwürdig still gewesen. Nun aber wandte er sich ihm zu und sagte leise: »Simone, komm mal her.«

Santomauro trat näher, sah zuerst die halbierte Orange – kein Zitrusduft diesmal, nur der grausige Gestank des Todes. Dann den Kopf, noch gut erkennbar, obwohl er säuberlich in zwei Hälften geteilt war, eine gräuliche Pampe quoll aus dem gespaltenen Schädel, eine halbierte Zunge hing zwischen den Lippen, ein Augapfel war quasi aus der Höhle geschält.

Gnarra murmelte mit zusammengebissenen Zähnen, nur zu ihm, da Cozzone sich sicherheitshalber fernhielt: »Es ist unsere Schuld, Simone, das haben wir getan.«

Santomauro betrachtete die zerlegten Reste dessen, was einmal ein Mensch gewesen war, und merkte, dass er nichts fühlte, weder Mitleid noch Reue noch Wut, nichts.

Nur eine enorme Müdigkeit und das bittere Bewusstsein, dass es noch nicht vorbei war. Das Karussell des Circo delle Maraviglie drehte sich noch immer.

*

Der Schmerz ist eine merkwürdige Sache. Er entwickelt sich in dir wie ein Pünktchen, wie ein winziges immer präsentes Wesen, das wächst und wächst und dich schließlich übermannt.

Zuerst ein Stachel, eine Ahnung, sogar nur eine winzige Mini-ahnung, die in dir nistet und schläft, wenn du schläfst. Dann hebt es den Kopf, einmal, und schnappt nach dir. Ein einziges Mal, und seine Reißzähne sind so winzig, dass du es fast nicht bemerkst. Aber dann beißt es noch einmal zu und noch mal und immer wieder.

Du willst etwas machen, um ihn zu beruhigen, diesen Schmerz, der dich von innen zerfleischt, und du opferst ihm eine Sache, die dir viel bedeutet. Du leidest dabei, aber du machst es, auch wenn dich die Augen und die Tränen deiner Eltern nun immer verfolgen werden.

Es scheint, als wäre jetzt alles ruhig. Der Schmerz ist gelindert, ein tauber Schmerz, mit dem du lernst zu leben. Und ab und zu erlebst du Momente der Verzückung, die unerwarteten Geschenke, wenn er dir zulächelt, dich küsst, dich umarmt und an sich drückt und du für einen Augenblick denkst, dass alles wieder wie früher werden kann. Dass alles wieder wie früher wird.

Aber es geschieht nie. Nichts wird wieder so, wie es einmal war. Die Zeit ist vorüber, vor allem für dich, und man kann nichts dagegen tun, nichts.

Aber du denkst, du kannst es überleben. Schließlich bleiben dir die Umarmungen, das Lachen und die flüchtigen Küsse auf den Hals, die Hand, die die deine drückt, ein Augenzwinkern ab und zu und das geheime Einverständnis, das wird nicht enden, das weißt du gut. Ihr zwei für immer und ewig.

Du weißt, dass da draußen manchmal etwas geschieht, aber du hast nie Beweise dafür gehabt. Welchen Sinn hätte es, eifersüchtig zu sein, erbittert zu sein? Eifersucht auf ein wildes Tierchen? Du hast es nie geschehen sehen.

Aber dann, eines Nachts, doch.

Du bist ihm gefolgt, vielleicht schien der Mond, und du spürtest ein dunkles Flüstern im Magen, eine Art Sorge, du hast ihn ins Dunkel gehen sehen und hast beschlossen, ihm hinterherzulaufen, du hast den Wald durchquert auf der Suche nach … du weißt nicht einmal selbst, wonach.

Und du hast es gesehen. Und hättest es lieber nicht gesehen. Danach, danach gab es nur eine Sache zu tun. Denn du bist es, nur du, niemand anders darf seine Kleine sein.

*

Er gabelte Feuerschlucker auf der Straße zum Friedhof auf.

Mutlos, dreckig, mit zerkratzten Händen und verschwitztem, scheckigem Gesicht, am ganzen Körper trug er die Zeichen einer langen Suche. Die beiden Männer bei ihm schienen nicht weniger erschöpft, und trotzdem gaben sie die Suche nicht auf. Santomauro erkannte in ihnen den Clown und den alten Trapezkünstler wieder, der auch für die Tiere verantwortlich war.

Gnarra war in der Contrada Scacedda geblieben, wo mittlerweile Experten der Spurensicherung eingetroffen waren und ein Arzt, um unnötigerweise den Tod eines wie ein Schwein geschlachteten Menschen festzustellen.

Vielleicht hatte dieser Mensch ein so furchtbares Ende verdient? Santomauro glaubte es nicht. Er schilderte Mustafa Parsi, wie und aus welchem entsetzlichen Grund alles passiert war, und der sah ihn bestürzt an, erbleichte zitternd vor unterdrückter Wut und ließ sich am Ende ungläubig gegen den nächsten Baum sinken.

Sie setzten sich auf die Erde, während die anderen beiden sie sprachlos anstarrten. Als ob er den Schrecken der soeben gehörten Enthüllung wegwaschen wollte, rieb sich Feierschlucker lange mit seinen riesigen, dreckigen Pranken das Gesicht.

»Ich habe ihn kennengelernt«, sagte er dann. »Ein sympathischer Mann. Er war mir sympathisch. Ich kann es nicht glauben.«

»Und doch war er das Mädchenmonster.« Santomauro fühlte sich wie ein Idiot, aber die stereotype Bezeichnung war ihm einfach so herausgerutscht, wie sonst sollte man auch einen Mann bezeichnen, der sich solcher Verbrechen schuldig gemacht hatte?

»Und Sie sind sich sicher, dass Don Carmelo Morace es war,

der ihn abgestochen und zerlegt hat wie ein Schwein und ihn dann in allen seinen Teilen dort draußen aufgehängt hat, ordentlich, wie auf dem Schlachthof? Aber wie ist das möglich? Er ist ein alter Mann.«

»Ein rasender und verzweifelter alter Mann, stark wie eine Eiche. Ein Jäger, ein Bauer, ein Arzt«, antwortete der Maresciallo. »Und vielleicht hatte er auch Hilfe, ich weiß es nicht. Aber ich bin sicher, dass er es gewesen ist. Die einzige andere Person mit einem Motiv und dem passenden Charakter, die mir in den Sinn kommt, wäre wahrscheinlich nicht fähig, ein Schwein auf so akkurate Weise zu schlachten. Sie hat einen anderen Beruf.« Und er sah ihn fest an.

Feuerschlucker brauchte ein bisschen, um zu verstehen, als aber der Groschen fiel, brach er in ein schallendes Gelächter aus, das Furchen und Risse in das gebräunte Leder seines Gesichts grub.

»Maresciallo, Sie machen mich fertig!«, gluckste er und verpasste Santomauros Oberschenkel einen mörderischen Schlag. Der versuchte sich nichts anmerken zu lassen.

»Sie machen mich fertig«, bekräftigte er noch einmal, während er sich langsam wieder beruhigte. »Sie haben wohl nicht sehr viel Vertrauen in meine Fähigkeiten. Ich bin sehr vielseitig, Maresciallo. In meinem Dorf habe ich eine jüngere Schwester, die für mich Schweine hält. Aber ich war nicht dahintergekommen. Don Carmelo Morace ist nur intelligenter und schneller gewesen als ich, das ist alles.«

*

Frieden, endlich.

Das Wissen, eine Arbeit gut erledigt zu haben, die Rechnung mit dem Schicksal endgültig und ein für alle Mal gemacht. Don Carmelo war jemand, der seine Angelegenheiten ordentlich hinterlassen wollte, anständig geregelt, damit niemand ihn nachher verwünschen musste. Also schrieb er auf ein paar Blätter eine Liste mit Anordnungen, verbrannte einige Briefe, ordnete die Schubladen mit den Erinnerungen seines

Lebens und denen seines Vaters und seines Großvaters, Moraces und Ärzte vor ihm.

Dabei verspürte er eine Heiterkeit, eine Gelöstheit und Leichtigkeit der Seele, die er nie kennengelernt hatte. Es schien ihm, als sei sein ganzes Leben der Aufgabe gewidmet gewesen, die er an diesem langen Tag vollbracht hatte, und jetzt, da die kühlen Schattenfinger des Abends nach ihm griffen, war er bereit, zu gehen und sich auszuruhen.

Da drüben wartete seine kleine Enkelin auf ihn, lächelnd, mit ausgebreiteten Armen. Er lächelte zurück, mit einem letzten zufriedenen Gedanken an die sauber erledigte Arbeit. Die Note mit der Orange hatte ihm besonders gefallen und auch, dass er die Blase aufgehängt hatte, wie es sich gehörte.

Die Dinge mussten gemacht werden, wie es sich gehörte.

Und jetzt war der Moment, zu gehen.

Immer noch lächelnd nahm er das Gewehr und schob sich den Lauf in den Mund, diesmal ohne zu zögern.

*

Das Geräusch war nicht laut, wie das Aufknattern eines Motors vor dem Haus, aber Evelina wusste sofort, ohne den geringsten Zweifel, woher es stammte, und rannte zum Arbeitszimmer ihres Vaters. Tonino kam ihr hinterher. An dem alten Diener vorbei, der sich vor sie geschoben hatte, um ihr den Zutritt zu verwehren, trat sie ein. Der Stand hat nicht nur Privilegien, sondern auch Pflichten.

Im Zimmer war nur noch ein zusammengesunkener Leichnam. Evelina blieb auf der Schwelle stehen, mit den Händen klammerte sie sich fest an den Türrahmen hinter sich. Tonino stürzte an ihr vorbei, schreiend und weinend ließ er sich vor seinem Herrn auf die Knie fallen und umschlang dessen Beine. Esteras besorgte Rufe von unten aus der Küche drangen an ihr Ohr.

Sie spürte, wie sich in ihrem Herz eine seltsame Leere ausbreite. Das Bewusstsein, dass sie jetzt frei war, allein. Keine Tochter mehr, keinen Vater mehr, niemanden, der sie leiden lassen würde, weil er sie nicht liebte. Niemanden mehr leidend lieben. Endlich allein.

Sie merkte, wie Tonino sie mit tränenüberflutetem Gesicht anstarrte. Sie versuchte, sich zurückzuhalten, aber das Bedürfnis zu lachen war stärker als sie.

*

Mustafa Parsi war ein intelligenter Mann, er brauchte nicht lange, um zu begreifen, dass Gilja jetzt nicht weniger in Gefahr war als vorher, im Gegenteil.

»Wo suchen wir sie? Wir haben den Wald von oben bis unten auf den Kopf gestellt«, fragte er und wiegte dabei sein Haupt wie ein massiger Bär.

Der Abend war nun hereingebrochen, die ersten Häuser von Pioppica waren schon erleuchtet. Zwischen den Straßenlaternen schritt die Dunkelheit voran.

»Im Dorf ist sie nicht, und im Haus habe ich Männer postiert, aber das ist sicher der letzte Ort, an den sie zurückkehren würde.«

»Und jetzt?« Aus seiner Stimme hörte Santomauro dieselbe Verzweiflung, die sich in seiner Brust breitmachte. Wo, wo versteckst du dich mit deinem primitiven, rasenden Bedürfnis zu töten, um ein unschuldiges Mädchen umzubringen?

Die Antwort erreichte ihn auch dieses Mal per Telefon. Es war Manfredi, der eine seltsame Meldung bekommen hatte und nun auf dem Weg zum Zirkus war, wo etwas Verdächtiges vor sich ging.

Sie stiegen in Santomauros Wagen, innerhalb weniger Sekunden ließ er das Getriebe viermal aufkreischen, während er sich selbst verfluchte. Irgendwann in diesen erschütternden letzten Stunden war er beim Zirkus vorbeigefahren. Ein großer, verlassener Platz, weil alle mit der Suche beschäftigt waren, der ideale Ort, um sich zu verstecken, denn niemand hätte daran gedacht, dahin zurückzukehren, wo alles begonnen hatte.

*

Alles hatte mit diesem verfluchten Circo delle Maraviglie begonnen. Der Anfang vom Ende war dieser vermaledeite Zirkus gewesen.

Er hatte nie den Mut gehabt, ein Auge auf die anderen Mädchen zu werfen, nie. Es war nicht nötig gewesen, sich Sorgen zu machen: Er war vorsichtig, intelligent, niemals hätte er ein beschütztes und geliebtes Mädchen ins Visier genommen. Gina war ein anderer Fall gewesen, eine kleine Wilde, die manchmal vor Müdigkeit nachgab, manchmal vor Hunger oder Angst. Wegen ihr brauchte man sich keine Gedanken zu machen.

Und dann war Gina verschwunden und zur gleichen Zeit dieses andere Problem aufgetreten, das leere Haus, und dann dieser verfluchte Zirkus. Voller wilder und unbeschützter kleiner Mädchen, Mädchen, die barfuß herumliefen, mit leuchtenden Augen und immer einem Lächeln auf dem Gesicht, und die kein Italienisch sprachen.

Der Idealfall.

Von Anfang an hatte sie gewusst, dass es Schwierigkeiten geben würde, sie hatte ihn jeden Tag beobachtet, seine irren, blutunterlaufenen Augen und sein zerstreutes Lächeln, das alle anderen täuschen konnte. Bis zuletzt hatte sie gehofft, ja sogar bis zu diesem letzten unglückseligen Tag, dass die Dinge wieder in Ordnung kommen würden. Aber jetzt war alles zu Ende, alles verloren. Wo war er nur?

Alles die Schuld des Zirkus.

*

Maria Pia fand Lillo, wo sie ihn vermutet hatte, er saß auf dem steinigen Strand am Meer, die nackten Füßen berührten fast das Wasser. Ab und zu leckte eine unternehmungslustigere Welle ihm die Zehen.

Lillo sah sie mit einem matten Lächeln an. »Was machst du hier?«

Maria Pia setzte sich neben ihn in den feuchten Sand, sorgfältig die Falten ihrer langen Bluse unter sich ordnend. Sie trug Weiß. Eine Farbe, die ihr schmeichelte und ihren bernsteinfarbenen Teint und die Farbe ihrer Haare hervorhob. Sie war sehr schön.

»Ich habe mir Sorgen um dich gemacht. Das, was ich gesagt habe, waren schreckliche Dinge, auch wenn du sie verdient hattest. Ich habe dich überall gesucht.«

»Meine Freundin«, lächelte er und drückte ihr zärtlich den Arm.

»Ja«, murmelte sie und starrte auf das schwarze Meer vor ihnen.

Nacht von Mittwoch auf Donnerstag – die zehnte

Das Zelt des Circo delle Maraviglie zeichnete sich vor ihnen ab wie eine riesige Bestie, die sich an den Boden krallte, ein dunkler Schatten vor dem schwarzen Hintergrund der Nacht.

Manfredi und Ammaturiello waren schon vor Ort.

»Er ist drinnen. Man hat ihn verstohlen herumschleichen sehen, Commendatore Piccirillo, der im Auto vorbeigefahren ist, hat uns Bescheid gegeben.«

Bevor sie ihn aufhalten konnten, war Feuerschlucker zum Sicherungskasten getreten, betätigte irgendeinen Schalter, und auf einmal erstrahlte der Zirkus im blendenden Licht der weißen, roten, blauen und gelben Glühbirnen, die in endlosen Lichterketten über die feste Plane und die umstehenden Pfähle liefen.

Der rote Vorhang am Eingang war zur Seite geschlagen und gab den Blick auf das Innere des Zeltes frei, das noch im Halbdunkel lag. Nur die Manege war erleuchtet. Mangiafuoco machte Anstalten hineinzugehen, aber Santomauro packte ihn schnell am Arm und schob sich an ihm vorbei, in der Hand hielt er schon die Pistole. Auf dem mit Sägemehl bedeckten Boden waren seine Schritte kaum zu hören.

Dottor Gabrielli saß zusammengekauert auf einer der ungemütlichen Holzbänke der ersten Reihe und sah nach oben, als ob er betete.

»Ich habe auf sie gewartet, Maresciallo«, sagte er mit leiser Stimme. In seinen Augen glomm ein fiebriger Drang. »Sie müssen mir helfen. Niemand darf mehr verletzt werden. Es hat schon zu viele Tote gegeben.«

»Sicher«, sagte Santomauro bedächtig.

»Werden Sie mir helfen?«, fragte Gabrielli. Er schien verzweifelt. »Nehmen Sie die Pistole runter, die werden Sie nicht brauchen.«

»Von wegen nicht brauchen«, knurrte Feuerschlucker, Santomauro bedeutete ihm zu schweigen.

»Wo ist das Mädchen?«, fragte er.

»Sie lebt, seien Sie beruhigt, sie lebt«, wieder der Blick zum Himmel wie im Gebet.

»Wo?«, zischte Feuerschlucker, und sein Flüstern war beunruhigender als das Knurren zuvor. Manfredi stellte sich vorsichtshalber neben ihn.

»Marco Folchi ist tot, das wissen Sie, nicht wahr?«, fragte Santomauro.

»Morace hat ihn abgeschlachtet wie ein Schwein.«, setzte Feuerschlucker noch einen drauf.

»Natürlich weiß ich das, deswegen bin ich ja hier«, Gabrielli schien fast beleidigt. Santomauro bemerkte, wie der Riese an seiner Seite ein unterdrücktes Knurren ausstieß.

»Wo ist sie?«, wiederholte er drohend. »Reden Sie, Dottore, es bleibt nicht mehr viel Zeit.«

Gabrielli deutete mit dem Blick nach oben, und da begriff der Maresciallo, dass er nicht betete.

Die Streben des Zirkuszeltes verloren sich unter der Kuppel im Dunkeln. Dort, wo sie zusammenliefen, schwebte eine helle Gestalt, wie in einen Nebelschleier gehüllt.

Ganz in Weiß stand sie auf der höchsten Plattform, die Hände klammerten sich an das noch eingehakte Trapez. Zu ihren Füßen ein regloses Bündel, aus dem eine kleine Hand ins Leere ragte.

Die junge Frau sah nach unten, zwischen ihnen waren viele Meter, etwa fünfzehn, aber es hätten auch mehr sein können, als ob sie sie aus einer unüberwindbaren Distanz anblickte. Vermutlich war es auch so, überlegte Santomauro.

Er räusperte sich. Er wusste nicht wirklich, was er sagen sollte. Jedes Wort konnte das falsche sein.

»Carolina! Kommen Sie herunter, es ist alles vorbei!«, rief er und fühlte sich dabei wie ein Idiot, aber was sollte er anderes

410

sagen? Komm runter oder ich schieße? Bring das Mädchen nicht um, wenn du es nicht schon getan hast? Dein Vater ist tot, und er hat seine Schuld bezahlt, aber er hat auch deine bezahlt? Was sollte er ihr sagen?

»Ist er tot? Habt ihr ihn umgebracht?« Die Stimme kam körperlos aus der Höhe. Santomauro erschauerte, und seine Armhärchen stellten sich auf. Das war die Stimme einer Person, die die Schwelle zum Wahnsinn bereits überschritten hatte.

»Der Großvater vom letzten Mädchen, das er vergewaltigt und du umgebracht hast, hat ihn getötet, verrückte Mörderin«, schrie Feuerschlucker mit Schaum vor dem Mund. Seine prallen Muskeln vibrierten vor unterdrückter Wut wie dicke Saiten. Der Maresciallo wusste, dass er ihr mit einem Schlag das Genick brechen würde, wenn er sie nur in die Finger bekäme.

»Hör zu, Carolina, es ist alles vorbei. Ich weiß, warum du es getan hast, du musst ihn nicht mehr beschützen. Du kannst jetzt herunterkommen.«

»Nein!« Ihr Schrei hallte unter dem Zeltdach wider. »Was wissen Sie schon davon? Was wissen Sie schon? Er hat mich betrogen! Er hat mich ständig betrogen! Er hat gesagt, dass ich sein kleines Püppchen sei, dass ich …!« Ihr versagte die Stimme. Die Männer unten in der Manege blieben wie versteinert stehen, sogar dem Schausteller entfuhr ein mitleidiger Klagelaut.

»Er war alles für mich«, hob die Stimme von oben in einem eindringlichen Flüsterton wieder an, der das Dunkel um sie herum vibrieren ließ. »Ich lebte nur für einen Blick, eine Liebkosung von ihm, auch später noch. Auch nachdem er mich jahrelang nicht mehr angefasst hatte. Ich sei groß, sagte er. Ich solle mir ein eigenes Leben aufbauen. Aber ich wusste, dass er mich nicht mehr wollte!«

Santomauro korrigierte das Ergebnis, zu dem er gelangt war: Marco Folchi hatte alles verdient, was ihm widerfahren war, er war ein schlimmeres Monster gewesen, als sie es sich hatten vorstellen können, ein Monster, das jahrelang das andere arme Monster, das über ihren Köpfen weinte, vergewaltigt und herangezüchtet hatte.

»Meine Mutter war immer wie das Püppchen, das er sich wünschte, und auch Chiara. Und ich war eifersüchtig, eifersüchtig auf Chiara, die immer sein Liebling war. Mir sind nur die Überbleibsel seiner Zuneigung geblieben. Dann ist Chiara endlich gestorben. Es gab nur noch mich. Ich war sein Liebling. Meine Mutter sah nichts, es kümmerte sie nicht. Es reichte ihr, in Ruhe gelassen zu werden. Dann bin ich zu kräftig geworden. Sehen Sie mich doch an, Maresciallo! Wie groß und plump ich bin. Ich habe seinen Knochenbau, seinen Körper geerbt, und ich gefiel ihm nicht mehr!«

Was sollte er noch dazu sagen? Santomauro schwieg, den Kopf nach oben gereckt, sinnlose Worte des Trostes auf den Lippen. Er merkte erst jetzt, dass Manfredi neben ihn getreten war und die Szene mit angehaltenem Atem verfolgte. Gabrielli, noch immer zusammengekauert auf seiner Bank, sah das Mädchen mit glänzenden Augen an.

»Und dann hat er mich nach Neapel geschickt, mit der Ausrede, ich solle studieren, die Mama war ja da, die im Dunkeln wie ein Mädchen aussehen konnte, und diese Wilde, die sich manchmal fangen ließ, und ich quälte mich, aber ich sagte mir: Er wird zu mir zurückkommen, er hat mich lieb. Ab und zu eine Umarmung, ein flüchtiger Kuss, ich habe nur dafür gelebt.«

Wo war Feuerschlucker? Santomauro fühlte nicht mehr dessen massige und raumgreifende Gegenwart an seiner Seite.

»Dann ist die Mama blind geworden, endlich konnte sie ihrem Traum, vor allem die Augen zu verschließen, die Krone aufsetzen, diese widerliche feige Sau. Und ich bin wieder hergekommen, es hätte so schön sein können, wir beide allein. Doch stattdessen ist er durchgedreht. Er ging abends raus, kam spät nachts zurück mit dem Hunger in den Augen wie ein Irrer. Eines Nachts bin ich ihm gefolgt. Ich habe es gesehen. Danach streichelte er sie, küsste sie, er sagte ihr, dass sie sein kleines Mädchen wäre, dass er wiederkommen würde. Verstehen Sie, Maresciallo?«

Stille, Santomauro fand keine Worte.

»Das konnte ich nicht zulassen. Er wäre zu ihr zurückgekehrt. Er hätte sie liebgehabt, er hätte mich endgültig ersetzt. Also habe ich gewartet, bis Papa weg war, ich bin ihr ein bisschen gefolgt und dann ... Mir war nicht klar, dass es auf Papas Grundstück war, sonst hätte ich sie woandershin gebracht.«

Santomauro nickte, ein kleines unbedeutendes Detail war an seinen Platz gerückt. Zina war nicht an dem Ort gestorben, wo sie vergewaltigt worden war.

»Ich wollte sie nicht töten, aber es ging nicht anders. Und dann habe ich verstanden, dass es genau das war, was ich tun musste, so lange, bis er ihrer überdrüssig geworden und zu mir zurückgekommen wäre. Ich habe alle Mädchen umgebracht, ich hätte auch Gina umgebracht, aber ich habe sie nicht gefunden. Ich habe sie alle umgebracht, aber es ist zwecklos gewesen, Papa wurde ihrer niemals überdrüssig. Er ist nie zu mir zurückgekommen. Und jetzt ist er tot.«

»Du darfst nicht auch noch sterben, Carolina!« Gabriellis Stimme, überraschend kräftig und sicher, hallte dröhnend unter dem Zeltdach wider. Er wusste, wie er mit solchen wie ihr sprechen musste.

»Auch du bist ein Opfer, genau wie die anderen. Du bist ein Opfer, und man wird dich verstehen, man wird dich heilen und dir vergeben. Ich verspreche es dir, glaub mir. Komm runter, es ist nicht nötig, dass noch mehr passiert.«

»Ach, Dottore« – Santomauro war sich nicht ganz sicher, aber er meinte sie lächeln zu sehen –, »denken Sie wirklich, dass ich wie die anderen bin? Diese Mädchen haben geheult, geschrien, sich gewehrt. Ich habe auf ihn gewartet, ich wollte ihn.«

»Weil er dein Papa war und du ihn geliebt hast.« Die Stimme des Dottore war nun besänftigend. »Er war alles, was du hattest. Er hat dich gefügig gemacht, als du noch zu klein warst, um dich zu wehren, du hattest nichts außer ihm. Carolina, dich trifft keine Schuld, niemand kann dich verurteilen.«

»Sie verstehen das nicht. Jetzt, wo er tot ist, habe ich nichts mehr.«

Sie machte einen Schritt auf das Nichts zu, das sich unter der Plattform auftat. Dann sah sie sich um. Santomauro war sich nicht ganz sicher, aber ihm schien es, als hätte er eine leichte Bewegung wahrgenommen, ein Zittern der kleinen Hand, die aus dem Bündel heraus ins Leere ragte. Er bemerkte, dass er vor Anspannung mit den Zähnen knirschte. Carolina Folchi schien unsicher. Ein Fuß schwebte über dem Abgrund, aber Kopf und Rumpf wandten sich nach hinten, wo etwas war, das sie vielleicht nicht unerfüllt lassen wollte.

»Carolina!«, schrie der Maresciallo panisch. »Carolina!«, wiederholte er, und sie drehte sich endlich um und richtete ihre Augen auf ihn, zwei auch auf diese Entfernung kohlen-schwarze Löcher in einem bleichen Leichentuch.

»Warum Don Giovannino?«, stieß er fiebrig die erste Frage hervor, die ihm durch den Kopf schoss, nur um die Aufmerk-samkeit des Mädchens von Gilja abzulenken, oder von dem herannahenden Schatten, der irgendwo in der Dunkelheit ver-suchte, sich einen Weg nach oben zu bahnen.

»Warum Don Giovannino«, wiederholte sie monoton. Sie wirkte zerstreut, schläfrig, wie in Trance. Gabrielli erhob sich vorsichtig, Santomauro spürte, wie sich alle Muskeln in seinem Körper krampfartig und sinnloserweise anspannten.

»Warum Don Giovannino?«, fragte sich Carolina Folchi etwas reger, als ob sie endlich eine Antwort gefunden hätte, ihr lächelnder Mund eine klaffende Wunde unter den zwei schwarzen, auf eine Hölle blickenden Höhlen, die nur sie se-hen konnte.

»Weil Papa unbedingt hat beichten müssen, deswegen, und er hat es mir nachher sogar erzählt. Er fühlte sich schuldig, weil die Mädchen starben. Er hat mich nie danach gefragt, aber er wusste es, und er fühlte sich ein wenig schuldig, und deswegen wollte er sein Gewissen erleichtern, wollte loswer-den, dass er sie nicht umbrachte, dass er zwar das Bedürfnis hatte, er sie aber nicht umbrachte, dass er also gar keine Schuld hatte!« Die Stimme war nach und nach immer lauter und schriller geworden, und nun schrie das Mädchen so sehr, dass die Adern am Hals hervortraten, den Kopf nach vorne gestreckt und die Hände an den Seilen des Trapezes.

»Und ich, was sollte ich machen, Maresciallo? Was sollte ich denn machen? Ich habe ihn umgebracht, er war sowieso steinalt, und ich musste Papa doch beschützen! Meinen Papa!«

Ein unerhörter Laut folgte, ein markerschütterndes, kreischendes Wimmern, das verzweifelte Herz eines Mädchens, das sich öffnete und all den Schmerz und die Wut freigab, die sich in jahrelangem Leiden angestaut hatten.

»Er war doch mein Papa! Er war mein Papa!«

Das Gesicht zum Himmel erhoben, die Haare, die um ihren Kopf tanzten wie eine Dornenkrone, schrie Carolina Folchi dem Universum ihren ganzen hoffnungslosen Schmerz entgegen. Aus der Manege sahen sie, wie sich schräg unter ihr ein Schatten zusammenballte.

Das Mädchen drehte sich um, aber Feuerschlucker hing noch zu weit unten an der Strickleiter. Sie blickte zu ihren Füßen, wo sich das blonde Köpfchen zu regen begann, dann sah sie wieder hinunter zu Santomauro und Gabrielli und lächelte. Sie machte einen Schritt nach vorn, ihre Hände ließen die Seile los, und einen Augenblick war es, als schwebte sie mit ihrem weißen Kleidchen in der Leere, ein Engel, der zum Flug zurück in das Haus des Vaters ansetzte.

Sie fiel ohne einen Schrei, aber neben Santomauro brüllte Gabrielli die ganze Zeit.

Und es war eine unendliche Zeit, bis ihr Körper mit einem dumpfen Aufprall vor ihnen auf der festgestampften Erde zerschellte.

Zehnter Tag, Donnerstag

»Maresciallo, ich bin's, Gaudioso. Ja, es ist vorbei, endlich. Danke, es ist besser so, sie ist ohne langes Leiden von uns gegangen. Auch meine Frau ist jetzt beruhigter. Bleibt mir noch der Schwiegervater, aber ich verzweifle nicht. Aber jetzt möchte ich Ihnen gratulieren, lieber Santomauro! Wirklich brillante Ermittlungen. Nur ein kleines Opfer, und dann urplötzlich das mordende Monster tot, keine extra Prozesskosten, wir konnten uns nichts Besseres erhoffen. Wie? Ach ja, die beiden Zigeunermädchen. Aber was haben die für eine Bedeutung?«

*

»Wie fühlt es sich an, Mutter und Ehefrau von zwei Monstern zu sein?«

»Wie fühlt es sich an, ein Arschloch zu sein?!« Barbarina stürmte wie eine Furie in das Zimmer. Schrubber und Eimer, der zum Glück gerade leer war, hatte sie fallen lassen. »Sehen Sie nicht, dass sie vollkommen verstört ist? Und sie ist auch noch krank, blind, habt ihr verfluchten Journalisten denn überhaupt kein Mitleid?«

Mit einem aufgesetzten Lächeln drehte sich die Tussi zu ihr um, der Kameramann mit ihr.

»Und Sie, wer sind Sie? Eine Freundin? Eine Verwandte der Signora Folchi? Möchten Sie ein Statement abgeben?«

»Schämen Sie sich, Sie Aasgeier, von der Blindheit einer armen Frau zu profitieren!«

Cecilia Folchi saß stumm und bleich da, die blassen Lippen aufeinandergepresst, ihre Augenlider flackerten wie wild gewordene Schmetterlinge, ihr Blick rollte hin und her, aber Barbarina wusste genau, dass sie fast nichts mehr sah.

»Ist es wahr, dass Sie komplett blind sind, Signora Folchi?«,
hub die Journalistin wieder an und drückte ihr das Mikrophon
fast ins Gesicht. »Sind Sie jemals auf die Idee gekommen, dass
sich Ihr Körper und Ihr Verstand selbständig gemacht haben
könnten, um Ihnen den Anblick der schändlichen Dinge, die
in Ihrem Haus vorgingen, zu ersparen? Haben Sie es vielleicht
vorgezogen zu erblinden, um diese Schweinereien nicht mit
ansehen zu müssen? Werden Sie das Augenlicht wieder zu-
rückerlangen, jetzt, da alles vorbei ist? Wie fühlen Sie sich als
Mutter und Ehefrau von zwei Monstern? Was empfinden Sie?
Träumen Sie nachts von den toten Mädchen?«

Die letzten Worte schrie sie ihr fast zu, während Barbarina
sie unsanft unter dem wachsamen Auge der Kamera durch die
Tür des Krankenzimmers drängte.

Als ob es nötig wäre, bläute die Tussi dem Kameramann ein:
»Film alles, nimm alles auf! Das ist ein Angriff auf die Presse-
freiheit!«

In diesem Moment kam Santomauro. Die Journalistin
schien ernsthaft die Absicht zu haben, ihm ein Interview abzu-
nötigen, aber nur einen kurzen Augenblick: Der stumme, jedoch vielsagende Blick des Maresciallos reichte, und sie
machte ihm den Weg frei.

Als er ins Zimmer trat, hörte Santomauro, wie sich die
Stimme auf dem Korridor entfernte: »Das war Maresciallo Santomauro, der Ermittler, der mit Scharfsinn und Intelligenz das
Rätsel um den cilentanischen Blaubart gelöst hat und der sich
nun anschickt, die Ehefrau des Monsters zu befragen, blind
und momentan zur Behandlung im Krankenhaus. Wird der
Maresciallo eine verborgene Mittäterschaft enthüllen? Wusste
Signora Folchi etwas, oder ahnte sie nichts? Erhält der Maresciallo ein Geständnis? All dies und noch viel mehr werden wir
zusammen bei unserer nächsten Ausgabe erfahren. Für heute
ist das alles von ›Cilento Vision‹, es grüßt euch eure Conce-
zione Piromatico.«

Cecilia Folchi weigerte sich, mit ihm zu sprechen. Sie sei
durcheinander, sagte die Putzfrau, die sie kämmte und ihr das

Haar glattstrich, als ob sie ein kleines Mädchen wäre. Sie sei nicht fähig, etwas zu sagen, armer Engel, wiederholte sie und bürstete und frisierte weiter die feinen blonden Haare.

Da sah der Maresciallo sie zum ersten Mal als das, was sie vermutlich immer gewesen war: ein schönes, ahnungsloses Mädchen, das es vorgezogen hatte, nicht zu wachsen und nicht zu verstehen, und das vielleicht erst durch die Krankheit in ihrem Körper begriffen hatte, was es da eigentlich die ganze Zeit getan hatte. Eventuell lag die Journalistin nicht völlig falsch.

Wenn Marco Folchi sich vielleicht mit ihr und ihrer Ehe hätte zufriedengeben können. Wenn sie vielleicht keine Töchter gehabt hätten, wer weiß …

Er ging ohne Antworten und mit nicht einmal mehr der Lust, Fragen zu stellen. Die Wahrheit über Cecilia Folchi und vieles andere würde für immer das Geheimnis der letzten Überlebenden dieser unglückseligen Familie bleiben.

*

»Und jetzt? Was wird aus ihr werden?«

Gilja sprang glücklich mit den anderen Kindern umher. Als ob sie Santomauros Frage gehört und die Wärme seines Blickes gespürt hätte, drehte sie ihm ihr Köpfchen zu und blinzelte ihn mit einem strahlenden Lächeln an. Ihre Segelohren waren von zerzausten Haarsträhnen bedeckt, die hellblauen Augen sah man kaum zwischen den lachend zusammengekniffenen Lidern. Sie sah bezaubernd aus. Ein Schneidezahn fehlte ihr, er musste in der Nacht ausgefallen sein. Ob ihr die Zahnfee einen Groschen bringen würde?

Feuerschlucker betrachtete sie liebevoll und zwirbelte sich seinen Schnauzbart. »Das, was sie bis jetzt gewesen ist, Maresciallo. Sie bleibt bei mir im Zirkus, ich werde aus ihr eine Seiltänzerin machen, eine Trapezkünstlerin oder was auch immer ihr am besten gelingt. Oder vielleicht gebe ich ihr ein paar Hormone und warte ein bisschen. Bei mir ist gerade ein Platz als bärtige Frau frei geworden.«

Santomauro starrte ihn entgeistert an. Feuerschlucker verzog keine Miene, aber dann brach er in ein schallendes Lachen aus und schlug sich mit den Händen auf die Schenkel.

»Ich hab nur Spaß gemacht, Maresciallo! Wo ist Ihr Sinn für Humor geblieben?«

Dann sagte er ernst: »Machen Sie sich keine Sorgen um Gilja. Das hier ist ihre Welt, hier haben sie alle lieb, und bei mir ist gerade ein Platz als Tochter frei geworden. Ihr wird es gutgehen, haben Sie keine Angst.«

Er sah ihm fest in die Augen, der Maresciallo hielt seinem Blick stand, dann lächelte er.

In ihrer Nähe trainierten zwei junge Leute auf einem niedrigen Trapez, die Luft unter dem halbabgebauten Zelt roch nach aufgelockertem Sägemehl. Mit sicherem Stand hielt das dicke Mädchen, die muskulösen Oberschenkel in den Netzstrümpfen, die Strickleiter, während der junge Bursche behände in die Höhe kletterte. So von hinten gesehen hatte seine Statur in dem blauen Turnanzug etwas Vertrautes.

Der Maresciallo folgte ihm mit dem Blick, Feuerschlucker beobachtete ihn unruhig. Santomauro lächelte erneut, leicht verunsichert. Auch Feuerschlucker lächelte, hakte ihn unter und zog ihn an die frische Luft, weit weg von seinen geschäftigen Leuten. Danach entkorkte er eine Zweiliterflasche Rotwein und ließ Santomauro nicht gehen, ehe sie nicht auf den Boden der Flasche blicken konnten: Am nächsten Tag würden sie weiterziehen.

Santomauro verließ den Zeltplatz tief in der Nacht mit mehr Gläsern im Körper, als es ihm zuträglich war, und dem Versprechen, dass der Circo delle Maraviglie im nächsten Jahr zur selben Zeit wieder in die Gegend kommen würde.

Danach

Im Hochsommer zeigt Casale Marino sich nicht von seiner schönsten Seite. Eine endlose Sandfläche, überschwemmt von Sonnenschirmen, Buden, Autos, Hupen, Halbstarken, aus deren Badehosen die halbe Poritze herausschaut.

Im September hingegen kehrt der Ort wieder zur Normalität zurück, und alles wird friedlich. Was bleibt, sind die unendliche Fläche aus hellem Sand, das graublaue Meer, das sanft an den Strand schwappt, der grenzenlose Himmel und eine Handvoll malerischer Häuser, die sich auf der Promenade aneinanderreihen.

Seitdem sich der Herbst bis in dieses Fleckchen des Cilento vorgearbeitet hatte, machte Santomauro dort ausgedehnte Spaziergänge. Ganz hinten, weit hinter den letzten Häusern, standen die steinigen Überbleibsel einer alten Badeanstalt, die aber, so schien es ihm, nicht mehr in Betrieb war, zumindest nicht mehr in den letzten Sommern. Dort war ein Rondell, eine *rotonda sul mare*, wie in dem alten Schmachtfetzen von Fred Bongusto, über und über verziert mit einem bunten Mosaik in schillerndem Ultramarin, Himmelblau, Violett, Türkis und Grasgrün mit einigen goldenen Einsprengseln hier und da. Vielleicht hatte der Steinteppich ursprünglich einmal etwas dargestellt, jetzt war es aber unmöglich, das Bild, falls es überhaupt eins gegeben hatte, darin zu erkennen.

Santomauro liebte es, dort zu sein, nachzudenken mit Blick auf das Rondell, während Himmel und Meer ineinander verschmolzen und die Augen bei dem Versuch, den Horizont auszumachen, zu tränen begannen. Die hellen Dünen dehnten sich aus, soweit sein Blick reichte, der Wind fegte über das Rondell, und zwei Möwen zogen ihre Kreise, während ein einsamer, mit Neoprenanzug bewaffneter Surfer an der Grenze zwischen Wasser und Himmel die Gischt aufspritzen ließ.

Hinter sich hörte Santomauro ein Geräusch, oder vielleicht war es nur ein Gefühl, die Macht der Gewohnheit, sich umzublicken, die alle Hüter des Gesetzes im Laufe ihrer Karriere notgedrungen entwickelten, wenn sie nicht gleich zu Anfang draufgingen. Das heruntergekommene Gebäude in seinem Rücken besaß einige niedrige Holztüren, Zufluchtsort wirklich verzweifelter Obdachloser. Durch eine von ihnen schob sich blinzelnd Minuccio ins blendende Licht der Sonne hinaus. Minuccio wie eh und je, barfüßig und verängstigt, ein Kind fast. Nein, er sah nicht aus wie ein Mörder.

Einen kurzen Moment kreuzten sich ihre Blicke. Santomauro wollte gerade etwas sagen, als eine Hupe ertönte. Er wandte den Kopf, und Minuccio, der wie gelähmt stehen geblieben war, kam wieder zu sich und rannte weg. Er rief etwas, das sich für den Maresciallo wie »Chop!« anhörte. Hinter ihm her trottete eine Mischlingshündin mit blondem Fell, die sich einen Augenblick umdrehte und mit heraushängender rosa Zunge ein entschuldigendes Lächeln hechelte.

Auf der Straße, die einen Moment zuvor noch menschenleer gewesen war, rollte jetzt langsam eine Reihe von Zugmaschinen und Wohnwagen vorbei. Der Circus der Wunder konnte endlich weiterziehen. Zwei klapprige Autos von der gleichen dreckigen Cremefarbe bildeten das Schlusslicht. Das erste beschleunigte reifenquietschend, vielleicht war es Genny Morace mit einem hübschen dunklen Jungen neben sich, der es fuhr. Vielleicht war Minuccio hineingesprungen, vielleicht aber auch nicht, es war alles so schnell gegangen, aber er und die Hündin waren verschwunden.

Das zweite hielt an, Feuerschlucker, mit weltlichem Namen Mustafa Parsi, stieg aus und ging ihm mit einem breiten, goldzähnefunkelnden Lächeln entgegen. Seine Bärenumarmung zerdrückte den wehrlosen Maresciallo. Über Minuccio verloren sie kein Wort, außer vielleicht als Feuerschlucker ihm sagte: »Wissen Sie, dass ich einen neuen Seiltänzer gefunden habe, Maresciallo? Er ist vielleicht nicht sehr helle im Köpfchen, aber gutherzig und liebesbedürftig, und geschickt, so geschickt!«

*

»Santomauro? Gaudioso hier, ich habe hier eine wilde Horde Journalisten, die geifernd die Tür zu meinem Büro belagern. Sie stellen Fragen und bringen mich ganz durcheinander. Warum verwickeln Sie sich immer in diese komplizierten schlimmen Geschichten! Dann war das Monster also nicht der Mörder und der Mörder nicht das Monster? Versuchen Sie es mir verständlich zu erklären, da ich Ihren abschließenden Bericht noch nicht bekommen habe, und ich will nicht, dass die denken, ich wäre nicht ausreichend informiert. Und dann, der Mord an der alten Morace die Tat von Unbekannten? Wieso hängen wir es nicht einfach dem Monster an? Damit es deutlich ist, Sie haben in allen Phasen dieser schwierigen Ermittlungen stets meinen Beistand und meine Unterstützung gehabt. Wer sind Sie, Signora, entschuldigen Sie? Ah, Sandra Belli Santi, vom Mattino di Napoli? Bitte, setzen Sie sich. Und darüber hinaus, lieber Maresciallo, die Staatsanwaltschaft, deren bescheidener Vertreter ich bin, hat immer in vollem Maße mit den Streitkräften zusammengearbeitet, deren Sinn für Moral, Pflichtbewusstsein und Einsatzbereitschaft ich nicht höher schätzen könnte … Schreiben Sie mit, Signora? Soll ich langsamer sprechen? Wenn Sie möchten, Signora, kann ich es wiederholen. Ich grüße Sie, Maresciallo, ich bin jetzt beschäftigt, Journalisten von wichtigen Zeitungen sind hier, mehr kann ich Ihnen im Moment nicht erklären, meine Rückschlüsse aus den Ermittlungen werde ich Ihnen so bald wie möglich zukommen lassen.«

*

»Der Mao und Gevatterin Perna sind zwei böse Geister, Maresciallo, und sie werden nie sterben, leider. Es wird immer irgendwo einen Mao geben und eine Gevatterin Perna, die über ihn wacht.«

Das Säuseln der Architektessa war frisch wie die leichte Brise, die vom Meer herüberwehte. Santomauro aß entspannt die kleinen, sehr süßen Feigen, die sie ihm angeboten hatte. Er genoss sie eine nach der anderen mit Schale und lächelte heiter, das erste Mal seit Tagen, ohne sich den Kopf zu zerbrechen.

»Wenn ich die Geschichte aufmerksamer gelesen hätte, wer weiß …«, sagte er, aber glaubte es nicht wirklich.

»Es gibt viele Geschichten über den Mao und Gevatterin Perna. Wie soll man herausfinden, welche die passende ist? Bleibt Ihr zum Essen? Ich habe gefüllte Auberginen gekocht. Und nachher mache ich Euch das Auge.«

Wie konnte er das ablehnen? Die Architektessa war seine persönliche Heilerin, eine gute Hexe, die über ihn wachte. Und auch wenn er sich lange nicht mehr so gut gefühlt hatte wie in diesem Moment, in der Küche seiner alten Freundin, mit den sattgrünen Pflanzen um den von vielen Feuern geschwärzten Kamin, auf dem ihm reservierten Korbstühlchen sitzend, wusste der Maresciallo genau, dass das Auge regelmäßig gemacht werden musste. Denn du weißt nie, wer dich aus dem Dunkel des Waldes beobachtet, und Vorsicht ist besser als Nachsicht.

DIANA FIAMMETTA LAMA
Eine Leiche zu Ferragosto
Maresciallo Santomauro fischt im Trüben
Kriminalroman
Aus dem Italienischen
von Esther Hansen
335 Seiten
ISBN 978-3-7466-2634-5

Sonne, Strand und eine wunderschöne ... Leiche

Mit der Sommerruhe des malerischen Örtchens Pioppica ist es jäh vorbei, als am Strand eine Frauenleiche gefunden wird. Bedauernd verlässt Maresciallo Santomauro seine einsame Bucht, in der er melancholischen Erinnerungen nachhängt, und macht sich an die Arbeit. Der Dorfklatsch liefert bald erste Hinweise: Unter den »Freunden« der Toten – einer Clique reicher Städter – scheint es nicht einen zu geben, dem ihr Ableben nicht zupass käme.

»Wie Montalbano, der Santomauros Cousin sein könnte, verlässt sich der Maresciallo auf seinen guten Spürsinn und die natürliche Neugier des Menschen.« CORRIERE DELLA SERA

»Wer das Cilento kennt, dem werden seine Farben, seine Gerüche, seine zauberhaftesten Gegenden vor dem inneren Auge lebhaft wiederauferstehen.« LA REPUBBLICA

Mehr Informationen erhalten Sie unter www.aufbau-verlag.de
oder in Ihrer Buchhandlung

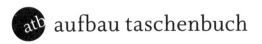

**PATRICK FOGLIE UND
FERRUCCIO PINOTTI**
Bleiernes Schweigen
Roman
Aus dem Italienischen
von Verena von Koskull
616 Seiten. Gebunden
ISBN 978-3-351-03387-3

Wo Angst herrscht, kann nur ein Roman die Wahrheit zeigen

Als er die junge Anwältin trifft, die ihn angerufen hat, ist es bereits zu spät: Ein Mann stürmt in den Gerichtssaal, tötet sie, ihren Mandanten und sich selbst. Nur einen Satz kann sie ihm noch zuflüstern: »Wer ist Solara?«
Ein Name, der ihn weit in die Vergangenheit zurückversetzt, an jenen Nachmittag, als seine Frau bei einem Autounfall ums Leben kommt und ihn allein mit der gemeinsamen Tochter zurücklässt. Und noch zuvor an einen Sommertag in Palermo, an dem 100 Kilogramm TNT das Leben eines Richters und die Hoffnungen eines ganzen Landes auslöschen. Nur eine Bombe von vielen, die folgen und Italien einmal mehr in den Bann der Angst schlagen, kurz nachdem das gesamte politische System im Tangentopoli-Skandal zusammengebrochen ist.

»*Die, die mich töten, werden wahrscheinlich Mafiosi sein, aber die, die meinen Tod gewollt haben, werden andere sein.*« PAOLO BORSELLINO

Mehr Informationen erhalten Sie unter www.aufbau-verlag.de
oder in Ihrer Buchhandlung

GIANCARLO DE CATALDO
Romanzo Criminale
Mafiathriller
Aus dem Italienischen
von Karin Fleischanderl
576 Seiten
ISBN 978-3-7466-2797-7
Auch als E-Book erhältlich

Ein Thrill der Tatsachen

Rom in den 1970ern. Als Terribile, der große Boss, schwächelt, wittern die drei kleinen Gauner Libanese, Dandy und Freddo ihre Chance. Dank eines kühnen Plans, den sie ohne jede Skrupel durchziehen, kontrollieren sie schon bald den gesamten Drogenmarkt der italienischen Hauptstadt. Kommissar Scialoja ist ihnen dicht auf den Fersen. Doch immer wenn er genug Beweise hat, um einen von ihnen einzubuchten, schaltet sich eine ungreifbare höhere Instanz ein …

»*Die Cosa Nostra bombt, Polizist Scialoja dealt, Agent Rossetti schickt die Killer los. Bravourös.*« DIE ZEIT

»*Wer sich in den atemlosen ›Romanzo Criminale‹ stürzt, vergisst die Zeit.*«
BERLINER ZEITUNG

Mehr Informationen erhalten Sie unter www.aufbau-verlag.de
oder in Ihrer Buchhandlung

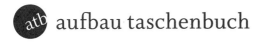

ROSA CERRATO
Der Fluch vom Valle della Luna
Nelly Rosso ermittelt
Kriminalroman
Aus dem Italienischen von
Verena von Koskull
432 Seiten
ISBN 978-3-7466-2709-0

Avanti, Frau Kommissarin

Ein Fluch scheint auf der Genueser Familie Pisu zu liegen: Ein Todesfall jagt den nächsten, »natürlich« ist keiner von ihnen, und auf dem Grab liegt jedes Mal ein Kranz mit den Initialen O. M. – ogu malu, der Böse Blick. Keiner der vorgeblichen Unfälle wird zur Anzeige gebracht, denn die Pisu sind sardischer Abstammung, und dort regelt man solche Angelegenheiten lieber unter sich. Doch mit ihrem todsicheren Gespür für Scherereien hat Kommissarin Nelly Rosso bald auch diese dubiose Geschichte am Hals, deren Wurzeln tief in die Vergangenheit der Familie Pisu reichen.

»*Eine wahre Grande Dame des Kriminalromans*« ITALIEN MAGAZIN

Mehr Informationen erhalten Sie unter www.aufbau-verlag.de
oder in Ihrer Buchhandlung

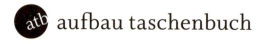

CLAUDIO PAGLIERI
Keine Pizza für Commissario Luciani
Roman
Aus dem Italienischen
Von Christian Försch
406 Seiten
ISBN 978-3-7466-2607-9

Italiens originellster Commissario ist wieder da

Luciani grollt: er hat keine Wohnung, keine Freundin mehr und nicht mal einen spannenden Mordfall auf dem Tisch, dafür aber einen nervtötenden neuen Vize und eine Glutenallergie. Doch dann wird bei Genua die Leiche eines alten Fischers an Land gespült. In der Faust ein Häufchen kleiner Kiesel, wie man sie an der gesamten ligurischen Küste nicht findet. Sie führen Luciani auf eine scheinbar abwegige Spur und mitten in einen spektakulären Kunstbetrug. Ein echter Paglieri: spannend, witzig, intelligent & molto italiano.

»Ein Muss für alle, die wissen wollen, wie Italiens Seele wirklich tickt.«
PETER HENNING

Mehr von Claudio Paglieri:
Kein Espresso für Commissario Luciani. atb 2340-5
Kein Schlaf für Commissario Luciani. atb 2441-9

**Mehr Informationen erhalten Sie unter www.aufbau-verlag.de
oder in Ihrer Buchhandlung**

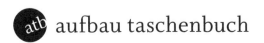

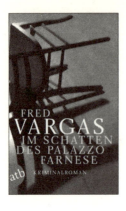

FRED VARGAS
Im Schatten des Palazzo Farnese
Kriminalroman
Aus dem Französischen
von Tobias Scheffel
207 Seiten
ISBN 978-3-7466-1515-8

»*Es ist unmöglich, von Vargas nicht gefesselt zu sein.*« DIE ZEIT

Die Zutaten: Drei etwas exzentrische französische Studenten in Rom, die sich die Namen römischer Kaiser gegeben haben: Claudius, Tiberius, Nero. Eine wundervolle Italienerin Anfang 40, Laura, der in dieser Geschichte nahezu alle Männer verfallen. Claudius' Vater, ein namhafter Pariser Kunsthistoriker. Lorenzo Vitelli, ein feinsinniger italienischer Bischof, zuständig für die Vatikanbibliothek, Mentor der drei Studenten. Richard Valence, Sonderbeauftragter der französischen Regierung – kultiviert, sehr gut aussehend, Sakko und geschlossener Hemdkragen selbst bei dieser römischen Hitze. Sein erklärter Gegenspieler, Inspektor Ruggieri, immer in Hemdsärmeln, Typ Columbo. Der Fall: Auf dem europäischen Kunstmarkt taucht aus obskurer Quelle eine unbekannte Michelangelo-Zeichnung auf. Wurde sie aus den Archiven des Vatikans gestohlen? Überstürzt reist Claudius' Vater nach Rom. Bei einer nächtlichen Gala vor dem Palazzo Farnese wird er kurz nach seiner Ankunft durch einen Becher Schierling umgebracht. Wer aber war in der Lage, diesen antiken Gifttrank zu bereiten?

Mehr Informationen erhalten Sie unter www.aufbau-verlag.de
oder in Ihrer Buchhandlung

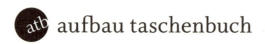

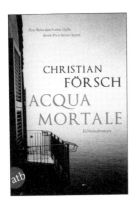

CHRISTIAN FÖRSCH
Acqua Mortale
Kriminalroman
442 Seiten
ISBN 978-3-7466-2736-6
Auch als E-Book erhältlich

Das dunkle Gesicht Italiens

Der Journalist Kaspar Lunau erhält einen rätselhaften Anruf. Eine junge Frau fleht ihn an, einen Mord im italienischen Ferrara aufzuklären. Lunau reist in die malerische Stadt und trifft die Anruferin. Noch in derselben Nacht versucht man, ihn umzubringen. Unversehens ist Lunau in einen Strudel alter Feindschaften und neuer Machtkämpfe geraten. Nur durch einen waghalsigen Coup kann er verhindern, dass der Fluss sein Grab wird.

»Italien, wie es nicht einmal die Italiener kennen – oder kennen wollen.«
CLAUDIO PAGLIERI

Mehr Informationen erhalten Sie unter www.aufbau-verlag.de
oder in Ihrer Buchhandlung

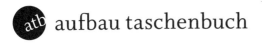